U0451327

清华科史哲丛书

托勒密《地理学》研究

鲁博林 著

商务印书馆
The Commercial Press

图书在版编目(CIP)数据

托勒密《地理学》研究/鲁博林著.—北京:商务印书馆,2023(2024.6重印)
(清华科史哲丛书)
ISBN 978-7-100-22596-0

Ⅰ.①托… Ⅱ.①鲁… Ⅲ.①地理学-研究 Ⅳ.①K90

中国国家版本馆 CIP 数据核字(2023)第 113166 号

权利保留,侵权必究。

清华科史哲丛书
托勒密《地理学》研究
鲁博林 著

商 务 印 书 馆 出 版
(北京王府井大街 36 号 邮政编码 100710)
商 务 印 书 馆 发 行
北京虎彩文化传播有限公司印刷
ISBN 978-7-100-22596-0

2023 年 11 月第 1 版	开本 880×1230 1/32
2024 年 6 月北京第 2 次印刷	印张 15½

定价:79.00 元

总　　序

　　科学技术史（简称科技史）与科学技术哲学（简称科技哲学）是两个有着内在亲缘关系的领域，均以科学技术为研究对象，都在20世纪发展成为独立的学科。在以科学技术为对象的诸多人文研究和社会研究中，它们发挥了学术核心的作用。"科史哲"是对它们的合称。科学哲学家拉卡托斯说得好："没有科学史的科学哲学是空洞的，没有科学哲学的科学史是盲目的。"清华大学科学史系于2017年5月成立，将科技史与科技哲学均纳入自己的学术研究范围。科史哲联体发展，将成为清华科学史系的一大特色。

　　中国的"科学技术史"学科属于理学一级学科，与国际上通常将科技史列为历史学科的情况不太一样。由于特定的历史原因，中国科技史学科的主要研究力量集中在中国古代科技史，而研究队伍又主要集中在中国科学院下属的自然科学史研究所，因此，在20世纪80年代制定学科目录的过程中，很自然地将科技史列为理学学科。这种学科归属还反映了学科发展阶段的整体滞后。从国际科技史学科的发展历史看，科技史经历了一个由"分科史"向"综合史"、由理学性质向史学性质、由"科学家的科学史"向"科学史家的科学史"的转变。西方发达国家在20世纪五六十年代完成了这种转变，出现了第一代职业科学史家。而直到20世纪末，我国科技史界提出了学科再建制的口号，才把上述"转变"提上日程。在外部制度建设方面，再建制的任务主要是将学科阵地由中国科学院自然科学史研究所向其他机构特别是高等院校扩展，在越来越多的高校建立科学史系和科技史学科点。在内部制度建设方面，再建制的任务是由分科史走向综合史，由学科内史走向思想史与社会史，由中国古代科技史走向世界科技史特别是西方科技史。

科技哲学的学科建设面临的是另一些问题。作为哲学二级学科的"科技哲学"过去叫"自然辩证法"，但从目前实际涵盖的研究领域来看，它既不能等同于"科学哲学"（Philosophy of Science），也无法等同于"科学哲学和技术哲学"（Philosophy of Science and of Technology）。事实上，它包罗了各种以"科学技术"为研究对象的学科，是一个学科群、问题域。科技哲学面临的主要问题是，如何在广阔无边的问题域中建立学科规范和学术标准。

本丛书将主要收录清华师生在西方科技史、中国科技史、科学哲学与技术哲学、科学技术与社会、科学传播学与科学博物馆学五大领域的研究性专著。我们希望本丛书的出版能够有助于推进中国科技史和科技哲学的学科建设，也希望学界同行和读者不吝赐教，帮助我们出好这套丛书。

吴国盛

2018 年 12 月于清华新斋

目　录

导言 …………………………………………………… 1
　一　托勒密其人其书 …………………………………… 1
　二　《地理学》在托勒密作品中的定位 ………… 7
　三　抄本谱系及近代版本概说 ………………… 13
　四　研究现状和"《地理学》之问"的提出 ……… 21
　五　本书研究进路及文献准备 ………………… 27
　六　知识准备及概念澄清 ……………………… 41
　七　章节安排 …………………………………… 56

第一章　前托勒密时代的古希腊地理学 ………… 60
　一　古典时代的圆形大地和希腊中心观念 ……… 62
　二　地球观念的确立与地理制图的几何化 …… 73
　三　希腊-罗马时期的天文学对地理学的塑造 … 85
　四　从波利比乌斯到马里诺：古代西方地理传统的
　　　形成 ……………………………………… 101

第二章　《地理学》的理论框架 ………………… 117
　一　观念史中的"地理学"与世界制图 ………… 118
　二　世界制图的前提Ⅰ：计量体系的数学基础 … 131
　三　世界制图的前提Ⅱ：地理测量和数据来源 … 144

	四	世界制图的前提Ⅲ：数据的处理与编目 ………	163
第三章		**想象的秩序：托勒密的地理制图法** ……………	193
	一	第一平面制图法 …………………………………	197
	二	第二平面制图法 …………………………………	214
	三	古代视学传统中的托勒密制图法 ………………	226
	四	第三平面制图法 …………………………………	237
	五	托勒密的天图与地图比较——以《平球论》为例 ………………………………………………	255
第四章		**古代地理视野中的《地理学》世界图像** ………	266
	一	托勒密时代西方的地理视野 ……………………	268
	二	《地理学》的世界图像 ……………………………	294
	三	托勒密的"丝绸之路"与"丝绸之国" …………	331
第五章		**《地理学》的传播与接受史初探** ………………	351
	一	古代晚期和中世纪的踪迹 ………………………	353
	二	拜占庭传统与文艺复兴早期的"再发现" ……	361
	三	人文主义视角下的传播史 ………………………	371
	四	地理大发现与《地理学》：守旧与革新之辨 …	386
	五	"世界图像"的融合：并置、解释与批评 ………	396
	六	《地理学》的数学转向 ……………………………	406
第六章		**从想象的秩序到秩序的想象** ……………………	421
	一	从古代居住世界到全球地图的诞生 ……………	421
	二	发生史与影响史的再回顾 ………………………	432
	三	《地理学》的时代性与可能性 ……………………	442

参考文献 ··· 447

插图索引 ··· 478

附表索引 ··· 481

后记 ··· 482

导　　言

一　托勒密其人其书

克劳狄乌斯·托勒密（Claudius Ptolemy，古希腊语 Κλαύδιος Πτολεμαῖος，拉丁语 Claudius Ptolemaeus，约 100—170 年，又译托勒玫或多禄某），为古罗马帝国时期活跃在亚历山大城的著名学者，身兼数学家、天文学家、地理学家、占星家等多重身份，其学术对后世的影响之大不可估量。然而，关于托勒密生平的文献资料付诸阙如，这使得诺伊格鲍尔（Otto Neugebauer）不无讽刺地说："幸运的是，托勒密传记几乎唯一的来源便是托勒密的作品本身。"（1975:834）据当代托勒密研究专家图默（G. J. Toomer）的考证，关于其生卒年的最优证据可以从其传世作品的天文观测数据和作品序列获知。按历史纪年推断，托勒密《至大论》中的天文现象全部发生于公元 127 年至 141 年，即罗马皇帝哈德良到安东尼统治年间。公元 10 世纪的历史词典苏达辞书（Suda）曾引米利都的赫西基奥斯（Hesychius of Miletus，约 6 世纪）的论述称，托勒密生活于马可王（King Marcus）时期，故而可合理推断他活跃于哈德良时期，并一直活到了马可·奥勒留统治时代。6 世纪的哲学评注者奥林匹奥多罗斯（Olympiodorus）记述说，托勒密曾在尼罗河口西岸的一座小城镇卡诺珀斯进行了长达四十年的天文观测，并铭刻了纪念其天文发现的石碑，即如今仍充满争议的"卡诺珀斯铭文"（*Canopic Inscription*）（Gillispie, 1981：186）。如果这项记录为真，则托勒密的出生时期可上推至公元100年左右。上述材料大致构成了今人推定托勒密生卒年较为公认的基础论据。

一般认为，托勒密系罗马帝国公民，生活在埃及行省的亚历山大城，援引巴比伦的太阴历和天文数据并以希腊语写作。这显示了其写作语境下的多元文化构成，以及他同亚历山大这座古代西方首屈一指的国际化大都市的密切关联。事实上，亚历山大城是托勒密作品中唯一提到过的观测地点，且尚无证据表明他曾到过其他城市。14世纪的拜占庭天文学家特奥多尔·梅利特尼奥特斯（Theodore Meliteniotes）曾在其《天文三书》（*Astronomical Tribiblos*）中说，托勒密出生于上埃及的城市托勒密赫米乌（Ptolemais Hermiou，意为荒漠托勒密城），但因其年代过晚而难以让人信服（Taub, 1993：7）。除此之外，目前还可推知的是，名字"Ptolemaeus"表示他是埃及的居民，同时也是希腊后裔（原为马其顿姓氏），而"Claudius"作为古罗马最古老的氏族名之一，则表明他拥有罗马公民身份，这可能是由克劳迪乌斯或尼禄皇帝授予其祖先的。

既然今天对托勒密"其人"的认识基本源于"其书"，那么为理解托勒密本身并方便后文讨论，就有必要将他的著作进行一个大致梳理。托勒密传世的著作繁多，且流传路径复杂不一，由此造成了文献学方面的难题。简要地讲，现存被归于托勒密的文本至少有十二种,包括:《至大论》(Almagest)或《天文学大成》(Mathematical Syntaxis),《实用天文表》(Handy Tables),《占星四书》(Tetrabiblos,也译作《四书》),《地理学》(Geography),《恒星之象》(Phaseis,或 Phases of the Fixed Stars),《日晷论》(Analemma),《行星假说》(Planetary Hypotheses),《和音学》(Harmonics,也译作《谐和论》),《光学》(Optics),《平球论》(Planisphaerium),《卡诺珀斯铭文》(Canobic Inscription),《论判断力与控制力》(On the Kriterion and Hegemonikon)。① 上述作品,因为传播路径的不一,可见版本或为希腊语,或为阿拉伯语、希伯来语,或为拉丁语,残缺与完整不一。因为经过无数的转抄、翻译,版本众多,情况极其复杂。近代以来的西方学者为此作了大量整理、校刊、编纂以及翻译工作。除此之外,托勒密还有《论元素》(On the Elements)、《论体积》(On Dimension)、《论重量》(On Weight)等著作,虽均已佚失,但仍能通过后代作家或评注者(如辛普里丘)等的引用窥见分毫。然而后两者是否为托勒密所作,学界仍存争议(Koertge,2008,6:173)。

上述作品中的前十种,被公认为托勒密研究的核心文本。首先是《至大论》,其希腊语原名 $Mαθηματικὴ\ Σύνταξις$ (Mathematical Syntaxes),意为"天文学汇编",在古代晚期又被称为 $ἡ\ μεγάλη\ σύνταξις$ 或 $ἡ\ μεγίστη\ σύνταξις$。其中,$μεγάλη$ 和 $μεγίστη$ 意思是"大"或"至大",很可能与希腊早期被称为 $ὁ\ μικρὸς\ ἀστρονομούμενος$(意为"小天文集")的基础天文学读

---

① 学界对可归于托勒密的作品文本数量的说法,随着近年来的一些新发现而逐渐更新。见席泽宗(1994:194—197);Gillispie(1981:186);Koertge(2008,6:173)。

本相对应。由此转译为阿拉伯文后，就成了"al-majisti"，并进一步转写为中世纪译本的题名"Almagesti"或"Almagestum"。中文的"至大论"，正是由此翻译而来。《至大论》是一部无所不包的古代数理天文学手册，旨在以古希腊的两球宇宙模型和欧几里得几何学，尽可能完满地解释一切天象，尤其是恒星和行星（天球）的视运动问题。因其在数理天文学界的巨大影响，且天文学在近代科学革命中居于核心地位，国内外科学史界对《至大论》的研究早已蔚为大观。同时，由于《至大论》是最早问世的托勒密著作之一，在其《占星四书》《行星假说》《实用天文表》以及本书的核心文本《地理学》中都有体现，故而《至大论》也成为由天文学反观《地理学》的一部重要参考。

托勒密在《至大论》中建立的宇宙模型是如此成功，以至于他自己也颇为得意，并据此编订了星表，使得后人仅通过查阅表格就能确定基本的天文历法参数。其后，托勒密将散布在《至大论》中的星表集中编定成册，加以修正后发行，并命名为 $Πρόχειροι$ $κάνονες$（Handy Tables），即《实用天文表》。该书相当于《至大论》的一部衍生作品，也可以当作附录。另一部同样涉及天文学数据的文本，是近些年来不乏争议的《卡诺珀斯铭文》。据托勒密研究和天文学史领域的专家汉密尔顿（N. T. Hamilton）和琼斯（Alexander Jones）等人考证，这部分出自公元146或147年尼罗河流域卡诺珀斯城的碑文可能才是托勒密最早的文本，甚至早于《至大论》。其中包含的部分内容还与托勒密的《和音学》有密切的关联，因此成为托勒密早期思想研究的一条重要线索。同样作为对《至大论》的一个补充，两卷本的《恒星之象》（$ΦΑΣΕΙΣ$ 或

Φάσεις ἀπρανῶν ἀστέρων）主要讨论亮星的偕日升和偕日落问题，其中大部分内容由记录每日升落的星表和相应的天气变化列表组成。在古希腊这类表格被称为 parapegma，相当于年历或星历，并与占星实践密切相关。

此后，托勒密又发表了一部更具实操性的天学著作 Ὑποθέσεις τῶν Πλανωμένων（Planetary Hypothesis），即 2 卷本的《行星假说》。以《至大论》中的数学模型为基础，他一方面对《至大论》的部分参数和模型进行了修正，一方面提出了关于天界物理（或曰机械）模型的独特看法。该书传世的希腊语版本仅含卷 1 的前半部分，旨在为制作天界运动模型（所谓 planetarium，即天球仪）提供技术性的指导，相当于将《至大论》的纯理论模型再现为可操作性的物理实体。相比于卷 1 中对具体参数的罗列，仅存于阿拉伯语抄本中的卷 2 对该模型的物理机制进行了探讨，并提出为方便操作，可将行星轨道天区简化为天球上的鼓形区域，以及如何测量行星距离等奇思妙想（Hamm，2011：3）。然而，与其将《行星假说》视为现代意义上的物理学或天文学著作，不如说它更像是希腊的机械学和"制球"（sphairopoiia）传统下的产物。在托勒密的作品序列中，为天学仪器的制作服务，以确定数学参数为目的的还包括两部小册子。一本是名为 Περὶ ἀναλήμματος（Analemma）的《日晷论》，传世部分仅存于穆尔贝克的威廉（William of Moerbeke）的拉丁文译本中（除了少量羊皮纸重写本的残篇）。该书是对日晷制作中角度确定的方法的讨论，其中包括了对经线平面上投影的数学计算，确定角度的方法并非托勒密擅长的三角学，而是类似于今天的"列线图"一类的数学构想。另一本名为《平球论》,仅有阿拉伯文本传世(现已有英译本)。同样的,虽然旨在指导平面星盘的制作,但书中的内容纯属于数学建构,目的是讨论如何合理地将天球上的大圆投影到平面上。该书也奠定了中世纪以后流行开来的星盘制作的理论基础。

今人大概很难想象,一向以体大思精的数学思想著称,并且往往被看作古代科学巅峰的托勒密,也写过一部"占星学"(astrology)著作,即 Ἀποτελεσματικά,意为"天体的影响",后因其包含四卷,又被称为 Τετράβιβλος (Tetrabiblos),即《占星四书》。然而对托勒密而言,所谓占星学并非现代意义上的神秘学,而是古代科学尤其是天学的一个重要组成部分,相比于解释运动现象的"天文学",更像是探讨天地、元素以及物与物之间作用原理的"天理学"(确切地说是"星理学")。因此,《占星四书》也构成了《至大论》的一个镜像,两者互为补充。而在这本书中,托勒密继承了亚里士多德的物理学或曰自然学(phusis)思想,在素来近于严苛的数学信仰上做出了一定妥协,以便为该体系进行辩护。从中亦可窥见托勒密以及同时代盛行的自然哲学和伦理学思想。

在天学之外,托勒密对古代数学的其他领域也有诸多专著传世,包括 5 卷本的《视学》或曰《光学》(Ὀπτικά, Optics)和 3 卷本的《和音学》(Ἁρμονικά, Harmonics)。除了关于反射、折射数学模型的常规讨论,《视学》还提出了一种代表当时权威意见的光学理论,即视觉印象的产生,是因为有一种"视流"(visual flux)从人眼中沿直线发出,并呈锥状射向物体。这种锥体的流束被称为"视线"(visual rays),而视线的"顶点"(apex)正是人眼所在的点——这也成为后来《地理学》进行地理制图的数学建构的理论基础之一。《和音学》则在关于音符、音程的数学本质的讨论外,贯穿了托勒密在数学、天学、占星学等领域的核心思想,提出了既存在于声学领域、也见于灵魂和天界的"谐和"(harmonia)概念。① 这在聚焦于托勒密伦理学和自然哲学的研究者中,也是一个关键概念。

最后,对托勒密的哲学思想尤其是认识论的探讨,还集中在一本争议颇多的册子《论判断力与控制力》(*Περὶ κριτηρίου καὶ ἡγεμονικοῦ*, *On the Kriterion and Hegemonikon*)中。该书表达了托勒密关于获取确定无疑的知识(ἐπιστήμη)所依赖的心智能力,即借由"理性"对"感性知觉"进行判定,由此得出两者作为灵魂的两种能力,共同构建了认识真理的两项基本标准(Feke, 2009:55)。不过,由于文风同托勒密的其他著作有一定差异,其真实性遭到怀疑,在托勒密研究中并不太受重视。随着学界近年来越来越承认其正当性,不少研究者也将其引为分析托勒密知识和哲学结构的基础文献之一。

二 《地理学》在托勒密作品中的定位

作为托勒密作品中唯一一部与地学相关的著作,《地理学》(*Γεωγραφικὴ ὑφήγησις*, *Geographical Hyphegesis*)仅书名本身就笼罩在巨大的误解之中。从内容上讲,该书是一部讲述如何描绘已知的"居住世界"(oikoumene)②的书——在今天来看,似乎是关

---

① 具体可见 Feke(2018a:79—87);Solomon(1999:xxxv)。
② οἰκουμένη(oikoumene)是古希腊语境中用于指代作为地理学描述对象的已知的、人类居住的世界的习惯用语,后文概念澄清部分将有专门的解释。

于制图方法的讨论(其希腊文名字的直译便是"世界绘制指南")。事实上,该书也是从古典时代流传下来的唯一一本与制图相关的著作。所以不少学者直接将其归于制图学的门类。然而就书名而言,无论在国内还是国际学界,普遍仍沿用希腊语原词,将其直译为"*Geography*",即"地理学"(由于 ύφήγησις 意为指南、概要,故而也译作《地理学指南》)。现代学科分类中的地理学,显然和制图学(cartography)不是一回事。译名与分类上的割裂,自然造成了对该书理解的种种偏差。①

且不论用"制图学"来重新定义该书是否准确,单就托勒密书写的语境本身而言,《地理学》的理路其实更接近于《至大论》,即用数学方法对天界或地界现象加以再现。从这一意义上讲,以类比于"天文学"的"地文学"(而非探讨其生成原理的"地理学")来为其命名,似乎更合适。不过可惜的是,"地文学"在现代科学谱系中也已经有了相应的学科概念,今人很难无视既有谱系强行挪用。同时鉴于书中同时也包含了球面到平面的几何转换过程,用现代学科概念一言以蔽之殊难做到。因此,将该书命名为"地理学",是在考虑到语言转译和概念转换的复杂性后不得已而为之的权宜之举——了解这一点,是进入《地理学》的一个必要的前

---

① 由于《地理学》一书为本研究的核心对象,因此后文对其引用多遵循学界惯例,省去托勒密之名,仅以"*Geography*"书名接续卷与章序号标明出处,譬如 *Geography* 1.1。涉及关键语句或地理坐标数值的引用,则可能具体到小节,如 *Geography* 7.12.2。在连续引述该书内容时,也可能将 Geography 字样省去以求简明扼要。如引用托勒密的其他著作形式或其他古典著作,形式亦同,如 *Almagest* 1.11。或同时注明人名与书名,如 Aristotle *Metaphysics* 1025 b25,或以作者名代替书名,如 Strabo 4.2。为区分不同的现代出版物版本,其后可能以"著者-出版年"的形式接续具体出处,如 *Histories* 2.34 (Herodotus,1975:315)。特此说明。

提。关于Γεωγραφικὴ的具体意涵,我们将在下文的概念辨析部分详述。

托勒密的《地理学》共分为8卷,主要包含三个部分:一是理论架构,即如何在球面和平面上,使用独创的几何方法来描绘大地的轮廓——在今天看来,也就是绘制世界地图(卷1.22—24);二是关于标记在地图上的点的经纬坐标目录(卷2.1—卷7.4);三是对世界地图和区域地图的说明或描述性标签(ὑπογραφὴ,hypographe)(卷7.5)。其中,托勒密对已知世界的多达8 000个地点的编目,占据了整本书大部分的章节。换句话说,该书的绝大部分,是由一张庞大的经纬度列表以及对当地重要地貌的简介组成的。不过对后世研究者而言,更令人瞩目的还是第一部分即卷一的方法论探讨。该部分涉及对当时地学基本概念(比如经纬度、气候带、风向,等等)的介绍,同时也大篇幅批评了一位重要的先驱者,即推罗的马里诺(Marinus of Tyre)的作品,借此展现了托勒密地学与前人师承(也包括希帕克斯)的异同以及希腊化时期地学的大致面貌。从托勒密的批评文字中,我们能间接推断出,当时的主流地理学论著——以马里诺为代表,重在描述地形地貌(包括方向、距离)以及各地分布的民族特征,在数学化的定位和地理框架的搭建上还有诸多不足,对绘制地图时涉及到的数学变换规则更缺乏清晰的意识。正是在这一层面上,托勒密的《地理学》产生了跨时代的意义——他很可能是第一个使用完整的经纬度列表来绘制地图的人(Berggren & Jones,2000:14)。

在批判和继承马里诺的数据处理和绘图方式后,托勒密系统性地提出了一整套方法论。其中涉及到平面制图与球面制图,世界地图与区域地图的特征和优劣比较,地理学模型和天球模型之间的对位关系,数据来源的分类和处理方式,对不同数据优先性的分析——以及最重要的,对球面和平面制图的"投影"方法详细的数学描述。依据其几何方法,以及卷 2 到卷 7 中不断更新的庞大数据库,托勒密希望"任何人只要拿到《地理学》中的文本,就可以随时随地以任何比例全部或部分复制他的地图"(后人也的确是这么做的)。[①] 作为补充,托勒密还在卷 7 的末尾附加了一种在平面上绘制"地球环仪"的指南,尽管仍存争议,这也被部分学者认为是后世透视法的先驱之一(卷 7.6—7)。在最后一卷,他延续传统描述了将已知世界划分为二十六个区域地图的方法,且为每幅地图都配上了详细的说明文字,作为制图师在其作品上向观众展示的图例(卷 8)。

站在今天的角度来看,托勒密的《地理学》以及由此绘制的地图,正如大多数的古代科学一样,显然是"错误"的。随意选取一张《地理学》抄本中所附的世界地图,我们便可发现它和今天我们所熟悉的世界地理的轮廓之间,存在不小差距。除了地中海沿岸,即罗马帝国的领土部分与今天的形状相对接近,许多边远地区(相对于托勒密所在的亚历山大城),譬如东非、北欧、南亚以及亚洲大部的轮廓,都发生了严重扭曲。这既可归咎于托勒密对已知世界和地球相对尺度的计算失误,也源于那张现在看来统计得极不精密的经纬度地点列表。进一步深究,还要归结于当时测地方

[①] 托勒密的原话是说"哪怕手头没有成形的地图作为参考,也须尽可能方便地根据文字信息来绘制地图"(*Geography* 1.18)。上文源于伯格伦和琼斯的阐释,见 Berggren & Jones(2000:3)。

法的不完善及数据的极度匮乏。然而,这一切都不能抵消掉托勒密在对大地进行数学把握上取得的成就——在继承希腊文化的宇宙体系(即两球模型)和几何传统的基础上,托勒密对前人不成体系的、零散的地学传统实施了一次整体性的改造,将其纳入了自己庞大而精巧的数学体系之中,从而使得自埃拉托色尼以来,经由希帕克斯、波西多尼奥斯、马里诺等人初步搭建起数学框架的地学模型,在理论的精确性和数据的丰富性上都达到了古代世界的巅峰。这条贯穿于古希腊地学的传统,将是我们在第一章中要探讨的主题。

但我们可能依然会好奇:向来以天学著称的托勒密,为什么会创作一部《地理学》这样的作品呢?或者说,《地理学》在以天学和数学主导的托勒密的作品中,占据着什么样的位置?要回答这一问题,我们就必须回到他最有代表性的天学著作《至大论》中。该书一方面探究了天体运动背后的圆周运动组合模型,一方面也基于这些模型,计算了各天体和天象的即时位置。事实上,当我们清楚托勒密的具体计算过程,就能理解他的地学研究出于怎样的考量了——由于托勒密的主要研究地点在亚历山大城,而天文数据的来源却地点不一,为了统一数据以便后期运算,必须将不同地点的天文观测记录时间,转换为亚历山大城的平均时间。尤其,在不同经度的两个地方,同一天文事件所发生的当地时间也是不同的。考虑到古代西方的观察者并不使用今天意义上全球统一的度量时间,而是根据当地在不同季节的昼夜节律,将日出到日落以及日落到日出的两段间隔,各自划分为十二个相等的时段,即"季节时"(seasonal hour)。因此托勒密在拿到天象数据后的一项重要工作,就是将"季节时"转换为恒定的时间单位,即将一天等分为24个时间间隔的"等分时"(equinoctial hour)——这一转换过程所涉及的,正是观测发生地的纬度值,以及和亚历山大城之间经度的差值。反之,对于任何身在其他地点的天文学家来说,如果想要使用托勒密的星表,也必须了解自己所在地的纬度和相对经度,才能实现本地时间和统一时间的相互转换。

在《至大论》的写作中,托勒密已然意识到这个问题的重要性。但对诸如纬度的测定、经度和时间之关系等的讨论,仍囿于理论层面,并未做过多的展开。托勒密也在地球上设定了一系列特殊纬线,并为每根纬线找到了一个对应地标——譬如赛伊尼(Syene)等重要城市,或尼罗河口等标志性地貌等。理论上,这样的纬线从赤道到北极一共有39条,其中位于居住世界的有33条,数量本就有限。为了方便编制星表,托勒密还将纬线的数量一再缩减,最后只剩7条。① 《至大论》中地理数据的稀缺,并非由于资料的匮乏,而是由于著作主题和体量的限制。他自己也解释说:

> 在先决条件中仍旧缺少的,是确定每个省中值得注意的城市位置的经纬度,以便计算那些城市中[观测的]天象。但是,由于对这些信息的处理涉及到一个单独的制图项目,因此,我们将在对相关领域研究最充分的学者基础上,以及对每个城市沿经线与赤道相距的度数,及其沿赤道向西或向东距亚历山大经线(正是借助于这条经线我们才确立了对应于天体位置的时间)的度数详尽记录之后,再将其单独呈现出来。然而就目前来说,我们还是将地理位置视为既有前提。(*Almagest* 2.13; Toomer, 1984: 122—130)

---

① 托勒密此时似乎遵循的仍是"纬度带"(klimata)划分的传统。

可见，当时的托勒密已经将地理编目视为一项单独的计划提出了——这正是《地理学》破土而出的萌芽。托勒密是否在撰写《至大论》时就已开始搜集《地理学》的资料，我们不得而知。但可以确定的是，其天学和地学研究的内在关联和先后顺序已经清晰浮现。现代学者完全能合理推知：托勒密正是由天学运算的需求出发，产生了进行地理编目的念头。这一念头从最初的简单确定数百座城市的坐标，逐渐扩展到了对整个已知世界的数千种地理要素（城镇、海岸、山脉、河流及各种地形地貌）加以系统地整理呈现。托勒密在地学上的野心，最终凝聚为这部非同凡响的专著。而《地理学》也凭借自成一体的方法论和理论体系，摆脱了对天文学的依附地位，成为西方古代地学的一部里程碑著作。不过，托勒密依然在这本书中保留了他的初心。在占据作品主题的地理编目中，有数百个城镇被标记为"特别重要"（这些重要的城市最初似乎是用页边的一种特殊符号标记的，至少有一部抄本中残留了这种符号），在卷8的地图说明中，他也列出了这些"重要城市"（Berggren & Jones, 2000: 19）。当我们将这份列表与《实用天文表》中同样囊括的一份"重要城市列表"相比较时，就会发现——这正是最初准备服务于他的天学研究的地理坐标。①

三　抄本谱系及近代版本概说

由于传承路径的复杂，《地理学》不可避免地存在文献学方面

---

① 两张表中的城市及经纬度基本相同，《实用天文表》中的排列顺序也同《地理学》卷8差不多。关于托勒密之"重要城市列表"的讨论，详见第二章第四节。

的难题。尤其过去一个世纪，对《地理学》版本的梳理和译介，一直是学界未完成的课题。即便目前已经有了较为完善的版本校勘，以及相当可靠的现代语言译本，就《地理学》的专门研究而言，对版本脉络的基本了解仍是开展进一步讨论的前提。托勒密生活的时代是公元2世纪，位于业已希腊化的下埃及核心区——即尼罗河三角洲地区的亚历山大城。那时的亚历山大城堪称整个西方世界的学术中心，并以拥有巨量藏书的图书馆著称。但所谓藏书，并非今天意义上的纸质开本，而更多是用当时流行的纸莎草书写的纸卷(scroll)或书本(codex)。事实上，从古埃及一直到希腊罗马世界，纸莎草一直是最廉价和便利的书写媒介。到了托勒密的时代，受方兴未艾的羊皮纸启发，亚历山大城的学者们开始将纸莎草制成书本样式，贮存在木匣之中(Macleod, 2010: 6)。而《地理学》最初的文本，很可能正是抄写在这样一部纸莎草的书本之上。

由于纸莎草质地脆薄、易受潮和易腐坏的特性，时至今日，托勒密本人的原始稿本早已湮灭不存。事实上早在古代晚期，《地理学》的身影便开始时隐时现。不过通过分析至今尚存的文献，当代学者梳理出了该书在近代以前的一些引述或改编的痕迹，从而构成了我们重建其早期传播的珍贵依据。公元300年，数学家帕普斯(Pappus of Alexandria, 约290—350年)根据托勒密《地理学》撰写了一篇关于"居住世界"的文章，并经由中世纪的亚美尼亚语文本为现代人所知，其中不少细节成为托勒密研究的重要参考(Pappus, 1971: 188)。4世纪末的罗马历史学家阿米安(Ammianus Marcellinus)的著述也借鉴了《地理学》(或其改编本)作为原始资料，用以描述世界范围内的偏远地区。赫拉克利亚的马西亚努斯(Marcianus of Heraclea,生卒年不明)在相当程度上倚仗托勒密的《地理学》及其坐标数据,才完成了其代表作《外海周航志》(Periplus of the Outer Sea)。① 6世纪的罗马学者卡西奥多鲁斯(Cassiodorus,约485—585年)在其代表作《圣俗学识指导》中说:"托勒密的书,把所有地点都安排得那么明白,使你觉得他似乎哪儿都待过。"(2004:158)此外,迪勒的研究指出两部九世纪的匿名拜占庭地理汇编作品以及12世纪约翰·柴泽斯(Johannes Tzetzes)的《千行卷汇编》(Chiliades),都直接或间接地引述、改编了《地理学》的内容(Berggren & Jones,2000:51)。不过相比于该书在拉丁西方的凋敝,阿拉伯人对托勒密的重视,使得《地理学》研究在中世纪的千年时间里形成了"西方不亮东方亮"的图景。以花剌子密(al-Khwarizmi)、伊本·豪盖勒(Ibn Hawqal)、巴塔尼(al-Battani)、苏赫拉卜(Suhrab)、伊德里西(Idrisi)等伊斯兰地理学家、制图学家和数学家等为代表的学者群体,承前启后地引述或利用了托勒密的地理坐标,并结合独特的制图传统发展出了一套自成体系的伊斯兰世界图像。托勒密及该书在穆斯林学者中的地位之显赫,以至于历史学家马苏第在其代表作《黄金草原》中,将其称为"那个哲学家"(the philosopher)的"地理学"(Gighráfiá)(Masudi,1841:201)。

不过,阿拉伯人对《地理学》的推重主要集中于地理编目和坐标数据上,对托勒密制图法的关注并不比同时期的拉丁西方更多。

---

① 关于《外海周航志》的研究,详见 Miller(1839:167,169,259,269,271);Diller(1952:45)。

进入中世纪晚期后,伊斯兰世界的混乱与政治分裂,也使得早期的文化盛景一去不返。直到 1300 年前后,《地理学》的命运再次迎来重大转变,并重新进入西方人的视野。这一切都要归功于一位拜占庭学者马克西莫斯·普拉努德斯(Μάξιμος Πλανούδης, Maximos Planudes,约 1255—1305 年)。据说这位君士坦丁堡的僧侣"经过不懈努力,发现了失传多年的托勒密《地理学》"(Kugéas, 1909:115—118)。该书的发现还惊动了拜占庭皇帝安德罗尼卡二世,并委派亚历山大牧首阿塔纳修斯制作皇家抄本,可见其轰动程度。其人在历史上的实际贡献为何,目前还面临一些争议。但迪勒认为,《地理学》跨越千年的重生的确应归功于他(Diller, 1940a: 66)。更重要的是,由普拉努德斯抄本而衍生的系列后续作品都具有明显的家族相似性,即该系列版本都对文本中可能的错误进行了广泛的修正。其中一些与地图的绘制相关,譬如许多地名的拼写和坐标遭到篡改;还有一些源自修订者不满原有的文辞,意图消除语义上的困难和语汇上的艰涩。现代的学者认定这些抄本同出一脉,因此将之命名为"拜占庭校本"(Byzantine revision)。[1] 兹将拜占庭本中最重要的抄本列举如下:

U 本:即"*Urbinas Graecus* 82 抄本"(*Urbinas gr.* 82),现藏于梵蒂冈,为大幅面羊皮纸手抄本,约成书于 1300 年。世界地图(运用了托勒密在 1.24 中的第一投影法)附在卷 7 的末尾,而 26 幅区域地图及其各自的说明在卷 8 中交替出现。该抄本的一个摹本已经

---

[1] 目前国内学界对于写本学中的 revision 尚无固定的译法。revision 也作 recension,指原始文本在传抄过程中经特定对校(recensio)后形成的本子,并凭借独特的异文(variant)构成了谱系树上的节点。本文中统一将其译作"校本"。

出版了(Ptolemaeus, c. 1300)。

K本:即"*Seragliensis GI 57* 抄本"(*Seragliensis gr. 57*),现藏于伊斯坦布尔。和U本一样版式,也是大幅面羊皮纸手抄本,约成书于1300年。

F本:即"*Fabricianus gr. 23* 抄本",现藏于哥本哈根,为包含了卷8中的地图和文字的单张羊皮纸,约成书于1300年。F本很可能最初属于K本。

N本:即"*Bodl. 3376* 抄本",曾为"*Selden. 41* 抄本",现藏于牛津,纸质抄本,包含了《地理学》文本且不含地图。约成书于1300年。

此外,还有R本:即"*Marc. gr. 516* 抄本",现藏于威尼斯。V本:即"*Vat. gr. 177* 抄本",现藏于梵蒂冈。W本:即"*Vat. gr. 178* 抄本"。C本:即"*Par. suppl. gr. 119* 抄本",现藏于巴黎。这几部14世纪的纸质抄本源于一部已散佚的U、K、F、N系列的姊妹本。[1]

然而随着近年来公元三世纪早期的纸莎草文本 Pap. Rylands No. 522 的出土,《地理学》的流传谱系和抄本研究的时间上限被进一步前推。[2] 越来越多异文的存在也使得谱系学的分类成为必要。自上世纪初以来,卡尔·米勒(Karl Müller)、奥托·昆茨(Otto Cuntz)、约瑟夫·费舍尔(Joseph Fischer)和保罗·施纳贝尔(Paul Schnabel)等学者在这一领域展开了细致的研究,并基本塑造出了

---

[1] 上述抄本列表的主要信息来自 Berggren & Jones(2000:44)。

[2] Pap. Rylands No. 522 是目前唯一发现的《地理学》纸莎草文献,其仅包含大约50行的"重要城市列表"的残篇,以托勒密地理编目的形式列出了部分欧洲城市的坐标数据。其中包含了X本和Ξ组独有的异文,从而印证了可追溯到古代晚期的Ω组和Ξ组的家族分化(Stückelberger & Mittenhuber, 2009:143)。

关于《地理学》抄本家族谱系的共识。最早意识到这一家族差异的是米勒，他发现按地图数量的不同，《地理学》抄本可大概归入两组，其中一组按照卷八中的说明附有 26 张区域地图，并依此划分坐标编目；另一组则另辟蹊径，将卷二到卷七中的地点重新组织为 64 张区域地图，他将之分别命名为"拜占庭组"和"亚细亚组"，此后费舍尔也称之为"A 组"和"B 组"。但随着异文对照研究的深入，新的传承关系逐渐浮出水面，以昆茨、施纳贝尔为代表的分类开始跻身为当今学界主流。目前的一般意见是，早在阿伽托戴蒙（Agathodaimon）进行编辑和制图之前，《地理学》就已分化为了两组传本：Ω 组和 Ξ 组（Diller, 1940b）。其中 Ω 组的共同特征是，其原型文本为大写字体书写（因传抄过程中的诸多讹误都由此而生），这意味着其抄写时间大约在公元 10 世纪，而母本更可上溯到古代晚期。① Ω 组谱系较为庞大，分支繁杂，前述由普拉努德斯发现的"拜占庭本"，就主要归属于 Ω 组。该组于公元 9 世纪后进一步细分，又划分出 Δ 和 Π 两支。其中 Δ 一支的代表性文献既包括前述的 U 本、K 本、F 本，也有不常被提及的 L 本（Athous Vatopedinus 655）、D 本（Parisinus Graecus 1402）、G 本（Parisinus Graecus 2423）等；Π 一支的主要文献亦是上述的 V 本和 R 本，以及不太常见的 W 本（Vaticanus Graecus 178）、Z 本（Vaticanus Palatinus Graecus 314）、E 本（Parisinus Graecus 1403）等。

---

① 确切地说，是希腊字母中的安色尔体字（uncials），相当于全部大写的一种字体。为了适应羊皮纸面，这种字体在公元 3 到 8 世纪中被拉丁和希腊的抄写员广泛使用，因此迪勒认为，类似版本的分化可以追溯到历史上的"安色尔体时期"（Uncial Period），即公元 9 世纪以前（Diller, 1939）。

在Ω组之外，另一个几乎独立的谱系是存世文献较少的Ξ组（Mittenhuber, 2009a）。Ξ组文献中的数据一度经历了相当复杂的修正过程，这使得其与前者文本差异之多，仅地点坐标就有超过1300处不同（Stückelberger & Mittenhuber, 2009: 23）。Ξ组的代表性文献集中体现在X本（*Cod. Vaticanus Graecus* 191）上，因为它是唯一未曾受到Ω组文献尤其是拜占庭本影响的古代抄本。但X本的编目并不完整，从卷二（2.2.1）列数到卷五（5.13.16）坐标便中断了。当代学者往往用其他援引或借鉴过X本的抄本，如A本（*Vaticanus Palatinus Graecus* 388）作为参照加以解读。但事实上，A本更类似于所谓"混合抄本"——即抄写过程中为了修正原文而杂入不同来源资料形成的结合体。这类抄本大多诞生于中世纪晚期或近代早期，往往同时受Ω组和Ξ组影响，其中最古老的代表包括的O本（*Florentinus Laurentianus Pluteus* 28.49），以及抄写自O本的V本（*Londiniensis Codex Burney* 111）、S本（*Mediolanensis Ambrosianus Graecus* 997 [= D inf. 527]）等（同上，23—25）。截至目前，《地理学》存世的希腊语抄本，一共有五十多种，其中17种附有地图。值得注意的是，无论Ω还是Ξ谱系的抄本都出现了一些共同错误——这些错误的数量之多，性质之严重，几乎不可能源于托勒密本人。[①] 昆茨推测谱系分化之前，必然有一个直接源自托勒密本人且含有精美的大幅面羊皮纸地图的原型抄本存在。

---

① 昆茨给出了例证。一是地点列表的描述顺序和托勒密的习惯不符，二是高卢地区许多地名出现了一些共通的拼写错误。昆茨还从注释发现，两种抄本都流露出评注者或修订者的口吻，很多名字因此都保留了两种形式。见Cuntz（1923: 15—16）。

文艺复兴以后,随着"拜占庭本"《地理学》重新流入西方,由雅各布·安杰洛(Jacopo d'Angelo,又称 Giacomo)翻译的第一部拉丁文译本于1409年(也有说是1406年)迅速问世,并于后世多次修订重印(Ptolemaeus, 1409)。然而拉丁文本一方面完全依赖于拜占庭本的希腊语传统,一方面在翻译中也颇多讹误,对于当代《地理学》研究的价值不大。倒是当时西欧的人文主义学者如伊拉斯谟等人,积极加入了对这一古代经典的现代诠释和校勘工作,切实将该书原文文本的校注工作传承了下去。对近现代的研究者而言,最早被大量使用的是1838年开始出版的维尔贝格(F. W. Wilberg)和格拉斯霍夫(C. H. F. Grashof)的版本(Wilberg & Grashof, 1838—1846),该本在卷6出版后于1845年提前结束。编者在校注中辑录了数个重要抄本间的异文,旨在为研究者提供方便。之后问世的是1843—1845年间的诺布版本,包含了整本《地理学》最新的文本,并添加了实用的地名和术语索引,但缺点是校注太少,也只有少量的对照异文(主要是地名拼写)。四十年后(1883年),米勒的版本问世,后在费舍尔的监督下又出版了第二卷(1901年)。米勒的版本是从卷1到卷2.6,以及卷3.2至卷5最好的校勘本,其中引用了大量抄本,包括上文提及的多数(U本和K本除外)。但由于未对抄本进行加以分类,导致文字冗赘,枝枝蔓蔓,颇有些主次不明。进入20世纪以后,1920年代又出现了昆茨(2.7—3.1)和雷诺(Renou)(7.1—7.4)节选本——两者最突出的优点,是他们有意识地遴选了所有抄本中最为可靠的版本,并将对筛选后的异文完整地加以引述。

四 研究现状和"《地理学》之问"的提出

迄至目前,国内学界关于托勒密《地理学》的主题性研究还相当匮乏,仅有文晓军(2006),龚缨晏和邬银兰(2003)等撰文对其进行了科普性质的介绍。相比之下,国际学界对《地理学》的论述则要深入得多,其中尤其以英语、德语和法语学界最为突出。一方面,对《地理学》最为集中的研究首先伴随着它的评注和翻译出现。因此该领域的代表性人物,几乎无一例外也是最杰出的编纂者和译者。20世纪以来,在《地理学》古典语言抄本的编纂和研究等基础领域最为成就斐然者,当属前文提到的德国神父、制图学家约瑟夫·费舍尔。他于1932年出版的《托勒密〈地理学〉抄本 Codex Urbinas Graecus 82》被誉为里程碑式的作品,"标志着围绕着托勒密地理学的诸多问题迈向了解决的一大步"(Fischer, 1932)。通过对这部《地理学》史上最早也是最为重要的抄本(也即"U本")抽丝剥茧式的研究,费舍尔对该书的起源、作者的身份、地学与天学的关系、早期抄本地图的有无、文本的谱系与抄本流传的顺序以及文本中诸多细节的考证等方面进行了详细论述,由此成为此后的基础研究,尤其是文献学研究中,不可绕过的重量级文献。除费舍尔外,在梳理《地理学》抄本谱系方面做出巨大贡献的还包括德国学者奥托·昆茨(Cuntz, 1923),施纳贝尔(Schnabel, 1938)以及美国学者奥布瑞·迪勒(Diller, 1934; 1939; 1940a; 1940b; 1952; 1955)。施纳贝尔的专著以全面性著称,书中对涵盖《地理学》全本或残本内容的46部希腊语抄本做了一一描述,并附有相当复杂的谱系树。但遗憾的是其列表并不完整,也没有为书中的结论做详细的论证,因而导致了一些讹误(Diller,1940b)。迪勒在1966年重印的诺布本《地理学》前言中,发表了一篇《论托勒密〈地理学〉的册子本》(*De Ptolemaei Geographiae codicibus editionibusque*),其中列出一份新的抄本清单并进行了更详尽的注释(Berggren & Jones,2000:42)。

《地理学》的现代译本起步较晚。这很大程度要归结为抄本谱系的繁杂、整理的困难和编译进程的缓慢。如前所述,不同古典文本在编目细节上存在着的大量讹误与异文,尤其是以希腊字母表示的数值、普通分数的符号等。这类讹误从抄本进一步延伸到印刷版本,给现代翻译造成了很大的麻烦。但在20世纪30年代以后,随着费舍尔、昆茨、施纳贝尔等学者的奠基性工作,作为"正典"的《地理学》文本逐渐清晰,译介和普及工作也步步为营地展开。首先有史蒂文森(Stevenson,1932)的全译本问世,书中附有一部尼古拉·日耳曼努斯抄本(现藏于纽约公共图书馆的Ebnerianus抄本)的影印版。然而以文艺复兴的拉丁译本为底本,致使其准确性大打折扣,也遭到了专家群体的猛烈抨击。[①] 六年以后,德国学者汉斯·冯·姆齐克(Hans von Mzik)出版了《地理学》卷1和卷2的德译本,在准确性和学术性上更进一步,以此作为其庞大的全译计划的开头。然而遗憾的是,该计划并无后续。值得一提的是,弗里德里希·霍夫纳(Friedrich Hopfner)所作的附录,谈论了包括地图投影在内的技术性话题(Mzik & Hopfner,

---

[①] 迪勒在评论中将史蒂文森的译本形容为"一个彻底的失败之作",并认为这本书中"没有任何一个段落不暴露出一些基本而且常常很严重的错误"(Diller,1935:536)。

1938）。不过对今天的研究者而言，上述早期译本或因精准欠佳，或因言语古奥而价值有限。最值得参考的仍是近二十年来的译本。早在20世纪90年代，法国学者日尔曼·奥雅克出版了《地理学》的法语节译本，覆盖范围为书中的理论章节，并将《至大论》和《占星四书》中的地学段落也囊括进去（Aujac，1993）。作为知名的地理史学家，她在导言中对该书进行了详尽的介绍，但注释相对较少，其翻译风格也偏于流畅而非严谨。相比之下，流传最广的应为2000年由加拿大科学史家伯格伦（John Lennart Berggren）和美国科学史家亚历山大·琼斯（Alexander Jones）翻译的《托勒密的"地理学"：理论章节注译》（Berggren & Jones，2000）——两人同时也是托勒密研究的权威专家。这部译本以诺布的希腊语版本为底本，参考了维尔贝格和格拉斯霍夫节的译本，以及U、K、N、X等抄本中的地图蓝本，并以附录的形式列出了不同内容所源自的不同抄本，对该书涉及到的基本问题进行了通俗易懂的阐述。在研究方面最为出色的应属最新的德译本，即由语言学家施图克尔贝格（A. Stückelberger）和古代精密科学史家格拉斯霍夫（Gerd Graßhoff）领导的"托勒密研究小组"（Ptolemaios-Forschungsstelle）于2006—2017年编译并修订的《托勒密地理学指南》（2006）。这部综合性的全译本提供了基于扎实文本研究的古希腊文版本，同德文版形成对照，还有比较丰富的对照异文、评注和地图资料，并补充了1927年所发现抄本"*Seragliensis GI 57*"的校勘内容，很大程度反映了《地理学》抄本研究的最新成果。

另一方面，对托勒密《地理学》的引述、分析或概述，也广泛地存在于古代科学史、地理学史、制图学史等学科史或通史的相关著述中。国内已有的西方地理史著作或译著，譬如郑胜华等译的

《地理学思想史》(克拉瓦尔,2007)、李旭旦译的《地理学思想史》(普雷斯顿·詹姆斯、杰弗雷·马丁,1989),大多偏重于地理思想的近代演进,对托勒密地理学着墨不多。而放眼海外,在诸如布恩伯里的《希腊罗马地理学史:从上古时期至罗马帝国灭亡》(Bunbury,1879)、汤姆逊的《古代地理学史》(Thomson,1948)、托泽的《古代地理史》(Tozer,1897)等传统西方古代地理史家的论述中,托勒密的地理学基本都以独立章节的专题形式出现,或者和马里诺一道作为古代世界地理学的顶峰加以综述。传统的地理史叙事倾向于从地理视野、地理观念的层面对时人的文献加以解读,也关心历史地理角度的地名演变,但对古代地学的数学建构和制图方法普遍缺乏兴趣。更近一些的地理史论著或论文集,如杜埃克的《古典时代地理学》(Dueck,2012)、《布里尔古代地理手册》(Bianchetti et al.,2015)等则将制图史纳入其中并单独成篇,实质上把握住了古代地理学制图与描述并重的特征。托勒密《地理学》往往也成为重点论述的对象。相比之下,制图方面的专著显然对此探究得更为详细,其中的代表是由哈雷(J. B. Harley)和伍德沃德共同编著的多卷本系列丛书《制图学史》(*The History of Cartography*),尤其第一卷"史前、古代与中世纪欧洲及地中海世界的制图学"(Harley & Woodward,1987)专门论述了托勒密的制图理论和成就。[①] 另外,从数学层面分析其三大制图法(或曰投影

[①] 本书写作之时,《制图学史》的中文译本尚未问世,因此本书主要参考的仍是英文原版。自 2022 年以来,由中国社会科学出版社出版,成一农、孙靖国、包甦、卜宪群等审译的《地图学史》第一卷、第三卷相继出版,成为了国内制图学研究和翻译领域的一项重要成果(哈利 & 伍德沃德,2022;伍德沃德,2021)。但本书仍主张将该书译为"制图学史"而非"地图学史",因书中的制图探讨不仅限于地图,也包括了天图绘制。

法)的作品当首推诺伊格鲍尔的《古代数理天文学史》(也简称HAMA)。该书从现代投影学的角度重构了托勒密的数学方法,将其命名为"圆锥投影"及"伪圆锥投影",并一定程度还原了他的几何思想(Neugebauer,1975;2012)。上述作品构成了托勒密制图理论研究的重要保障。而在科学史领域,研究者对《地理学》的提及要远少于以《至大论》为代表的托勒密天学著作,无论国内外均是如此。譬如《剑桥科学史》的"古代科学卷"(Jones & Taub,2018)中,"希腊罗马地理学"一章的篇幅便是所有领域中最少的之一(仅次于"古埃及医学"章)。通史类科学叙事著作,如林德伯格《西方科学的起源》(Lindberg,2010)、戴克斯特豪斯《世界图景的机械化》(Dijksterhuis,1961)、柯瓦雷的《从封闭世界到无限宇宙》(Koyré,1980)则几乎不或很少涉及地理学。归根结底,这与地理学科在科学革命主流叙事中的边缘地位息息相关。

与此相对的是,专业地理或制图史家对《地理学》的强调有时也会迈向另一个极端。譬如托勒密研究领域就存在一种较为流行的论调,将《地理学》视为在科学层面具有革命意义的、划时代的产物——尽管托勒密天文学在近代早期饱受非议,但《地理学》却作为文艺复兴时期崛起的"革命者"而具有进步性。因此,解释这一诞生于公元2世纪的"科学"作品为何能超前于中世纪的学术水平,直至与千年之后的数学思想产生共鸣,逐渐成为学界的难题。正如德国学者戈伊斯(Klaus Geus)所言:

托勒密的进步性不仅表现在地图信息量的大幅增加方面,而且还发生了真正令人惊讶的质变——因为与此前的世界地图绘制者阿那克西曼德、赫卡泰和埃拉托色尼不同,托勒密的地图绘制不需要回到简单的几何呈现和粗略的距离估量。在这一点上,希腊地理学作为几何学的子嗣,似乎有可能将自己树立为一门崭新的学科。但是托勒密的开创性工作在古代后继无人。事实上,它在古代晚期和中世纪几乎完全被遗忘,直到13世纪拜占庭帝国才被重新发现,15世纪初才在拉丁世界中被重新发现。为什么像托勒密这样一部巧妙的作品会被遗忘,这令人难以理解。(Geus,2018:411)

类比于著名的"李约瑟之问",即科学为什么没有诞生在技术领先的古代中国,这一问题也可以被概括为"《地理学》之问"。但在今天看来,实证史视角观照下的李约瑟之问难免沦为"伪问题",而"《地理学》之问"的内在逻辑也相类似。因为它预设了一个重要的立场:托勒密的《地理学》是超前于时代的。具体而言,这一问题往往又体现在下述四种学科史叙事中常见的命题之中:

(1) 托勒密的数学地理学体现了空前的创造性,尤其是由他首创的地面坐标体系,使之区别于同时代的描述地理学;

(2) 托勒密的"投影法"或曰平面制图法反映出超前的数学意识,其圆锥投影的制图技术领先了时代一千多年;

(3) 托勒密的世界地图基于精确的天文测量和数学计算,不同于描述地理学的粗略描绘,能最大限度地逼近现代地图。

此外基于前述第二点的结论,艺术史领域的学者又提出了另一条彰显其跨时代性的命题,即——

(4) 托勒密第三制图法直接导向了文艺复兴透视法甚至现代

空间观的诞生。

事实上,以上诸论点都存在很大的争议。本研究论述的主要目标之一,便是对上述四条论点及其所共同指称的立场加以讨论,并力图提出一种更贴合历史语境的研究进路。

五 本书研究进路及文献准备

过去学界对托勒密文本的关注重心体现为两大方向:一是着重于其在古代的应用数学或"混合数学"中建构起来的数学模型,尤其是其天文学模型,并追溯该模型在后世的流传演化路径;二是以托勒密流传下来的单本著作为核心,对单部科学文本及其在整体著作群中的位置做出全面解读。前者偏向于技术细节的描述和实证史学的路径,后者偏向于文献学的研究路径,并常常辅之以段落性的翻译和章句注解。两者相辅相成,共同为当代的托勒密研究奠定了基础。同时,这两大方向之间的张力也构成了《地理学》研究中的基本问题:即体现在上述《地理学》之问中的"为什么",以及为了解答此疑问而必须正本清源加以梳理的《地理学》"是什么"的问题。因此,本书的目的在于从历史研究的立场出发,遵循语境主义的进路,在反思既有的实证史学和辉格史叙事的前提下,对具体知识语境中的《地理学》发生史、演化史和接受史加以重新梳理。具体而言,即是澄清该书的核心概念以明确其知识谱系,驳斥将其简单归入制图学或几何学的论断;阐明该书的源流以确立其思想史位置,纠正某种流俗的质变说或横空出世的误解;揭示它与天文学、视学等当时的主流数学科学的内在关联,显明其在古代学术光谱中的定位；重塑其接受史与传播历程，以免落入传统科学革命叙事的窠臼，从而重新确立以《地理学》为代表的近代早期知识的演化路径。为此，本书的文献准备将重点从该书的古代学术源流、制图法的数学分析和量化研究、世界图像的定性研究，以及该书传播史的相关成果入手。

1. 《地理学》与古代学术传承之关系

1945 年，巴格罗的《托勒密〈地理学〉起源》（Bagrow，1945）对托勒密之前的古希腊地学和制图学史进行了概述，为后世学者对该书进行历史研究提供了一份总纲。但巴格罗的论述失之简单，缺乏详尽的史料梳理。这方面的空缺也长期未能得到填补，直至近年，俄国科学史家谢格罗夫（D. Shcheglov）的系列文章对该书的制图理论尤其是数学起源进行了详尽的分析，成为该领域最为突出的成果。其论述主题包括：埃拉托色尼的地图结构对托勒密的影响（2017），及其地理数据对托勒密的影响（2014），希帕克斯的纬度带列表和托勒密的纬线列表之间的强关联（2007a），通过对希帕克斯梯形地图的推断和梅拉对居住世界形状的论述追溯《地理学》起源（2007b）等，独树一帜地勾勒出了前托勒密时代古代西方地理学发展的"草蛇灰线"。不过，相关的二手研究数量并不算多，这使得我们不得不在某些关键节点上诉诸一手文献。古罗马地理学者斯特拉波（Strabo，64/63 B. C.—24 B. C.）的《地理学》由于保存了大量失传的古代地理著述片段，成为重要的资料来源。我们选择了洛布古典丛书系列中由霍拉斯·琼斯（Horace Leonard Jones）编译的八卷本，尤其是其中的第一卷（Strabo，1917）作为主要参考。其他古代地学家的现代编译和评注版本，还包括了罗勒编译的《埃拉托色尼〈地理学〉》(Roller, 2010)、《石上之柱：阿那克西曼德的世界概念》(Roller, 1989)、基德编译的《波西多尼奥斯残篇》(Kidd, 2004)、迪克斯编译的《希帕克斯地理学残篇》(Dicks, 1960)、伊凡斯和伯格伦编译的《盖米诺斯〈天象导论〉》(Evans & Berggren, 2018)等。除此之外，德拉布金对波西多尼奥斯与地球周长的论述(Drabkin, 1943)、杜克关于希帕克斯在天学层面对托勒密的全面影响的论述(Duke, 2002)等，都给本章的研究提供了重要的启发。

《地理学》不仅是古代地学传统的重要一员，而且也可以放到托勒密的全部著作乃至整个思想史的语境中加以考察。这有助于解释他创作该书的动机、背景和其方法论根源。对于托勒密在思想史中的地位，科学史界一度并不重视。譬如 H. 弗洛里斯·科恩就曾直言托勒密对自然哲学观点的引用"纯粹是权宜之计——在他看来，仅仅是'臆测'的自然哲学根本无法与绝对确定的数学推导相提并论"(2012：18)。而剑桥大学教授陶布的《托勒密的宇宙》(Taub, 1993)首先提供了一个优秀的范例，展示了对托勒密的科学思想与世界观念、伦理学、认识论等哲学思想加以融会贯通的研究实例。类似的还有《地理学》英译者琼斯对托勒密的"数学伦理学"的强调及用"柏拉图式经验论"(Platonic empiricism)驳斥通常贴在他身上的"折衷主义"标签(Gerson, 2010)，费凯(Feke, 2009)在《哲学语境中的托勒密》中对亚里士多德、柏拉图等哲学传统中的托勒密认识论原则以及数学的本体论探讨等。具体到《地理学》一书，费凯为 2018 年西语版《托勒密：地理学（理论章节）》专门撰写的文章有非常精彩的论述(Feke, 2018b)。她从传统哲学的知识论出发，对"Geography"概念作出了澄清，一方面指出它在绘图学意义上应归于亚里士多德所谓的创制知识（productive science），另一方面也意味着一种理论科学或思辨知识（theoretical science），因为其最终目的是以特定的理论对世界进行呈现。托勒密的天学和地学是如此密不可分，以至于两者都可以视为代表更高秩序科学之一部分。在制图法领域，她承认诺伊格鲍尔等学者提出的托勒密的地图绘制对数学一致性的舍弃，以及琼斯和伯格伦关于"定性模仿"（qualitative imitation）的判断，但同时提出托勒密制图不只是定性的，也有几何学意义上的"合比例性"与"相似性"。根据存在于《至大论》《和音学》《卡诺珀斯铭文》等书的相关论据，这很可能源出托勒密的"数学伦理学"。上述讨论为我们理解《地理学》提供了重要线索。

此外，计量体系、测地方法和数据处理系统构成了《地理学》理论框架的三个重要支柱。在计量体系方面，托勒密的数字表示法、圆周度数等无疑大量继承并整合了源于古希腊、古埃及和古巴比伦的数学和天文学传统，施图克尔贝格等（Stückelberger & Mittenhuber, 2009）、诺伊格鲍尔（Neugebauer, 1969）对此曾做过详细的解析。另外，《地理学》也借鉴了托勒密天学中的诸多概念工具，比如用以进行三角学计算的弦表、经纬度坐标网络以及纬度带系统（Toomer, 1974; Honigmann, 1929），并将其加以改造使之适于地点的定位。在测地理论层面，托勒密除了从自身的天文学研究中提出了创新性的"月食经度测量法"之外，大多测地数据仍继承自旧有的文献资料。在这方面，伯格伦和琼斯的导论（Berggren & Jones, 2000）、迪尔克《希腊语罗马地图》对古代周航志和道路志的研究(Dilke,1985),以及上述谢格罗夫的文章,都提供了相关的论据。最后,在数据的处理和修正方面,《地理学》文本本身便提供了方法论的源头,对推论过程中有所助益的文献还包括丹麦文献学与历史学家海伯格(Heiberg,1898;1903;1907)编订的《托勒密存世作品全集》(*Claudii Ptolemaei Opera quae exstant omnia*),英国学者图默编译的《托勒密至大论》(Toomer,1984)中涉及球面三角学计算的部分,法国学者哈尔玛(Halma,1822)编译的《亚历山大的提翁评托勒密〈至大论〉卷三》之坐标编目部分等。

2. 托勒密制图法的研究文献

《地理学》中一共提出了三种平面制图法。伍德沃德(Harley & Woodward,1987)和诺伊格鲍尔(Neugebauer,1975)都对三者进行过详尽而权威的分析,由此提供了在数学上理解托勒密制图的重要准备。[①] 同时,昆宁对近代以前制图学史的梳理(Keuning,1955)、达维扎克的制图学论著(D'Avezac,1863)等也为我们更准确地理解托勒密在地图建构过程中的数学方法提供了帮助。托勒密的前两种制图法,一般被概括为现代意义上的"圆锥投影",如诺伊格鲍尔和伯格伦(Berggren & Jones,2000:36—38)均有类似言论。但本书力图摆脱这一托勒密制图领域的实证史分析和现代数学转化,更多从托勒密时代已有的数学工具出发去还原建构地图的具体过程。在具体的步骤分析中,由于以欧氏几何为代表的

[①] 哈利与伍德沃德的巨著《制图学史》前三卷在本文付梓时已出版,由国内地图学家成一农等审译的中文译注(哈利 & 伍德沃德,2022;伍德沃德,2021)。感兴趣的读者亦可自行查阅。

平面几何学构成了托勒密的方法论基础,对《几何原本》的参考必不可少。同样出自欧几里得的《视学》(即《光学》)也得到重视。事实上正是从两者几何方法的对比中,我们得以发现隐藏在其制图背后的另一条重要线索:古代视学理论。在这方面,国内学者王哲然的专著(2019)给予本研究相当的启发。涉及的原始文献还包括由海伯格主编的《欧几里得全集》(Heiberg,1895)、伯顿的《欧几里得视学》(Burton,1945),以及史密斯编译的《托勒密视学理论》(Smith,1996)。同时,琼斯(Jones,2001)、凯兰迪许(Kheirandish,1999)、克诺(Knorr,1991)等学者在古代光学/视学领域的研究也为本书的推论提供了参考。

本书主张托勒密的制图建构方式相当程度上受到古希腊视学,尤其是欧几里得视学的影响。这也能解释其制图的两大基本准则"合比例性"与"相似性"的理论源头。立足于此,对托勒密第三制图法的分析得以展开。当代艺术史家、数学史家的论述也大量介入该论域,其中尤以埃杰顿(Edgerton,1974 & 1975)和安德森(Andersen,1987 & 2008)等最为突出。埃杰顿甚至认为这是"通过单一固定视点进行投影制图的最早例子",甚至是古代文献中可被视作"透视"的唯一记录,它直接催生了文艺复兴的透视法(Edgerton,1974)。但反对的意见同样存在,如法国学者达尔歇就指出:"所有这一切都只是基于暗示、不可靠的类比和未经证实的猜想。没有人提出过理论或实践中的直接证据,对托勒密第三投影的分析也没有解决本质问题——实际上,15世纪的人根本不了解这种方法,他们中的大多数也对'投影'的步骤不感兴趣。"(Dalché,2007:335—336)在他看来,13世纪的光学才是透视学诞生的基础。立足于这一争议,本书从"透视"与"投影"的基本定义出发,重新界定了托勒密第三制图法的本质,并揭示出被上述近代几何术语所遮蔽的、托勒密用以建构其地学和天学图像的方法论底色,即涵盖了立体几何与平面几何的古代几何思想。

为了印证本书的判断,我们引入托勒密的另一部制图学著作,即讲述天图描绘步骤的《平球论》进行对比研究。加拿大学者伯格伦(他也是琼斯的导师)为此提供了相当多的帮助。他和西多利合作从阿拉伯语文本翻译的《平球论》英译本(Sidoli & Berggren,2007),是目前国际学界最为通行的版本。同时他在 90 年代所著的《托勒密的天图与地图》(Berggren,1991)也构成了本研究的关键参考。类似于将前两种制图法形容为"圆锥投影",过去学界也将第三制图法概括为"球极投影"(stereographic projection),诸如诺伊格鲍尔(Neugebauer,1975:857—858)、图默(Toomer,1978:219)都有类似表述。但伯格伦对此加以驳斥,认为"平面展开"(unfolding)这一术语才更适于《平球论》的制图模式。《地理学》和《平球论》的横向对照与异同比较,最终将为《地理学》第三制图法的研究确立理论根基,有助于我们彻底反思将托勒密制图法归于"透视"或"投影"的现代定义。

3. 世界图像的研究

对托勒密《地理学》中世界图像的研究主要存在于两大领域:一是传统的古代地理学史研究,二是世界各地(主要是亚欧诸国)的历史地理史料和论述。就前者而言,汤姆孙的《古代地理学史》(Thomson,1948)、布恩伯里的《希腊罗马地理学史》(Bunbury,1879)构成了本书论述的重要参考。更重要的是,他们对罗马帝国盛期的地理观念的解读，构造了回望托勒密世界的更广阔的文化背景。就后者而言，从帝国时代开启至托勒密的时代（即五贤帝时期）的相关历史论述可谓浩如烟海，其中既包括塔西佗《编年史》(Tacitus Annals)、普林尼《自然志》(Pliny Natural History)、凯撒《高卢战记》(Caesar De Bello Gallico)等一手文献中的历史地理记载，也不乏马基雅维利 (Machiavelli, 1996)、吉本 (Gibbon, 1854)、格兰特 (Grant, 1979)、夏波 (Chapot, 1996)、克拉克 (Clarke, 2001)、麦古 (McGeough, 2004)、瓦歇尔 (Wacher, 2013)、鲍曼 (Bowman et al., 2000)等后代学者编纂和撰写的涉及古罗马帝国时期的疆域、道路、交通等与地理相关的叙述。结合上述史料，我们能勾勒出在托勒密写作的时代，其政治和文化共同体共享的某种时代观念和地理视野。这些先行讨论旨在为理解《地理学》本身的世界图像奠定历史基础。

托勒密本人的世界地理呈现又分两大层面展开：一是作为整体的居住世界图像，二是区域地图中呈现的世界各地之细节。就整体而言，托勒密的居住世界在很大程度上继承了古代地学的基本图式，他进一步改进了希帕克斯的梯形世界、波西多尼奥斯的悬带状世界以适于其制图理念。在这方面，古代的斯特拉波 (Strabo, 1917) 和现代的柏格 (Berger, 1869 & 1903)、基德 (Kidd & Edelstein, 2004)、迪克斯 (Dicks, 1960)等学者都提供了重要的文献支撑，其中尤以柏格所记载的阿伽塞梅鲁在其《地理学概要》(τῆς γεωγραφίας ὑποτυπώσεις ἐν ἐπιτομῇ)中对前托勒密时代的世界图式的简述最为关键。在此基础上，谢格罗夫 (Shcheglov, 2004)、齐默曼 (Zimmermann, 1999; 2002)等学者结合史料进行过独到的推演,将这一看似崭新的世界图像完整纳入古代地学谱系中。就区域地理描述而言,本书主要按常见的二十六张区域地图的划分依次加以解析。核心文献自然是《地理学》庞大的编目列表。我们首先参考了诸如史密斯的《希腊罗马地理学词典》(前3卷)(Smith,1849;1870;1872)、佩克的《哈珀古典文学及古代辞典》(Peck,1923)、泰勒-弗朗西斯出版的94年版《国际历史地名辞典》(Ring et al.,1994),以及《普林斯顿古代地名百科全书》(Stillwell et al.,1976)等权威工具辞典,以对诸多古代地名进行现代认定。与此同时,在对各区域轮廓的探讨中,德国学者米滕胡伯对拜占庭、迦太基和巴比伦纬度误差的研究(Mittenhuber,2009b),以及格拉斯霍夫等关于其整体经纬度偏移的定量研究《道路与位置:托勒密〈地理学〉探源》(Graßhoff et al.,2017)给本书提供了重要线索。由此也可以观察到托勒密的地域描述与古代地理图景之间的血脉关联。另外涉及书中各地的区域性研究,如与伊比利亚半岛(Defaux,2017)、巴尔干地区(Grčić,2018)、黑海(Dan,2013)、尼罗河(Dumont,2009)及托勒密认定的源头月亮山(Sideropoulos & Kalpakes,2014)、两河平原(Stearns,2008)、里海及中亚两河(Humbach,2009)等相关的论述亦构成了丰富的补充材料。

值得一提的是,历史地理研究大概是国内学界少有的涉足到托勒密《地理学》具体文本讨论的领域,其中的重点多半涉及古代丝绸之路。譬如,徐朗(2020)、杨共乐(1997)、田澍和孙文婷(2018)的文章皆涉及对《地理学》第一卷中关于通往东方之国"赛里斯"道路的讨论。由于该部分系引用马里诺所述马其顿商人梅斯·提提阿努斯(Maes Titianus)代理人的行程记载,并经19世纪的李特尔、李希霍芬等学者之手而成为丝路命名的源头,故而相关讨论又被冠以马里诺或李希霍芬之名。但丝绸之路现存最早的文本的确源出托勒密《地理学》,国内外相关研究亦绕不开对该书的讨论。其中的一个关键问题,涉及对托勒密所谓"石塔"位置的认定。19世纪的学者裕尔(Sir Henry Yule)、贝凡(Bevan,1875),20世纪以来的哈坎(Joseph Hackin)①、斯坦因(Stein,1933)、赫尔曼(Herrmann,1910 & 1938)等众多地理学家纷纷对此进行猜想并得出了不同的结论。近年的研究主要将其锁定在两个地点,即吉尔吉斯斯坦的达鲁特库尔干和中国喀什的塔什库尔干(Tupikova et al.,2014)——《地理学》的德语译者施图克尔贝格等人更偏向于后一说(Stückelberger & Graßhoff,2006:657)。中国学者如张德芳(2014)、余太山(2006)等基于《汉书》《后汉书》《三国志》等古代史料中对西域通路的记载,亦为这一可能的路线提供了佐证。近年来值得一提的进展,是青年学者万翔(Wan,2013)基于法国汉学家魏义天(De la Vaissière,2009)、国内学者王守春(1987)对古代西域水文状况的研究,引《水经注》阐释了托勒密《地理学》中赛里斯国的两条大河的原型,认为其分别对应郦道元所说、塔里木盆地的"南河"与"北河"。除了陆上丝绸之路,托勒密对从红海经印度洋抵达"秦奈国"的描述,很可能也为后世海上丝绸之路概念的生成提供了最初的原型。但国内在这方面的研究主要以中国史料为主(石云涛,2016;龚伟,2018),仍具备中西比较研究的巨大潜力。

---

① 关于哈坎的研究评述,见格鲁赛特(Grousset,1970)。

4. 传播史研究的二手文献

自托勒密之后,《地理学》在古代晚期和中世纪的拉丁西方并未得到广泛的传播,直到文艺复兴时期拜占庭学者普拉努德斯"重新发现"了这部尘封已久的古代文献,它才重新回归西方主流学术的视野。因是之故,已有对《地理学》传播史的研究主要集中于文艺复兴时期,包括法国学者达尔歇在《制图学史》中基于人文主义视角的历史叙述(Dalché,2007),德国学者戈伊斯、米滕胡伯等人在《托勒密〈地理学〉补充卷》中对《地理学》在文本和制图领域如何进入拉丁世界的讨论(Geus, 2009; Mittenhuber & Klöti, 2009),以及沙列夫和布内特编著的关于文艺复兴时期《地理学》接受状况的论文集(Shalev & Burnett, 2011)。由于该书目前可追溯的最早的文本都来源于这一时期,而人文主义学术的繁荣和15世纪中期印刷术的兴起,又进一步加快了该作品的普及和学术交流。因此围绕这一主题的线索和材料都相当繁杂,可供深入挖掘的内容也很多。只是囿于本研究的重心和篇幅所限,我们对相关问题的讨论更多作为前瞻性的研究,不做过多的展开。文献方面也以达尔歇、米滕胡伯等当代学者的史料梳理为主,旨在填补国内相关论述的空白。除上述几部纲领性文献外,关于普拉努德斯与拜占庭本的"再发现",本书主要参考库格阿斯(Kugéas, 1909)、布里(Burri, 2013)、巴格罗(Bagrow, 1945)、波塔尼(Pontani, 2010)等学者对这一重大历史过程的考证和还原性叙述;关于安杰洛的拉丁译本问世后在人文主义群体中的传播,部分参考了汉金斯(Hankins, 1992)、保尔·罗斯(Rose, 1973)、伍德沃德(Woodward, 1990)、杜兰德(Durand, 1952)等涉及14至15世纪制图学与《地理学》之关系的讨论；关于地理大发现与《地理学》之关系，参考了奎因（Quinn et al.,1994）、特莱克斯勒（Trexler,2014）对埃塞俄比亚之近代发现的论述；涉及哥伦布的资料则参考了莫里森的传记（Morison,1942）、塞西尔·简翻译的哥伦布日记（Jane,1960）、乔治·纳恩关于哥伦布地理概念的研究（Nunn,1924），和弗林特对哥伦布思想起源和阅读史的研究（Flint,2017）；与韦斯普奇等其他航海家相关的论述主要参考了维涅拉斯（Vigneras,1976）、韦斯普奇信件的现代编译（Vespucci,1992；Markham,1894）；关于托勒密世界图像与各类传统图像的融合，参考了坎贝尔（Campbell,2007）、瓦农（Vagnon,2003）、米拉内西（Milanesi,1996）、佩谢尔（Peschel,1871）、费舍尔（Fischer,1902）等学者基于地图实例对世界地图的拼贴与并置实践之阐述；最后在德语区的《地理学》传播与数学转向方面，彭罗斯（Penrose,2013）和爱森斯坦（Eisenstein,1980）讨论了印刷术的影响，博耶尔（Boyer & Merzbach,2011）和伊夫斯（Eves,1990）指出了16世纪德国数学的迅猛发展，格拉夫顿等（Grafton et al.,1992）揭示了新世界与旧传统的渐进融合过程，而从凯尔蒂斯、孚日学校的翻译到雷吉奥蒙塔努斯、维尔纳的数学转向则重点参考了皮耶霍茨基（Piechocki,2019）、达维扎克（D'Avezac,1867）、罗斯（Rose,1973）、莫雷（Meurer,2007）等学者的论述。

5. 托勒密诸著作文献参考版本

由于《地理学》拥有丰富的抄本谱系和悠久的传承史，关于该书的基础性研究就必然涉及对拜占庭时期以降的抄本（尤其是希腊抄本）的写本学与文献学考证。但由于客观条件的限制，《地理学》的早期抄本很难入手,因此这类问题不会作为本书重心。再则,经过近百年来古典学者的编辑和翻译工作,《地理学》的评注体系和现代语言对照版本已较为完善。立足于这一坚实的基础,我们实际已有充分条件对托勒密的数学理论、制图思想以及世界图像展开讨论。目前国内学界还缺乏《地理学》的完整译本,仅有部分地理史著作有所节译,譬如由梁昭锡翻译的《古代的地理学》(波德纳尔斯基,1986)、耿昇翻译的《希腊拉丁作家远东古文献辑录》(戈岱司,1987)等,而其中与科学史相关的理论章节,翻译质量又很难满足当下的研究需求。因此,本研究主要参考的《地理学》文本,是前述施图克尔贝格与格拉斯霍夫的德语-古希腊语对照译本(Stückelberger & Graßhoff, 2006),以及伯格伦和琼斯的理论章节英译本(Berggren & Jones, 2000)。在涉及到关键概念的辨析和地理信息索引时,也会参照诺布的三卷本希腊文本(Nobbe, 1843 & 1845)进行核对。另外,涉及与文艺复兴时期的传播相关之论述时,一些重要的早期抄本或印刷本,如 *Urbinas gr. 82*、*Seragliensis gr. 57* 等拜占庭本,安杰洛的拉丁译本 *MS Vat. lat. 2974*,由日耳曼努斯绘制地图的 1460 年拉丁文印刷本等(Ptolemaeus, 1460),也能通过网络部分或完整地获取到影印图像。这某种程度上为我们还原历史语境、核对文献细节提供了方便直观的参照。

另一方面,由于对《地理学》的论述将在一个更为广泛的历时与共时的学术网络中展开,研究过程还将不可避免地涉及托勒密的其他著作。其中最重要的是以《至大论》《行星假说》《平球论》为代表的天文学文献。目前,《至大论》最为流行和权威的英译本是图默于 1984 年出版的《托勒密至大论译注》(Toomer, 1984)。图默的译本得益于马尼提斯(Manitius)的德语译本,同时改正了其中的许多错误,其权威性还来自于图默对中世纪阿拉伯译本的参考。除图默的书以外,诺伊格鲍尔的《古代天文学史》(Neugebauer, 1975)、彼得森的《至大论研究》(Pedersen, 2010),以及国内学者邓可卉(2005)的博士论文《托勒密〈至大论〉研究》,都是相当有益的评注与工具性文献。两卷本的《行星假说》迄今仅有阿拉伯语本的完整文本传世,西方学者如戈德斯坦(Goldstein, 1967)、汉莫(Hamm, 2011)提供了卷一的英译,卷二部分的转译和介绍则由穆歇尔(Murschel, 1995)、斯韦德洛(Swerdlow, 1968)等学者做出。《平球论》的希腊语原版也已散佚,目前的文本基于 11 世纪初年的阿拉伯文译本。本书主要参考的译本是 2007 年由西多利和伯格伦合作完成的(Sidoli & Berggren, 2007),该文从阿拉伯语直接翻译并附评论与原文,较为准确、权威。在天文学以外,部分内容还涉及对其《和音学》与《视学》的探讨。《和音学》在 20 世纪诞生了三大现代译本,即 1934 年德国人英格玛·都灵(Ingema During)的德译本,以及英国的古典学与音乐理论学者巴克(Barker, 1989)、美国学者所罗门的英译本(Solomon, 1999)。本书主要参考了巴克的译本及其论述托勒密和音体系的专著(Barker, 2000)。《视学》则基本参考了史密斯(Smith, 1996)的译本及其论托勒密与古代数学视学关系的相关论著(Smith, 1999)。此外如有必要,上述文本都可与海伯格编著的古希腊文版《托勒密存世作品全集》进行对照阅读。

六 知识准备及概念澄清

《地理学》作为一本古代的科学或数学著作,首先是面对同时代人进行写作的,因而必须放在当时的世界观念和宇宙论背景下,才能得到恰当的理解。而在整套世界观念都已经发生翻天覆地变化的今天,要进入这样一部两千年前的作品显然需要先做一些功课。首先,我们需要对书中提及的众多古代地名有一个大概的定位。对古罗马时期受过教育的人士而言,托勒密笔下的那些地标自然耳熟能详,然而在绝大多数今人看来,这些长串的陌生字符可能毫无意义,反而造成极大的阅读障碍。为了解决这一问题,对于托勒密行文中屡次提及、甚至作为经纬度标识的关键地标,本书会通过注释、插入语等方式及时告知其现代对应的地名——譬如"阿尔比翁(Albion,即今大不列颠岛)"、"塔普罗班(Taprobane,今斯里兰卡)"——从而使得这一《地理学》的专门性研究尽可能地同现实世界产生呼应。其次,托勒密并非在一个架空的背景中写作,而是处于一整套完整、丰富而复杂的观念体系之中。正如前文所言,对《地理学》的理解,不能离开他的宇宙学预设及其意涵。故而在正式讨论之前,有必要先对本书中涉及的一些基本概念进行简要的介绍。

1. 托勒密的天球与地球

《地理学》作于《至大论》之后,似乎使得托勒密产生了某种自然的预设,即前者的读者应当是熟悉后者的。尽管这一要求在今天看来过于勉强,但了解古希腊的两球宇宙模型(吴国盛,2020;

397），却是阅读托勒密的整套科学著作的基本前提。所谓"两球模型"，意指整个宇宙（kosmos）处于一个巨大的天球内，天球绕着其中心轴作周日旋转，而该中心又被另一个球体占据，即地球。恒星被认为是固定在最外层的天球（即恒星天球）表面，而在恒星天球和地球之间，又有多重行星天球，作为同心球层依次排开，由此构成了整个宇宙层层嵌套的同心球模型。① 相比于地球，恒星天球是如此广大，以至于"在感官所能感知的范围内，地球与所谓恒星天球的关系，正如这样大距离下的一个点"（*Almagest* 1.6；Toomer，1984：43）。由于《地理学》一书基本不涉及行星问题，地球和恒星天球的关系得以更加凸显出来，对地表经纬度、位置、方位等的定义，都是在这一框架结构中进行的。后文所说的"天球"，也默认指恒星天球。

在托勒密的地心体系中，地球固定不动，旋转的是最外层的恒星天球。那么，通过转轴与恒星天球的两处交点，南北极得以定义。围绕南北极的轴线，天球从东向西作周日旋转。其结果是，天球上的所有恒星在旋转一周后经过的路径，绘出了彼此平行的全部纬线圈，它们的圆心都在极轴上。纬线圈中最大的是赤道，位于穿过宇宙中心并垂直于旋转轴的平面上。第二个平面是地平面，即地球上任意给定点的切平面。由于天地的尺寸相差巨大，以至于在天球的尺度上，地球可以被看作一个点。这样一来，地平面便平分了天球。和赤道一样，地平面和天球相交切出的圆，都是天球

---

① "两球模型"或"两球宇宙"（Two-Sphere Universe）最早由库恩（Thomas Kuhn）在其《哥白尼革命》中引入，用以总结古代希腊天文学的概念图式。后成为古代科学史和天文学史领域的基本共识。也见林德伯格（Lindberg，2010：86）。

上的"大圆"。天球上另一个重要的大圆是黄道(ecliptic),托勒密将其视为黄道带(zodiac)的中心之圆,因此它也继承了古希腊天学传统对这片区域的星座划分,将圆周等分为 12 份,每一份占据 30°,从而与黄道带上的星区大致重合。黄道与赤道的交点,定义了两个对径点:二分点(equinoxes)。黄道的南北两端,则定义了另外一对重要的点:二至点(solstices)。天球上与赤道平行并经过这两个点的圆圈,分别称为北回归线(Tropic of Cancer 或 Summer Tropic)和南回归线(Tropic of Capricorn 或 Winter Tropic),也通称为回归线。

以上所定义的,都是天球上的圆圈。而在两球模型中,地球和天球是同心的,这意味着,对两者而言,向上和向下的方向是一致的。因此,我们在将天球上的网格铺设完毕后,也可以设想天球正下方的地球上也有类似的圆圈一一对应,正如希腊人所做的那样——他们直接用天球上的圆为地球上的圆命名。对今天的读者而言,天球的概念已不存在,原本用来描述天球大圆的概念遂依附于地球而存在。这一方面有助于我们理解《地理学》中的许多名词,但有时候却可能会带来误解。譬如天球上的回归线,起到的是对太阳和相应星座的定位作用,而地球上的回归线,则是对观察者的一种限定:只有处在它们中间的区域,太阳才能在一年中直接掠过头顶。因此我们在讨论该书内容的时候,必须时刻注意区分作者所说的概念,究竟属于天球还是地球(事实上在《地理学》中,天球及其大圆更多作为背景框架和几何运算的辅助手段出现,最终目的仍是要实现地球的几何建构)。

2. 从纬度带到经纬度框架

古希腊地理学对地球纬度的定义，最早是从天文学的视角加以定义的。对地球上任一地点的观察者而言，地平面和南北轴线之间的夹角，构成了度量纬度的标准。这样的定义意味着，纬度不仅会随南北方向的位置而变化，也决定了哪些恒星能在特定位置被看见。譬如，当我们在赤道上时，轴线与地平面重合，夹角为0°，纬度即为0°，所有恒星都在升起和落下；而当我们在北极点时，轴线与地平面垂直，夹角为90°，纬度即为90°，位于赤道以北的恒星永远可见，而赤道以南的恒星永远不可见。当然，一般的观察者都位于这一区间内——如北纬31°的亚历山大城。这样一来，恒星便分为三类：永不落下、始终位于地平线以上的恒星；不断升起和落下、时隐时现的恒星；永不升起、因而也永不可见的恒星。天球上将这三组恒星分开的是两个大小相等的平行纬线圈，即恒显圈和恒隐圈。它们各自与地平面的交点，定义了观察者的正南和正北方向。相对的，赤道同地平面的两处交点，则定义了观察者的正西和正东方向。

回到地球球面。当人们在南北方向上移动时，恒显圈和恒隐圈的大小会发生相应的变化，而沿东西方向移动时，所见的星象却会保持不变，将所有这些不变的点连起来，便定义了一条纬线（παράλληλος, parallel），即球面上与赤道平行的一个圆。早在托勒密之前，古希腊的学者便认定同一纬线上能观察到诸多共同的现象。托勒密在《至大论》中明确列出了相同纬线上的地点所共通的天文和地理特征：

1. 沿着经线的天极距离地平面的距离[即极点的高度角]，或天顶距离赤道面的距离；

2. 在太阳可能直接从头顶经过的地区，太阳何时经过，多久经过；

3. 分点同至点的日影长度同日晷的比例；

4. 一年中最长的或最短的白昼时长与分点日白昼时长的差值；

5. 白昼和黑夜长度的单位增减[以黄道上的10°为间隔]；

6. 随给定的黄道弧升起或落下的赤道弧长；

7. 重要大圆之间夹角的详细度数；

8. 特定地区的阴影是否可以在一年中的不同时间指向北方和南方；以及

9. 哪些恒星总是可见的，哪些恒星升起和落下，以及哪些恒星可以直接位于头顶。(*Almagest* 2.1;2.6)

不过以上特征并未全部反映在《地理学》中。相反，托勒密通常将"最大白昼时长"作为定义纬线的主要标准。他设定的重要纬线，都是按其对应的固定间隔的最大白昼时长选定的，因此距离赤道越远，就会变得越密集。为了调节地图上的疏密，托勒密又对这一增量做了些许调整，从赤道到最大白昼时长为15½小时的纬线之间，以四分之一小时为间隔；在那之后直到已知世界的北部边界(最大白昼时长是20小时)，则以半小时为间隔。托勒密用以表征和度量纬线高低的方式，反映出古代西方地理学语境中一项悠久的传统，即所谓"纬度带"(单数 κλίμα, klima；复数为

κλίματα，klimata，意为"倾斜度"，表示天球轴线与水平面之间的夹角，也作 clima 或 clime）的划分方式。

早在亚里士多德的《气象学》中，地球表面就依据回归线与恒显圈划分为 5 个区域，分别对应今天的南北寒带、南北温带和热带（*Meteorologika* 2.5,362a32）。但亚里士多德的概念更接近后世的"气候区"的概念，与表示纬度高低的"纬度带"（klima）并非一回事。现存文献中最早使用这一术语的，是公元前 2 世纪的数学家许普西克勒斯（Hypsicles，约 190 B. C. —120 B. C.）所著《论星的升起》（'Αναφορικός, *On Ascension*），希帕克斯在其存世的文本中也提及这一概念，并视其为以某条纬线为核心、具有一定宽度的纬度带（Shcheglov, 2004）。但由文献中的引述来源可知，其谱系至少还可以上推至欧多克斯（Eudoxus）的时代。此后，该词便成为古代天文和地理学领域的关键词之一。古希腊罗马的地理学家如埃拉托色尼、斯特拉波、盖米诺斯等，通常都会建立各自的纬度带列表，以之进行南北方向的定位和界分。通常情况下，人们用"最大白昼时长"和"日晷及其阴影比例"对纬度带进行度量。而在不同作者的语境中，纬度带的内涵也并非一成不变，其指涉可能会在纬线和纬度带、普通纬线和特定纬线之间游移。譬如马里诺，就使用了带状"klima"的含义，将已知世界的划分南北向的多个区域（*Geography* 1.15）。不过基于论述的需要，本书正文中通常将其统一译为"纬度带"，并在需要时加以详细的界说。受马里诺的影响，托勒密在创作《至大论》时，在已知世界的范围内设定了"七纬度带系统"（7-klimata system）——这既是南北向划分的一套规范体系,也表现为以恒定纬度差异排开的纬度带。① 到了《地理学》中,除论及马里诺的部分,托勒密未再沿用这一概念系统,而是转换为更为精确的坐标网格。不过,他所用的"最大白昼时长"这一单位仍来自纬度带的传统,并且偶尔也会诉诸纬度决定气候的古老内涵,推断出气候类似的地区与赤道的距离必定相当。

在对地表东西向的划分,也即对经度的度量中,起主导作用的仍是时间,确切地说,是以等分时计量的时差或时间间隔。托勒密首先定义了经线:设想一个包含了地球南北轴的平面,该平面将与地球的交点构成了一个绕地一周的大圆,就是经线(μεσημβρινός, meridian)或经线圈(ὁ μεσημβρινός κύκλος, meridian circle)。经线所具有的特征是,同一经线上的所有位置将在同一时间观测到正午时分穿过经线平面的太阳。② 因此,通过计算不同经线正午时分的时间间隔,便能得出不同经线的经度差异。按照惯例,托勒密选择在他所知的世界最西端的经线向东来计算经度。他写道:"以三分之一等分时即赤道上的 5 度为间隔来绘制经线,似乎是比较合适的。"(Geography 1.23.1)在理论章节的大部分篇幅,托勒密都会用时间来表示经纬度,由此体现出与古代地学的传承关系。

---

① 谢格罗夫(Dmitry Shcheglov)有专文分析过托勒密文本中"纬度带"概念的传承关系,认为托勒密《至大论》中七纬度带体系的划分方式,远承埃拉托色尼,近受马里诺影响。该体系虽然没有在《地理学》中沿用,但在后世流传的地图和衍生的文本中都有体现。可以推知托勒密所说的 klima 应理解为由有一定宽度的纬度带。这也是马里诺的本义(Shcheglov, 2004)。

② 现代英语中的经线或子午线(meridian)一词,正是源自拉丁文中表示"正午,中天"之意的 meridies。

3. 度数、距离与方位

古巴比伦人将圆周等分为 360 份,每份为 1 度,以之为单位,可以度量一个周天或黄道带的长度间隔。希腊人也借鉴了这套系统,如希帕克斯就已将其应用到天球和地球的圆圈上。继承了希帕克斯学术体系的托勒密,也将"度"作为沿经线圈和纬线进行测量的单位,由此建立起了统一的坐标体系。就目前掌握的文献来看,托勒密应该是古代第一个以"度数"的坐标系统来精确定位地表位置的地理学家。① 用该种度数表达的坐标值即是经度($\mu\acute{\eta}\kappa o\varsigma$,即 longitude,原意为"长度")和纬度($\pi\lambda\acute{\alpha}\tau o\varsigma$,即 latitude,原意为"宽度")。② 同天球上惯用的黄经和黄纬不同,出于地理测距上的方便,托勒密用赤道取代了黄道,于是对纬度的测量便以赤道为基准,沿经线向北或向南进行计算;而对经度的测量则以至福群岛(The Blessed Islands,位于居住世界最西边,对应于今天的加纳利群岛)或亚历山大城的经线为基准,沿赤道测量其与给定位置的经线间的距离。

自然,以上以度数度量的距离都是"角距"。而实际的测地数据往往显示的是两地间的直线里程距离——在托勒密的时代,这一距离往往以"希腊里"($\sigma\tau\acute{\alpha}\delta\iota o\nu$,即 stade 或 stadion,复数 stadia,

---

① 可参看 Berggren & Jones(2000:14)。值得一提的是,托勒密在"度"的单位之后,并没有加上我们今天熟悉的"分秒",而是以分数(fraction)形式表示小于 1 度的部分。详见第二章第二节。

② 在《至大论》中,托勒密主要将这两个术语用于天球上经纬度(黄经和黄纬),而地球上的纬度仍沿用 klima 的表达方式,或在指称坐标时改用 ἔγκλιμα 或 ἔγκλισις 表示。一直要到《地理学》中,出于几何化的目的和计算的便利,他才开始使用经度和纬度的概念。

也译作"斯塔德")为单位进行表示。希腊里是古典地理学中测地的标准单位,今人对其具体长度的推定,往往经由与罗马里的比例换算得出(1罗马里的长度相对确定,即1480m)。然而该比例迄今并无恒定明确的数值——因为不同地域、不同时代的希腊里可能具有不同的数值,比例也会不同。据德国历史学家莱曼-豪普特(Lehmann-Haupt)的考据,罗马里与希腊里的比值在历史上至少存在6种,分别为:7、7½、8、8⅓、9、10(Lehmann-Haupt,1929)。而据爱德华·古贝基安(Gulbekian,1987)、唐纳德·恩格斯(Engels,1985)等当代学者对埃拉托色尼所用希腊里的考证和辨析,至少有七种长度曾出现在历史文献或学者论证之中。

抛开这一争议不言,具体到托勒密的书写语境中,目前学界主流的意见是托勒密的一单位希腊里相当于今天的185米左右。[1] 当然,这一单位的具体长度为何,对今人理解《地理学》的数学框架影响不大。只不过要将直线距离转换为度数距离,人们就需要获知两单位之间的精确比例。在《地理学》文本中,这一比例被确定为大圆上的1度=500希腊里。[2] 除去希腊里外,托勒密所引述资料中也包括了罗马人、波斯人或古埃及人的测量,因而涉及不同地域计量单位的换算,如上文提到的罗马里(Roman mile,相当于8

---

[1] 见Dicks(1960:42—46);Engels(1985);Pothecary(1995)。

[2] 对该比例的计量,最早可追溯到埃拉托色尼(Eratosthenes)。他的地球周长的测算值,即约250 000希腊里,是建立在地球赤道的1度等于700希腊里的基础上的,这也是早期托勒密在撰写《至大论》时所信服的结果。然而到了写作《地理学》之时,他的结论变了——他算出的地周长180 000希腊里,比埃拉托色尼所设想的地球更小,而这正是基于1度等于500希腊里的估计。详见第一章中关于埃拉托色尼、波西多尼奥斯、马里诺等对地球周长的测算。

希腊里)、埃及河里(schoinos,埃及计量单位,相当于 30 希腊里),以及主要来自东方帝国的波斯里(parasang,约相当于 1 河里)等。为免去计算上的麻烦,托勒密基本按照统一的换算规则将它们表述为希腊里。不同历史单位间的具体数值关系,并不构成《地理学》研究的重点,不过在一些细节阐述和文本对照中,可能还会涉及对这些长度单位的讨论。

前文已提到过托勒密关于正东、正西、正南、正北方向的天文学定义。而在《地理学》中,作为资料来源的各类行程日志可能涉及到更多的方位。托勒密由此提供了两种描述行程方向的方式:一种基于太阳升落时位于地平面上的点,另一种基于不同方向的风的传统名称。当太阳位于分点时,它从观察者的正东方升起,正西方落下。因此,托勒密也将这些方向称为"分点日出"(equinoctial sunrise)和"分点日落"(equinoctial sunset)的方向。当在太阳位于赤道以北,日出和日落点在正东与正西偏北,并在夏至点达到最北。同样,当在太阳位于赤道以南,日出和日落点也转到正东和正西偏南,并在冬至点达到最南。托勒密称其为"太阳的夏季或冬季升落"方向。不过,无论讨论的地点位于何处,纬度如何,托勒密都将这组方向视为固定的值,即与正东和正西方向成 30°角。[①] 这大概是基于罗得岛所在纬度的观察结果(在希腊地学传统中,过罗得岛的纬线也是世界东西方向的中轴线)。除此以外,托勒密也使用十二种风向的名称来定位方向。这一定向方式

[①] 实际上,对于不同纬度的观察者而言,升落的方向并不相同:在赤道处,它们与正东和正西方向大约成 24°角,但是随着人们向北或向南移动,该角度会越来越大。

由来已久,很可能源自古希腊的航海传统。其中的四种风向等价于四个基本方向,即北('Απαρκτίας, Aparkitias)、南(Νότος, Notos)、东('Απηλιώτης, Apeliotes)、西(Ζέφυρος, Zephyros)。其余风向则以30°为间隔,均匀分布在基本方向之间。对于托勒密而言,风向体系和太阳升落体系可以很自然地相互转换,整个框架如图 i.1 所示。①

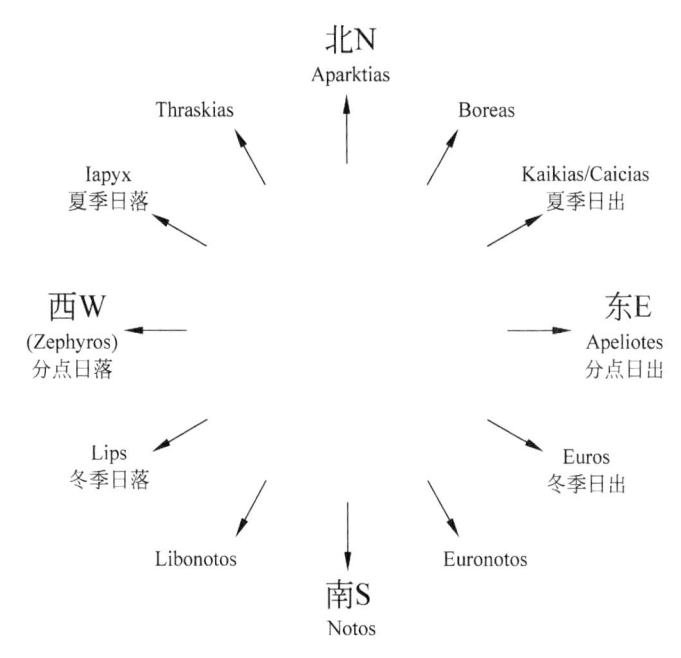

```
                       北N
                    Aparktias
         Thraskias              Boreas
                  ↙    ↑    ↘
    Iapyx                         Kaikias/Caicias
    夏季日落                      夏季日出
        ↙                              ↖
西W  ←                                  → 东E
(Zephyros)                              Apeliotes
分点日落                                  分点日出
        ↖                              ↙
    Lips                            Euros
    冬季日落                          冬季日出
                  ↘    ↓    ↙
         Libonotos             Euronotos
                       南S
                      Notos
```

图 i.1 《地理学》所参照的古希腊风向图以及太阳升落点位方向示意图②

---

① 需要注意的是,风向方位图中所示的箭头朝向表示风所源自的方向,与风所行进的方向其实是相反的。譬如英语世界中仍旧沿用的"Zephyr"一词,指的是从西向东吹的风(即西风);而作为方向,它指代的是西方,而非东方。

② 关于风向图的讨论详见第一章第一节"古典时代的圆形大地和希腊中心观念"。

4. "居住世界"与"地理学"

在对以上知识背景有基本的把握之后,我们就可以引入托勒密乃至古希腊的地学领域最为核心的一个概念——居住世界(οἰκουμένη,oikoumene,也作 ecumene 或 oecumene;意为"有人居住的世界")。在托勒密《地理学》或其世界地图中,他所指的"世界",正是这一基于古希腊文化视野的"居住世界"。"居住世界"的概念,早在亚里士多德的《气象学》中便已初露端倪。亚氏选取了希腊语中表示居住的动词"οἰκέω",以该词的阴性现在时中动态分词形式搭配表示"大地"的词"γῆ",组成了"οἰκουμένη γῆ"(有人居住的大地或世界)这一词组,再将其截取为缩短形式,便造出了"οἰκουμένη"(oikoumene)一词(Aristotle,1952:180;亚里士多德,1999:107)。在古希腊的语境中,oikoumene 的含义几乎等同于古希腊人所认识的世界,故而随着古代地学的发展,"居住世界"的范围逐渐与"已知世界"相混同。这一现象也进一步延伸到了古罗马时代以及中世纪。

从"居住世界"的概念出发,有几点是特别需要我们注意的。首先,居住世界不同于今天意义上的"全世界",因此托勒密的"世界地图",也不同于今天意义上涵盖了整个地球的"世界地图"。古代西方对"居住世界"的认知十分有限,但难得的是,他们自己对此也有清醒的认识。从埃拉托色尼到马里诺、托勒密等地理学者,都将"居住世界"的范围大致限定在占据地球北面四分之一的"象限"之内,而对象限之外的未知区域持审慎的保留态度。其次,"居住世界"(οἰκουμένη γῆ)的构词学背后,隐含了一个重要的中心语,即"大地"(γῆ,ge),所以它更确切的含义,是"有人居住的大地"。由此可知,"居住世界"所指的"世界",不是广义上的宇宙空间，而是指向了地学意义上切实可见的地域。同时，γῆ 的意义在古希腊也经历了从地平到地球的转变（我们在第一章中将论及该点），到了托勒密的时代，地球观念已经同 γῆ 密不可分地联系在一起。因此可以说，"居住世界"所指向的世界图像，是地球表面上已知的有人居住的土地（同时也包括近海的岛屿与水域）。

另一个需要澄清的概念是托勒密语境中的"地理学"（geography）一词。geography 既是托勒密《地理学》的书名（古希腊语名的 Γεωγραφική 为其阴性与格形式），也是该书最重要的主题。前面提到，对这一概念的误读，导致很多读者对该书内容的理解产生了错位。这里我们有必要直接援引托勒密本人开宗明义的解释：

> 地理学（γεωγραφία，geography）是一种模仿（μίμησίς），是对整个世界的已知部分和与之关联的事物的绘制。它与地志学（χωρογρᾶφια，chorography）不同，后者作为独立的门类，着手描绘相互独立的地区，并切实记录下尽可能多的各项事物（如港口、城镇、大区、主要河流的分支等等）；而地理学的本质是把已知世界作为一个单一的、连续的实体来展示，展示其性质和排布方式，它只关注有关边界、大致轮廓的元素（如海湾、大城市、知名的民族和河流以及各种值得关注的东西）。
>
> 地志学的目标是呈现对某一部分的印象，就像画一幅只有耳朵或眼睛的图像；但是地理学的目标是呈现更概括的视点，类似画一幅完整的头部肖像。就是说，无论何时作画，都必须使得身体的主要部分合于某种既定规则和先后顺序。
>
> (*Geography* 1.1.1—1.1.4)

由《地理学》开头的这两段话可以看出,托勒密对"geography"一词,有着十分不同于今人的理解。事实上,我们可以在更原始的词根意义上来解读托勒密的理解方式。geography 对应的古希腊语,由表示"大地"的前缀 γεω-(geo-)和表示"刻画"的 γράφω(grapho)构成。其中 γεω-即 γῆ 的含义我们已在前文中进行了讨论,而 γράφω 最初的意思,正是在上古时期常见的书写媒介——泥板上进行刻画,无论书写或绘画(这时两者也是不分的)。到后来,随着书写媒介的变化和语义的自然延伸,γράφω 逐渐发展出写作、描述的含义,但仍保留了绘画的本义。不同于其他偏重于对大地进行文字描述的地理学家(geographer)——如斯特拉波、普林尼,也包括更早的希罗多德——托勒密是从"绘画"的角度来理解"geography"一词的,这就意味着他笔下的 geography,事实意味着对世界或大地进行绘制,以模仿其本来的形状和轮廓。也是基于这一理解,托勒密才将 geography 和 chorography 这一现代语言中表示"地志、地方地理学"等含义的词进行对举——两者实则在绘图(graph)的层面是统一的,真正可对比的乃是意指"大地"或"居住世界"的词根 geo-和意指"地方"或"区域"的词根 choro-。

那么,如果我们基于这层含义,将 Geography 直接翻译为制图学或世界制图学,是否便准确了呢?的确,不少学者正是这样做的,[①]从普及的角度讲,这也可以避免前文提及的诸多误解。然而,如此翻译却并不利于我们深入地理解古典学术文献,尤其是如此重要的一部古代科学经典。原因有如下两点:

[①] 比如国内科学史家江晓原(1994)。

第一,它会引入一种严重的时代误置,进而导向辉格编史学。尽管制图实践拥有可上溯至原始社会的漫长历史,但现代意义上的制图学(cartography)却是一门十分年轻的学科,这一概念直到19世纪,才由法语中的 cartographie 进入英文,意指与地图的制作和实用相关的一切研究与实践。制图学隐含的前提是,"地图"作为独立的研究对象,已经与天学、地学研究或者民族志的文字记载相分离,获得了相当程度的自主性。从这一角度来讲,很难说古代西方曾产生过与之严格对应的概念。事实上,古代西方的世界制图理论和实践,长期都作为地理学的一部分而存在,而非一门独立的知识门类。假如要用一个概念来指代历史语境下的古代地理制图,更合适的必然还是"地理学"(geography)。尽管到了今天,这一概念已相当泛化并成为自然科学的规范门类,但它与古代地理学仍保持了很强的亲缘关系,其古今意涵并未发生质变,即仍以"描述大地"为主旨。因此,作为古希腊地理学传统中坚固的一环,将托勒密的这本著作定名为《地理学》,至少从地学谱系和历史语境的角度而言,是不为过的。

第二,那么以绘制大地轮廓为宗旨的《地理学》,在何种意义上从属于古希腊的地学传统呢?这自然涉及对古希腊地学史以及"地理学"的语源学与概念史梳理。我们在第一章中将详细讨论这一问题,这里只就"地理学"即"geography"的概念做一澄清。在古希腊的语境中,关于 geography 的表述向来都是多样化的。譬如,以原子论著称的哲学家德谟克利特(Democritus),就有一部名为 Geography($Γεωγραφιη$)的作品,第欧根尼·拉尔修将其归入了数学领域,据称其中很可能包含了一幅世界地图(Laertius, 2018:

458；Roller，2010：61）。被誉为"地理学之父"的埃拉托色尼，其代表作 $Γεωγραφικά$（$Geographika$），意即"论地理"或"地理论著"，也源出同名。其中既包括对世界的尺度、范围、方位和轮廓等的几何描绘，也有对各区域特征和民情的详细记载。相比之下，另一部同名巨著即斯特拉波17卷本的《地理学》，虽然大部分篇幅旨在展现其博学和政治地理的兴趣，却花了整整一卷对历代地学的理论框架做全面梳理和批判。由此可见，古希腊"地理学"的光谱是十分宽泛的，从地图绘制到地志记载，从几何建构到文献梳理，都可以纳入其中。而每位学者很可能根据自己的偏好，侧重或精简每一部分的篇幅。从这一意义上讲，托勒密的《地理学》和埃拉托色尼、斯特拉波等人的《地理学》并无质的不同，都处在古希腊地学的"同一片屋檐"下，只不过在这一大传统内部各有侧重。更何况，读者也不可忽略，托勒密《地理学》虽有浓厚的理论气息和丰富的技术细节，但大部分篇幅仍同其他所有地理学家一样，旨在对世界各地进行有条不紊的列举描述——尽管他的描述充满了数学色彩。无论如何，将这本地学史上里程碑式的专著译为《地理学》更为恰当。只不过，基于托勒密对这一概念独特的理解，我们仍需要在书中具体提及 geography 之处附加更多阐释。这也是本研究所涉及的要点之一。

七　章节安排

按照前文所述之进路，正文部分将着重对托勒密的《地理学》进行文本和传播层面的历史性回溯，并大致按照该书的生成史、理论建构过程、制图法的传承和创新、世界图像的渊源,以及文艺复兴的重新发现,这一由内至外、定量与定性结合的理路进行编排,以图还原其历史语境与时代特征。其中第一章为前史(即生成史),第二章和第三章讨论《地理学》的理论前提和制图方法,第四章讨论《地理学》的世界图像,第五章重点论及后世影响,第六章对托勒密《地理学》的源流与影响进行回顾。各章节安排如下:

第一章追溯托勒密《地理学》的源流,即前托勒密时代的古代地学,尤其是古希腊地理学对托勒密的影响。该章涉及对希腊早期的圆形地图、地球观念兴起后的几何制图以及天文学、地理学内在关联的讨论,阐明了赫卡泰、亚里士多德、柏拉图、埃拉托色尼、波西多尼奥斯、斯特拉波等早期著者对托勒密地理体系形成的影响。本章旨在论证,《地理学》不应被视为现代意义上纯粹的制图学或数学探讨,而应当放在古代地理学的传统中加以理解。该书的写作范式、理论框架和数据等等,都继承了自埃拉托色尼以来的数学地理学传统,尤其受希帕克斯、马里诺等人的巨大影响。

第二章讨论《地理学》的理论框架。以托勒密的文本为中心,本章首先阐明托勒密关于"地理学"的定义和分类,揭示该书在古代地学的光谱内对"世界制图"的侧重。继之从计量体系的数学基础、地理测量和数据来源、数据的处理与编目三个方面,对托勒密制图的前提加以讨论,即他是基于古代埃及、巴比伦、希腊的数学传统,借助源自天文学的测量数据、定位框架和定位系统,对来源庞杂的地理数据进行了重新筛选、修正和转换。这一过程既非横空出世的异想,也非简单的继承和整理,而是对古代的宇宙论、地理观念、数学方法和地理信息的创造性综合。对《地理学》理论框架的探讨,是进入该书核心的一把关键钥匙。只有厘清了理论的来龙去脉,后续探讨才不至于沦为辉格史意义上的纯现代叙事。

第三章讨论《地理学》的平面制图法,即托勒密在第一卷中介绍的两种世界地图绘制法和第七卷中引入的绘制"地球环仪"平面图像的几何步骤。由于托勒密的制图法以几何推导和数学计算为主,本章着重讨论其前提假定、理论来源和几何思想,同时也将与古代希腊的视学传统(以欧几里得《视学》为代表)和托勒密的天图绘制(以《平球论》为代表)展开比较研究,本章旨在论证,托勒密独特的几何设计,秉持了"相似性"和"合比例性"原则,也借鉴了古代的立体几何、平面几何与视学传统。通过想象的视点,他得以将原理各异的几何原则与方法体系整合为一体,在此基础上设计出了三种独具匠心的地理制图法。究其根本,托勒密的制图法是古代宇宙论与几何学的产物,不能简单用"透视""投影"等现代术语加以概括,但它客观上启发了近代绘画透视和制图投影学的兴起。

第四章讨论该书的世界图像。《地理学》并非纯粹的理论建构,也包括了具体世界图像的呈现,两者之间的巨大张力使得任何单方面论述均不足以提供完整的理解。因此作为对前文定量探讨的补充,本章转向对托勒密世界图像的定性呈现:首先通过对同时代罗马帝国的行政疆域、域外探索和地理想象的梳理,揭示该作品立足的土壤;随后从整体到部分展现托勒密的世界地图和区域地图,直观把握其作为古代制图的特征。这一认识亦是通过托勒密对前代学者地理图景的继承和修正,譬如对河流源头的认识、关于大陆的划分、对边缘大陆及地中海模型的偏好等实现的。本章还涉及部分历史地理的讨论，以及中国史书关于托勒密的"丝绸之路"之论述比较等。这构成了理解《地理学》的另一把关键钥匙。

第五章讨论《地理学》在后世尤其是文艺复兴时期的流传和影响，偏向"外史"研究，目的是通过还原《地理学》在近代早期"重生"的过程，揭示文本传承和文化语境间的复杂关系。本章旨在论证，《地理学》的再发现是人文主义大潮的一部分，经历了从语文学层面到图像层面、再到理论重构的缓慢转向的过程。托勒密的巨大声誉一度为其赢得学者的青睐，但传统的中世纪地图、海图始终足以与其分庭抗礼，它们长期处于融合互鉴的关系中。此外，地理大发现、印刷术的发明以及中欧地区的数学勃兴也对这一过程产生了具体影响。正是在上述背景中，托勒密制图法迎来时代性机遇，借助维尔纳、斯塔比乌斯、墨卡托等学者的改良登上巅峰。因此《地理学》的近代崛起并非简单的"进步"或"革命"，而是在时代需求和知识网络的互促之下逐渐走向前台的演化过程。

第六章首先简述了《地理学》影响下的近代制图法和"新世界图像"是如何诞生的，以此为该作品跨越千年的影响和传播史作结。回顾《地理学》的前史、成书、传播、演化之路，总结前述理论、方法、图像对后世的影响，该章再次强调语境主义视角对于科学史研究的重要性，我们借此得以重新理解近代早期制图学、地理学乃至科学的发生逻辑。由此展开的《地理学》研究，既可以搭建起进入古代科学的重要桥梁，也构成反思现代科学难能可贵的支点。

第一章 前托勒密时代的古希腊地理学

很长一段时间以来,托勒密的《地理学》始终显得有些神秘。科学史界围绕它的研究并不太多,但它在地理史学界却毋庸置疑地位于核心地位。一种流行的叙事是将该书塑造为数学地理学的代表和近代以降的地理科学的古代先驱,关于其"进步性"和长达千年被遗忘的叙事,也给今人构造出一则西方地理史的神话。但这显然是一种错觉:古代存世文献的稀少和现代实证主义叙事的需求,共同助长了这种错觉。事实上,《地理学》与古代地学的关系远比与近代地理学或制图学的关系要亲密得多——尽管作为古代西方存世的唯一一部地理制图著作,它的传承脉络缺乏直观的参照,但现有文献足以表明《地理学》是古希腊学术的典型产物。正如俄国地理史家谢格罗夫所言:"整个古代[西方]的地理学史都可以看作是托勒密地理学的前史"。(Shcheglov, 2017:159)诚然,该传统同今天已相去甚远,传世的文献也十分零碎,但却绝非无迹可寻。从自古以来相关论者的直接或间接引述中,今人仍能一定程度重构出古代地理学的面貌。因此作为正文开篇,本章的目的是重新回到古代希腊的学术语境中,梳理出前托勒密时代地理知识和理论传承的基本线索,为理解该书的知识史地位奠定基础。这也是进入《地理学》文本的基本前提。

第一章　前托勒密时代的古希腊地理学

在世界各文明的古代科学史论述中,古希腊的"地理学"因基于地球观念和几何化建构的特征而独具一格。这一传统并非一蹴而就,而是在漫长的"世界图式"转变中逐渐形成的。[①] 在现代学科范式尚未形成的古代世界,凡以大地作为描绘对象或主题的知识门类往往被通称为"地学"。不同的文明诞生了形态各异的"地学"。而古希腊地学的独特之处在于,它形成了一套以地球观念为基础、依靠几何方法绘制大地的知识谱系,在描述性的地学传统之外自成一体——这就是古希腊的"地理学"。要辨明古希腊地理学区别于其他文明古代地学的特殊之处,就必须着眼于它所基于的几何方法,和据此对大地进行描绘的独特实践。在此意义上,"地理学",即对大地的描绘(geo-graph),若偏向本意即图像绘制来理解,必然和制图学有千丝万缕的关联。事实上,琼斯等现代译者就将托勒密的 geography 一词翻译为"世界制图学"(world cartography)。由此观之,古希腊的地学并不一开始就是"地理学"。在地球和几何观念确立之前,古代希腊和世界大多数文明一样曾盛行"地平说",或将居住世界绘制为浮在海面上的巨大岛屿。从平面的圆形大地到作为球面一隅的已知世界,古希腊的世界"图式"经历了一场根本性的结构转变(所谓图式,即古人关于世界的形状、大小、方位、框架组成等与制图相关的图像化认知)。

---

① 文中将古希腊对世界的图像化呈现称为"世界图式"(world scheme)。这一概念既参照了古希腊语源上的依据,譬如斯特拉波曾形容欧多克斯精于绘图和纬度测量,其中"图形"一词就用 σχῆμα (schema) 来表示 (Strabo 9.1.2);也借鉴了库恩的"概念图式"(conceptual scheme),即"一种框架或模型,在其中零散的经验知识能够被整合为一体,且能产生出在原有体系之外的新知识" (Kuhn, 1957: 36)。本书中的"世界图式"更强调其几何化、图像化的一面,也意在突出古代地理学和制图学的密切关联。

具体而言,即是地球观念的出现和流行,使得几何学搭建的世界框架变得合法,也令古希腊人的大地描绘能超越有限的经验,借助一种独特的精神视角而擢升到更宏大的宇宙图景中。由此而兴起的,是作为一门独立知识门类和学科领域的地理学。①

一 古典时代的圆形大地和希腊中心观念

根据当今学界对古希腊历史分期的共识,关于希腊早期地学及相关观念的探讨,集中于古典时代(Classical period,500 B.C.—323 B.C.)、希腊化时代(Hellenistic period,323 B.C.—31 B.C.)和希腊-罗马时代(Graeco-Roman period,30 B.C.—395)。② 其中,古典时代不仅是古希腊哲学的黄金时代,也是作为古代知识门类(ἐπιστήμη)的地学滥觞的年代。希腊化与罗马时代虽则在政治层面一分为二,但就知识史而言却密不可分。以那个时代的知识生产中心亚历山大城为纽带,当代学者发现了一条贯通其间的地理学演化线索。不过,在对希腊化时期的地理写作进行分析之前,首先应回到古典时代的知识语境之中,一览起源时代的西方地学面貌。

鉴于年代久远,当代学者在研究古代地学时所凭依的材料,一则是制图著书、历史记载等文字记录,二则是地图、地球仪等地理

---

① 该论点以及此后两节相关论述,基于笔者的另一篇论文展开,详见鲁博林(2020)。
② 尽管在年限上有一定出入,但古代希腊的历史分期已有较成熟的学界共识,具体可参考 Boardman et al. (1991)及 Sacks et al. (2005)等。

第一章　前托勒密时代的古希腊地理学

绘图实物。然而不利的条件在于,古典时代的希腊鲜有地理实物传世,即便影响之巨如托勒密《地理学》,同样被许多人质疑乃后世伪造。[1] 故而今人可资利用的线索,主要是时人留下的文献及其残篇。西方地理史研究界有一种说法,即古希腊地学的祖师应当追溯到荷马(Homer),诸如埃拉托色尼、希帕克斯等知名著者都无一例外地以荷马史诗中的地理叙事开篇。而到了罗马时代,斯特拉波在其巨著《地理学》中,亦用开篇的整卷为这位传说中的地理始祖进行申辩。根据地理史家普雷斯顿·詹姆斯和杰弗雷·马丁(詹姆斯、马丁,1989:23—29)的说法,古希腊的地理学可分为两大传统:文学的和数学的。其中文学传统以荷马史诗、希罗多德的《历史》著称。可见早期地学的范式尚未定性,并始终与自然哲学、游记文学、历史、神话叙事和方志作品纠缠不清。古希腊人基本的地学概念,也是源于这一混杂与模糊。这就使得今人一旦谈论"古代地理学",便容易陷入时代错置的窘境。然而在这纷繁的语境中,有一条线索与古代地理学范式的兴起息息相关,而且拥有较为清晰的传承脉络——即地理制图。近年来,地图及其理论所代表的世界图式愈来愈受重视,也构成了古希腊地理叙述的根基所在。

综合各类文献来看,哲学史上提出"无限定"($\alpha\pi\varepsilon\iota\rho o\nu$,Apeiron)概念的米利都学派代表人物阿那克西曼德(Anaximander,约610 B.C.—545 B.C.)是古希腊制图学有名有姓的第一人。第

---

[1] 对目前所知之《地理学》文本是否实际源出自托勒密一点,国际学界最具代表性的怀疑意见出自列奥·巴格罗。详见 Bagrow(1945)。

欧根尼·拉尔修称他"首次描绘出山海的轮廓,并制作了一个天球[仪]"(Laertius, 2018: 61)。公元三世纪的地理学家阿伽塞美鲁(Agathemerus)在其著作《地理概览》($τῆς\ γεωγραφίας\ ὑποτυπώσεις\ ἐν\ ἐπιτομῇ$)中指出,阿那克西曼德是"第一位尝试在木板[地图]上绘制出居住世界的人"(Harley & Woodward, 1987: 134)。斯特拉波则称他"发表了第一幅地图($γεογραφικον\ πινακα$, geographikon pinaka)"(Strabo 1.1.11)。另外,据10世纪编订的拜占庭百科全书《苏达辞书》($Σουδα$, Suda)所载,他的作品中包括了一部 Ges Periodos($Γης\ περιοδος$),很可能正是对其制图实践的记载。[①]

遗憾的是,无论阿那克西曼德的作品是地图或关于制图过程的文字说明,其原本都已散佚,仅有与之相关的转引存世。凭借这些间接的引述,今人赋予了阿那克西曼德第一个系统的世界地图绘制者的名号,同时也认为他是最早构想地球形状的人。阿那克西曼德认为地球状似圆柱,而大地正如鼓的表面,这一灵感很可能源自流行于希腊的石头纪念碑建筑(Roller, 1989),或受其恩师米利都的泰勒斯(Thales of Miletus,约 624 B.C.—548 B.C.)影响。泰勒斯认为水是宇宙的基本元素,而世界漂浮在水面上,因此构成了类似"地球圆盘"的世界图式(Aristotle De Caelo 2.13.294a;亚里士多德,1991:341)。阿那克西曼德的世界图式与之类似,我们今天可将其归入"地平说"一系。这也是古代早期的希腊文明中

[①] 见苏达辞书(Suda On Line: Byzantine Lexicography)的"Anaximander"词条,https://www.cs.uky.edu/~raphael/sol/sol-html/index.html。

第一章　前托勒密时代的古希腊地理学

"圆形大地"观念的雏形。

若要进一步往下讨论,首先有必要对古代希腊的"地图"一词做必要的词源辨析。当代英语中表示地图的词"map",最早源于拉丁语的"mappa",本意为"布",即古代世界制图常见的材料。但古希腊的地图则有所不同,一般刻于木板或石板上。媒介的差异,直接决定了语言表达的不同,因而像刻画(scratch,希腊语的 γραφω,即词缀-graph)、板(tablet,希腊语的 πιναξ,即 pinax)等古希腊语汇便通常与"地图"的意思相关联。上面提到的斯特拉波之语及其书名,也都包含了地图或世界地图的含义。此外,还有一个词组也常用来表示地图的本质,即 Ges Periodos(或作 Periodos Ges,比如阿那克西曼德的书名)。在关于古代地学史的论著中,该词组常常译为英文的"circuit of the earth"。然而学界对其意义的解释仍有分歧:若译成"环游大地",则应归入文学地理学的范畴,因而在不同的语境中也可以译为"周游记""环航记"等;[①]但如果译成圆形大地或环形大地,其所指就变成了古希腊早期普遍存在的某类圆形地图。实际上,两种译法所代表的意涵可能兼而有之,或交替出现。举例来说,亚里士多德就曾在文本中用以指代不同的对象。比如在《气象学》中,当提及居住世界的真实形状及所处位置时,他批评通常意义上的圆形地图说:

> 因此,现在那些把居住世界描绘为圆形的地图(περιόδους τῆς γῆς)是荒谬的,这不管从实际表象还是从理论上都不可能。(*Meterologika* 362b12)

---

① 相关译名可见于斯特拉波《地理学》目前国内唯一的中译本各处(斯特拉博,2014)。

这里所说的 περιόδους τῆς γῆς 即是 Periodos Ges，其所指显然是关于世界的图像描述。但到了《政治学》的论述中，亚里士多德则说：

> 那些写作周游世界的游记（γῆς περιόδους）的人也赞同这一点，据说在尼罗河西岸地区有的人妻子是共有的，因此他们的孩子就只能根据长相区分。(*Politics* 1262a19)

此处的 γῆς περιόδους（Ges Periodos）根据上下文判断，指称对象已经不再是地图，而是文字描述意义上的游记内容，与前者大异其趣。为了模糊这一差异，以同时涵盖两种类型的所指，后文中暂将其译为意义更广泛的"大地概览"。詹姆斯·罗姆（James Romm）等学者认为，"大地概览"旨在强调其描绘范围的广阔，具体呈现则可以是灵活的（Romm, 2019: 28）。故而在埃拉托色尼以前，古希腊对地图或制图理论的称呼往往都是 Ges Periodos。一个著名的例子来自被誉为描述地理学之父的赫卡泰（Hecataeus of Miletus, 约 550 B. C.—476 B. C.），他的代表作正是名为"大地概览"（Periodos Ges）。① 根据希罗多德的记载，该书中包含了对欧洲和亚洲的讨论，从而使得他成为有史料记载以来最早将世界划分为大陆的人之一。② 其地名列表包括了伊比利亚半岛、凯尔特

---

① 赫卡泰的大部分残篇都源自拜占庭的司提反（Stephanus of Byzantium），且其中大部分只是一个地理名词列表，而根据斯特拉波和希罗多德的记载，其原著的体量可能更大。见 Gillispie（1981: 212）。
② 在拜占庭的司提反（Stephanus of Byzantium）的《万国志》（*Ethnika*）中，赫卡泰大量的地名词条（300 多个）被定义为"赫卡泰在其欧洲"或"亚洲"，见 Roller（2010: 3）。

第一章　前托勒密时代的古希腊地理学

之地、斯基泰、高加索、印度、埃塞俄比亚等异常广阔的区域。斯特拉波甚至声称他据此绘制了世界地图。可见在古希腊的地理实践中,地图绘制与文字记载常常互为一体。

希腊早期出现的这类圆形地图,很大程度上反映了当时与地平说相应的"地圆"观念,而非地球观念。这种观念从荷马时代开始,也许就主导着古希腊人对世界的认识(Harley & Woodward,1987:135)。据说阿利斯塔哥拉斯(Aristagoras of Miletus)前往雅典之际,就曾携带一块青铜图版,上面刻着的正是全世界的圆形地图(Herodotus,1938:51)。既然有"圆形",自然便有"圆心"和"圆周"。具体到当时的地图上,所谓圆周指的多半是环绕大地的巨型河流,"大洋神"俄刻阿诺斯('Ωκεανός, Oceanus),亦即赫西俄德描述的"圆满之河":

> 把光明带给人类的赫利俄斯的儿子埃厄忒斯,根据众神的意愿,娶了圆满之河(τελήεντος ποταμοῖο)大洋神的女儿、脸蛋漂亮的伊底伊阿为妻。(Hesiod,2006:81)①

与此同时,这也是《伊利亚特》中提及的日升日落的源头:

> 太阳从柔缓、幽深奔涌着的大河俄刻阿诺斯(ἀκαλαρρείταο βαθυρρόου 'Ωκεανοῖο)之中升起,攀上了高天,刚把它的光芒洒向田野,两军便相逢一处。

---

① 此处译文参考了《工作与时日·神谱》商务版中译本(赫西俄德,1991),在此基础上有所改动。

太阳的万丈光芒坠入长河俄刻阿诺斯,扯下了夜幕,覆盖在赐予谷物的大地之母的面容之上。(Homer,1978:333,375)①

以此为界,早期希腊的世界描述往往呈现为"大河环绕的圆盘",因此俄刻阿诺斯实际构成了居住世界在各大方位上的物理界限(Romm,2019:12)。再则,这条环形的水域也被认为是无始无终的永恒之河(Homer,1991:89)。类似的,所谓的圆心即大地中心被定位在了圣地德尔菲($\Delta\varepsilon\lambda\varphi o\iota$),希腊人也将其称为"大地之脐"($\dot{o}\mu\varphi\tilde{\alpha}\lambda o\varsigma$,omphalos),并赋予其"力量之源"的神学意义(Voegelin,2000:21)。这样一来,基于地平说的古代世界观念便逐渐获得了某种秩序井然的稳固内涵。相反,若将大地视为球体,世界在球面之上,那么边界问题就变得不再确定,圆心或者圆周的概念也无从谈起。因此,古典时代以前的希腊人似乎与各大文明别无二致,都坚持着某种原始的"地平"或"地圆"观念,并以此作为认知世界的基本框架。

但即便如此,关于大地形状的描绘也并非铁板一块。希罗多德(Herodotus,约484 B.C.—425 B.C.)就曾对此表示过不满,并略带嘲讽地说:"在这之前有多少人画过全世界的地图,但没有一个人有任何理论的根据,这一点在我看来,实在是可笑的。因为他们把世界画得像圆规画的那样圆,且四周环绕着俄刻阿诺斯的水流,同时他们把亚细亚和欧罗巴画成一样大小。"(希罗多德,

---

① 此处参考了罗念生的《伊利亚特》译本(罗念生,2007)第五卷并有所改动。值得注意的是,国内译本往往会将 Oceanus 去神格化,而直接翻译成带有现代色彩的自然对象物,如大河、长河等。

1997:279)其笔锋所指正是上文提到的"大地概览"。当然,这也从反面证实了该图式在当时的盛行。

值得一提的是,希罗多德的态度反映出古希腊偏重于经验调查和实证的史志传统(historian tradition)。这一传统在历史学家、博物学家中普遍存在,也有学者将其归入一种贯穿古希腊时代的朴素经验论传统(Frankel, 2014; Frede, 1987)。尽管用"经验论"描述古代世界似乎有错置之嫌,但对一手经验的强调,从未脱离古代哲学论述的范畴。比如哲学史家赫西(Edward Hussey)就将赫卡泰和克赛诺芬尼归入古代的经验主义或经验论传统(Long, 1999:90)。事实上,希罗多德的确将源于水手、商人、士兵等群体的语言习俗化入其地理描述,甚至最早提出了类似经线的概念,比如他指出埃及、奇里乞亚、锡诺普和伊斯特罗斯河口位于"同一条线"上,即这些地点彼此"位置相对"(άντικεῖσθαι, antikeisthai)。① 这很可能是早期地中海水手用以指代两岸可经南北风直达的各港口的"黑话"(Roller, 2010:4)。至少可以确定,他的转述令这一说法在学者群体中广为传播开来,并延续到托勒密的《地理学》中。但整体而言,地中海以外的世界仍有太多空白尚未探明,而这种朴素的经验论态度,使得当时的地理学者能在有限的地理材料之外,保留关于居住世界的想象空间,甚至不断突破已有的世界图式。

与希罗多德几乎同时代的德谟克利特(Democritus,约 460 B.C.—370 B.C.),则体现出了一种建构整体知识框架的哲学倾向,

---

① 见 *Histories* 2.34(Herodotus, 1975:315)。

这反映在他对地理制图的关切上。在思想史上,德谟克利特以原子论著称,但他的学说实际涵盖了相当广阔的范围。据第欧根尼·拉尔修记载,其著述涉及自然哲学、数学、伦理学、音乐等领域。其中一本作品名为《地理学》($Γεωγραφικά$, Geographika)被认为是他的制图学代表作,拉尔修将其归入数学领域。① 后世记载德谟克利特曾描绘过一幅椭圆世界地图,长宽比为 1.5∶1,即最长纬线是最长经线的 1.5 倍(Roller,2010:61)。对于当时主流的圆形地图而言,这无异于一种颠覆和挑战。大概也正因如此,斯特拉波的《地理学》才会对德谟克利特青眼有加,并将他与欧多克斯、狄凯阿科斯、埃福罗斯相提并论,作为赫卡泰与埃拉托色尼之间最重要的四位尝试描绘大地的地理学家(Strabo 1.1.1,1917:3)。

此外,以天文学和数学著称的欧多克斯(Eudoxus of Cnidus,约408 B.C.—355 B.C.)也创作了专门的地图学专著(同样名为 Periodos Ges)②,并被斯特拉波称为图形($σχημά$)和纬度($κλίμα$)方面的权威。由此可见,欧多克斯的原文很可能也伴有地图。阿伽塞美鲁称其将世界的长宽比例调整到了 2∶1;更重要的是,他

---

① 罗勒(Roller)认为德谟克利特的书名原为 $κοσμογραφίη$(cosmography),而第欧根尼将书名记载为 geography,应当是一种时代误置。在他看来,埃拉托色尼才是最早使用 Geogrpahy 一词的人,这很可能是从古埃及的土地测量 $γεωμετρέω$(geometreo)一词改造而来,从而将这种带有几何色彩和精确计算属性的学科,同以往对大地泛泛的描述相区别开,见 Roller(2010:2)。不过,这不影响德谟克利特的作品被认定为一部含有地图的地理著作。

② 欧多克斯的著作如今都已失传,包括他最为著名的天文学著述《天象》(Phenomena)和《镜像》(The Mirror)。阿拉图斯有一首题献给《天象》的诗流传下来,再经由希帕克斯的评注,为我们揭开了欧多克斯天学的一隅。而他的《大地概览》(Periodos Ges)一书主要存在与斯特拉波和阿伽塞美鲁的引述中。

对"纬度带"(κλίμα)概念的完善,为此后的纬度计量乃至坐标体系的简历奠定了基础。[1] 盖米诺斯(Geminus of Rhodes,活跃于约公元前 1 世纪)也指出,长形地图(即 oblong map,可能呈现为矩形或椭圆)比圆形地图更可靠,因为"人类居住世界的长度是其宽度 2 倍"(*Introduction* 16.4—5)。在同名论著 *Periodos Ges* 中,亚里士多德的学生狄凯阿科斯(Dicaearchus,约 370/350 B.C.—323 B.C.)还效仿德谟克利特,绘制了一张长宽比为 1.5∶1 的居住世界地图,并根据重新计算的地球周长进一步划定分区。[2] 另外,他还主张用相互垂直的线将世界沿东西、南北方向两分。后世将这两条分割线称为 diaphragma(διάφραγμα),意为"横断"(Harley & Woodward 1987:152)。其中,东西向的直线穿过直布罗陀海峡、西西里海峡、托罗斯山脉、兴都库什山,一路抵达东部边界,而罗德岛作为两条横断线的交点,一跃成为地图绘制中新的中心点。作为古代世界最具代表性的地标之一,这一传统将在此后埃拉托色尼乃至托勒密的地学论述中得到延续。

然而,当地理世界的长宽比例不断得到修正时,圆形大地的观念惯性仍相当顽固。伴随着新的地理视野不断开拓,旧有的世界图式也依旧充满吸引力,这就对当时的学者提出了调和的需求。无论是将地球视为圆盘或是鼓面,都必须克服一些基本的困难,诸如航海实践早已揭示的海平面弯曲,南北行进时的天象和天区变

---

[1] 欧多克斯似乎并没有将 klima 的概念延伸太远,但他确是古代文献所指向的最早使用这一术语的学者之一。目前能追溯到的"klima"的古代记录,并不早于公元前 2 世纪,但很显然从波利比乌斯和斯特拉波的叙述中,它应该有一个更早的谱系。参考 Strabo 9.1.2(1954:241)。

[2] 见汤姆逊《古代地理学史》(Thomson,1948:154)。

化,或者不同地区太阳升落时间的差异,等等。为此,阿那克西曼德的弟子或友人、同属米利都学派的阿那克西美尼(Anaximenes of Miletus,约 586 B.C.—526 B.C.),便提出了一种基于圆形大地的解释模型。他认为大地的南面要低于北面,于是太阳落山并不意味着它沉入大地,而是隐入了北部高地的后方,由此而产生了日夜交替的现象。这也能够解释为何越往北走,最大白昼时长就越长。① 然而这一解释模型主要依附于阿那克西美尼的自然哲学,在地理图式上的影响并不显著。另一方面,当世界地图在东西方向上逐渐变得越来越长,位于欧洲一隅希腊也面临着失去"世界中心"的危险。作为回应,公元前四世纪的普世史(universal history,也译作"普遍历史")作家埃福罗斯(Ephorus of Cyme,约 400 B.C.—330 B.C.)在《论欧洲》一书中提出一种崭新的地理位置划分方式,即将"诸天与大地"划分为四片区域,"斯基泰占据北方,埃塞俄比亚占据南方,印度占据东方,凯尔特占据西方"(Strabo,1917:125)。毫无疑问,这一图式保留了希腊地区的中心位置,在此基础上大幅扩展了南北两方即埃塞俄比亚和斯基泰的范围。根据后世的重构②,埃福罗斯据此绘制的地图,也相应呈现为长方形,只不过他以"日出之地"和"日落之地"等符号模糊地标示出了遥远的异域,使之分别与位于中心的希腊相呼应。而继承

---

① 亚里士多德在《气象学》中称之为"古代气象学家",一般认为即是阿那克西美尼。见 *Meteorologika* 2.1(Aristotle,1952:129)。

② 这一重构由公元 6 世纪的修士科斯马斯(Cosmas Indicopleustes)给出,在《基督世界风土志》(χριστιανικη Τοπογραφία,*Christian Topography*)一书中,他引述了埃福罗斯的世界划分方式,并附上了一张上南下北的长方形地图。不过由于科斯马斯基于宗教教义对地平说的坚持,今人很难确定他在地理学史上的可信度。见 Indicopleustes (2010:74)。

其制图方式，再一次将圆形地图和希腊中心观结合的人则是亚里士多德。尽管他曾在《气象学》一书中批判过传统的圆形地图，但他并不避讳基于这一传统观念绘制以希腊为中心的圆形风向图。他将作为地平圈的圆十二等分，每个区域代表一个方向，只有两个偏南的方向因为没有相关的风例外（*Meteorologika* 363b—365a）。同时也继承了埃福罗斯关于日落和日升之地的划分，用以指代方位。由此绘制的图像，更像是糅合了分区天图和民间海图的产物，由此兼具了地理展示和导向的功能。

应当指出，亚里士多德的划分方式还对后世的航海实践产生了一定影响。在希腊化时期，海军将领出身的提摩斯梯尼（Timosthenes，活跃于约270 B. C.年）对此加以补充，将旧有的风向数量增加到12个，进而演化为托勒密《地理学》中的方向标识。不仅如此，提摩斯梯尼还构建了一套方向定位体系，用以指称不同地域相对于希腊的精确方位。比如，里海在东东北（ENE）方向，亚速海在北东北（NNE）方向，加拉曼特在南西南（SSW）方向，印度在东东南（ESE）方向等（Harley & Woodward, 1987：153）。在今天看来，这一指称方式早已司空见惯，在当时却属于划时代的创举。千百年后，这一体系演化为地图绘制的标准元素，甚至在不断重新绘制的托勒密地图上，也保留了古希腊色彩浓厚的风向图案。

二　地球观念的确立与地理制图的几何化

源于古希腊的"地球观念"导致了希腊学术与众不同的气质。迄今为止的考古发现早已表明，绘制地图对于任何文明而言都不是孤立的现象,但当且仅当在古希腊,地球说的确立使得世界观念发生了整体性的飞跃,相应的地学也随着"球面化"而脱离了原有的史志传统和希腊中心秩序,迈向一种崭新的、以数学为基本工具的框架建构。思想史研究中,往往把最早提出"地球说"的哲人归于毕达哥拉斯(Pythagoras of Samos,约 570 B.C.—495 B.C.),也有归为"存在之球"的提出者巴门尼德(Parmenides of Elea,活跃于约公元前6世纪及5世纪早期)。毕达哥拉斯的重要性在于,他赋予了"球"这一几何形体崇高完美的喻意,在数学乃至神学意义上确立了"地球说"的超验真理性。[①] 而此后的气候带理论,无论是波利比乌斯(Polybius)或波西多尼奥斯(Posidonius)的七分体系,还是埃拉托色尼的五分体系,都可以追溯到巴门尼德,或者说,正是他秉持的地球观念直接导向了相应的分区理论(Kidd & Edelstein,2004:274)。然而先贤的论述已杳不可追,毕达哥拉斯和巴门尼德是否在地理制图上有过贡献,今人殊难获知。

就存世文献的记载而言,柏拉图才是历代哲人中最早明确地球观念的哲学家。作为毕达哥拉斯数学神秘主义的传人,他在《蒂迈欧篇》中系统构造了以几何学为基础的数学宇宙论,并将球体奉为完美理型的典范。柏拉图认为,宇宙是被恒星天球包围的地心体系,包括日月在内的行星运行其中(柏拉图,2005:26)。此外,柏拉图在《斐多篇》中借苏格拉底之口指出:

> 我相信如果地球是球形的,并且在天的中央,它既不需要

[①] 关于球体之于毕达哥拉斯的神学意义,可参考 Mourelatos(2014:161—185)。

第一章　前托勒密时代的古希腊地理学

空气也不需要任何别的力量来维持不坠,只需要靠天界在各个方向的同一性,和大地本身的平衡性就足够了。(Plato,1971:375)

同时,他还提到了已知世界相比于地球的尺寸大小:

[地球]是很大的,我们所居住的只是其中一小块地方,就像蚂蚁和青蛙生活在沼泽的一隅,在其他类似的地方还有其他生命存在。(Plato,1971:375)

柏拉图的球体由 12 个五边形组成,这体现出早期毕达哥拉斯学派的特征。建基于数学信仰之上的新宇宙论,使得对世界中心的位置的讨论发生了一次悄然的"视角转换":哲学讨论的中心,逐渐从对居住世界的中心希腊(德尔菲或罗德岛),转移到了宇宙(Kosmos)的中心,即地球。然而球面本身是没有中心的——如同中世纪的著名学者库萨的尼古拉(Nicholas Cusanus)所声称那样,中心"无处不在",又"处处不在"(库萨的尼古拉,1988:43)——随着论者的精神视角自我擢升到宇宙和天球之上,原本广袤无垠的居住世界降格为地球上渺小的一隅,而相比于恒星天球,地球本身的大小又不值一提。在这一尤为宏阔的宇宙视野的观照下,传统上以希腊为中心的地理秩序,开始在更大的概念图式下进行自我修正与演化。

具体而言,这一演化体现在对旧地图大刀阔斧的批判。最显著的例子仍来自亚里士多德。首先,他从经验和哲学角度论证了球形大地的存在。以常见的现象为例,如月食之际地球投在月亮上的影子"外线是弯曲"的,从南往北走时的地平面会随之变化,天象也各不相同……这些都证明大地为球体,且"球的体积不大"。再者,他基于其自然哲学提出,土、水等重性元素的自然倾向是向宇宙中心(与地心重合)聚集,所以大地球形不只是理性的假设,也是逻辑的必然结果(亚里士多德,1991:348—349)。有鉴于此,他阐释了关于居住世界的崭新看法:

> 按照理论的推算,居住世界的宽度是有限的,在一定的气候范围内,可延伸为圆绕地球一条相续不断的环带。因为气温的寒暖差异,只依纬度变化,而与经度无关;如果不为大海所阻隔,[居住世界]便可以连成一个完整的环带。事实上,我们凭所已知的航海和陆行的旅程,也证明这样的结论,世界的长度大大地超过宽度。因为人只要核算这些海程与陆程,尽其所能以求得精确的信息,便可证明自赫拉克勒斯之柱直到印度[自西向东]的距离,与自埃塞俄比亚到迈俄提斯湖,以抵于斯基泰最远处[自南向北]之间的距离,比例为5∶3。可是我们知道,居住世界的宽度被不可居住的世界所限,一侧是由于寒冷,另一侧是由于炎热。至于印度和赫拉克勒斯之柱以外的地方,由于海洋阻断了可居住的陆地,遂使世界不能连成一个环绕地球的环带。(Aristotle,1952:181)①

---

① 此处的中文翻译参考了亚里士多德(1999:107),译者吴寿彭。

第一章 前托勒密时代的古希腊地理学

在《论天》中,亚里士多德曾依据已有的数学结论,断定地球周长为400 000希腊里(亚里士多德,1991:351),但到了《气象学》中,他的关注点转移到了经验可把握的居住世界上——地球虽是巨大的球体,且大部分尚未探明,但已知世界却只是球面上的一小部分——确切地说,在各自半球居中的环带上。该环带在球体上截出的部分是鼓形,且南北半球各有其一,但因海洋阻隔,即便在环带内部,居住世界也仅仅占据了有限的部分。具体而言,其长宽比约为5:3,如图1.1所示。没有证据表明,他曾经依据这一图式绘制世界地图,但其贡献在于从地球视角重新规定了大地的形状和位置,从而为后世地理学的讨论框定了基本范围。至少到后亚里士多德的时代,居于北半球的一小部分的已知世界图像,已成为学界的共识。

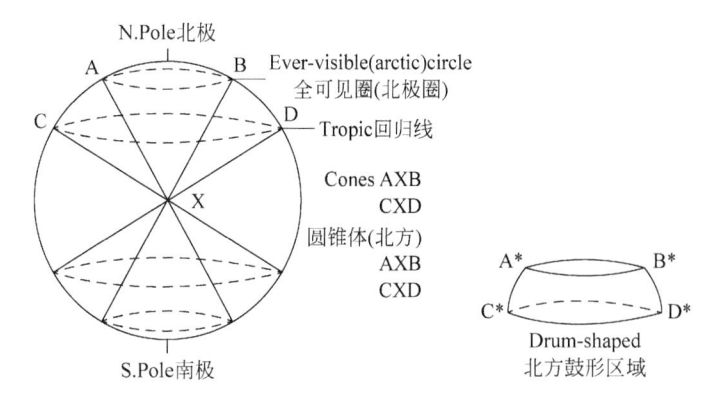

图1.1 亚里士多德的鼓形世界图①

---

① 图片选自亚里士多德(1999:106),译者吴寿彭。

柏拉图和亚里士多德关于地球观念论述的承前继后,可以视为新兴数学观念与古老地学传统的合流——至此,一个几何化的宏大宇宙图式已呈现在眼前,大地在其中的位置愈加确凿无疑,尽管经验的有限仍限制我们了解其全貌。于是地理意义上的世界图式,遂能置于更为整饬有序的数学框架中,通过理性来加以把握。卡斯滕·哈里斯曾在其《无限与视角》中指出,"视角"概念在思想史中的演化中扮演了重要角色(Harries,2002:85;卡斯滕·哈里斯,2014:90—91)。可以说,古希腊地球观念的确立也构成了一次地学意义上的视角转向——借助于天学与数学等超越性的"精神视角",古代西方的地学实现了某种自我擢升,开始从经验不可触及的大地上方"俯瞰"整个世界。这也将开启地学意义上"居住世界"描述的几何进路。循着该方向首先迈出决定性一步的,则是在科学史上拥有者"地理学之父"美誉的埃拉托色尼。

埃拉托色尼(Eratosthenes,约 285 B. C.—205 B. C.)出生于北非的昔兰尼(Cyrene)。这座城邦始建于公元前 7 世纪,处在埃及和迦太基之间,也是古代希腊世界和非洲内陆的连接点。埃拉托色尼出生之际,恰逢希腊化时代的肇始。到公元前 260 年代末,他奔赴雅典求学,各方拜师求学,一度获得了"博学者"的名号。但树大招风,他的多才多艺同时也为他招致了"样样稀松"的责难。《苏达辞书》记载,一些批评者曾不怀好意称他为"Beta"(老二)或"Pentathlos"(五项全能)。[①] 和留给后世的印象大相径庭,他的早年成名主要源于诗歌创作。据说他能担任亚历山大图书馆馆长一

---

① 见苏达辞书(Suda On Line:Byzantine Lexicography)的"Eratosthenes"词条。

职，正是因为与托勒密宫廷中颇具盛名的学者卡利马科斯（Kallimachos）文学趣味相投之故（Roller，2010：12）。但不可否认的是，在亚历山大图书馆任职期间，埃拉托色尼掌握的学术资源也为地理学研究准备了得天独厚的条件。在整个希腊化时期，亚历山大都是西方的政治、经济和文化中心，堪称东西方知识融汇的大熔炉。与此同时，亚历山大大帝的东征使得希腊人的地理视野急速扩张，随之涌现出的普世主义思想更加激发起时人描绘世界的野心。埃拉托色尼的地理学研究正是这一时代思潮下的产物。

作为开创地理学新范式的牢固根基，埃拉托色尼的数学才能功不可没。在《机械原理方法论》($Περὶ\ μηχανικῶν\ θεωρημάτων\ πρὸς\ Ἐρατοσθένη\ ἔφοδος$，Method of Mechanical Theorems）中，阿基米德一度对埃拉托色尼给予高度赞扬，并确立了他在数学方面的权威（Archimedes，1909：1—3）。事实上，后者的《论地球的测量》($Περὶ\ τῆς\ ἀναμετρήσεως\ τῆς\ γῆς$，On the Measurement of the Earth，简称《测量》）也常被后世奉为一部数学名著。埃拉托色尼在科学史上尤为著称的一点，便是在该书运用几何学方法，将地球大圆上的1度换算为700希腊里，由此求得地球周长为252 000希腊里。[①] 具体而言，埃拉托色尼选取了亚历山大城和赛伊尼两地作为对照，并假定了几个前提：一是赛伊尼城位于北回归线上；二是亚历山大城和赛伊尼城位于同一经线上；三是两地的直线距离为5 000希腊里。还有一个隐含的前提是，太阳的光线在地球各

[①] 据说他最初的测量结果是250 000希腊里，为了使其能被60整除，而调整为252 000希腊里。见Fraser（1972：413—415）；Evans & Berggren（2018：211—212）。

处都是平行直射的。由此可知两地的太阳入射角的差值与两地纬度差是相等的。借助日晷阴影长度与三角函数的计算,这一数值很容易测得(Harley & Woodward,1987:155)。按照特定的古今长度单位比例计量,该长度和今天测得的结果十分接近,甚至创造出了某种意义上的古代地理学神话。此外,《测量》在地理史上的重要意义还在于,它为后来的测地活动的提供了理论前提,使得大小长短的经纬线或其他地表线段对应的距离,乃至居住世界的尺寸都能借助数学运算得知。

相较之下,埃拉托色尼在知识史上更大的创举,还是开辟了一门新的学科领域:地理学。这在他的另一部如今已散佚的名著《地理学》($Γεωγραφικά$, Geographika)中得到体现。[①] 尽管没有完整的作品传世,但该书内容却广泛存在于后人的引述中,并对历代地理范式产生了巨大的影响。根据德国学者塞德尔(Günther Carl Fridrich Seidel)的整理,这部作品总共包含三卷,此后经现代学者多方考证,其内容又得以增补到 150~200 多段残篇。[②] 学界普遍认为,埃拉托色尼最早以 geographika 或 geographia 为题进行地理写作,而该语汇源于古希腊语中表示"测量土地"的 $γεωμετρέω$

[①] 关于埃拉托色尼《地理学》一书的名字有很多变体,这是最为今天学界所公认的一个,出自斯特拉波的引述(Strabo 2.1.1)。不过斯特拉波的同一作品中地方也拼成 $Γεωγραφία$(Geographia)(Strabo 2.1.41);也有说是 $Γεωγραφούμενα$(Geographoumena),这是 $Γεωγραφίκα$ 的变体,只出现在评注中。见 Roller(2010:100,105)。

[②] 根据编辑方式的不同以及所选材料的差别,这一数量在不同编译本中差距较大。最新的埃拉托色尼《地理学》英译本将其精炼为 155 个片段,并去除了过去往往被混入其中的《测量》一书的内容。详见 Roller(2010)。

第一章 前托勒密时代的古希腊地理学

(geometreo)一词。[①] 通过新语汇的创造,他将自荷马以降的关于大地的风土、地形、民族等内容的描述,同希腊的理智主义传统、欧几里得的几何学整合为一种新的学术范式。[②] 为了确立这一范式的合法性,他首先用一卷的篇幅对古代地理史进行了梳理,基于既有文献传统对古已有之的地理图景进行了全方位阐述,并批判了荷马以来地理叙事的局限。接下来,他才进入自己擅长的几何学领域,反复阐述建立在地球观念之上的世界图式:居住世界相较于地球这个统一的水陆球体,仅仅占据了其上一小部分。他指出已知的居住世界位于北半球,故而对它的探讨不必囊括整个球体,只须截取一半。又,居住世界的南北跨度各有极限,南到赤道,北至极圈而止,所以不妨再裁一半,余下的部分便呈现为特定的形状。埃拉托色尼为此发明了一个术语,即 σπόνδυλος(spondulos),意即纺锤形轮盘,他用这个形象的譬喻来形容环绕居住世界、包括大洋在内的区域(和前述亚里士多德的"鼓形世界"较类似)。他紧接着论述,剩余部分还能再分,其中一半是未知的大洋,一半是居住世界及其临海。居住世界仅位于不及该四边形(quadrilateral)一

[①] 这一系列术语都出自斯特拉波的《地理学》,见 Strabo 1.1.1(1917:16)。流传至今的希腊语文本中,而他所引述的,正是两个世纪前的埃拉托色尼的说法。关于 γεωγραφία(geographia)现存最早的引述是来自加大拉的菲洛得摩斯(Philodemos of Gadara)的《论诗歌》(On Poetry 5.5)。菲洛得摩斯生活于约公元前110—前40年间,他在文中反对诗人需要学术知识的观点,并把音乐、航海技术、几何以及地理列为不必要的学科。见 Obbink(1995:150)。其余被引述的出处还可以追溯到更早的公元前4世纪的赫拉克利德(Herakleides of Pontos),乃至更早的德谟克利特(Democritus),但引述的概念很可能是由后世重构的,难以作为根据。

[②] 这一尝试无疑是成功的,自埃拉托色尼的时代开始,geography 一词取代了早期的 pinax 或 ges periods 等语汇,逐渐成为地理著作最为正统和权威的学科性名词。

半的面积内,如同"斗篷状"($\chi\lambda\alpha\mu\nu\delta\text{o}\varepsilon\iota\delta\grave{\eta}\varsigma$,chlamys-shaped)的小岛孤悬于地球球面之上(Zimmermann,2002:47—61)。将居住世界视为孤岛的做法古已有之,但埃拉托色尼地理学的特殊性在于,他基于对地球尺寸的准确计算,重新评估了大地的形状和范围,在方法论层面具有破旧开新的里程碑意义。

确定居住世界的范围后,他另辟一卷,就世界的基本框架进行了更详细的几何建构。不同于希罗多德等古代作家,按族群来划分地域,他更强调地形地貌本身的优先性。这可以视为希腊化早期独立的地理学意识的萌芽。为了方便划分世界,他确立了两条基线($\sigma\tau\text{o}\iota\chi\varepsilon\tilde{\iota}\alpha$):其中一条沿东西走向,从赫拉克勒斯之柱延伸到兴都库什山脉;另一条沿南北走向,从埃及的麦罗埃(Meroe)延伸到传说中的图勒(Thoule)。罗德岛是两线的交点,也构成了居住世界的几何中心。在此基础上,埃拉托色尼依据自己的测量数据初步划定了的世界的纵横即经纬框架。[1] 从位于南界的肉桂之国(Kinnamomophoroi)开始,他标示的纬线依次穿过麦罗埃、赛伊尼、亚历山大城、罗德岛、色雷斯的利西马其亚(Lysimacheia in Thrace)、波利斯梯尼和图勒等地。[2] 以亚历山大城和罗德岛为基

---

[1] 斯特拉波尤其强调了这两条基线或轴线的意义,他写道:"将这两条线作为一种基本要素,我们就能确定各纬度区域,以及居住世界中的其他位置。"谢格罗夫也认为,这一源于埃拉托色尼的数学建构,是对居住世界进行 klima 以及进一步经纬度划分的重要框架。见 Strabo 2.5.16;Shcheglov(2006a)。

[2] 测定纬度的方法古已有之,据说巴门尼德时就能根据地平面的倾斜度来确定纬度,至欧多克斯时该法已十分成熟(Roller,2010:6)。对不同倾斜度的表征,习惯上采用最早见于皮西亚斯(Pytheas of Massalia)的标示方式,即以当地夏至日的最大白昼时长为单位。见 Shcheglov(2017)。

第一章 前托勒密时代的古希腊地理学

准,他设定的经线向东穿过幼发拉底河畔的塔普萨科斯(Thapsacus)、里海之门,向西穿过墨西拿(Messina)海峡、直布罗陀海峡等地。依靠这些主要参考点,他初步构建出了数学地理描述的"脚手架"。

不仅如此,他还将已知范围内的世界划分为不同的 σφραγ-ῖδες(sphragides,原意为"地块"),即几何区块。[①] 这种划分方式不只适用于希腊所在的地中海区域,也适用于东部亚洲的广袤大地。这自然得益于欧氏几何的巨大影响(Clarke,2001:207)。类似的地块涵盖了四块大的区域:首先是最东边的印度,最远处可抵塔普罗班(Taprobane,今斯里兰卡)。向西分别是阿里亚纳(Ariana,今伊朗地区)、美索不达米亚和埃及。埃拉托色尼对每个地块都加以详尽的描摹,将边界、河道、山川和主要路线乃至民族志的数据糅合到其地理论述的框架中。他还频繁引述麦加斯梯尼(Megasthenes)、安德罗斯提尼(Androsthenes of Thasos)以及亚历山大大帝的军中记事官等人的文字。[②] 这在后世的地理写作中逐渐汇聚为一种坚固的传统——一方面,来源各异的地理数据经由学者汇编,而得以代代相承;另一方面,这些复杂累加的数据又在汇编中得以修正、整合,进而构成了某种共识(Shcheglov,2017)。由埃拉托色尼开创的这一文献和知识论传统,也延续到托勒密手

[①] 该词原意为"印石"(seal stones),在希腊化时期,曾用以表示一片经过调查统计后的地块。埃拉托色尼将其词义加以延伸,转化为更为广阔的地理区块之意,并赋予其相当规整的几何形状。

[②] 事实上,后世并不认同埃拉托色尼是一位测地专家或一手经验提供者。据斯特拉波的转述,公元前2世纪的波勒莫(Polemon of Athens)就直言埃拉托色尼未曾亲临雅典,因而质疑其记载的准确性。但对埃拉托色尼,其事业正是建立在他人的一手经验之上,并依赖对文献的批判性阅读、评估和综合,而建立起地理学的基本图景。这一范式也成为此后地理学者群体中一项不言而喻的传统。见 Connors(2011)。

中，以至于后者对"地理学"的理解几乎与埃拉托色尼相差无几。除此之外，埃拉托色尼所设定的部分经纬线和地标，如亚历山大城、罗德岛、麦罗埃、图勒、直布罗陀海峡等，也完整地体现在托勒密的作品中。

不过，早期的埃拉托色尼更多使用来源混杂的行程报告，又多参考西方人熟悉的地理位置，因而他所标示的经纬线条并非统一的直线，地块之间的嵌合也不太自然，由此还招致了后人的批评（Dicks，1960：57—87）。但无论如何，其"经天纬地"的概念图式却意义非凡，他也凭此成为最早用几何网格描述世界的地理学家。通过新的数学测地法，埃拉托色尼对居住世界的描述脱离了前人窠臼，重新定义了世界的面貌。至少就理论而言，经纬度的雏形已然出现，基于天文观测的测地方法被树立为新的标准。新的视角和方法论的开启，为后世制图学和地理学的飞跃做好了准备。葡萄牙学者科尔泰萨奥就如此评价道："[埃拉托色尼]为后世经由希帕克斯、马里诺和托勒密步步扩展的制图投影奠定了基础。"（Cortesão，1969：84）正是借助于数学工具的使用，埃拉托色尼的地理学逐渐跳出旧有的"由人种、民族所定义的世界叙事"，向着"建立在大地形状上的更为纯粹的地理概念"迈进（Roller，2010：27）。这就意味着，一种独立于史学传统和方志传统的新地理学由此而兴起。时至今日，埃拉托色尼仍有一首叙事长诗《赫尔墨斯》（*Hermes*）残篇存世，讲述了银河的神话起源以及赫拉与赫尔墨斯的恩怨。其中一段借赫尔墨斯之眼，描绘了俯瞰地球的"神之视角"：

赫尔墨斯从天界望去，

赫然看见五段美丽的"纬度带"：
"有两条的色彩，比幽然闪烁的蓝色更深；
一条呈红粉状，似是淬火而出；
……
还有两条环绕着两端的极点，天寒地冻。"（Connors，2011：141）

根据前文所述，这一超越人类极限的鸟瞰视角，大概可以追溯到柏拉图的《斐多篇》，却比柏拉图的对话显得更加超然、整饬而具数学之美。可以说，埃拉托色尼的地理描述正是建立在这样一个视角之上：作者似乎置身于神的至高处所，从传统中行程、风土与族群的经验描述中挣脱出来，转而将漫无边际的地球作为整体加以沉思、计量和把握。

三 希腊-罗马时期的天文学对地理学的塑造

自埃拉托色尼谢世，亚历山大城作为地中海世界文化和学术中心的黄金时代便告一段落。公元前200年，以第二次马其顿战争为序幕，罗马拉开了耗时近两百年的蚕食希腊诸王国的大幕，埃及的托勒密王朝政治状况也随之恶化。整个公元前2世纪，亚历山大几乎沦为盗匪横行的无序之城。在残暴的政治斗争中，大批学者还因为宫廷斗争而横遭杀戮。[①] 这样的生态自然使得亚历山

---

① 关于托勒密王朝后期的政治乱局，见 Bevan（2014：308）。

大的文化环境和吸引力江河日下,学术上的领导地位逐渐让予其他希腊城邦。事实上,在托勒密一世兴建缪塞昂(Museum,也作"智慧宫")的典范效应下,城邦图书馆随即出现在了安条克(Antioch)、士美拿(Smyrna)、佩加蒙(Pergamum)、叙拉古(Syracuse)以及罗德岛等地。[①] 尤其罗德岛凭借其东接塞琉古王国、北望马其顿与希腊本土、南临托勒密埃及的优越位置,迅速实现了商业与文化交流的鼎盛。随着亚历山大城的衰落,罗德岛接替其位置,诞生了一系列哲学、数学和天文学等领域的学术巨匠,也使地理研究达到了前托勒密时代的高峰。而此地的精密科学传统尤其对于古代地理学的数学化居功至伟。

在这方面,首要的代表人物是希帕克斯(Hipparchus,约194 B.C.—120 B.C.)。据《苏达辞书》、埃利安(Claudius Aelianus)和斯特拉波等人的引述,希帕克斯出生在比提尼亚(Bythinia)的尼西亚城(Nicaea,今土耳其伊兹尼克附近)。托勒密在《恒星之象》(Phaseis)中提及他曾于此处进行了一系列的观星和天气预测活动,由此推出比提尼亚的所在纬度为15等分时,相当于约41°(Heiberg,1907:67)。然而成年以后,也许出于进一步深造的需要,希帕克斯移居到当时最著名的学术城邦罗德岛。《至大论》中提到的天文观测的连续性表明,他的大部分观象数据和学术著作都在罗德岛完成(没有证据表明希帕克斯曾造访过雅典或亚历山

[①] 图书馆这一文化建制并非始于希腊,而很可能来源于更早的亚述和巴比伦。见 Tarn(1952:269)。

大等其他城市）。① 可惜的是，希帕克斯的著作至今已基本不存，只有一部对欧多克斯之《天象》及阿拉图斯（Aratus）同名诗的评注（Τῶν Ἀράτου καὶ Εὐδόξου φαινομένων ἐξήγησις，以下简称希帕克斯的《评注》）传世。该书充分体现了他作为一个精密科学家对技术细节关注的细致、严谨，乃至于"吹毛求疵"，以至有现代学者认为他对待这样一部科普性质的文学作品未免过于苛刻（Dicks,1960:9）。

的确，希帕克斯在科学史上的盛名主要来自以精密著称的天文学领域。他通过长期的天文观测，拓展了古代世界裸眼观测的极限，发现了分点的进动现象和超新星。在《评注》一书中，希帕克斯延续了古巴比伦人的做法，将天球大圆均分为360度，并以"度"为单位对天球上的恒星和星群精确定位。随后，他在球面上建构了24条黄经线，彼此间隔1个等分时，再辅以通过"距离天极的度数"标示的黄纬，从而首次在天球上建立起了完整的坐标网格（Harley & Woodward,1987:165）。此外，他也编订了一张包含850颗星的星表（未传世），列出了（也许并非每颗星的）经纬数据、升落时间以及区分亮度的星等等信息。这也成为托勒密《至大论》中星表的主要数据来源。② 根据托勒密的转述，希帕克斯的著述范围涵盖了天文、地理、占星、数学、气象学、光学等各方面的内容。而在地理学领域，希帕克斯的观点主要集中在一部仅存片

---

① 迪克斯由《至大论》中的天文数据推测，托勒密在罗德岛的观测活跃时间，应为162 B.C.—126 B.C.年（Dicks,1960:3）。

② 现代的数据还原和天文学推测证明，托勒密星表的数据几乎都来源于希帕克斯，而托勒密只是在此基础上用理论的进动数值进行了修正。这使得希帕克斯的星表事实上成为整个古代和中世纪的权威性星表。见Duke（2002）。

段的作品,即三卷本的《驳埃拉托色尼的地理学》(Against the Geography of Eratosthenes)之中。今天对这本书的一切认识,几乎都来源于斯特拉波的引述,后者对希帕克斯的观点往往颇多微词,以至于我们很难指望从中能窥见其全貌。不过根据不同文献中的蛛丝马迹,我们仍能在相当程度上还原这一特殊的、来自天文学视角的地理学批评。

根据《希帕克斯地理学残篇》一书的编者迪克斯的整理和推断,希帕克斯在卷一中遵循了既往的地理学传统,对荷马以来的地理史加以概述。随后讨论了居住世界的位置以及海陆的形成和形状,提出了其他大陆存在的可能性。之后,他转入对古代地理学家整体的批评,尤其是对埃拉托色尼,并指出要建立更精确的地理学所需的条件——即以数学和天文学方法实现地理定位。在卷二中,希帕克斯对埃拉托色尼的"地块"概念提出批评,并由东向西(大概率和埃拉托色尼一样的顺序)对每一地块依次加以审查。凭借数学家的严谨,他几乎计算了埃拉托色尼地图上的每一个细节,证明其中存在的矛盾与"不可能的三角形"[1]。他也反对仅靠气候的近似便推定纬度相等,而主张必须经由天文观测得出的纬度或纬度带的精准数值。综合不同的引文,我们可以推测出希帕克斯的批判路径:当他认为新的结论或论据无法得到科学的支持时,他宁愿回到旧有的、不太如人意的图景中去。而所谓"科学",

---

[1] "三角形"是地图上用以计量两地直线距离的一种数学建构,即以穿过两地的经线和纬线构成相互垂直的直角边,以穿过两地的大圆的线段为斜边,然后计算这一直角三角形的斜边长度,即可得出两地距离。在平面地图上,这一计算忽略了球面的曲率。而在球面地图上,则会涉及到球面三角学的应用。见 Thomson(1948:206)。

第一章 前托勒密时代的古希腊地理学

在其语境中主要指天文观测。故而对于为许多地理学权威所拒斥的皮西亚斯(Pytheas of Massalia,活跃于约 320 B.C.—306 B.C.),希帕克斯却因其天文数据的丰富而欣然接受。对非数学资料的不信任,也常常令他的批评过犹不及。譬如,他反对埃拉托色尼对旧地图中托罗斯山脉和印度位置的修正,但这样一来,东部世界反而产生严重的扭曲——印度和塞琉古帝国的最东部省份都被挤向了北边,印度河则流向了东南方向。尽管如此,他对前人修正的"再修正",仍包含了许多正确的启示。他纠正了一些埃拉托色尼关于西地中海,尤其是海岬的描述,也第一个指出 14 小时的纬线并不穿过亚历山大城,而是穿过其南部。另外,他也反对有环绕大陆的、连成一体的外洋的存在,对传统的"海中地"或曰孤岛式的居住世界图像提出了质疑。值得一提的是,这一首先由他提出的新的世界图式,似乎也对托勒密的《地理学》产生了深远的影响,并最终体现在后世的一系列托勒密世界地图中。[①]

在指出埃拉托色尼的一系列数据上的讹误和理论上的粗糙之后,到了第三卷中,他开始阐述经他改进后的数学地理学理论。不难想象,从天球坐标定位体系可以很自然地推出,地球上可以构建一套类似的定位系统。但实际的情况却是,由天文观测得到的地理数据之稀少,并不足以搭建起这一框架。因此他以典型天文学家的口吻断定,在缺乏足够的天象观测数据之前,我们根本无法确定某地的经纬度,在这种情况下草草绘制地图是不可取的。但如

---

① 综合自 Dicks(1960:35,59);Shcheglov(2007b);Strabo 1.1.9,1.1.12,2.1.40,2.5.38。

果把野心缩小,仅仅测量给定两地的球面直线距离,则是可行的。前提是,我们必须确定地球大圆上的1°所对应的希腊里长度。为此,他将天球大圆划分的原则挪移到地周之上,并"暂时性"接受了埃拉托色尼的地周测量结果(252 000希腊里),即1°相当于700希腊里(Strabo 1.1.12,2.5.7)。这可能源于他对埃拉托色尼数学方法、而非数据准确性的认可。以此为基础,他首先给出了一张从0°到90°对应天象的星表,又附上一张他业已得知准确纬度数据的"纬线列表"。根据迪克斯的统计,这一列表的地点数量不超过30个,纬线数量也在14—17条上下,参考表1.1。[①] 相比于已知世界的范围而言,这一数量显然太少了。

表1.1 希帕克斯与埃拉托色尼的纬度列表对比[②]

地点 \ 纬度	埃拉托色尼的纬度	希帕克斯的纬度		最大白昼时长(Klima)	现代纬度
	距赤道距离(希腊里)	距赤道距离(希腊里)	度数计量		
香料海岸(Cinnamon Coast)	8 400	8 800	12°29′	—	约11°

---

① 希帕克斯的地理纬度列表业已不存,但经由斯特拉波或托勒密的转述,我们可以从中抽取出一些重要地标的klima,或曰以最大白昼时长、日影比例乃至度数表示的纬度。详见Dicks(1960:43—62,192—193)。

② 表中数据综合自迪克斯、罗勒等人论著中的记载和推断。但由于后人转述存在错误及前后不一,不同学者对同一数据的解释可能有所不同。因此该表仅提供部分较少争议地点的纬度参考。

续表

地点 \ 纬度	埃拉托色尼的纬度 距赤道距离(希腊里)	希帕克斯的纬度 距赤道距离(希腊里)	度数计量	最大白昼时长(Klima)	现代纬度
麦罗埃(Meroe)	11 800	11 800	16°49′	13h	17°
赛伊尼(Syene)	16 800	16 800	24°	13½h	24°5′
贝勒尼基(Berenice)	16 800	16 800	24°	13½h	23°56′
亚历山大城(Alexandria)	21 800	21 400/21 800	31°14′	14h	31°12′
迦太基(Carthage)	22 700	22 700	32°34′	—	37°
西顿(Sidon)	23 400	23 000/23 400	33°32′	14¼h	33°33′
推罗(Tyre)	23 400	23 000/23 400	33°32′	14¼h	33°16′
罗德岛(Rhodes)	26 100	25 040/25 400	36°12′	14½h	36°12′
安菲波利斯(Amphipolis)	28 800	28 800	41°5′	15h	40°48′
赫勒斯滂(Hellespont)	29 900	28 800	41°9′	15h	40°
拜占庭(Byzantium)	30 300	30 300	43°12′	15¼h	41°3′

地点 \ 纬度	埃拉托色尼的纬度 距赤道距离(希腊里)	希帕克斯的纬度 距赤道距离(希腊里)	希帕克斯的纬度 度数计量	最大白昼时长(Klima)	现代纬度
马赛(Marseilles)	30 300	30 300	43°12′	—	43°17′
黑海中部(Mid-Pontus)	32 300	31 500/31 700	45°17′	15½h	约43°
波利斯提尼(Borysthenes)	34 900	34 000/34 100	48°42′	16h	46°45′
亚速海(Lake Maeotis)	—	36 600	52°17′	17h	46°
图勒(Thule)	46 400	—	—	24h	—

另有记载表明,希帕克斯发明出了一种制图法,能将球面展开到平面上,以保持不同图形之间恰当的比例关系。他似乎也是最早涉足这一领域的人。[①] 其制图法可能涉及到天球的绘制,即与星盘的制作相关,也可能涉及地图绘制。据阿伽塞梅鲁(Agathemerus,大约活跃于公元3世纪)的记载,希帕克斯曾提出

[①] 谢格罗夫认为希帕克斯很可能已经发展出了梯形投影(trapezoidal projection),并将它作为斯特拉波和托勒密的第一投影法,以及梅拉对居住世界描述的源头(Shcheglov, 2007b)。图默则相信希帕克斯很可能使用甚至发明了球极投影(stereographic projection),并认为他很可能同时发明了星盘(Gillispie,1981:211)。关于球极投影理论以及它在星盘制作中作用的梳理和总结,见 Neugebauer(1975:858,868—879)。关于投影及制图法的讨论,详见本书第三章。

了一种"梯形"(τραπεζοειδής)的居住世界图式,结合其对海中地图景的质疑,这很可能意味着某种呈现世界的几何方式,类似于托勒密的平面制图法(第三章中将正式探讨)。① 不过至少在《驳埃拉托色尼的地理学》一书中,考虑到其重点在"破"而不在"立",并没有证据显示他曾实际绘制过世界地图。

总体上讲,希帕克斯对地理学最重要的贡献,是他提出的基于天文观测的经纬数据来建立数学地理学的构想。他继承了古代的"纬度带"计量传统,列出了当时已知的五种测算纬度高低的方式:1)最长白昼时间与最短白昼时间的比例;2)分至点的日晷阴影比例;3)观察已知亮星的位置;4)北极高度;5)冬至点的太阳最大高度(Dicks,1960:41)。他似乎也是最早提出可以通过在不同地点观察同一月食来计算经度的人(Strabo 1.1.12)。如果希帕克斯的构想能在观测和实践层面得以贯彻,那么最早实现"经天纬地"计划的桂冠,恐怕戴不到托勒密的头上。然而他的构想无疑涉及一个过于宏大的计划,既需要耗时多年耐心地搜集许多大量的数据,也需要许多专家学者的通力合作。遗憾的是,他所在的时代很难满足这一宏伟蓝图。但无论如何,他所留下的学术遗产极

---

① 关于"梯形"世界的一段,记载在阿伽塞梅鲁(Agathemerus)的代表作《地理学概要》(τῆς γεωγραφίας ὑποτυπώσεις ἐν ἐπιτομῇ)中,他在书中对包括希帕克斯、阿特米多罗斯、托勒密在内的前代地理学家的理论和世界图式进行了总结,并给出了自己的计算。在对比不同前人对居住世界的描述时,他提到"……希帕克斯(的居住世界)是梯形/四边形(τραπεζοειδής)的,其他人认为是尾状,波西多尼奥斯则认为由一系列带状构成"(Thomson,1948:208;Berger,1869:35—38)。

大地影响了后世地理学的发展——尤其是托勒密的《地理学》。[①]以至于托勒密在书中开卷的理论章节中,一面认可了希帕克斯的成就,一面不无抱怨地说:

> 迄今为止,流传下来的仅有希帕克斯关于少量城市北天极高度的观测,以及在同一纬度上的地点列表——相比于地图绘制中所需的大量地点,这实在是杯水车薪。在他之后,还有一些人留下了一些"位置相对"地点(τῶν ἀντικειμένων τόπων)的信息。所谓"相对",并不是说这些地点到赤道的距离相同,而仅指它们在同一经线上,因而可以经由北风或南风从一地航行到另一地。然而大多数间隔,尤其是东西向的,都相当不精确。这不是因为记录者粗心,而是因为人们并不熟悉这一天文测地的方式,也不愿费心去记录更多各地同时发生的月食。(Geography 1.4.2)

由此可见,从希帕克斯到托勒密的时代之间,地理学数学化构想的传承出现了断层。但换个角度来看,托勒密也通过对希帕克斯纬度数据的继承(Shcheglov,2007a),表明自己是希帕克斯地理学遗产的直接接收者,乃至其未竟之计划的最终执行者。

[①] 希帕克斯的地理数据和他的 klimata 表格对后世地理学的影响,长期以来都被学界低估(Berger,1869;Diller,1934)。但近数十年来有更多西方学者开始质疑斯特拉波转述的准确性,并从来源更为复杂的史料中挖掘希帕克斯的地理学影响(Dicks,1960)。目前有诸多证据表明,希帕克斯的地理著作比斯特拉波的引述更为系统和详细,因为后者曾对其进行大范围的删减,而包括梅拉、普林尼、波西多尼奥斯等都可能受到其地理成果的广泛影响(Shcheglov,2007a)。

第一章 前托勒密时代的古希腊地理学

另一位对托勒密造成重大影响的罗德岛地理学者,是多才多艺的波西多尼奥斯(Posidonius,约 135 B.C.—51 B.C.)。波西多尼奥斯出生于罗马治下叙利亚的阿帕美亚城(Apamea),一生头衔众多,包括斯多亚学派哲学家、政治家、天文学家、地理学家、历史学家和教育家等,故而有"通才"之称。他在雅典接受教育,师从于当时斯多亚派领袖帕奈提乌斯(Panaetius),而后又转投柏拉图和亚里士多德哲学的麾下。其后他赴罗德岛定居,成为一名活跃的城邦政治家,并一度担任驻罗马大使。这使得他有机会接触到罗马的最高阶层,并在其支持下远行到古代西方已知疆域的各个角落——西至加的斯(Gadiz,今西班牙大西洋沿岸城市),东到小亚细亚,南及北非内陆,北达高卢的凯尔特人聚居区。可以想象,这为他的地理学写作积攒了丰富的素材。

波西多尼奥斯涉及地理学方面的著作,包括《论海洋》(*On the Ocean*)、《气象学》(*Meterology*)、《论宇宙》(*On the Cosmos*)等几部——可惜的是,以上作品同他的其他著作一道都没能流传下来。受亚里士多德的影响,他的多数地理文本带有很强的自然哲学意味,总是习惯对诸多地理和大气现象做出解释。① 此外,他留存至今的残篇又显示出早年斯多亚主义的痕迹,倾向于将整个宇宙看作一个"活力论"意义上的有机体,强调各部分之间的互相"感应"(Thomson,1948:211)。因此,他在解释潮汐时,将其原因归为与月球的感应。不仅如此,植物的生长,贝类的开合,乃至人体的血

---

① 尽管似乎并不喜欢这一点,斯特拉波还是将他归为和希帕克斯一类,即更擅长用自然哲学和数学方式处理地理问题的作者。见 Strabo 3.1.1(1917:3)。

液流动都与此相关。相对应的，太阳也通过感应作用，在不同的纬度带形塑了不同的地貌、水文、种族、矿物等等。这一受斯多亚传统所熏染的自然哲学，逐渐同占星学以及具有神秘主义气息的"谐和"（harmonia）理念相结合。到了托勒密的时代，曾一度透过后者的《占星四书》《和音论》等著述，左右着当时人们的世界观念。

不过，波西多尼奥斯对托勒密《地理学》最主要的影响，来自他在地理学数学化方面所做的贡献。其中最为著名的，是他继埃拉托色尼之后，对地球周长的再测量。他的初衷也许是想要从天文学的角度阐明，地球的尺寸能直接由天象测定，且相比于诸天的尺寸，地球的大小实在不值一提。不同于埃拉托色尼的日影测量法，他选择以一颗固定的恒星老人星（Canopus）为基准。由于该星在罗德岛恰好露出地平线之上，而在亚历山大城则升到了半空，那么通过测量老人星的高度差异，便可以得出两地的纬度差。和埃拉托色尼一样，他也认为两地位于同一经线上，故而再辅以两地实际的直线里程，地球周长便可按比例得出。波西多尼奥斯的数学模型诚然不错，不幸的是，他对具体数据的选择以及后人的相关记载却迷雾重重。据克莱奥迈季斯（Cleomedes）的转述，对于老人星的高度，他选择了经线大圆的 48 分之一，即 $7\frac{1}{2}°$（现实中是 $5\frac{1}{4}°$）。而两地的直线里程，他选择了 5 000 希腊里的传统说法。由此所得出的地球周长，应为 48 × 5 000 = 240 000 希腊里（Cleomedes, 2004: 80; Kidd & Edelstein, 2004: 266）。吊诡的是，另一位地理学家斯特拉波给出的数值却完全不同。据其《地理学》第二卷所述：

> 如果根据最近对地球的测量，即关于地周长度最小的测量值——也就是波西多尼奥斯所估计的 180 000 希腊里——我认为这一结果使得热带地区的宽幅仅为回归线之间宽度的一半，或一半多一点……(Strabo 2.2.2)

而在后文中，斯特拉波给出了得到这一结果所凭借的重要线索：

> 乘着北风，由罗德岛到亚历山大的海路里程，大概是 4 000 希腊里，而沿海岸航行的距离是这个的 2 倍。埃拉托色尼认为这只是水手根据海上航程的估算，有人说它是 4 000 希腊里，还有人甚至毫不犹豫地咬定是 5 000 希腊里。而他自己通过日晷及其投影的计算，发现这一距离为 3 750 希腊里。(Strabo 2.5.24)

由此可见，同一测量出现两种结果，问题很可能出在罗德岛到亚历山大直线距离估测值的不同。按斯特拉波所说，倘波西多尼奥斯采纳了经埃拉托色尼修正后的值，即 3 750 希腊里，那么其地周数值正好就是 3 750×48 = 180 000 希腊里。但即便这样，今人依然无法得知波西多尼奥斯本人所取的究竟是哪个里程数——换句话说，这一大一小两个地周长度，何者才是波西多尼奥斯的本意呢？

对于这一问题，当代学者进行了颇多争论，也提出了许多不同的猜想。① 有学者认为，这两种测量值很可能是相等的，只是它们

---

① 关于波西多尼奥斯的地周测定值的争论史，可参考 Drabkin(1943)。

所使用的希腊里的单位长度不同。比如，假使 5 000 希腊里对应的 1 里相当于 157.5 米（"埃拉托色尼式"希腊里），而 3 750 希腊里对应的 1 里相当于 210 米（"腓尼基-埃及式"希腊里），则 180 000×210＝240 000×157.5（Drabkin，1943）。但也有学者认为该说法过于附会，并指出问题出在较小地周长度一方。因埃拉托色尼本身是在已求得地球周长后，再结合日晷测算出的纬度差值（5⅓°），才得出了 3 750 希腊里（252 000×5⅛/360）这一修正距离。换句话说，波西多尼奥斯关于较小地周长度的计算前提，已经包含了另一个地周长度，其数据一开始便是自相矛盾的（Thomson，1948：212）。还有学者则干脆搁置具体数值上的争议，认为波西多尼奥斯旨在建构一种假想的数学模型，意图在数学和哲学层面提供可靠的方法论基础，而具体数值的大小对错并不影响成就的杰出性（Heath，1913：345—346）。就本书而言，介入这一烦琐的争议似乎并无必要。因为无论波西多尼奥斯本意为何，在地理史和科学史上带来更深刻影响的，正是最终的地周测量数值——确切地说，是较小的 180 000 希腊里。由此产生的后果是，居住世界在地球表面占据的比例被大大高估了。以 180 000 希腊里的地周为基础，从西班牙到印度的已知世界中央纬线（即经过罗德岛的纬线）长度也确定下来，即 70 000 希腊里，占据了该纬线圈的一半——这也意味着，由西班牙往西通往印度的海路里程同样是 70 000 希腊里（大约相当于 10 000～14 000 千米）。即便不考虑大陆的阻隔，与两地真实的直线距离（约 22 620 千米）相比，该数值显然也要小得多。

  波西多尼奥斯的贡献并不止于测量地球周长。在其代表作《论海洋》中，他详细探讨了地球的分区理论。受皮西亚斯的启

第一章　前托勒密时代的古希腊地理学

发,他首先批判了旧的传统分区,即根据气候和温度将地表分为 1 个不能居住的(热带)地区、2 个可居住的(温带)地区和 2 个不能居住的(寒带)地区这样 5 个区域。他反对亚里士多德对热带、温带的命名和划分方式,因为在他看来,这一基于温度和环境的分区标准实在过于游移不定:"人们怎么可能根据并非始终可见且各处都不一样的北极圈(arctic circle),来确定界限不变的温带区域呢?"[1]相反,他更青睐由天文学定义的精确分野,即以地球的回归线和极圈为界,将地表划分为三片大的区域:双向影区(ἀνφίσκιαν,amphiskian)、单向影区(ἑτερόσκιαν,heteroskian)、环向影区(περίσκιαν,periskian)如表 1.2 所示。[2]

表 1.2　波西多尼奥斯基于日晷阴影运动方式的地球分区

分区	范围	含义
双向影区(amphiskian)	在回归线之间(一个)	日晷阴影既可指北,也可指南
单向影区(heteroskian)	在回归线与极圈之间(两个)	日晷阴影要么指北,要么指南
环向影区(periskian)	在极圈与相应极点之间(两个)	阴影绕日晷做环向运动

[1]　古希腊人所谓的极圈,通常是指天球上的天极圈,而非今天的地球意义上的南北极圈。对于给定位置来说,天极圈是过当地水平面与天球交点所做的平行于天赤道的纬线圈,即北天极附近恒星的恒显圈。这也意味着,它会随着纬度的变化而变化。譬如在赤道上,极圈将缩小到零,而在北极,极圈将扩大到与赤道重合。见 Strabo 2.2.2 (1917:365)。

[2]　这三个分区依据,其实是按照日晷阴影的变化特征而来的。在双影区,一年中的日影有时指向北,有时指向南;在单影区,日影或者指向南,或者指向北;在环影区,日影会绕着日晷转动一整圈。skia /σκιά 在希腊语中的意思,就是"影子"。见 Harley & Woodward(1987:169)。

在此基础上，若再将气候因素考虑进去，便能进一步细分为7个区域，即围绕极点的两个寒带、两个温带（和旧分区一样）、沿着回归线上两条极窄的旱带（arid zone），以及一个赤道带。值得注意的是，他认为赤道附近远没有回归线附近那样炎热干旱，因为在回归线上，每年有半个月的时间太阳直射头顶（撒哈拉、阿拉伯和印度的沙漠就是明证）；相比之下，赤道一带受到更漫长的夜晚润泽，反而温和而多雨（Strabo 2.2.3）。而在今天看来尤为奇异的是，据斯特拉波的转述，他似乎认为气候还会随经度的变化而产生差异：居住世界从东向西，会变得越来越干旱，这是"因为太阳初升时爬升得很快，而在落山时却会折返"（ἔτι φησὶ τὰ μὲν ἀνατολικὰ ὑγρὰ εἶναι, τὸν γὰρ ἥλιον ἀνίσχοντα ταχὺ παραλλάττειν, τὰ δ' ἑστέρια ξηρά ἐκεῖ γὰρ καταστρέφειν）。[①]

波西多尼奥斯的地周测量和分区理论，明显地体现出天文学的巨大影响，以及和希帕克斯类似的、基于更宏大宇宙图式的"俯瞰"视角。这一方面足以为当时的数学家和地理学家提供一套包罗世界的概念框架，另一方面也可能过于将地球"看小"了——毕竟和天球相比，地球的尺寸确实微不足道。因而一个可能的猜想

---

① 波西多尼奥斯的这一论断，实际出自斯特拉波的转引和阐释，但长期以来一直为学界所接受。由于该结论过于突兀而诡异，且并不合于古代的天文学与地理常识，故而对其的合理化阐释始终是古代地理史学家的难题。不过，也有学者对该论断的源头（即斯特拉波的阐释）提出质疑，如俄国学者谢格罗夫就认为，波西多尼奥斯的原意是指利比亚大陆（Lybia）相对靠东的赤道附近的区域，比相对靠西的北回归线附近的区域更加潮湿，因此该理论实际是其气候带理论的延续，而斯特拉波的误解很可能源于他的断章取义。见 Strabo 17.3.10（1917：175）；Thomson（1948：214）；Shchoglov（2006b）。

是，面临地球周长的不同可能值时，具有数学或天文学偏好的学者往往倾向于选择较小的一个。这一定程度上也能解释，何以二百多年后，上述较小的地周长度被推罗的马里诺采纳，并进一步为托勒密《地理学》所继承。由此诞生的"小地球"图景，一定程度上在千年以后的地理大发现时代，奠定了哥伦布等航海家向西寻找东方财富、并最终发现美洲的观念基础（详见第五章第四节）。另外，波西多尼奥斯的分区理论也影响了马里诺的著述。根据托勒密《地理学》的转述，马里诺同样根据日影而非气候带的原则，将热带的界限设定在赤道以南和以北稍稍超过 12° 的地方（Geography 1.7.4）。到了托勒密后来撰写《至大论》时，他继承了这一划界方式，在纬度划分中列入了日影的双向、单向和环向的变换模式（Toomer, 1984:82—90）。尽管在托勒密《地理学》中，分区上的变革似乎没有产生太大的影响，但对于打破旧有的气候分区模式、拓宽居住世界的疆域，乃至延伸对未知世界的想象，该理论却提供了重要的观念基础。

四　从波利比乌斯到马里诺：古代西方地理传统的形成

"虽然巨细靡遗地对每一位[地理学家]进行学术讨论并不合宜，但仔细检视以下几位大家却是值得的——即埃拉托色尼，希帕克斯，波西多尼奥斯，波利比乌斯以及和他们同一类型的学者。"（Strabo 1.2.1）斯特拉波曾在其卷帙浩繁的《地理学》的开头，提到在正式进入地理学的探讨之前，有必要先对前人的成就做一番梳理、补充和批评。而他所谓"前人",或说值得他颇费一番功夫加以梳理的,主要指的是"埃拉托色尼及其后继者"——即上面提到的四位。可以看出,这也是斯特拉波所认可的古代地理学的正统。其中的前三位,我们已经在上文中介绍过了。下面要探讨,正是第四位——波利比乌斯。

波利比乌斯(Polybius,约 200 B.C.—118 B.C.)在历史上的名气更多仰赖其历史著述。他生于罗马崛起时期的伯罗奔尼撒半岛,从小经历了赴罗马为人质、融入罗马人、加入罗马军队的身份转换过程,并随军远征西班牙、北非等地,扩展了自己的地理视野。他的学术野心最终倾注在其 50 卷本的《历史》一书中(前 5 卷存世,其余已散佚,由斯特拉波及其他人转述)。同时,波利比乌斯对地理学也有非同寻常的关注,以至于他将整整一卷(第 34 卷)献给了地理学,并对狄凯阿科斯、埃拉托色尼和皮西亚斯等古代地理学家提出了系统的批评。在他看来,埃拉托色尼的地图过于忽视地中海西部的轮廓,比如西班牙和北非(由于罗马帝国的军事扩张,波利比乌斯及其同代人对西方的熟悉自然超过前人)。他还批评其过于相信皮西亚斯,以至于将地图的北界定在了图勒。他拒不相信人类的居住世界能延伸到那样遥远的北界,而将界限定在了北纬 54°左右的爱尔兰一带,这里的纬度正好是相对于罗德岛的恒显圈的赤纬高度。

波利比乌斯对更早的地学论述着墨甚少,这一定程度上也反映出埃拉托色尼对后世的影响之巨。但一方面,波利比乌斯的地理学代表了军事扩张时期帝国的地理偏好,已经由高度技术化的理论面向,转为了更为实用的政治军事面向。他认为史学家应当向军事将领一样了解足下的土地,这才是他重视地理的主要原因。他自豪于曾随军游历西方,并将罗马人对西方的征服,比之于亚历山大大帝对东方的开拓。为此他甚至敷演出某种程度的气候决定论,认为亚平宁半岛物产和气候注定了罗马人的伟大。视野的开阔与认识上的自信,奠定了他批判前代地理学家的基础。但另一方面,他过于笃信个人的经验积累,轻忽了地理学传统理论的普遍性。譬如,他并不屑于(或是不能)讨论与天文学相关的部分,对以天象观测著称的皮西亚斯加以排斥,拒绝承认世界的疆域能抵达图勒。基于同样的理由,他也否认东边和北边有环绕大地的大洋流过,而以审慎的态度表达他对未知之地不予置评。尽管在批驳狄凯阿科斯关于地中海的长度测量时,波利比乌斯也运用了几何方法,譬如借"不可能三角形"驳斥旧有的地理数据(如图 1.2 所示),但这更多反映的是几何学在当时知识界的基础地位,而非主要的研究方法(Thomson,1948:209)。

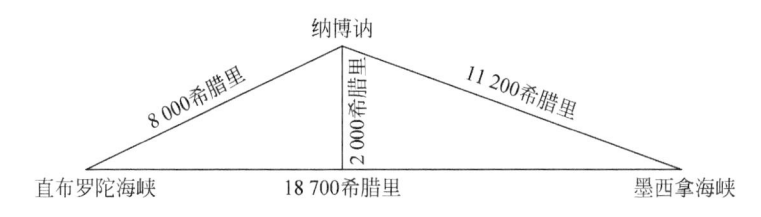

图 1.2 波利比乌斯用于计算地中海长度的"不可能三角形"[①]

[①] 类似希帕克斯,波利比乌斯在批驳狄凯阿科斯关于地中海的长度测量时,也作了一个"不可能的三角形"。后者曾提出从直布罗陀海峡到墨西拿海峡的东西向距离是 7 000 里,而波利比乌斯经过测算,发现两地距离地中海中部偏北的纳博讷(Narbo)的距离各自为 8 000 和 11 200 里,而纳博讷距离中央纬线 2 000 里。由简单的三角形边长关系可推知,从直布罗陀到墨西拿的距离应为 18 700 里,而不可能是 7 000 里(Harley & Woodward,1987:162)。

如前文所述，虽然斯特拉波将波利尼乌斯与埃拉托色尼等人并列，但其地理写作实则代表了一种不同于数学和天文学视角的、更为传统的地学进路。不少地理史家将其归为"描述地理学"（descriptive geography），也有人认为这属于史学写作的脉络，或曰史志传统。其特征是强调地理知识的实用性和普及性，往往将地理学视作更广泛的历史记载的一部分，并进一步作为精英教化、政治指导乃至军事行动的基础认知。因是之故，这一类地学作品大多在理论原创性上乏善可陈，而长于对地理信息的搜集、归纳和重新整理，甚至其中不少本身就是来自于航海家或旅行者的一手地理记录。比如阿伽撒尔基德斯（Agatharchides of Cnidus，活跃于公元前 2 世纪）的《论红海》（$Περί\ της\ Ερυθράς\ Θαλάσσης$, On the Erythraean Sea），以弗所的阿特米多鲁斯（Artemidorus，活跃于约 100 B. C.）的 11 卷本沿海航行指南，斯库姆努斯（Scymnus of Chios，活跃于约 185 B. C.）的《致尼科美德王的大地概览》（$Περίοδος\ γῆς\ ἐν\ κωμικῷ\ μέτρῳ$, Periodos to Nicomedes）[①]，以及和托勒密大约同时代的地理学家鲍萨尼亚斯（Pausanias，约 110—180 年）的《希腊志》（$Ἑλλάδος\ Περιήγησις$, Description of Greece），等等。此外，也有一些学者试图在这一传统内对居住世界作出全景性的描述（或描绘），包括深受埃拉托色尼世界图式的影响、却一味拒斥数学的梅拉（Pomponius Mela，活跃于 43 年），以及沉迷于文献

[①] 目前学界多认为此书被错归于斯库姆努斯名下，作者实则另有其人，但具体为谁则难以确认，因而一般也称其作者为"伪斯库姆努斯"（Pseudo-Scymnus）。迪勒曾考证说"伪斯库姆努斯"即是大马士革的鲍萨尼亚斯（Pausanias of Damascus），但其结论仍不乏争议。详见 Diller(1955)。

传统和趣事逸文,却不善去伪存真的老普林尼(Pliny the Elder, 23/24—79年)等帝国时代的拉丁文作者。尽管这些学者的作品同数学和天文学的关系并不密切,但透过近年来的文献分析,我们依然可能从中发现几何化的世界图式对古代地理图景的深刻影响。[①] 而这一脉中最有代表性的作者,当属上文不断提及的斯特拉波。

在地理学史的研究中,斯特拉波常常以古代描述地理学集大成者的形象出现。而这很大程度上,要得益于他那套完整地流传后世的十七卷本著作《地理学》(*Geographika*)。更重要的是,这本书花费大量篇幅对前人的地理学、制图学理论和成果进行引述和批评,也间接地留给后人一批丰富的古代地理学史料——对很多作品散佚的早期学者而言,斯特拉波的文本几乎成了他们最后的容身之地。甫一开篇,针对埃拉托色尼关于"荷马史诗的地理知识仅供娱乐,而非教谕"的论断,斯特拉波就颇费周章地加以反驳,一面树立起荷马作为首位地理学家的祖师形象,一面也为自己的描述地理学增加合法性。此后,他又用了一整卷篇幅,对埃拉托色尼、希帕克斯、波利比乌斯等前代地理学家进行广泛的评价和批判,由此奠定自己作为新一代地理学者借以"审视"(ἐπισκοπέω, episkopeo)世界的合法性。值得注意的是,作为斯特拉波文本中的关键词,意为"视察""审视"的 ἐπισκοπέω,成为其地理学实践的

[①] 一个有趣的例证是,向来为数学地理学和科学史研究所轻视的梅拉,近年来也被认为继承了希帕克斯的地理遗产。有学者认为,梅拉的作品反映的是从希帕克斯过渡到托勒密的中间状态,甚至他关于对大陆的"四边形"形状的描述,也和托勒密关于大地图式的观念同出一源,而该源头正就是希帕克斯。见 Shcheglov(2007b)。

一个重要表征,即对于地理学家的主观性、实践性和整体性的强调。① 这使他既区别于埃拉托色尼等更偏于理论构建的地理学家,又不同于强调第一人称视角的经典历史叙述者(如希罗多德和修昔底德)——相反,他的《地理学》呈现出一种着眼于人的实践、却更为宏阔的整体性。他认为地理知识应贡献于把握世界、管理世界等"在实践上有用"的事业,而非陷入对细节的吹毛求疵之中。② 因而他说:

> 即使对于感觉只能感知到一部分的庞大图式(τῶν μεγάλων σχημάτων),心智(διάνοια)也能从感觉印象中形成一个整体的概念。渴望学习的人将以这种方式进行:他们相信那些亲见和亲临过某一地区的人,一如相信本人的感官,而且他们会将整个居住世界的外观整合为一个几何图像(διάγραμμα)。为什么将军们能运筹帷幄之中,决胜千里之外?就在于他们相信信使的汇报,并根据他们所听到的汇报传达命令,才能成功地贯彻其措施。而那些笃信"眼见为实"的人,实则抛弃了"耳闻为据"的原则——这一原则在求知的

---

① ἐπισκοπέω 一词通常出现在神祇、政治领袖、军事将领的语境中,譬如印度官员"视察"运河,罗马将领"视察"东方的领土,城邦僭主"视察"其城市,以及亚历山大大帝途径两河流域时,"视察"河道的运输状况等,所用的词都是 ἐπισκοπέω。斯特拉波开篇第一句就说:"我即将加以'审视'的地理,同其他学科一样,都是哲学家所关切之事。"这既可以视作是斯特拉波对学科话语权的宣称,也代表了他对待地理学的基本态度——正如征服者对待其领土一样。参考 Connors(2011)。

② 事实上,斯特拉波也将自己的作品形容为一座巨型雕塑或巨像(colossal statues),强调应从整体而非细节上加以评判。这同托勒密《地理学》中将"世界制图"比作"完整的头部肖像"如出一辙。见 Strabo 1.1.23(1917:49);*Geography* 1.1。

第一章 前托勒密时代的古希腊地理学

领域往往比眼见为实更重要。(Strabo 2.5.11)

由此可见,由埃拉托色尼等人构建的、强调知识传承的文献传统,以及建基于几何学之上、俯瞰地球的地理视角,在斯特拉波的时代已经成为一个不言而喻的前提,并进一步成为他借以把握居住世界、整合地理图景的坚实基础[①]——尽管前者所凭借的数学方法,已不再是后者的重心所在。毕竟就斯特拉波的作品本身而言,他仍和波利比乌斯一样,旨在为更广泛的非专业读者,尤其是政治家和军事家,提供急速扩大的居住世界的全景描述,以为治理国家和行军打仗之用。[②] 因此在斯特拉波这里,重要的不是运算之妙或理论之新,而是如何更好地站在前人的地基之上"审视"世界。只不过相比后者,斯特拉波具有更鲜明和独立的学科意识,以至于他了解到要完成这项系统的编纂工作,必须要仰赖于既有的丰富的理论谱系,也要花费远超于前人的精力和篇幅。在这一意义上,他仍须沿袭传统的地理学模型,首先运用基础的几何学方法,将居住世界在地球上的大概位置,定在位于北半球的象限内,并以赤道、北极圈和某一子午线的北半圆为界(从中可见埃拉托色尼及其后继者的影响)。对世界边缘未曾探明的未知之地,斯特拉波则体现了自己的务实态度——他建议制图者在处理地图边界时,只需要"将大洋航行所能抵达的边界用直线连起来,就足以

[①] 部分学者,如克里斯蒂安·雅各(Christian Jacob)、凯瑟琳·康纳(Catherine Conors)等也将从埃拉托色尼到斯特拉波的制图实践形容为"心智地图"(geography of the mind),由此强调这类作品背后所基于的精神视角。详见 Jacob(1999);Connors(2011)。

[②] 详见 Strabo(1917:xxiii);Thomson(1948:321)。

完成大陆岛的轮廓了"(Strabo 2.5.5)。此后十五卷的篇幅,斯特拉波逐渐回归传统的描述性地理叙述,有条不紊地展开了自己对居住世界各区域的描述,其中间杂着对前人地理叙述的引用和批评。

和诸多前代地理学家相比,斯特拉波的地理视野无疑拓宽了许多,但受史志传统的影响,其居住世界的尺寸反而缩小了。类似波利比乌斯,他并不相信皮西亚斯或汉诺(Hanno the Navigator)等古代航海家的记录,也反对人类能居住在图勒那样远的地方。关于南部的边界,他遵循埃拉托色尼的记述,定在"肉桂之国"即今埃塞俄比亚(12°N)。而对居住世界的经度范围,他赞同当时流行的 70 000 希腊里的假定,但认为这只占据了同纬度圈的三分之一,而剩余三分之二的未知之地,很可能包含了另一片大陆。总之,他所估算的世界尺度较埃拉托色尼的更小。相比于平面地图,斯特拉波更青睐足够大的地球仪,因为这能够容纳所需的细节。他建议这样一个地球仪至少得直径 10 尺(δέκα ποδῶν)。当然考虑到技术门槛,用平面地图代替也不失为权宜之计。深谙埃拉托色尼地图制作方法的斯特拉波,主张采用相互垂直的矩形网格来标示经纬度。对于从球面到平面所产生的形变,斯特拉波完全不以为意。他认为在地图的相应尺度下,如果"将纬线圈绘制为平行的横线,将与纬线正交的经线圈绘制为垂直的竖线,最终只会产生极微小的差异,因为我们的想象力能轻易地把平面图形转换到球面上去"(Strabo 2.5.10)。同时,平面地图的尺寸也不宜太小,至少应有 7 尺长(ἑπτά ποδῶν)[①]——这正好符合他所认为的人

[①] 上面两处的计量单位 πούς 为希腊尺,同希腊里一样,其不同历史阶段的长度也有出入,但大致相当于今天的 30 厘米。因此,10 希腊尺约合 3 米左右,7 希腊尺约合 2.1 米左右。

第一章　前托勒密时代的古希腊地理学

类居住世界的真实长度（即70 000希腊里）。①

不过，大概由于斯特拉波在地学理论和数学建构上创新性的匮乏，在时间上距托勒密仅百年之遥的他，竟完全没有被后者所提及。② 相比之下，同一世纪的地理学家推罗的马里诺（Marinus of Tyre，活跃于公元100年前后）对托勒密的影响却要大得多，以至于托勒密《地理学》中有大量篇幅都献给了他。如今，马里诺的作品已完全不存，只能透过托勒密的转述中窥见其大致面目。③ 由其出生地推罗（Tyre）这一古代世界地中海东部最繁荣的腓尼基商业城市可知，马里诺同许多杰出的地理学家一样，生活于信息与人流往来频繁的枢纽之地。伴随着罗马帝国世界图像的不断扩大，对地理著作和地图信息的不断更新，成了知识界一项持之以恒的事业，而马里诺正是其中的杰出代表。他对前人著述的修正，一如托勒密对他的修正一样，构成了古代地学发展史上环环相扣的重要一环。

在世界的数学框架和大地尺度的问题上，马里诺受到了波西多尼奥斯的强烈影响，将地球周长确定为较小的180 000希腊里，

---

① 地理史家奥雅克认为，除开整体尺寸上的差异，斯特拉波的世界图式和埃拉托色尼在形状上都是相似的。不过，不同于埃拉托色尼所用的"地块"，斯特拉波使用更常见的几何形状或日常事物来比拟区域或国家的轮廓特征。比如，他将塞文山脉比作平行四边形，印度比作菱形，不列颠和西西里比作三角形，伊比利亚半岛像一张牛皮，伯罗奔尼撒像一片梧桐叶，而亚洲北部像一把菜刀。见Aujac（1968:213）。

② 事实上，斯特拉波之后的罗马时代的地理作家都鲜少提及他。所以一个可能的原因是，其文本并没有大范围地流通，而仅限于特定的狭窄圈层。详见Thomson（1948:323）。

③ 中世纪的阿拉伯地理学家马苏第也提及了马里诺，但很可能也是间接引自托勒密。参考导言"抄本谱系及近代版本概说"。

也将大圆上的1度等同于500里。以此为基础,他将已知世界的南北宽度设定为87°或43 500希腊里,最北抵达了北纬63°的图勒(埃拉托色尼认为是66°),最南延伸至埃塞俄比亚人的国家、南纬24°的阿吉辛巴(Agisymba)。对于已知世界的东西跨度,他推测的结果约为15个等分时——按照沿穿过罗德岛的中央纬线计算,为90 000希腊里或225°,其中1度等于400里。由此,马里诺的已知世界就和前人地图有了不小的差异:虽然其主体部分仍位于北半球的一个象限内,但最南端已延伸到南半球的南回归线,而东西向的长度更是扩大到圆周的60%以上,以至于想象中可由西班牙西行前往印度的航程缩减到了54 000希腊里(既经度跨度的135度)。马里诺也是已知最早将东亚纳入其世界地图的古代西方地理史家。在托勒密的转述中,马里诺描述了从石塔到赛里斯国(Seres,即今中国西北)的首都塞拉(Sera)长达7个月——或者按他的计算为36 200希腊里的路程(Geography 1.11)。同样的,他对非洲南部以及内陆的认知也超过了前人,赤道南部的阿吉辛巴等地已进入他的视野。

马里诺显然也绘制过地图。虽然根据托勒密所言,他没能完成对早年的纬度带和时区数值的最后修正,但对制图的数学方法和形变特性却有过深入研究。他"发现所有现存的制作平面地图的方法都有缺陷",但可惜的是,他自己并未提出太好的解决方案(Geography 1.17,1.20)。以至于从托勒密的批评中,我们所知的是他的地图继承了埃拉托色尼和斯特拉波的方案,呈现为经线与纬线相互垂直的矩形框架。不过出于地理编目和精确定位的需要,他在埃拉托色尼少量的经纬线段和不规则的排列之上,进一步完善了经纬网络,并很可能令纬线之间以相等的距离排布。这样一来,所有纬线都是等长的,马里诺令这一长度为已知世界中央纬线,即过罗德岛的纬线(下文简称"罗德岛纬线")的长度,因此经线和纬线的长度比例,就统一为 5∶4——而在现实的球面上,该比例会随着纬度变化而变化。因此在马里诺的地图上,罗德岛以南(包括赤道上)的东西向距离就被缩短了,而罗德岛以北的东西向距离则被拉长。从现代制图学的视角来看,马里诺的这一制图方式类似于"等距圆柱投影"(equiretangular cylindrical projection),有时也和埃拉托色尼、斯特拉波所隐约提及的类似制图方式一道,通称为"矩形投影"(rectangular projection),如图 1.3 所示。① 然而通过该方法绘制的世界地图上,方向的扭曲过于严重,很难用于实际的距离估测或教育用途。以至于托勒密不无痛心疾首地说:"他最终却选择了那种让距离最不成比例的方法。"(*Geography* 1.20.3)

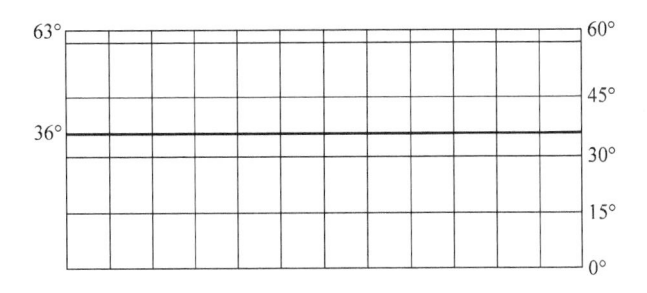

图 1.3 马里诺的地理制图网络图示

---

① "等距圆柱投影"一说,见 Shcheglov(2007b);"矩形投影"一说,见 Harley & Woodward(1987:385)。但更准确地讲,当时的地图绘制方法更应被称作"矩形制图"而非"投影"。

但另一方面,托勒密也毫不讳言自己书中的地理信息要归功于马里诺的辛勤工作。他说:

> 推罗的马里诺也许是当代最近一位从事这项事业的作者,他也以十足的努力投身其中。除了早已广为人知的知识外,他显然研究过大量的地理记录,并谨慎对待这些前人的记载。当他发现他们或他自己的任何信息缺乏足够根据时,便会给予恰当的修正。这从他发表的诸多地图修订本中可以看出来。(*Geography* 1.6.1)

由此可见,搜集地理数据构成了马里诺的另一项重要工作。但正如托勒密所言,制图者的任务并非去亲自测量和编纂所有地理信息,而是以这方面最新的、最全面和优秀的成果为出发点,在此基础上予以修正和扩充——托勒密所依据的"成果",自然是指马里诺的著述。同样也有理由认为,马里诺批判继承了前代的地理信息。然而据托勒密的批评,他使用了太多陈旧的、未能及时更新的数据,而这些数据在不断的传抄和从文本到地图(或反之,从地图到文本)的转换中,很可能已经面目全非了。更进一步,对数据的处理也绝非易事,其中涉及对繁杂的行程记录和地理记载的转化,即将那些以天数或里程数记录的数据,转换为可用于地理标记的直线距离或经纬度数。在这方面,马里诺的处理方法似乎过于随意而缺乏根据——因为"直线路程的偏离和旅途速度的变化",他可能直接将原始的里程砍掉一半,或干脆调整为他认为合理的数值(*Geography* 1.8;1.11)。

第一章 前托勒密时代的古希腊地理学

另外，在马里诺的著述中，篇章结构和信息的安排似乎也存在一些问题。托勒密在转述中提及过他的一些章节标题，譬如"纬度带和时区的划分""对纬线的描述""定义边界"等。其中不少仍能在托勒密自身的地理叙述中找到对应部分（*Geography* 1.15, 1.16）。不过和托勒密不同，他没有提供一整套确定的、完整的、从文本到地图的制图范式，对各区域的描述也显得芜杂而线索不清。其中尤为突出的体现，是缺乏系统的地理编目。托勒密举例说：

> 如果人们要标记某个地点在地图上的位置，就必须知道将要标记的各个地方的经度和纬度。但在马里诺的著作中，你很难直接获得这些数据，因为它们分散在书中不同的位置：譬如在"纬线概览"的部分，可能只能找到纬度，而在"经度汇编"的章节，又只能发现经度。不仅如此，大多数时候同一地点未必会在经纬度列表中都出现，有的地方可能只有纬度，有的地方只有经度，这就造成了信息缺失。（*Geography* 1.18）

尽管托勒密对马里诺的论述以批判居多，但反过来我们也能看出，马里诺在前托勒密时代的地理学史上仍构成了极为重要的一环——或者说，托勒密《地理学》中对已知世界进行全面数学化和地理编目的野心，很大程度上正是继承自马里诺的构想，而后者传承的是古代希腊和罗马地理学悠久的历史传统。据说，马里诺本人也是一位数学家，虽然他在这方面的天赋恐怕远逊于作为后辈的托勒密，但其难得之处，是希望通过搭建已知世界经纬网络的宏图,重振消沉已久的希腊数学地理学。这也为托勒密指出了一条值得努力的方向。必须承认,马里诺对地理数据的选取和处理的确不够严谨,但囿于当时的测地技术和记录人普遍数学意识的缺乏,同样标榜天文与数学至上的托勒密,实则也未必做得更好。而且也正是在马里诺不太如人意、甚至漏洞百出的地理描述和数学化尝试的基础上,托勒密发现了一种正本清源的可能性——用托勒密自己的话说,即他承担起了一项双重任务:其一,是批判性继承马里诺的地理学思想;其二,是尽可能补完马里诺的地理数据。

因此,我们为所有省份记录下其边界的细节[即它们的经度和纬度位置],那些重要民族的相对位置,以及应绘入地图的知名城市、河流、海湾、山脉和其他事物的精确处所……通过精确到细节,我们就能够确立每个地点的位置,并确定各省之间以及每个省在世界上的位置。(*Geography* 1. 19. 2—1. 19. 3)

这样一种意识,既来自数学家对精确性的严格把控,也源于一种更为悠久的、尝试完全描述(γράφω)、"审视"(ἐπισκοπέω)和把握大地图景的地理学冲动。可以说,正是经由从波利比乌斯、斯特拉波到马里诺历代累进的努力,托勒密承继起了古代地学"经天纬地"的传统使命。也正是这一相对独立的学科意识,使他的地理学并未止步于为天文观测服务,而是自成一体地构建出了一套崭新的学术体系。

第一章 前托勒密时代的古希腊地理学

* * *

从希腊的古典时代到希腊化时代,再到罗马统治下的希腊-罗马时期,以希腊文的地理著述为主轴,古代西方的世界图式经历了一个从圆形世界向球形世界转变的过程,地理学也在这一过程中经由数学与天文学的形塑,逐渐从早期史地不分或相对于历史的从属地位,获得了较为独立的学科意识。古希腊的地理学之所以区别于世界各大文明的古代地学,就在于它注重对大地的图形描绘,并引入了几何学对居住世界进行数学建构。同时,对世界各地的文字记载和定性描述同样也是地学传统中的重要组成部分,并受到史志传统和实践经验的影响。因此无论是斯特拉波的《地理学》,还是托勒密的《地理学》,虽则在对学科内涵的理解(即"地理学"作为世界制图与大地描绘)或著述结构上(先对前人成果加以总结批判,再进行自身的地理建构)有一定差异,但都隶属一个广义的地理学共同体,只是各有侧重。尽管存在浓重的数学色彩和源于天学的写作动机,托勒密《地理学》中对传统地学的资料来源和写作范式的依循,表明了它依然是古代西方地理传统的重要部分。

不过,地理学的兴起和世界图式的转变并非一蹴而就,也非一劳永逸,而是长期处于新旧共存的过程中。圆形地图、长形地图或椭圆地图以及球面地图在很长时间内都存在于古代文献记载中,甚至经过托勒密的几何化努力之后,圆形地图依然在中世纪的拉丁和阿拉伯世界再次大放异彩(Harley & Woodward,1987:171)。另一方面,由埃拉托色尼在后世受到的广泛批评可知,即便到了古代晚期,人们对高度几何化的地理学仍存犹疑态度,而地理学本身亦在数学制图与文字记述的不同偏向之间来回摆荡(Roller,2010：30)。① 古代地理学所呈现出的复杂性,使得不同著述尽管都冠以"Geography"之名,却存在着多元的书写和呈现方式。但无论如何,希腊化时期以数学、几何学为标榜的世界制图,还是独树一帜地建立起了影响深远的地学传统。通过对马里诺的批判和继承,托勒密发展出了一整套更成熟的地理描述范式。可以说,他的地理学是对古代宇宙论、地理数据和方法论、几何思想的创造性综合。这套体系究竟为何,我们将在下一章中进行论述。

---

① 另外值得一提的是,在古代晚期,埃拉托色尼作为地理学家的名声并不如今天想象那样显赫。譬如普鲁塔克(Plutarch)的文本,就将埃拉托色尼视作一位多才多艺的学者,在各领域贡献良多,包括名人传记、历史纪年、文学箴言等,然而其中唯独没有地理学。见Plutarch(1959)一书的"Demosthenes" 9;30(vol.7);"Alexander" 3;31(vol.7);"Themistokles" 27(vol.2);"Lykourgos" 1(vol.1)。

第二章 《地理学》的理论框架

托勒密的《地理学》大概成书于公元2世纪中叶,即罗马五贤帝之一的安东尼·庇护(Antonius Pius)在位期间。是时正是罗马帝国治下最为繁荣的黄金时期。在哈德良武力开疆之后,帝国的疆域辽阔,向北将苏格兰的边界进一步推进,击退了黑海北部阿兰人入侵,向南保证了地中海北非沿线"罗马和平"(Pax Romana)。安东尼时代也是罗马帝国诸元首统治中较为和平的一段时期,古代的学术之都亚历山大亦在此时迎来了贸易和文化的双重繁荣。希帕克斯的时代所欠缺的诸多条件,此时也陆续成熟。这很可能也是托勒密下决心写作《地理学》的外部原因。

就地理知识的传承而言,托勒密的写作直接继承了推罗的马里诺,并始终位于从埃拉托色尼以降,经希帕克斯、波西多尼奥斯所拓展出的数学地理学谱系之内,同时也受以波利比乌斯、斯特拉波等为代表的传统地学写作的影响。将其视为整个古代西方地理学、制图学的集大成者是比较恰当的。就托勒密本人的学术生涯而言,《地理学》创作于托勒密的一系列天文学著作之后,脱胎于《至大论》中天文观测的需求,又可以视为其天学、几何学及其以数学哲学为代表的方法论在地学层面的自然延伸(Feke, 2018b)。正如托勒密在《地理学》卷首所言:"[地理学]属于最崇高和最精妙的智性追求,即通过数学向人类展示天界的本性,因为诸天的运转能为我们所见;以及通过图像展示大地的本性,因为真正的大地尽管庞大却并不围绕着我们,无法被人完整地观察到。"(*Geography* 1.1.9)从地图绘制的角度出发,琼斯和费凯等学者都认为,这是托勒密对其天文学、地理学和数学关系的一句凝练的概括:地理学和天文学一样,都是数学科学的组成部分之一,并且都从属于一门更高的理性科学。换言之,数学构成了"大地描述"(geo-graph)的本质(Berggren & Jones,2000:59)。

因此,我们对托勒密《地理学》尤其是对其理论基础的审视,必然绕不开"数学"这一特定视角。更确切地说,这部作品绝不是凭空问世,也远非如斯特拉波等学者那样凭借对前人理论和数据的汇总而取胜。[①] 它的历史地位,来自于对既有理论的创造性融合,而这一融合的成就又体现在数学上的融贯性。长年在天文、数学和哲学研究中积累的深厚功力,成为了托勒密构造地学理论的重要基础。下文将由此出发,阐述托勒密是怎样一步一步搭建起《地理学》中的世界描绘和地理编目框架的。

一 观念史中的"地理学"与世界制图

1. 地理学:对已知世界的"绘制"和"模仿"

和托勒密的其他著作一样,在全书开篇,托勒密便开门见山地

[①] 事实上,因为托勒密对希帕克斯等前人数据的借鉴,有部分现代学者甚至将托勒密视为"抄袭者"或"骗子",忽视了托勒密的理论创新和对数据的重新计算和整理之功,这类说法显然是极不恰当的。可参考 Riley(1995);Graßhoff(1990:4—5)。

定义了他将要处理的核心对象和关键概念:地理学(γεωγραφία, geography)。他说:

> 地理学是一种模仿(μίμησίς),是对整个世界的已知部分和与之关联的事物的绘制(γράφω)。(*Geography* 1.1.1)

诚如前言所阐明的那样,托勒密语境中的"地理学"一词,更偏向于其几何与图像化的一面,可以说从一开始,该书就旨在强调对大地的"绘制"(γράφω)。这种绘制行为,从本性上讲,又被托勒密定义为一种"模仿"。这就将当时的地理学和天文学区隔开来——地理学所建构的对象,并非基于可见现象、对不可见的理性机制进行呈现(presentation),而是从已知世界出发、再回到已知世界的一种"再现"(representation)。这使得以下两个事实成为托勒密地理叙述的隐含前提:

第一,作为地理学对象的"居住世界"(oikoumene),指的不是包括整个地球的全世界,更非延伸开去的宇宙秩序,而是"已知世界"(τὴν ἐγνωσμένην γῆν,也简称 ἐγνωσμένην,即 the known world)。用托勒密的话来说,是"我们的居住世界"(τὴν καθ' ἡμᾶς οἰκουμένην)。与之相对的是"真正的居住世界"(τῇ κατ' ἀλήθειαν οἰκουμένη)。后者所指,是制图时所要考量和参照的、与真实的地球尺寸相应的世界范围,而前者则等价于"已知世界",更具体地说,是托勒密及其同时代人所知的世界范围(Feke,2018b:284)。这一区分也产生了进一步的问题,即托勒密是否对已知世界之外的部分有所论述?事实上,早在撰写《至大论》时,他就已经提及了这一点：

> 据说赤道下方的区域有人居住……但我们没有证据所谓的居住区域包含哪些部分。迄今为止，我们所在的居住世界的人都没有探索过那些地方（τοῖς ἀπὸ τῆς καθ' ἡμᾶς οἰκουμένης），关于那里的传闻只能被当作猜测，而非真实的记录（καὶ εἰκασίαν μᾶλλον ἄν τις ἢ ἱστορίαν）。(*Almagest* 2.6)

可见，尽管承认了更广大的未知世界的存在，但托勒密并不对已知世界之外的情况下任何断言。因为在有确切记录之前，对它们的描述只能是猜测或意见，而非真正的"知识"（ἐπιστήμη，episteme）。① 在独尊数学的托勒密看来，唯有凭借确定的知识，才能使我们探究、接近永不变易的领域（Toomer, 1984: 36）。而基于《地理学》本身的宗旨，纯粹的猜测也是不被纳入他的考量之中的。一个显著的例子是：在《至大论》中描述纬线的章节，他提到北纬 64½° 的纬线"穿过了未知的斯基泰人"（διὰ Σκυθικῶν ἐθνῶν ἀγνώστων）的土地；而到了《地理学》中，世界的北端被定在了北纬 63°，并未包含那条 64½° 的纬线。其中的原因也可想而

---

① 在《至大论》中，托勒密继承了亚里士多德的传统，将理论科学分为神学、物理学和数学三类。但不同于亚里士多德和柏拉图的是，他认为神学的对象完全是不可感知的，而物理学的对象则变化不定，唯有数学处理的是提供可感而恒定之物。因此，前两者都更近于"猜测"而非"知识"，相比之下，数学才是探究理论科学的最可靠的手段。见 *Almagest* 1.1; Heiberg(1898: 6)。

知——因为 63°纬线所穿过的图勒是人类曾抵达的、已知的最北的处所(最早由皮西亚斯探明),而 64½°纬线穿过的地界却依然是"未知之地"①。

第二,绘制世界的本质,是一种模仿。这很容易让人想到亚里士多德在《诗学》($Περὶ\ ποιητικῆς$, Poetics)中关于文学和戏剧的定义:

> 史诗和悲剧,喜剧和酒神颂以及大部分双管箫乐和竖琴乐——实际上都是模仿($μῑμήσεις$)。……有一些人用颜色和姿态来制造形象,模仿许多事物,而另一些人则用声音来模仿……悲剧是对于一个严肃、完整、有一定长度的行动的模仿。(Aristotle *Poetics* 1447a13—16;18—20;1449b24—25)②

与这一定义类似的,还有柏拉图的《理想国》中谈及绘画、诗歌等艺术时、充满贬抑之义的譬喻:

> 悲剧诗人既然是模仿者($μιμητής$),他就像其他所有模仿者一样,自然地和王者($βασιλεύς$,[有"至高""真理"之

---

① 拉丁词组 Terra incognita 意为"未知之地",其最早的来源正是文艺复兴时候后重现的托勒密地图。事实上,尽管那些土地并未纳入托勒密的地理编目,但基于地图绘制的普遍特性,它们多半仍会出现在地图上接近边缘的处所。譬如托勒密世界地图中默认从南部包围印度洋的土地,以及埃塞俄比亚以南的利比亚大陆,就普遍被标注上了"Terra incognita"的字样。

② 英译本参考了 Baxter & Atherton(1997:45,49,67),中译本参考了亚里士多德、贺拉斯(2009:3,4,19)。

意])或实在隔着两层……模仿只是一种游戏,是不能当真的……绘画及一般的模仿艺术,在进行自己的工作时,是在创造远离实在的作品。(Plato Republic 597e,602b,603b)①

无论是亚里士多德对模仿能反映"可能的真实"的肯定,还是柏拉图关于模仿是"对实在的双重远离"的贬斥,在古希腊知识传统中,模仿似乎和艺术创造密切相关。② 联系到亚里士多德在《形而上学》中对知识的三分,即"一切智识活动(διάνοια)都可以归入实践知识(πρακτική)、创制知识(ποιητική)和理论知识(θεωρητική)之中"(Aristotle Metaphysics 1025b25)。③ 他所谓的创制知识,包括造船术、稼穑、医学,以及音乐、戏剧、舞蹈、修辞等旨在创造出人工物的技艺门类(Shields,2020)。由此观之,托勒密关于世界地图以及制图方法的论述,似乎可以被归入创制知识的范畴中去。

---

① 英译本参考了 Bloom(1991:280,285,286),中译本参考了柏拉图(1986:392,399,401)。

② 在接受"艺术即是模仿"的共同前提下,亚里士多德和柏拉图(即苏格拉底)的态度正好相反。以诗歌为例,亚里士多德认为,如果说历史记载的是已然发生之事,那么艺术表达的是"可能发生之事",由此,艺术被擢升为一种"较历史更哲学、更严肃的领域,因其关注的是普遍的本性,而历史关注的是个别之物"。也就是说,艺术所揭示的是普遍的、潜在的现实。见 Sheppard(2009:151)。

③ 原文为 ὥστε εἰ πᾶσα διάνοια ἢ πρακτικὴ ἢ ποιητικὴ ἢ θεωρητική。根据翻译或语境的不同,"知识"也被译为思想(thought)或科学(science)。Kirwan 解释说,理论知识的问题形式是"是这样吗",实践知识的问题形式是"应该这样做吗",而创制知识的问题形式是"怎么制作"。Ross 则认为,理论知识的目的是知识本身,实践知识的目的是指导行动,而创制知识的目的是用以制作物品或艺术品。参考 Kirwan(1993:184);Ross(2004:65)。

第二章 《地理学》的理论框架

然而对托勒密而言，创制知识并不包含在其"哲学"框架之中，他在《至大论》中即已说明，"真正的哲学家将哲学区分为理论部分和实践部分"（Almagest 1.1）。纵观其学术著作，他对于艺术创造也并无独特的偏好。相较之下，《地理学》更多是理论哲学的重要组成部分——它依赖于包括行程记录、天文观测、文献资料在内的地理数据，通过数学化的框架和方法，最终目的乃是一套独特的编目和制图理论。所以诚如费凯所说，《地理学》是"要用理论的方法（τῶν μετ'ἐπιστάσεως θεωρητικῆς）达成理论的目标（τῆς καθόλου θεωρίας）"（Feke, 2018b: 286）。因而从本质上讲，它仍归属于理论知识的范畴。

对于上述知识分类方面产生的分歧，最为妥当的理解是"允执其中"，即认为《地理学》既包括了像《至大论》那样，对理论化的图景进行呈现的数学建构，也包括像《平球论》《行星假说》那样对于仪器实物制作的操作性指导，因而涵盖了理论知识和创制知识的双重维度。明乎此，我们才能更好地理解托勒密对世界地理的处理方式何以迥异于前代地理学家。首先，在历代地理论著中，托勒密对数学的强调是独一无二的（除希帕克斯外），从理论知识的层面，这也很容易得到解释。因此某种意义上讲，他的制图和编目理论，而非具体的地图，才是《地理学》的最终产物。所以他特意强调了制图理论的必要性：

> ［平面制图和球面制图的］都旨在方便受众——也就是说，如何尽可能方便地根据文字信息来绘制地图，即便手边没有成形的地图作为参考。因为从图像到图像不断临摹的过程

中,小的误差也聚少成多,最终导致严重的形变。(*Geography* 1.18.2)

这段声明,也符合托勒密关于数学是处理"恒定不变而可感之物"的判断。但与此同时,地图仍然构成了《地理学》不可分割的因素,这从它的另一个译名,即地理学"指南"(ὑφήγησις, hyphegesis)中也可以看出——大多时候,它被视作一部绘制世界地图的指导手册,其后世写本也总是有意附带地图(尽管大多已散佚),呼应的正是创制知识的一面。甚至可以说,地图所代表的世界图式,正是书中关于居住世界理论的具象化。正如几何学的最终产物既是证明的完成,也是图式的呈现一样。《地理学》的最终产物既包括制图理论和地理编目,也包括地图。文字和图像是一体两面,不可分离的。对《地理学》这一双重性的洞察,也将有助于我们更深入理解下一章中关于托勒密地理制图的许多技术细节。

2. 世界制图与区域制图

在点明"地理学"一词的本质后,托勒密紧接着就将它同另一个常见的地学术语 chorography(χωρογραφία)进行对比。chorography 在今天的含义是"地志学"或"地方志",而在托勒密的笔下,它专指对"地方"(χῶρος, choros)的"绘制"(γράφω, grapho),因而同专门对"大地"(γη, ge)进行"绘制"(γράφω, grapho)的"地理学"(γεωγραφία, geography)形成了对举。因此他说:

地理学与地志学(χωρογραφία, chorography)不同。后者作为独立的门类,着手描绘彼此分立的地区,并切实记录下尽可能多的事物(如港口、城镇、大区、主要河流的分支等等)。而地理学的本质是把已知世界作为一个单一、连续的实体,来展示其性质和排布方式,它只关注与边界、轮廓相关的要素(如海湾、大城市、知名的民族和河流以及各种重要元素)。(*Geography* 1.1.1—2)

为了更清楚地说明两者的区别,托勒密作了一则譬喻。他将其"地理学"比作"绘制一幅完整的头部肖像"。也就是说,无论何时作画,都必须使得身体的主要部分合于某种既定规则和先后顺序。而地志学则好比一副只有耳朵或眼睛的图像,旨在集中呈现最细微的特征,类似于摄影中的"特写"。但无论是整体还是部分的绘制,绘图表面都应该具有恰当的尺寸,并与观众保持一定距离,从而使得"视线"间距(τῶν ὄψεων διαστάσεσιν, spacing of the visual rays)适于观看。[1] 根据当时通行的视学理论,我们与图像距离越远,感知的细节越少。因而在通常的观赏距离下,想要保证地图的精细度和"分辨率",对绘图表面就有一定的尺寸要求。

不过就托勒密而言,关于大地整体的绘制,即"地理学"对细

---

[1] 托勒密再次借用了欧几里得《光学》中的"视线"(visual rays)概念,意在表明人们应根据细节的层次和观众的观赏距离来决定画幅的大小。根据欧几里得的定义,光线被认为是从眼睛发射到视觉对象,并将颜色传递回眼睛。托勒密的光学也继承了这一点。但不同的是,欧几里得的光线是离散的(discrete),而且数量是有限的,彼此之间被空间隔开,随着与眼睛的距离增加,这些空间也逐渐变宽,由此解释了人们在远处观看物体时为何会模糊不清。见 Smith(1999:52—54);Lindberg(1981:16)。

节的要求仅限于识别位置和轮廓,并不需要像关注地方和区域的地志学那样在意图像的性质(τὸ ποιὸν, what kind)。大多情况下,"地理学"更在意的是数量(τὸ ποσὸν, how many),具体来说,是大地的形状、尺寸和相对于"周围世界"的位置。这样一来,数学自然而然地成为"地理学"的方法论基础和首要工具。而所谓"周围世界",则是托勒密已在《至大论》《行星假说》等天学著作中建立起来的两球宇宙模型。在数学层面,对作为两球之一的地球也和天球一样,同样可以借助几何方法被置于有序的宇宙整体框架之下。凭借这一融贯的方法论,托勒密一开始就将地理学建立在成熟的数学基础之上。正如托勒密对天文测地法的可靠性的断言:

> 还应说明已知世界的各地分别位于哪一条天球纬线之下。这样就能确定当地的昼夜时长,哪些星星能到达天顶,哪些星星总是在地平线上或地平线下,以及所有与观测地点的天象相关之事。(*Geography* 1.1.8)

也就是说,对地理信息的测定或定位,是与业已确立的天球坐标系统密切相关的(事实上,天文测地方法的确构成了地理学的支柱)。另外,托勒密将"数学"和"图像"并列,作为展示天界或地界"本性"的工具,也反映了其数学哲学的重要侧面,即所谓"图像理性"(imagistic reason)。在《和音学》中,托勒密将和音理性(harmonic reason)、图像理性(imagistic reason)、批判理性(critical reason)作为理性的三个并列方面。"简单地说,理性是可以产生秩序和合比例性的。和音的理性能特别产生听觉方面的秩序,正如图像的理性能产生视觉方面的秩序,批判的理性能产生思想方面的秩序。"(Harmonics 3.3.92)毫无疑问,《地理学》通过绘制地图来产生世界的秩序,一如《至大论》对天界运动的呈现,体现的正是"图像理性"。而托勒密实践该"图像理性"的方式,是对"居住世界"进行"图式"或"形状"(σχῆμα)的呈现,专注于大地各部分之间的合比例性(συμμετρία)。以至于费凯颇为打趣地总结说:"如果历史学家将古希腊天文学的首要目标定义为'拯救现象',那么也许我们应当将数学地理学的目标定义为'拯救比例'(saving of the proper ratio)。"(Feke,2018b:315)由此,他的世界地图也迥异于那些对所地方细节和景色风物细致描摹的区域地图。①

综上可见,托勒密的"地理学"作为"世界制图",一开始就从属于数学科学。以图像或图式来展示本性,也体现出了一种浓厚的柏拉图色彩。② 在《至大论》中,他通过对天界运动现象的几何呈现和"汇编"(syntaxis),实现了《理想国》中提出的两种哲学家的目标:产生秩序和教育他人(Taub,1993:50)。《地理学》的写作可以视为对这一目标的延续——相应的,其产生秩序的两大方式,则是"世界制图"和"地理编目"。

---

① 事实上,托勒密心目中的"区域地图学"不仅范围更小,而且遵循不同的原则。它融入了描绘地区特征的栩栩如生的图像,更接近于风景画。从类似的古代实物,譬如马达巴马赛克(Madaba mosaic)中可以窥见一斑。见 Dilke(1985:148—153)。不过其世界制图并非不追求相似,只是这种相似"仅止于地理特征的粗略轮廓和简单的形状"(Geography 1.1)。这一保留态度,也为我们理解后文中的投影法奠定了基础。
② 陶布认为托勒密的哲学受到亚里士多德和柏拉图思想的双重影响,同时又独树一帜;琼斯将托勒密形容为一位"柏拉图主义的经验论者"(Platonic Empiricist),费凯则认为中期柏拉图主义的思想,尤其是认识论和伦理学对托勒密影响甚巨。详见 Taub(1993:54);Feke(2018a:4);Gerson(2010:197)。

3. 世界制图的分类

在卷一中，托勒密将作为该书主体的世界制图分为两种形式：球面制图与平面制图。在托勒密的时代，作为球形的大地图景已经成为普遍共识，因此用球形来呈现球面上的大地轮廓（也即今天所谓的"地球仪"），无论是从相似性还是合比例性上讲，都是最合适的。具体而言，球面制图的步骤可总结如下（*Geography* 1.22）：

首先是确定球的尺寸。在托勒密看来，球的尺寸应当由制图者试图标示的地理内容多少所决定，而这取决于其"能力和野心"（δυνάμεώς τε καὶ φιλοτιμίας）。斯特拉波曾论述他所青睐的地球仪大小，其直径应不小于 7 希腊尺，即今天的 3 米左右。与此不同，托勒密对此没有做出任何具体的规定。但他随即也说："事实证明球越大，地图也会越详尽，同时也越可靠"。

接下来，托勒密仿照天球环仪的制法，提出应当在球体表面安装一个"半圆"形的边框，两端分别固定于代表地球两极的点，使其可绕地轴转动。此外，边框应"稍稍离开球体表面，使得我们转动球体的时候能避免磨损到球身"，框体也要"做得窄一点，才不会阻挡太多地图上的地点"。该"经线边框"的作用，是作为经线绘制和纬度范围丈量的"尺规"。为了尽可能精确，他令其中一侧准确穿过两极，并沿该侧标注出 180 等分的单位刻度（即纬度），以赤道为基准向南北计数。以同样的方法，也能确定一个沿赤道的半圆边框，同样进行 180 等分和刻度，用以标注经度。但不同于前者的是，"赤道边框"是固定的。

在搭建好球面制图的基本框架后，下一步关键步骤，便是根据地理编目中的具体坐标数值，对每一个标志性的地点进行定位。

这就要借助上一步中建立两条带刻度的半圆边框。将经线边框沿赤道边框移动到特定的经度位置，然后从经线边框上直接读取纬度值，并在相应地点做标记。这就完成了对一个地点的绘制。他声称，这一步骤"正如我们在立体天球上刻出星星[位置]时做的那样"。可见球面制图的方法，显然借鉴自他对天球的坐标定位和绘制方式。① 此外，利用上述移动的边框，也可以直接绘制穿过居住世界的、不同数量的经纬线——经线直接沿其刻度所在边描画即可，而纬线则需要将绘制工具固定在特定刻度上，再转动边框绘出。

需要注意的是，由于托勒密未将重心放在"制球"（σφαιροποιία，sphairopoiia）上，故而对球面制图的描述只是点到即止，仅占据卷一中一个小节。此后，除了卷七中第三制图法对"地球环仪"（ringed globe）的平面绘制之外，并无更多相关笔墨。相反，他倒是指出了球面地图具有如下难以克服的缺点：

> 在球面上制图能直接做到同大地的形状相仿，并且不需要附加任何手段来达到这一效果。但它的尺寸并不方便将大多[地图]元素刻在上面，也不允许观看地图的时候能一目了然，而只能看到部分——也就是说，必须移动或者眼睛或者球体，才能渐次将全景收入眼中。（Geography 1.20.1）

事实上，球面制图的困难不止于此。即便按照斯特拉波所声言的最小尺寸，要在一个直径达 3 米以上的球体（很可能是石制）

---

① 在《至大论》第八卷中，托勒密讨论了一种表现天球上各星座的、类似中国古代浑象的天球仪制作方法。见 Almagest 8.3。

上动工进行精确的几何刻画,都远超过当时普通人的能力范围。因此球面制图一般仅限于政府官用或贵族收藏。相比之下,平面制图则要便利得多。在平面上绘制地图的优点是显而易见的:直观、清晰,能够在相对小的空间内密集展示更多的信息。但是其缺点也很明显,即从球面转移到平面的过程中必然产生一定程度的形变。于是托勒密《地理学》的首要任务,便是发展出一套方法论,使得平面间距同球面的真实间距尽可能合乎比例,从而实现平面地图与球面图形的相似。

既然形变不可避免,那么就必须考虑应保留哪些要素,舍弃哪些要素。托勒密提出的首个设想是"让代表经线的线段保持为直线,而让代表纬线的线段呈现为围绕同一个圆心的圆弧,从该圆心(设想为北极)出发绘制出各条经线"(Geography 1.21.1)。这样一来,球面制图中的以下要素得以保留:(1)从实际位置和视觉效果来看,与球面的相似性;(2)所有经线与所有纬线都相互垂直;(3)所有经线等长并且汇聚于同一点。以此为基础,托勒密实际上为他的第一平面制图法,也即所谓"第一投影"做好了准备。其具体的制图操作我们将在第三章中加以详细论述。此处值得一提的是他在理论层面上对"相似性"和"合比例性"的强调,即地理制图中要保持"各地点之间的正确比例和形状上同真实的居住世界尽可能相似"(Geography 2.1.1),构成了贯穿其制图的重要原则。那么,托勒密为何如此强调地图的这两种特质呢?这一问题的答案,也许可以从他在《至大论》中带有柏拉图色彩的、"类神"(ὁμοίωσις θεόι, homoiosis theoi)的伦理学论述中找到:

……而在实践行为的道德领域,这门科学[即数学]总体而言也可以使人更加明智。当我们沉思神圣之物时,我们思索的是其相似性(ὁμοιότητος, similarity)、有序性(εὐταξιάς, good order)、合比例性(συμμετρίας, symmetry or proportion)以及静穆之态(ἀτυφίας, calm)。一方面,它使其追随者爱慕这种神性之美,另一方面,也改造他们的天性使其合于相似的灵魂状态。(Almagest 1.1)[1]

由此可见,《地理学》体现的正是托勒密所定义的、人在寻求神性的四类特质中的两类:即"相似性"与"合比例性"。[2] 事实上,托勒密对"好的秩序"的追求,乃至"沉静之态"的特质,也通过对杂乱无端的地理信息的归类、整理、编目,和对平面地图而非需要不断移动的球面地图的偏爱,暗含于其地理叙述之中。在费凯等学者看来,这是托勒密的数学认识论及其柏拉图式伦理学的一贯诉求——在《地理学》中,他不过借助了"平面制图"这一几何图式,尽可能将世界的秩序展示在眼前(Feke, 2018b)。透过这一思想背景,我们也能看出托勒密的地理观念与《至大论》《和音学》乃至更古老的古希腊思想传统遥相呼应。

二 世界制图的前提Ⅰ:计量体系的数学基础

毫无疑问,世界制图构成了《地理学》的主要内容。但在进行

---

[1] 希腊原文参考 Heiberg(1898:7)。此处 ὁμοιότητος 为 ὁμοιότης 的属格形式,意味"相似"。图默将 ὁμοιότητος 翻译为恒常性(constancy),这是因为在托勒密的天文学中,相似性即是"一种恒常的近似或类同"——尽管人的灵魂是易变的,但在最完美的状态下,它能获得与天界对象相似的恒常性与不变性。

[2] 这里参照了费凯的总结,具体见 Feke(2018b:316)。

具体的绘图操作前,还需要一些必要的准备。从以上论述可知,制图建立在一个庞大的地理坐标数据库之上,这涉及到对具体地理信息(包括行程、时间、纬度数值、坐标度数等)的测量、记录、筛选、转换和后期处理。但所有数据又并非凭空所得,而须依托已有的、成熟的数学计量框架。更重要的是,在尚未形成统一范式的古代科学领域,托勒密的一项重要工作是将不同时代不同地域的地理计量系统,转换为由他所规定的数学体系。在此基础上,后续的归类、编目和制图理论建构才得以可能。这一整套以数学为核心的知识体系,可以称之为"世界制图的基本前提"。其中一些为托勒密所提及,甚至是《地理学》中独创的数学框架,有一些却并未出现在该书中,而仅作为熟知其天文学和数学体系之人应当掌握的常识而被预设。导言中对其中部分知识已经有了简要的介绍,下文将具体阐述这一基本数学体系是怎样一步步搭建起来的。

第一个关键问题是,托勒密是怎样计量其地理数据的,或者说,托勒密的地理数据,依托于什么样的计量框架?要知道,托勒密所在的时代,尚未出现方程式、分数线以及今天意义上的各类运算符号。除了欧几里得的几何学外,托勒密所使用的数学工具仍不脱古代数学的基本范畴。其中大部分已在《至大论》中更为详尽地提出,与《地理学》相关的主要是他的"弦表"和"纬线列表"。而支撑这两大表格的,则是由托勒密所继承并加以整合的源于古希腊、古埃及和古巴比伦的数学和天文学传统。

1. 数字体系

首先是古希腊的数字体系。公元前4世纪以降,古希腊的伊奥尼亚人发明了一套字母数字表示法,即通过在古希腊字母上方

第二章 《地理学》的理论框架

加上长音符号(即一横杠)来代表相应数字,由此可表示百位数范围内的所有数。譬如,依照希腊字母表的顺序 α, β, γ......, 则 ā, β̄, γ̄, 分别对应数字 1, 2, 3; ῑ, κ̄, λ̄ 分别对应数字 10, 20, 30; ρ̄, σ̄, τ̄ 分别对应数字 100, 200, 300, 以此类推。不过, 希腊字母一共只有 24 个,而要表示所有百位数的数字则需要 27 个字母,于是一些罕见的或废弃不用的早期字母被添加进来,如用 ϙ 表示 90, ϡ 表示 900。[①] 以上所说的都是整数的表示方法。值得注意的是, 古希腊数字体系中没有"0"的概念, 但托勒密的部分抄本中却出现了这一数字, 比如在接近零度经线和赤道的地方——现代学者一般认为这是以普拉努德斯为代表的写本编纂者所修订的结果。[②]

对于整数以下的部分,托勒密则遵照了古埃及的计数传统,使用单分数(即分子为1,分母为正整数的分数)来表示。同样的,单分数也由字母表示,方式是在字母后边添加一个重音符号,如 γ′ = 1/3, δ′ = 1/4 等等。由于分子只能为 1(除 γο′ = 2/3 之外), 更复杂的分数形式往往需要通过单分数相加来表示, 且相加的两个单分数不能相同(比如 ⅖ 就不能表示为 ⅕ + ⅕, 而只能表示为 ⅓+1/15)。在《地理学》中,地理坐标的度数精确到 12 分之一度,则其表示法为 ιβ′ = 1/12°, 具体示例可参考图 2.1 中的地理编目样本。

[①] ϛ(Sigma)是字母 σ 的末尾变化形式, ϙ(Koppa)和 ϡ(Sampi)都是后来不再使用的早期字母。

[②] 如"*Vat. Graec.* 191 抄本"第 153r 页描述本初子午线附近的至福群岛位置时(*Geography* 4.6.34),出现了 0 或字母 ο(οὐδέν,意为"无"),有学者将其解释为 ā 或赤道的缩写 a(拉丁文:aequator,古希腊语的赤道为 ιση μερινός)。但显然, 理解为 0 才是更恰当的。详见 Stückelberger & Mittenhuber(2009:220)。

(*) [Εὐρώπης πίναξ.

Ἔκθεσις τοῦ δυσμικωτέρου τῆς Εὐρώπης κατὰ
τὰς ὑποκειμένας ἐπαρχίας καὶ σατραπείας.

```
    Ἰουερνία νῆσος Βρετανικὴ........ιᾱ νη ∠
 5  Ἀλουίωνος νῆσος Βρετανικὴ......κ̄ νδ
    Ἱσπανία Βαιτική..................οȳ λη γ'
    Ἱσπανία Λουσιτανία...............η̄ λϑ ∠
    Ἱσπανία Ταῤῥακωνησία............ιᾱ μβ
    Γαλλία Ἀκουιτανία................ιη̄ μγ ∠
10  § . 12. Γαλλία Λουγδουνησία.......νγ̄ μη
    Γαλλία Βελγική...................κς̄ μς̄
    Γαλλία Ναρβωνησία...............κβ̄ μδ ∠
    Γερμανία μεγάλη..................λδ̄ νβ
    ̔Ραιτία καὶ Βινδελκία..............λβ ∠ μς̄ γ'
15  Νωρικόν..........................λζ̄ μς̄
    Παννονία ἡ ἄνω..................λϑ ∠ μξ̄.]
```

图 2.1 托勒密《地理学》的地理编目样本（之一）①

和现在的计数方式相比，这一古老的计数法很容易出现混淆。首先是因为整数和分数的标记符号过于细微，在抄写和辨认过程中存在出错的风险，譬如 λγ̄ (= 33) 就容易被辨认为 λγ' (= 30⅓)。其次，整数与整数之间因字母大小写的不同，都存在混淆的可能（比如古希腊文中常见的易错字母如 A 与 Δ，Γ 与 T）。这也能解释为何托勒密的地理编目表格在流传过程中，出现了如此繁多的讹误和异文——事实上，这正是当代编译《地理学》所遇到的最大障碍之一（Jones, 2008）。

由于上述问题的存在，一些较大的数字——尤其在叙述性的

---

① 该段文本出自诺布的古希腊文编注本。这里显示的是地理编目开头部分的欧洲概述，即包括不列颠、高卢、西班牙等帝国部分行省的大致位置。右侧为用字母数字表示的坐标值。见 Geography 2.1; Nobbe (1843: 64)。

文本中插入时（如卷一或卷七的理论章节），往往用文字而非字母加以表示。比如卷一中对大莱普提斯（Leptis Magna）和阿吉辛巴的里程数的表达，使用的就不是字母数字，而是"二万四千六百八十里"（σταδίοις δισμυρίοις τετρακισχιλίοις ἑξακοσίοις ὀγδοήκοντα）。这一成规也体现在更早的斯特拉波的《地理学》，以及他对前代地理学家论述的记载中。如斯特拉波所引波西多尼奥斯关于地球周长测定值的表达，使用的就不是字母数字，而是"十八万"（ὀκτωκαίδεκα μυριάδας）；而罗德岛到亚历山大之间的里程3 750希腊里，书中的表达方式是"三千七百五十"（τρισχιλίους ἑπτακοσίους πεντήκοντα）。在最为古老的希腊语抄本中，这一文字计数法和前述的字母计数法，构成了《地理学》中数字信息的主要载体。一直要到15世纪拉丁文翻译本的出现，阿拉伯数字才被系统性地引入地理编目以及托勒密地图的绘制之中。当然，本研究中基于便利性和可读性的需要，会将大部分的数字都用现代形式的阿拉伯数字加以表示（这也是当代编译版本的通行做法）。但当出现版本上的异文而不得不核查原文时，我们便会诉诸希腊文本中的托勒密数字体系。

2. 巴比伦传统与圆周度数

尽管有上述十进制的字母数字系统作为坐标数值的计量基础，但在复杂的数学运算中，这种极易混淆的表示法以及简单累加的分数并不好用。所以早在天文学研究阶段，托勒密就采用了六十进制系统来进行长度、角度和时间的计量。据诺伊格鲍尔的研究，六十进制最早可追溯到古巴比伦的数学和天文学传统，并作为和十进制、十二进制、二十四进制等相伴的一种重要计数系统,杂糅在各类文献列表,如计时、称重、土地或面积测量等文件中(Neugebauer,1969:17)。① 在小数或分数的表示和运算方面,六十进制还具有更加精确的先天优势,因此托勒密将其运用于他的弦表,以及对数学精密性有更高要求的场合。② 更重要的是,基于六十进制而衍生出的角度计量方法,经由从希帕克斯到托勒密的发展,成为了古代天学和地学的数学基础之一。

作为六十进制的一种延伸,将圆周划分为 360 度(μοῖρα,moirai,意为份、度)的做法,据说也同巴比伦人对黄道的十二分区相关。在古希腊,它最早出现在许普西克勒斯(Hypsicles,约 190 B.C.—120 B.C.)所著《论星的升起》(*Anaphorikos*)之中(Heath,1921:419)。但其首次引入的时间显然应该更早。但正如诺伊格鲍尔所言,这一传统并非连续不断,至少在埃拉托色尼及其同时代的文本中,其使用痕迹并不明显(Neugebauer,1975:590—592)。一般认为,希帕克斯是最早将这套系统发扬光大的古代天文学家。在这方面,托勒密的天学和地学都受到希帕克斯的强烈影响。所以他在《至大论》中说:

> 为了不必在类似的论证中徒劳重复同一件事,这里应该一劳永逸地指出:当我们用"度"(μοῖραι,moirai)或"部分"

---

① 但诺伊格鲍尔认为,巴比伦的六十进制系统相对于埃及的分数计数法的优势,不在于"六十",而在于"进制",即他所谓的"位值制"或"进位制"(place value system)。

② 正如他在《至大论》中所宣称:"一般来说,我们会使用六十进制系统(τῆς ἑξηκοντάδος πρό τον)来表示数值,因为分数(μοριασμός)并不实用。"(*Almagest* 1.10) (τμήματα, tmemata)来指定弧或弦的大小时,我们指的是圆周按 360 度计算前提下的弧长,以及直径为 120 份前提下的弦长。(Almagest 1.14)

在《地理学》中,他也继承了这一圆周度数的划分方法,故而文本中会不断出现"正如大圆一周按 360 度计量"(οἵων ἐστὶν ὁ μέγιστος κύκλος μοιρῶν τξ̄)的说法。[1] 不过,也许是由于《地理学》对数值精度的要求并不如《至大论》那样高,六十进制并未用于地理编目的信息记录。仅在对数据的转换和处理过程中,托勒密借助了以六十进制为基础的弦表。所以也可以说,继承自巴比伦数学传统的托勒密天学与数学研究,奠定了《地理学》中数值运算的基础,从而为地理信息的精确度提供了保证。

3. 托勒密的弦表

托勒密在古代数学史上的一项重要贡献,是完善了三角学的计算体系,并制作了可用于天文和地理计量的弦表。这也是古代数学史上最早的、可广泛使用的三角函数表格。[2] 在《至大论》的第一卷(1.10)中,托勒密首先解释了弦长的计算原理,然后在下一节(1.11)中,以二分之一度为间隔,用表格形式逐个列出每个圆周角所对应的弦长数值(圆的半径按 60 份计量),如表 2.1 所示。到了《地理学》中,这一工具对于各种距离和角度的转换运算

---

[1] 散见于地理学多处文本中,如 Geography 1.7.1,1.11.2,1.19.2,7.5.12。此处原文引自 1.11.2,即 Nobbe(1843:23)。不同部分的文本中,表达方式会有一些区别,但核心意思基本相同。

[2] 希帕克斯也曾给出过一张更早的弦表,但其中只包含 7½°的倍数角所对应的弦长,用途很有限。见 Thurston(1996:235—236)。

发挥了至关重要的作用,譬如关于特定纬度的纬线长度、区域地图的缩减系数(reduction factor)以及具体里程的计算(Stückelberger & Mittenhuber,2009:237—239)。

表 2.1 《至大论》中弦表的部分数值①

περιφε-ρειῶν	εὐθειῶν			ἑξηκοστῶν			
L'	ο	λα	κε	ο	α	β	ν
α	α	β	ν	ο	α	β	ν
αL'	α	λδ	ιε	ο	α	β	ν
β	β	ε	μ	ο	α	β	ν
βL'	β	λζ	δ	ο	α	β	μη
γ	γ	η	κη	ο	α	β	μη
γL'	γ	λθ	νβ	ο	α	β	μη
δ	δ	ια	ιϛ	ο	α	β	μζ
δL'	δ	μβ	μ	ο	α	β	μζ
ε	ε	ιδ	δ	ο	α	β	μϛ
εL'	ε	με	κζ	ο	α	β	με
ϛ	ϛ	ιϛ	μθ	ο	α	β	μδ
ϛL'	ϛ	μη	ια	ο	α	β	μγ
ζ	ζ	ιθ	λγ	ο	α	β	μβ
ζL'	ζ	ν	νδ	ο	α	β	μα
η	η	κβ	ιε	ο	α	β	μ
ηL'	η	νγ	λε	ο	α	β	λθ
θ	θ	κδ	να	ο	α	β	λη

① 该表共分为三列,第一列为度数,从½°开始,以½°为单位递增,直到 90°。第二列为相应度数弦长,在直径长 120 单位(parts,简写为 p)的前提下,以六十进制进行计量,精确到(1/60)² 单位,比如第一行½°角对应的弦长读数就是 0;31,25p,意即 0×(1/60)⁰+31×(1/60)¹+25×(1/60)²,也可写作 0ᵖ 31′25″。第三列为在特定角度上每 1/60 角度变量所对应的弦长变量,用于计算介于弦表第一列中的度数之间的、更为精细的对应弦长。上述表格出自 Heiberg(1898:48)。

以"缩减系数"为例。在绘制不同国家的区域地图时，托勒密首先要确定该区域中央纬线上每一度（经度）与经线上的每一度（纬度）的长度比（以下也简称"经纬比"），以作为建构区域地图经纬线网络、确保各部分比例适当的必要条件。这是因为，从赤道到极点，随着纬度的升高，每一经度对应的长度会越来越短（准确地说，是以余弦函数递减）。所以对不同的给定纬度 φ，都存在一个对应的系数，使得当地的单位度数的经纬比等于 $f(\varphi)$。这就是所谓的"缩减系数"。[①] 事实上，由于给定纬度上的经纬比实际等于纬线圈同赤道长度（或各自半径）的比值，故而 $f(\varphi) = \cos\varphi$。如图 2.2 和图 2.3 所示。通过托勒密的弦表，任意圆心角 2φ 的相应弦长 s 都能直接读取，以直径为 120 单位为前提，则 $\sin\varphi = s/2r = s/120$。在正弦值已知的情况下，通过古代的几何方法可求得其余弦值 $\cos\varphi$。所以借助弦表，不同纬度 φ 的缩减系数就可获知了。

在世界地图的绘制中，弦表也扮演着重要的角色。一般认为，托勒密继承了马里诺的数值，将穿过罗德岛的居住世界中央纬线（北纬 36°）的经纬比设定为 4∶5。或者说，设若赤道上的 1 个单位经度等于 500 希腊里，则罗德岛纬线上的 1 个单位经度等于 400 希腊里。然而通过查阅弦表后再进行计算得知，该比例值（4∶5 = 0.800 0）与相应的缩减系数 $\cos 36° = 0.809$ 十分接近。故而完全可以认定，这是托勒密经过计算后所认可的结果。另外，将具体里程换算为经纬间隔的过程中，也需要用到弦表。以《地理

[①] 这一概念首先由德国学者施图克尔贝格提出，见 Stückelberger & Mittenhuber（2009:237）。

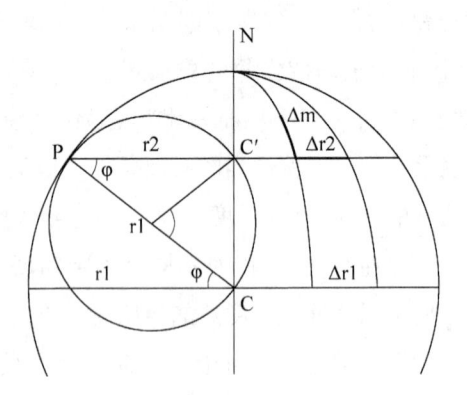

图 2.2　给定纬度缩减系数计算图示①

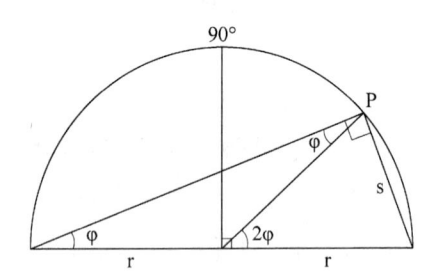

图 2.3　托勒密弦表图解②

学》对从库鲁拉城(Kouroula)到帕卢拉(Paloura)经度间隔的计算为例。由于两地直线距离为 6 300 里,且方向为东南偏东(ESE),

---

①　随着从赤道往北的纬度递增,相应纬线的长度以一定比例递减。设纬度为 φ 的纬线圈的半径为 r2,则 r2 与赤道半径 r1(同时也是地球半径)的比值,即为 cosφ。这也意味着,该纬线上的单位经度长度 Δr2 与赤道上的单位经度长度 Δr1 的比值 Δr2∶Δr1 =cosφ。又,作为地球上的大圆(great circle),赤道与经线圈的长度是相等的。故,纬度 φ 上的经纬比 Δr2∶Δm =cosφ。

②　每个圆心角 2φ 对应的弦长 s,都等于相应圆周角 φ 的正弦值 sinφ×120。

即偏离南北方向 30°。因此这一尺度上的距离，可以直接用平面三角学来获取近似值，即东西距离等于 6 300×cos30° ≈ 5250 里。经由上述方式，托勒密得以估算出两地的经度差值（*Geography* 1.11,1.13）。

4. 坐标网格

除去开创性的地图绘制方法，托勒密在地理学领域最卓越的贡献，是引入了一个综合性的坐标网格。在很大程度上，这一创举要归功于天文学的影响。在此之前，古代地理学的数学化程度要远低于天文学，即便在埃拉托色尼开启了数学地理学的大门之后，对大地各区域的数学建构和地理定位都发展得相对缓慢。

在上一章中，我们已经提到过，受狄凯阿科斯的影响，埃拉托色尼通过经纬方向上的两条基线（στοιχεῖα）对居住世界进行了初步划分。随着可用纬度数据的增加，进一步划分乃至体系化的需求也开始萌生，这具体体现在所谓的"纬度带系统"中。有学者认为，埃拉托色尼已经提出了"七纬度带"体系（7-klimata）的雏形，其中每一个纬度带为宽度不超过 400 希腊里的纬度带，彼此互不接触，且都位于居住世界的范围内（Honigmann, 1929:21）。但埃拉托色尼的几何化工作仍十分粗糙，从他在亚洲东部划分的"地块"也能看出，这一时期的地理学仅仅是提出了几何化的理念，以及对居住世界大致界分的初步设想。

到了希帕克斯的时代，一种试图覆盖包络住全部地理世界的数学设想开始浮出水面。希帕克斯借鉴天球坐标的划分方式，将地球的大圆也分为 360 度，并试图用类似的度数来标明地理位置，但由于条件尚不成熟,也只能浅尝辄止。只不过在批判埃拉托色尼的基础上,他进一步树立起天文测地的方法论纲领,将纬度带体系纳入数量更多、划分更细的纬线系统,在旧标示方式和新度数之间搭建桥梁,也从理论上确立了经度的天文测定法。此后,波西多尼奥斯通过新的地周测量和纬度带划分,强化了天文学对地理学的影响。[①] 斯特拉波通过对前人的整合,确立了纬度带体系作为坐标网格之前地理学领域最具权威性的分区方式;而马里诺继承了上述学术成果,尝试将埃拉托色尼式的世界分区、希帕克斯的度数、纬度范围内的"纬度带列表"(klimata table)以及经度上的时区划分结合起来,糅合为一种更加系统化的地理体系。马里诺距离地理坐标体系的成形仅有一步之遥,然而数学上的乏力,还是让他止步于对繁杂数据的修订之中——最终完成这一步的,仍是托勒密。

可以看出,托勒密所继承的地理学传统和数据之丰富是前所未有的,但这也使他面临和马里诺同样的棘手局面,即地理框架、列表和数据的冗杂无序与类别混乱——简而言之,缺乏统一范式。为了对所有信息进行整合与范式建构,一个成熟的数学框架和统一的计量体系是必不可少的。恰好,上述条件托勒密都已具备。借助长年的天文学研究而臻于完善的数学基础,托勒密在《地理学》的编目中,建立了一个以经度和纬度两组数据标明、与天球坐标体系相对应的、覆盖了整个居住世界、并足以进一步向全球的未

---

① 注意,这一仅限于居住世界范围的纬度带系统,和将整个地球分为寒带、热带、温带一类的亚里士多德式的地球分区体系并非一回事。参考霍尼希曼对波西多尼奥斯的论述(Honigmann, 1929:24—30)。

知之地扩展的坐标系统。其中,纬度方面以赤道为零点,向南或向北递增,其度数等于地平面与(穿过两极的)地轴之间的夹角;经度方面则以居住世界最西边的至福群岛为零点(本初子午线),向东递增,其度数和各地时差能够实现相互转换。[1] 由此一来,托勒密等于在整个地球表面罩上了一层特殊的网格,他称其为"基点"(θεμελίοι,即英文 foundation),也可以理解为所谓的坐标网格。但不同于今天意义上精密整饬、无所不包的经纬网络,托勒密的"基点"仍在相当程度上依附于已知世界(或居住世界)的地理格局——也就是说,它是由一些相较更准确的地理坐标所组成,目的是为了借助少数已经确知的地理位置,推导出其他不太确定的、但数量更为庞大的地理坐标信息。诚如他所言:

> 对于那些打算照此[原理]绘制世界地图的人,较合理的方式是在绘图过程中优先确定由更精确的观测所获知的数据,比如基点(θεμελίοι,themelioi)。然而据此调整其他来源的数据,直到各地的相对位置能尽量地同前者获得的可靠的数据保持一致。(*Geography* 1.4.2)

---

[1] 事实上,托勒密之前更早的传统是以亚历山大的经线为本初子午线,《地理学》第八卷中也采取了这一做法,因而被认为成书时间更早(Bagrow,1945:320)。而至福群岛(μακάρων νῆσοι, Islands of the Blest),即今天的加那利群岛(Canary Islands)。最晚在朱巴二世远征之后(公元前 20 年左右),腓尼基人和罗马人就已经在那里定居了。普林尼曾在《自然志》中详述了此地,他称之为 "Hesperidum insulae" (*Natural History* 6.201)。因此,托勒密时代的西方对此应当很熟悉。托勒密将整个群岛都置于一条经线上,然而现实中群岛最西边的耶罗岛(El Hierro)距离最东边的兰萨罗特岛(Lanzarote)足有 4°50′ 的经度差。参考 Stückelberger & Graßhoff(2006:note 38)。

所有这些被赋予优先地位的"基点",理论上都应通过精密的天文观测和数学计算获知(尽管实际并非如此)。由此,其经纬度坐标数据组成了一个特殊的阵列,亦即后文将要论述的"重要城市列表"(Κανὼν πόλεων ἐπισήμων, Table of Significant Cities)。这将构成托勒密对各项地理数据进行修正和归档的基础框架。

三 世界制图的前提Ⅱ:地理测量和数据来源

在确立了基本数学框架之后,下一步便是进行世界制图前的另一项更为庞杂的工作,即搜集和获取地理数据。对于已然熟练地运用其数学工具的托勒密,这才是他的地理学研究的"第一步":

> 首先,我们认为有必要明确指出,进行这种研究的第一步,是尽可能多地从那些曾旅居各国、受过科学训练的人报告中,系统地研究和搜集地理知识。而调查与报告部分源于大地丈量,部分源于天文观测。大地丈量部分,是指仅通过测量距离来表示地方的相对位置;而天文部分,是指通过观星仪器和投影仪器(ἀπὸ τῶν ἀστρολάβων καὶ σκιοθήρων ὀργάνων)来达到同样的目标。(Geography 1.2.2)[①]

[①] 这里说的观星仪器(astrolabon, ἀστρολάβων)是古希腊的一种天象观测仪器,可以通过瞄准器(diopter)直接测量某恒星及其他天体的位置,比如,托勒密的环仪(据托勒密在《至大论》5.1中所描述,或在《地理学》1.3中提及的测天仪[meteoroskopeion])。而投影仪器指的就是一个简单的日晷或直立的棍子,通过测定日影长度来计算太阳高度。

依照获取途径的不同,托勒密将地理数据分为了两部分:"大地丈量"和"天文观测"。可想而知,他对这两种途径的评价大不相同——天文学研究出身的他,自然而然地更偏向于"天文观测"一端。这既是早期的学术路径所决定,也是出于数学精确性上的考量。他认为天文观测具有自足性,且更少出错;而缺少了天文观测,大地丈量的数据会更粗糙且不完整。但无论哪种方法,托勒密都并非单纯地遵循"拿来主义",而是基于数学家的理论偏好,将搜集过程建立在坚实的测量基础之上。换句话说,他首先阐明了在理论上如何通过两种方式测得地理数据,而后才根据这一测量理论,对已有的数据进行甄别、筛选和评估。接下来,我们首先就其地理测量方法进行讨论。

1. 测地理论

由于在托勒密所处的时代,统一的坐标网格尚未确立。在缺乏绝对参照系之前,大多数时候对地理位置的测量,得出的都是两地相对位置。这样一来,地理测量首先要确定的就是两大要素,即"方向"和"距离"。前文已经提过,托勒密《地理学》中预设了由罗得岛的提摩斯梯尼(Timosthenes,约公元前3世纪)所发展的十二风向系统(也称"风玫瑰",因地图上的风向标识类似花朵形状而得名),并在理论章节和地图说明部分提及了其中的大部分风向的名字,如北风(Aparktias)(1.4.2,1.9.1,1.15.10),东风(Apeliotes)(1.13.4),东北北风(Boreas)(1.13.1,1.13.3),东南风(Euro)(1.13.5,1.13.8),西北偏西风(Iapyx)(7.7.4),西南偏西风(Libonotos)(1.15.5,4.6.23),西南偏西风(Lips)(1.8.7,3.8.2),南风(Notos)(1.4.2,1.8.7,1.9.1,1.14.1,1.14.6),西北偏北风(Thraskias)(7.7.4)。① 在测地过程中,方向的测定也有两种方式,首先是依靠行程记录或航海者、旅行者的经验。譬如,古代地中海的航海者曾留下过一批"位置相对"(ἀντικεῖσθαι)的地点信息,意即凭借单纯的北风或南风,他们就可以从一地航行到另一地,换句话说,这些地点彼此位于地中海的(南北)"对岸"。在托勒密的体系中,这代表它们位于同一经线上,或具有相同的经度。然而这类信息不仅数量很少,记载得也很粗糙。因此,更多方向测量就需要诉诸另一种方式,即天文观测。借助于日晷,当地的经线方向即南北朝向可以轻易地获知;而两地路径的方向(即路径所在大圆的大致指向)相比于经线的偏离角度,也可以依靠气象仪等天文仪器来加以测量(Berggren & Jones, 2000:59)。

在给定方向后,下一步是确定两地的直线距离。传统的测地法,即大地丈量的原理非常简单,即对脚程或航程进行累加。这方面的数据主要出自一些来源繁杂、方式各异的里程记录,包括军队的行军记录、商人的行程报告以及学者或旅行者在各地周游过程中所做的文献记载。上文提到过,它们也可能源自不同区域,包括波斯、埃及、希腊、非洲内陆、帝国西部等区域,因此计量单位也不同。此外考虑到陆上和海上旅行都涉及绕道,几乎没有任何一段旅程是笔直的。因此,"对陆上行程而言,人们必须根据绕道的种

---

① 根据《地理学》第七卷的明确说法,所有 12 个风向都会附第三平面制图法的图像上(*Geography* 7.6.15)。事实上在后世发现的抄本中,即使是根据"第一投影法"和"第二投影法"制作的地图,也带有这些风向标志,其中大部分呈现为拟人化的、充满神话色彩的口中呼气的脑袋。详见下一章关于第三投影法和第五章中关于地图的讨论。

类和程度将多余部分从总里程中扣除,从而得到直线距离。对海上航程而言,也须将风向变化纳入考虑,因为至少在较长时间内,风向总是不稳定的"(Geography 1.2.4)。可见,由传统测地法获取的数据不仅过于冗杂,也具有很大的不确定性,这也是为何托勒密会斥之为"粗糙且不完整"。更重要的是,即便在方向和距离都已确知的情况下,如果不清楚地球的尺寸、该段间隔同地球周长之间的比例及其距离赤道或两极的位置,我们仍无法获悉给定地点在大地或居住世界上的位置。说到底,人们从大地丈量中获知的只有两地的相对位置,但整个居住世界以及地球过于广大,我们无法在缺乏参照系的情况下,确定自己在大地上的绝对位置——唯一能给地面上的人提供参照、并能借以计算出以上数据的途径,还是天文测量。

由此可见,"天文测量"才是更为基础且更重要的测地方法。事实上,托勒密的确花了整整一节来阐述"天文观测数据相比于行程报告的优先性"(Geography 1.4)。换句话说,天文学构成了地点坐标测定乃至整个《地理学》方法论的基石。那么具体而言,托勒密是如何借助天文学的观察数据,对距离和位置进行测算的呢?这就涉及到托勒密基于天文学传统的两球模型,在(恒星)天球和地球之间建立的一系列几何映射。

如图2.4所示,设圆ABCD为天球,圆abcd为地球,则O为共同的球心,因为"从数学上已经确定了陆地和水体的连续表面(就其广泛特征而言)是球形的,并且与天球同心"(Geography 1.2; Almagest 1.4—5)。为了说明的方便,地球相比于天球的尺寸被夸大了,这样我们可以从图中清晰地看出天球和地球之间的几何关

148   托勒密《地理学》研究

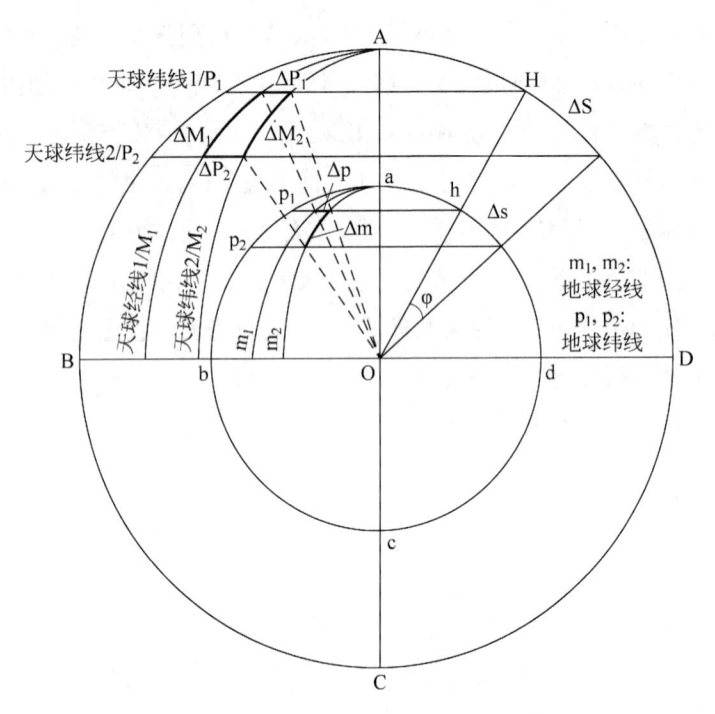

图 2.4　天文测地法的基础模型图示①

系。首先,由于天球的尺寸是未知的②,故而对天象的观测所得出

---

① 该图中的 H 与 h、ΔS 与 Δs、ΔP₁ 与 Δp 构成了天球与地球上的对应关系(正上方或正下方)。同时天球上的 ΔP₁ 与 ΔP₂、ΔM₁ 与 ΔM₂ 由于分别为相同的纬线或经线切割,故而也彼此相似,其弧度相同。由此可建立起天地之间的一系列几何对应关系。

② 托勒密认为"[天文学方法]无法将把整个圆周或其部分,划分成我们在距离测量中使用的既定和熟悉的长度"(*Geography* 1.2)。不过,或许《行星假说》的读者会提出反对意见,因为该书基于一套独特的天界物理模型,对各天球的大小进行了估测。但应当注意,这更多是基于天界物理学系列假设(即天界没有真空、天球球壳与行星紧密相接)的推测(conjecture),而非托勒密意义上数学上的确定知识(knowledge)。参考 Goldstein(1967:8)。

的结果,仅是天球上的圆周或圆弧之间的比例或角度关系。然而这一比例或角度同地球有什么关系呢? 托勒密指出,由于地球和天球在几何上的属于同心球体,两球上的圆周比例和角度关系是相互对应的。比如,过共同球心 O 作任何直线,该直线在同一方向上与地球和天球的交点,如图中的 h 和 H,便构成了一种对应或映射关系——用托勒密的话来说,h 在 H 点的"正下方"(ὑπο, hypo)。[①] 基于这一对应,我们可得出与天球的纬线(赤纬)和经线(赤经)相对应的地球纬线和经线[②],以及相应圆周上对应的相似圆弧。由前后两者的几何对应,可得出其相似关系,即弧度相同。故而通过测量对应的天经或天纬上一段间隔的弧度,便能得出位于其正下方的地球经线或纬线上相应间隔的弧度。

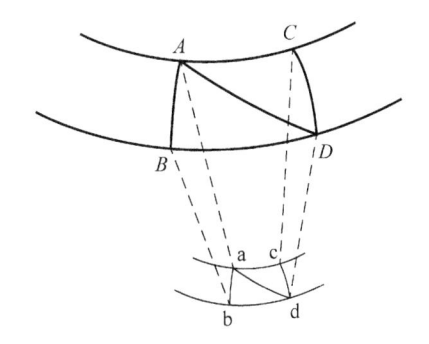

图 2.5 天球及其对应的正下方地球两地的对应或映射关系

其次,托勒密指出,上述相似关系不仅存在于天球和地球的对

---

① 该说法见 *Geography* 1.2.7。
② 譬如过天球上任一纬线上的点作与 O 的连线,所有连线与地球的交点,也构成一条位于天球纬线"正下方"的地球纬线。

应圆弧之间,也存在于两条纬线在一系列经线上切出的弧线,以及两条经线在一系列纬线上切出的弧线之间,也就是他所说的"(天文观测的方法)能显示出过两地所作经线圆弧和纬线圆弧的大小"(Geography 1.2.5)。如图 2.5 所示。假设 a 和 d 为地球上有待测量的两个地点,其相距的直线距离即为 ad。过两地作地球经线 ab、cd 和纬线 ad、bc,其对应的天球经线分别为 AB、CD,天球纬线分别为 AD、BC。由前述对应关系可知,弧 ac 与弧 AC 的弧度相同,弧 cd 与弧 CD 的弧度相同。对照图 2.4,可假设这两组弧线相当于图 X 中的 Δp 与 ΔP_1,Δm 与 ΔM_1。而在天球层面,由于 ΔP_1 与 ΔP_2 同为经线 M_1 与 M_2 截出,故两者对应的圆心角相同,所以 ΔP_1 与 ΔP_2 同的弧度相同(此处几何证明略去)。类似的,也可证明 ΔM_1 与 ΔM_2 的弧度相同。那么,再次回到图 2.5,按照两个球体的上下对应关系,可以推知地球上的弧 ac 与弧 bd 的弧度,弧 ab 与弧 cd 的弧度也相同。经由从天球到地球角度的相似计算,两地之间的(地球)经度和(地球)纬度的度数差异,以及相应间隔占整个地周的比例就可以求得。这实际为进一步的经纬距离和周长计算做好了准备。

天地之间的对应关系,不仅限于经线和纬线之间,也包括了两球上相应的大圆。托勒密指出,虽然地球上的间隔"同整个大地圆周的比例是无法测定的。然而这一比例等于相似的天球圆弧同天球大圆圆周的比例,这样我们就能通过测定后者来推出前者"(Geography 1.2.8)。因此,地球上任意两地的直线间隔,实际也是过两点所作的地球大圆的一部分(即一段圆弧),它与地周的比例关系可以通过正上方天球大圆上的相似比例来测得。其方式

第二章 《地理学》的理论框架

是,首先将地球上的一条直线路径与天球上几何相似的大圆弧相匹配。如图 2.5 所示,弧 ad 与弧 AD 即所谓匹配的两段大圆圆弧。由于相似的对应关系,它们的弧度也相等。类似的,我们将其转换到图 2.4 中,用 Δs 和 ΔS 来表示弧 ad 与弧 AD,则 Δs 和 ΔS 的弧度相等。设其圆心角为 φ。通过天文方法,可以测算出 φ 的数值(圆周按 360 度计量),由此可得知 a、d 两地距离与地球大圆(即地球周长)的长度比值,即 $\varphi/360$。托勒密随之提出:"通过天文现象确定了这条天球上的弧与天球大圆的比例,以及通过大地丈量测定其正下方路线的里程数,就能得到整个(地球)圆周上的给定部分的里程数。"(*Geography* 1.2.7)

这里,托勒密从角度和距离的关系出发,实际提出了古代地理学的一个传统问题,即地球周长的测定。倘若将上述运算同埃拉托色尼的《论地球周长的测量》相比对便能发现,托勒密的测地方式,实则是埃拉托色尼方法的拓展和延伸。这一拓展体现在两个方面:一是测量者不仅能通过一段间隔的距离和角度测量算出地球周长,也能在确定地球周长的前提下,利用该任意间隔与大圆的比例关系,反推出其直线距离(即圆弧弧长);二是不同于埃拉托色尼或波西多尼奥斯仅选取同一经线上的地点进行测算,托勒密所选取的两地可以是任意关系,也就是说,即使过两地所作的大圆并不穿过两极,而是任意大圆,通过测量该大圆与经线的夹角以及两地天极高度的差异,也能实现同样的目的。当然,这需要借助于前面已提到过的、以测天仪(μετεωροσκόπιον, meteroskopion)为代表的天文测量仪器。正如托勒密所言:"借助该仪器以及许多其他极有用的观测数据,人们能轻易读出特定观测点的天极高度,无论日夜,也能确定相应间隔与经线之间的夹角(即,间隔对应的天球圆弧与过圆弧两端的天球经线所成之角度)。这样一来,我们就能得到间隔对应的地球圆弧大小,以及穿过两地的经线在赤道上截出的圆弧大小。"(*Geography* 1.3.3—1.3.4)①

综上所述,托勒密的测地体系,建立在"大地丈量"和"天文观测"各自优缺点的互补之上:一方面,由于地球尺寸的巨大,我们无法根据独立的大地丈量,测算特定距离与地球尺寸的比例;另一方面,由于天球尺寸的未知,我们也无法根据独立的天文观测,推知天球大圆或经纬线上的间隔距离。但反过来,我们可以经由前者测得两地的间隔距离,经由后者测得两地对应的角度关系和与大圆的比例。通过将上述两者结合,至少在理论层面,托勒密得以实现对任意距离与方位的测算。而这一结合背后的数学模型,是基于古希腊两球宇宙的图式所建立的几何映射关系。可见,脱胎于天文学的宇宙图式和数学方法,不仅在地球上建立起了类似天球的坐标体系,也确立了对地理数据进行测量和处理的理论基础。

2. 地理数据的资料来源

尽管有上述测量理论作为基础,一个显而易见的事实却

---

① 托勒密所说的"meteroskopion / meteroscope",实际就是他的浑仪或环仪(armillary sphere)。现代语言中前缀 metero-往往与气象、天气等相关,然而在古希腊,彗星、流星等现象也被认为是位于天界以下的天气现象,故而 meterology 的研究对象既包括现代意义上的气象,也包括对彗星等"非恒常性"天象的观测。由托勒密的命名可知,这一仪器既能用于观测恒星和行星,很可能也用于定位彗星或流星。因 meteoros (μετήορος)在古希腊语中意为"高天""(大地)上方高处",scope 即 scopein (σκοπεῖν)意为观看,观测,故此处用"测天仪"作为托勒密的 meteroscope 之专名。关于该仪器的介绍、重建和实用方法,详见 Stückelberger(1998)和 Rome(1927)。

第二章 《地理学》的理论框架

是——托勒密不可能亲自测量所有的地理数据。一方面,基于天文学家的固有习性,当代学者普遍认为,托勒密对缺乏精确性的大地丈量兴趣有限。而且目前也没有迹象表明,托勒密本人曾在地面上进行过距离测量。[1] 另一方面,即便是他所擅长的天文测算,也需要花费大量时间,并且仅能从中获得较小的样本数量。因此托勒密主张,制图师的任务并非去亲自收集和咀嚼地图中包含的所有信息,而是以这方面最新的、全面的、优秀的成果为出发点,利用自己的关键技能和最新的专业资料予以修正和扩充(Berggren & Jones, 2000:23)。有鉴于此,《地理学》写作所需的大部分数据,必须依赖于对已有地理学相关文献的搜集,其中也包括对马里诺等前人所整理数据的继承。从最终编目的规模来看,这一古代世界最庞大的地理坐标数据库(将近 8 000 个地点)显然建立在庞杂繁重的工作之上。然而该书作为指导手册和数据编目的写作风格,使得作者很少注明文献来源,部分重要资料甚至藏而不论。因此,下文将通过对《地理学》中直接或间接涉及的古代文献加以追溯,对其写作过程中可能参考的资料进行归类和简述。

第一类资料来源,是古代流传下来的地理学或天文学的专业文献。以《地理学》中唯一提及的古代天文学家(也算作地理学家)——希帕克斯的著作为代表,正如前文所提及的。这类数据的重要性不言而喻,然而其缺陷亦很明显,即数量太少。比如就斯特拉波的引述来看,希帕克斯所留下的天文-地理坐标数量不超

---

[1] 见 Stückelberger & Mittenhuber(2009:218)。

过20个。① 但一些现代的研究表明,由于斯特拉波的偏见和片面引用,这一数量被大大低估了。事实上托勒密的许多地理坐标数据,都能显出上溯至希帕克斯的痕迹。② 事实上,希帕克斯对托勒密的影响之大无出其右。在《至大论》中,他的名字被引用了足有大约100次;在《地理学》中,他是除马里诺外唯一被提到的先哲——尽管只有两次,且都与天文观测相关。③ 对《至大论》(2.6)和《地理学》(1.23)中纬线列表的研究都表明,希帕克斯在以天文方法地理纬度方面,给托勒密留下了一笔宝贵的遗产。在希帕克斯之外,波西多尼奥斯、埃拉托色尼所留下的一些地理数据也体现在《地理学》的理论建构中。前者自不必说,其对地球周长的测量数值直接为托勒密所用,而后者的影响更为隐秘。对托勒密世界地图的分析显示,他的早期地理数据很可能大量继承自埃拉托色尼,并在后期关于地球尺寸的观念发生变化之后,通过一系列复杂的数学转换,进入了今天所看见的地图和坐标目录之中(Shcheglov,2017)。除此之外,对托勒密影响最大的前代地理学家无疑是马里诺,上一章曾就马里诺在地学理论上对托勒密的影响加以概述。关于托勒密对马里诺数据的继承和修正,我们将在下一节进行详细论述。

---

① 关于这一结论,可参考上一章希帕克斯部分以及Dicks(1960:193)。
② 谢格罗夫认为,由于斯特拉波的大量删节,希帕克斯的klimata表格实际要比现有的复杂和详尽得多。而经过一系列计算,托勒密表格中的部分数据,如士美拿(Smyrna)的纬度,尽管没有出现在斯特拉波的书中,却很可能源自希帕克斯。详见Shcheglov(2007a)。
③ 两处分别位于 Geography 1.4.2 和 1.7.4。前者关于他留下的天极高度和纬度列表,后者是关于小熊星座最南边的一颗星(即αUMi星)的位置。

第二类资料来源,也是数量最多、提及最频繁的是行程记录,作为历史文献的一种,托勒密将其统称为"ἱστορία περιοδική / historia periodike"。从马萨里亚的皮西亚斯到跟随亚历山大东征的海军将领尼阿库斯(Nearchus),古代的商人、旅行者以及行伍人员在跋涉途中,往往会对沿途的站点和距离加以记录;一些地方统治者也会系统地派出探险家,收集疆域内外的路程报告(ὑπόμνηματα, hypomnemata)。第一章中提到过的古希腊文献"大地概览"中偏于文字的部分,也可归入此类。在所有此类文献中最为流行的,当属周航志(periploi)与道路志(itineraria)。它们都由描述各地距离和顺序的文字组成,其区别在于,前者记录海上航程,后者则记载陆上行程(Dilke, 1985:112—144)。

由于尚未发展出远洋航行的技术,古代的航海路线很少穿越开阔水域,而通常沿岸航行。因此,大多数留存至今的"周航志"仅仅展示了距离数据(通常以希腊里计量,有时表示为天数)而缺乏方位。其中与托勒密《地理学》关系最密切的,是一位不知名作者的《红海周航志》(Περίπλους τῆς Ἐρυθρᾶς Θαλάσσης, Periplus Maris Erythraei)。这是一部大致诞生于公元 1 世纪,沿红海和印度洋沿非洲和南亚沿岸的贸易路线指南,很可能也是马里诺的主要参考文献之一。[①] 和其他周航志不同的是,该书给出了不少海上的航行方向,尽管仍相当粗糙。托勒密对它的参考可以从《地理学》的编目中寻出蛛丝马迹。譬如在卷 7 中描述恒河彼岸的印度洋海岸和塔普罗班岛(Taprobane)时,他提及了当地的物

---

① 关于这部作品诞生的年代,卡森推测为公元 40—70 年,见 Casson(1989:6—7)。

产和贸易品——这其实并不符合托勒密的一贯做法,却与《红海周航志》中的记述相吻合。①

另一种文献及"道路志"与周航志类似,提供的是陆地上道路网的地点清单,并附上间隔的距离。今天仍能见到的最具代表性的道路志,是公元三世纪的《安东尼皇帝道路志》(*Itinerarium provinciarum Antonini Augusti*)以及四世纪的《波尔多道路志》(*Itinerarium Burdigalense*)。前者源自对安东尼王朝(138—222年)时期某位皇帝巡行记录的整理(很可能是卡拉卡拉,见Chisholm,1911:148),记载了罗马帝国从不列颠到北非的庞大道路网和运输系统中的站点,为后世地图绘制提供了重要蓝本,如图2.6所示。后者则出于宗教需求,描述了基督教兴起后从波尔多到圣地耶路撒冷朝圣的路线,记录了沿途路程的精确距离(Dilke,1985:125)。显然,在基督教兴起乃至罗马帝国建成发达的路网系统之前,这类文献就已经广泛存在,且域外也存在类似的文本。② 同样的,这些路线记载依托已有的道路系统,只列出了适当间隔的地名而缺乏具体方位。不过相比之下,由于托勒密旨在收集"与边界、轮廓相关的要素",且他的地图和编目中也并未包含

---

① 在对塔普罗班进行地理编目前,托勒密提及"印度的科里角(Kory)对面就是塔普罗班岛的海角。该岛以前被称为'西蒙杜'(Simundu),现在叫作'沙里克'(Salike,[亦即狮子的住所])。其居民通常被称为萨伦(Salen),男人总是像女人一样扎辫子。当地盛产大米、蜂蜜、姜、绿柱石、蓝宝石(Hyakinthos,[也可能是蓝色的刚玉]),出产各种金、银和其他矿藏。当地还有大象和老虎"(*Geography* 7.4.1)。

② 譬如公元1世纪查拉克斯的伊西多尔(Isidoros of Charax)有名为《帕提亚商站》的作品,即关于穿过帕提亚帝国道路的道路志,这构成了从地中海到中亚的陆路贸易路线的一部分。该书通行的现代版本为由 W. H. Schoff 翻译的1914年英译本(Schoff,1914)。

```
  3  A Treveris Agrippinam .       leugas LXVI sic
  4  Beda vicus . . . . . .        leugas XII
  5  Ausava vicus . . . . .        leugas XII
373 1  Egorigio vicus . . . .      leugas XII
  2  Marcomago vicus . . .         leugas VIII
  3  Belgica vicus . . . . .       leugas VIII
  4  Tolbiaco vicus Supenorum      leugas X
373 5  Agrippina civitas . . .     leugas XVI.

374 1  Item a Treveris Argentorato mpm CXXVIII sic
  2  Baudobriga . . . . .          mpm XVIII
  3  Salissone . . . . . .         mpm XXII
  4  Vingio . . . . . . .          mpm XXIII
  5  Mogontiaco . . . . .          mpm XII
  6  Borbitomago . . . . .         mpm XVIII
  7  Noviomago . . . . .           mpm XVIII
  8  Argentorato . . . . .         mpm XVIII.
```

图 2.6 《安东尼皇帝道路志》一览①

---

① 该部分摘自 Parthey & Pinder(1848:177—178)。文字意思是：
从特雷维里(Treveri)到阿格里皮那(Agrippina)，78 里格(高卢长度单位，相当于 1.5 罗马里)：

贝达村(Beda village)	12 里格
奥沙瓦村(Ausava village)	12 里格
艾戈里吉翁村(Egorigium village)	12 里格
马耳科马顾斯村(Marcomagus village)	8 里格
比利时(Belgica)	8 里格
索佩尼的托儿比亚库姆村(Tolbiacum village of the Sopeni)	10 里格
阿格里皮那城(Agrippina city)	16 里格

从特雷维里到阿根托拉图姆(Argentoratum)，128 罗马里：

鲍多布利卡(Baudobrica)	18 罗马里
萨利西翁(Salisio)	22 罗马里
温吉翁(Vingium)	23 罗马里
摩贡提亚孔(Mogontiacum)	12 罗马里
玻耳密托马顾斯(Bormitomagus)	16 罗马里
诺维俄马顾斯(Noviomagus)	18 罗马里
阿根托拉图姆(Argentoratum)	19 罗马里

道路信息。可知他对周航志一类文献的兴趣，显然要大于道路志。

从托勒密第一卷的理论阐述部分所引述的文献来看，他所提及的参考资料虽然不多，但至少包含了以下 10 部。其中除了通常意义上的周航志与道路志之外，也包括两份帝国时期的行军报告，其中大部分已失传：

（1）萨摩斯的迪奥多罗斯（Diodoros of Samos）的印度行程记录（至少包括三卷）。托勒密引用了他的一次天文观测（*Geography* 1.7.6）；

（2）"印度的航海者"第欧根尼（Diogenes）的航海报告。他称自己在从印度返回的途中，在到达香料角（Aromona）时，被北风刮向南边，进入了拉普塔角（Cape Rhapta）地区（1.9.1）；①

（3）"阿扎尼亚（Azania）的航海者"泰奥菲罗斯（Theophilos）的记录。他曾乘着南风从拉普塔角驶往香料角（1.9.1,1.14.4）；

（4）迪奥斯科罗斯（Dioskoros）关于沿东非海岸从拉普塔到普拉松角（Cape Prason）②的行程报告（1.9.4）；

（5）马其顿商人梅斯·提提阿努斯的道路测量。记载了沿丝绸之路从幼发拉底河在希拉波利斯（Hierapolis）的汇流点，经石塔（Stone Tower）到塞拉（赛里斯国都）③的路程；不过提提阿努斯本人并未亲历这条路线，而是从代理商人那里获得的信息（1.11.7）；

（6）亚历山德罗斯（Alexandros）关于绕黄金半岛（Golden

---

① 今坦桑尼亚的达累斯萨拉姆（Dar es Salaam）。
② 今德尔加多角（Cabo Delgado）。
③ 赛里斯国（Serike，也称塞里克），一般被认为是今中国北方。塞拉被认为是西安或洛阳。

第二章 《地理学》的理论框架

Peninsula,今马来半岛)到秦奈(Sinai,今中国南部)之南的卡蒂加拉(Kattigara)的行程报告(1.14.1);

(7)腓利门(Philemon)关于爱尔兰(Ierne)东西跨度的记载,但并不太可靠(1.11.8);

(8)罗德岛的提摩斯梯尼(Timosthenes of Rhodes,约公元前250年)的十卷本航海手册《论港口》($Περὶ\ Λιμένων$, On Harbor)(1.15)。尽管同样失传,但这部作品是唯一被托勒密之外的作者所提及的(如斯特拉波和埃拉托色尼);①

(9)塞普提米乌斯·弗拉库斯(Septimius Flaccus)所作,关于为期三个月的、向南穿越加拉玛(Garame)向中部非洲埃塞俄比亚人进军的报告(1.8.5,1.10.2);

(10)尤里乌斯·马特努斯(Julius Maternus)所作,从大莱普提斯(Leptis Magna)经加拉玛前往中非的阿吉辛巴的行程报告(1.8.5,1.10.2)。

可以想见,上述明确提及的报告或文献,很可能只是托勒密所参考资料的冰山一角。在此之外,他偶尔也提及"当今的记载"($τοῖς\ νῦν\ ἱστορουμένοις$)或"我们时代的记录"($τὰ\ ὑπὸ\ τῶν\ καθ'\ ἡμᾶς\ ἱστορηθέντα$),用以指代出现在马里诺之后的更新的地理资料来源(Geography 1.17)。不过,相关文献虽然丰富有余,但由于初始目的不一,在精确性和系统性上都要大打折扣,需要经过繁复的转化和处理才能为托勒密所用。

---

① 斯特拉波在批评埃拉托色尼关于地中海中部海岬的描述错误时,也批评了提摩斯梯尼的《论港口》,并提及埃拉托色尼对提摩斯梯尼的评价很高,尽管"他们在许多地方并不一致"。见 Strabo 2.1.40(1917:353)。

第三类资料是帝国和行省的政府档案。与上一类资料不同，这类资料并未在《地理学》论述中明确提及，而是通过不同城市、殖民地、军团驻地的命名和地理编目中的行省、国家和区域排布所推知。自罗马帝国的首任元首奥古斯都以来，其高效运转的帝国行政机器逐渐延伸至环地中海区域的各个角落。通过人口普查、税务单据、城市和行省规划、土地登记册以及各种各样的档案文件，从中央到地方的各级政府试图对繁杂无序的生活领域进行归档。因此在上述民间和个人化的行程记录之外，许多具有政府档案色彩的文献，诸如奥古斯都的《帝国概述》(*Breviarium totius imperii*)，阿格里帕(Marcus Vipsanius Agrippa)的《评注》(*Commentari*)以及《世界分区》(*Divisio orbis terrarum*)，《行省丈量》(*Dimensuratio provinciarum*)，《殖民地名录》(*Liber coloniarum*)等清单目录或报告，都成为当时可供援引或查阅的资料。① 由于埃及行省以及亚历山大城作为学术中心在帝国范围内的重要地位，这些档案自然也可能复制并保存于此，其中甚至囊括了更早的托勒密王朝时期遗留的官方档案。凭借罗马公民的身份以及"托勒密"这一王族姓氏，他对这些政府资料的运用应当不会有太大障碍。

不过相比前一类资料，托勒密所使用的档案文件已很难考证，当今学者仅能从其地理编目中，推测出一些他可能借鉴的资料类型，譬如：

（1）由第二卷至第七卷中关于罗马帝国时代精确的行省划

---

① 这类资料的整理参考自 Stückelberger & Mittenhuber(2009:123—130)。

分,可推测托勒密参考了过《行省丈量》一类关于行政区划的档案文件；

（2）由托勒密对部分罗马军团驻地的定位,譬如埃博拉库姆（Eboracum,今约克）和辛吉杜努姆（Singidunum,今贝尔格莱德）的营地（2.3.17,3.9.3）,可知他参考过描述了军营位置等内部信息的文件；

（3）由编目中提及的71个罗马新建殖民地的名称,可推测托勒密查阅过《殖民地名录》一类的同时期城市目录（Stückelberger & Mittenhuber,2009:131）。

另外,《地理学》中关于地方命名的术语也能给我们提供了重要的线索。众所周知,托勒密是希腊文化区的学者,他的著作也都用希腊语写成。但在《地理学》中,许多拉丁化的词汇已经出现,譬如表示殖民地（colony）的词,他大量使用了拉丁文 kolonia（或 koloneia）的希腊转写 κολωνία,而非希腊文 αποικία（apoikia）;表示贸易站或市场的词,他多用 φόρος（forum）而非古希腊语词汇 ἐμπόριον（emporium）。① 除此以外,地名拉丁化的例子也不在少数,即使在希腊化的帝国东部也是如此。其中包括爱尔兰的王公领地 Ῥηγία / Regia（2.2.10）,叙利亚的地名 Σπηλοῦγκα/Spelunca（意为"山洞"）（5.15.17）和 Σκαβίωσα Λαοδίκεια/Scabiosa（leper）Laodikeia（5.15.20）,安达卢西亚和阿尔及利亚的马格努斯港 Πόρτος Μάγνος（Portus Magnus,意为"大港口"）

---

① 关于 κολωνία,见 Geography 2.6.56（κλουνία）,2.7.22（Λούγδουνον）,2.10.8（Μαριτίμα πόλις）,2.10.10（Νέμαυσος）等处;关于 φόρος,见 Geography 2.6.43,2.10.17,3.1.37 等处。

(2.4.7,4.2.2),埃及的 Λάκκοι / Lacus(湖泊)(4.5.20)。在很大程度上,这只能解释为他查阅罗马官方档案或政府文件的结果。

　　除上述三类文献以外,托勒密利用的资料还包括非文字形式的古代地图,如他所说,他将借助"更精确的地图上记录的地点或位置"来匡正马里诺的世界图像(*Geography* 1.19)。然而,书中并未提及具体的地图样本,今天也很少有托勒密时代的地图实物存世。对此,我们只能诉诸同时期其他文献中的间接证据。譬如斯特拉波《地理学》所提及的区域地图(χορογραφικός πίναξ),维特鲁威《建筑十书》中提到的记载了河流源头的"世界地图及其描述"(quae orbe Terrarum chorographiis picta itemque scripta),普林尼的《自然志》中提到了关于"高加索"和"里海之门"的地图——一张献给尼禄皇帝的埃塞俄比亚地图,以及尤为著名的、由奥古斯都下令制成大理石图板并悬挂于柱廊的阿格里帕地图(Porticus Vipsania)。[①] 诚然,证据的匮乏使我们很难了解到托勒密时代的地图细节,但可以确定的是,地图并非普通平民所有的日常用品,而是被精英阶层用于军队部署、资源管理、道路维护等国家治理实践。正如伍德沃德所言:"罗马帝国早期,希腊学者们制作的世界地图(也包括球面地图)开启了思考世界的独特地理学模式。至少在有教养的上流阶层,借助于对这些地图的使用,一种愈加规范的居住世界图像很可能得以更广泛地传播。"(Woodward,1987:175)因此,托勒密在地图绘制和地理编目中很可能参考的是此类

[①] 详见 Strabo 2.5.17;Vitruvius *De arch.* 8.2.6(Rowland & Howe,2001:98);*Natural History* 6.40,12.19,3.17(Pliny,1961:17,367)。

地图。

四 世界制图的前提Ⅲ：数据的处理与编目

经由上述测量或文献记载所得的数据，可能体现为多种形式，因而在归档之前仍须一定程度的处理和转换。首先，如行程记录一类的距离记载，由于绕道或偏航的影响，往往需要修正或按比例缩减，而海上风力或风向的变化也会影响航行天数的有效性；其次，数据的种类可能是单位不一的里程，也可能是天数，或者以小时形式表达的纬度或经度差异，这就将其转换为统一的度量单位，即度数；最后，所有经过处理后度量统一的地点，还须按照一定的类别和顺序进行目录编制，才能形成最终的坐标列表。下文将对这一系列转换过程进行讨论。

1. 地理数据的修正

在《地理学》第一卷中，托勒密花费了超过一半的篇幅，对马里诺留下的地理数据和世界图像加以批判性审视，并分别从"纬度范围"和"经度范围"两大维度加以修正，从中也表露出他在数据修正方面的重要原则。这些修正主要体现在以下四个方面：

（1）对天文测地结果的修正

根据托勒密的转述，马里诺显然也运用了天文测地法对世界的纬度范围进行估算。在其著作的第三卷中，马里诺将居住世界的纬度范围定为约87°，或43 500希腊里——其中位于世界最南端的地标是埃塞俄比亚地区的阿吉辛巴，以及普拉松角。马里诺为之给出的证据，是一系列的天象观测：

从印度航行去利穆利(Limyrike)的民族(正如萨摩斯的迪奥多罗斯[Diodoros]在其书中第三卷所说)在天顶看见了金牛座,并在该区域正中观察到昴星团。从阿拉伯去阿扎尼亚需要向南航行,而老人星(Canopus,也叫作 Hippos[马])就在极南的方向上。这段旅程中,人们会看见一些尚未命名的星,且天狼星先于小犬座 α 星(Procyon)升起,整个猎户座也先于夏至点升起。(*Geography* 1.7.6)[①]

但在托勒密看来,这些天象中的一部分显示的是赤道以北的区域特征,譬如金牛座和昴星团都位于天赤道的北边,也只有在地球赤道以北才会升到天顶;而另一部分天象,则很难说是南半球独有的天文特征。像老人星,直到北回归线以北很远都是可见的,而我们以为总在地平线下的星,只要向南走一点(但仍在赤道以北),比如在麦罗埃附近,也能升到地平线上。托勒密进一步论证,从数学上讲,马里诺所谓的"猎户座先于夏至点升起,天狼星始终先于小犬座 α 星升起",在赤道上乃至赤道以北直到赛伊尼都可以观测到。因此,这些天象观测都无法证明相关地点位于赤道以南。

不过,《地理学》中关于此类修正的描述并不太多,也不详细。由于关涉到天文计算,相关修正很可能还要借助《至大论》或者

[①] 伯格伦和琼斯认为,托勒密的意思是"大犬座在小犬座之前升起",因为在古希腊,星星同包含它们的星座都共享同一个名字。同时,文中讨论的"升起"是指偕日升(helical rising),即一年中某星群或星座首次在黎明前的东方地平线处可见的日期(Berggren & Jones,2000:66)。

第二章 《地理学》的理论框架

《恒星之象》(*Phaseis*)等作品来操作。比如上述天狼星与小犬座 α 星的出现时间,就须通过《恒星之象》加以核实(该书记录了一系列亮星在相关地域的起落时间)。根据书中记载,小犬座 α 星在赛伊尼的清晨最早可见的时间是 7 月 13 日,比天狼星早了 3 天;而在赤道,天狼星则出现得更早(Heiberg,1907:59)。

(2)对海上航程的修正

托勒密提及的绝大部分数据修正的实例,来自于大地丈量,其中既包括对海上航程的测算,也包括对路上行程的计量。对海上航行的距离,有许多因素影响了记载的准确性。一是由于风向和风速的变化,导致的"日常航行的不规则性"(*Geography* 1.13.2)。在讨论印度的第奥根尼(Diogenes)以及阿扎尼亚的泰奥菲罗斯(Theophilos)的航海记录时,他对二人在非洲东海岸的航行天数表示怀疑,因为"他们记录的只是各自航行了多少天,并没有考虑这是多少天的航程,毕竟还要把这么长一段时间风的变化也算进去"。而且,两人都未说明"旅程保持的是同一方向,也很难相信风向会在这么多天内保持不变"(1.9.3)。二是考虑到海岸的曲折程度以及海湾等因素的影响,经过"截弯取直"后的航程,将按一定比例缩减。比如,在计算从印度南端经秦奈湾(Bay of Sinai,对应今北部湾)前往卡蒂加拉的航程时①,由于途中阿伽鲁湾(Bay of Argarou,即今保克湾)的存在,从科里角(Kory)至东北方向上的

---

① 卡蒂加拉(Kattigara)是连接西方世界与秦奈(今中国南方)的贸易中心,也是托勒密地图上印度洋沿岸最后一个命名的地方。由于托勒密对东方世界描述的扭曲,它并没有严格对应的现代地点,一个常见假设是它位于今越南河内,也有认为其位于印度尼西亚的南洋群岛。

库鲁拉的沿岸航线是弯曲的,因而需要"减去其中三分之一的里程"(1.13)。

为何会减去"三分之一"呢？托勒密似乎并未对此做出明确的说明。而在海岸曲折因素的影响之外,他对马里诺书中不规则的里程累计所进行的修正和缩减,也是基于同一比例。他试图以此来抵消航程的不规则变化。比如,在讨论整个东方经度跨度的章节部分,他对从科里角(Kory)到库鲁拉,从库鲁拉到帕卢拉,从帕卢拉到萨达(Sada),从萨达到塔马拉城(Tamala),再从塔马拉城跨越黄金半岛(Golden Chersonese,今马来半岛)的航程,都进行了同样的、整齐划一操作。并且,这一计算还不受地形和方向的影响——譬如上面的五段航程中,第一段的方向是东北偏北,第三段的方向是正东("分点日出方向"),另外三段的航向是东南偏南("冬季日出的方向"),而各地海岸的朝向和曲折状况显然也不尽相同。伯格伦和琼斯将这一修正称为"十分武断的倾向"(Berggren & Jones, 2000:17)。联系到托勒密曾在前文中批评马里诺对陆上行程的类似处理方式——即对马里诺基于"直线路程的偏离和旅途速度的变化不一",将"里程数减少到不及一半"的做法,托勒密曾提出"不仅要说清楚为何减少的里程是必须的,也要说清楚为何要减少这么多",然而他自己也犯了同样的"错误",今天看来难免令人困惑。

(3) 对陆上里程的修正

相比于对海上航程的缩减,对陆上里程的修正要更加复杂,涉及的因素也更多。同海上航行类似,陆地上的行程记载也可能因为绕路或改道,而必须进行缩减。但不同的是,行路中有更多烦冗复杂的因素会影响长途旅行的快慢程度,比如地形的阻断("该行程不断地受阻"),天气的有利程度("从石塔到赛里斯的路线容易遭受暴风雨"),以及旅行者对路线是否熟悉——"正如人们对人迹罕至或描述存在分歧的长途记载,往往抱有怀疑,而总倾向于相信那些常有人走、描述一致且不太长的行程记录"(*Geography* 1.10,1.11),如此等等。因此,陆地行程的修正并未遵循与海路缩减相同的比例,而常常显得更加"随意"。举例来说,对马里诺记载的从幼发拉底河的交汇处到石塔的距离(876 河里),托勒密认为"由于路线的改道,必须减少到只有 800 河里"。而对另一组从大莱普提斯(Leptis Magna)到加拉玛的行军记录,他认为去程(30 天)和返程(20 天)之间的差异,在于返程是沿正南正北方向,而去程出现了"改道"——这两处修正之间,显然并无统一的标准可言。

除上述因素以外,托勒密还会论及文献记录者或旅行者的身份对数据准确性的影响。比如,在处理非洲大陆上的加拉玛与阿吉辛巴的里程时,他考虑到"那趟旅程是由该国国王完成的",因此在对路线的熟悉度和旅行速度上,应该远胜于由商人主导的从石塔到赛里斯国的国都塞拉的行程。同时,他也提到马里诺"并不相信商人的报告",因为"这些商人汲汲于商业活动,并不关心事实;相反,他们常常出于炫耀而夸大其词"(*Geography* 1.11.8)。有理由相信,对数据要求更苛刻的托勒密也秉承着相似的怀疑态度。另外,他也会根据文献类型对其合理性加以推断,例如对《地理学》中唯一提及的两份军事报告,即弗拉库斯(Septimius Flaccus)和马特努斯(Julius Maternus)所述的、关于加拉玛和埃塞俄比亚之间行军日期的报告,托勒密便斥之为"不可信"。而该判断很大程度基于推测:首先是因为加拉玛人和内陆的埃塞俄比亚人一样,都隶属同一个王国,而这一王国的南北疆域不可能有3个月行程那么远;其次,马特努斯所述的军事行动,同时也是加拉玛国王对其臣民的征伐,考虑到其臣民散布在王国各处,故而其征伐不可能完全沿着同一方向从北到南,而且没有停顿。因此类似的记录可信度并不高。

(4) 对世界范围及区域格局的修正

除对以上较具体的行程或测量数据进行修正外,托勒密也会从更为宏观的角度,对既有的(尤其是马里诺)的世界范围或区域格局进行调整。有时,这是基于传统且被普遍接受的地学理论,比如与纬度带相关的气候带分区。照托勒密的话讲,"根据环境的相似性,所有位于同样纬度或距极点相同距离的动植物,理应生存在类似的环境群落里"。也就是说,如果两地的植被或动物群落非常接近,则可以合理地推测它们具有类似的纬度。马里诺也曾运用这一理论,将可能导致埃塞俄比亚落在南寒带的"反居住世界"(antoikoumene)的计算数据进行修正,因而将居住世界的南部边界(即穿过阿吉辛巴的纬线)定在南回归线。但基于同样的理论,托勒密再次质疑了马里诺所设置的边界,认为它仍然过于靠南。他指出:

> 从当地动物的形态和颜色提供的证据中可以看出,阿吉辛巴(显然属于埃塞俄比亚)的纬线并不远至南回归线,而是更靠近赤道。因为在赤道另一边的北回归线,即我们这边对

应的位置上,当地人并没有埃塞俄比亚人的肤色,也没有犀牛和大象,但是在这些地方的南面不多的地方,可以发现中等程度的黑人,正如那些住在赛伊尼城外的"三十河里"(Τριακοντάσχοινον, Thirty Schoinoi)的居民一样。同样的还有加拉玛人,基于上述理由,马里诺认为他们并不居住在北回归线或以北,而是在以南。到了麦罗埃附近,人们的肤色已相当黑了,并最终出现了埃塞俄比亚人。那里也有大象和一些奇特的物种。(*Geography* 1.9.8)

简单地说,依据关于居住世界南端人种的描述,托勒密否定了当地位于南回归线的说法,而认为它更靠近赤道,正如北半球同纬度(赛伊尼)的黑人居民那样。这样一来,他最终呈现的居住世界的纬度范围,就比马里诺要小得多。此外,他还指出了马里诺关于世界各地的边界划分存在的问题。和希帕克斯对埃拉托色尼的批评类似,这类问题往往是由于各部分的比例不协调或数据的矛盾所致,也是地图绘制过程中最常见且难以回避的困难。关于马里诺的世界地图,他列举了三个明显的错误:

  a. 他让整个默西亚(Μυσία, Moesia)的东边毗邻黑海,却让色雷斯紧邻上默西亚的西边;
  b. 他让意大利北边毗邻雷蒂亚('Ραιτία, Rhaetia)和诺里库姆(Νωρικῶ, Noricum)以及潘诺尼亚(Παννονία, Pannonia),却让潘诺尼亚仅仅毗邻达尔马提亚(Δαλματία, Dalmatia),并不在南边与意大利接壤;

c. 他提到粟特人（Σογδιανοὺς, Sogdians）和塞种人（Σάκας, Sakai）所在的内陆地区南邻印度。然而，他所绘制的穿过上述民族的两根纬线［即赫勒斯滂和拜占庭的纬线］，却并没有经过印度的北界，即伊美昂山之北。相反，其中第一条纬线还穿过了黑海正中。(Geography 1.16)

根据类似叙述可以推测，托勒密在进行这一类修正时，很可能是对照着现成的世界地图进行的。而马里诺之所以未能意识到这些错误，可能是"因为著作体量过于庞大，又将不同主题分开处理，而且如他所说来不及在作品发布前绘制地图……而如果他绘制了地图，也唯有这样做，他才能纠正其纬度带和经度划分的错误"(Geography 1.17)。由此可见，地理编目和绘制地图并非一前一后的两个步骤，而很可能是同时进行、彼此辅正的。甚至在对各区域和边界的地理数据进行修正的过程中，必定存在"过渡性的草稿和样图"(Berggren & Jones, 2000:46)。

综合以上四种类型的数据修正实例，可以总结出托勒密对地理资料的处理大致遵循以下原则：一、对天文观测类资料，将其置于《至大论》《实用天文表》《恒星之象》等已有的天文学框架中进行检验，判断观测结果的准确性；二、对大地丈量类的行程记录，首先根据已有的天文测地结果加以修正；三、对缺乏天文观测数据的地面测量结果，依据资料来源的可靠性、旅行者或记录者的身份、海路或陆路的区别、天气和地形、偏航或绕道的程度等进行综合考量和筛选；四、对涉及边界划分或整体范围的数据，基于宏观视角或对照世界地图进行校正。另外，除前文中已经提及的天文观测的优先性外,托勒密在文献来源方面还秉持着一项更为普遍的"优先性"法则:即在所有可得的资料中,优先考虑最新的地理记录和报告。因此他说:

> 对于尚未探明的领域——无论是因其广阔无边,还是因为复杂多变,唯有经过长时间的考察才可能得出精确的结论。地理学亦是如此。纵观不同时期的地理记录,居住世界的广大使得其中许多地方都未曾探明,而另外一些地方又由于研究者的无知而未能得到正确的呈现;有的地方甚至发生了沧海桑田的剧变,今非昔比。所以一般而言,有必要遵照已有的最新记录,同时要仔细分辨当前和过去的记载中哪些是合理的,哪些是不合理的。(*Geography* 1.5.2)

托勒密的这一学术态度,奠定了他所谓的"演化的世界观念"(evolving conception of the world)[①]。这在追求永恒的数学家群体中并不常见,但基于古代地理学数据的稀缺与认知框架的有限,这几乎是新兴的地理学范式和内在理论发展的必然结果。该准则的确立,也使得托勒密笼罩在地球上的"坐标网格"具有了前所未有的可扩展性与包容性,以至于在千年以后地理信息爆炸的殖民时代,一个远大于古代居住世界的全球图景依然能纳入他所奠定的地理框架之中。

2. 数据的转换

从大地丈量中,托勒密所获得的大部分数据都是距离(里

---

① 语出伯格伦与琼斯(Berggren & Jones,2000:20—23)。

程），有时也表示为旅行的时间，如天数（或月数），这些都能很轻易地由预设的每日行程转化为总里程数。另外，前文也多次提及古代里程计量单位的不同，因此托勒密需要按照"1 河里 = 1 波斯里 = 30 希腊里"以及"1 罗马里 ≈ 8 希腊里"的比例，将不同单位的距离信息统一换算为希腊里。而从天文观测中，相关的地理数据往往表示为（北）天极高度、最大白昼时长（或相关比例）、日晷阴影的比例、大圆弧度或者同一天文现象在两地发生的时差。不同途径测量的数据，单位和性质都各不相同，但最终都必须转换为统一的"度数"，才可能进行编目并在世界制图中发挥作用。下面将论述托勒密在实际操作中的转换机制。

（1）大地丈量的距离转换

首先，将地面上的距离 s 转换为经度或纬度度数，可能涉及如下几个步骤：

a. 如果两地位于正南或正北方向，即同一经线上，则其经度差异为 $0°$，纬度差异为沿经线上的圆弧弧度。由于所有经线圈都为大圆，所以纬度度数可以按照 $1° = 500$ 里的比例，换算为 $s/500$（度）。

b. 如果两地位于正西或正东方向，即同一纬线上，则其纬度差异为 $0°$，经度差异为沿纬线上的圆弧弧度。由于除赤道外的纬线圈都不是大圆，所以计算中必须要考虑"缩减系数"。对于纬度为 φ 的纬线来说，$1° = 500 \times \cos\varphi$ 里。故经度度数可换算为 $s/(500 \times \cos\varphi)$（度）。

c. 如果两地既不位于东西方向，也不位于南北方向（正如大

第二章 《地理学》的理论框架

多数情况那样),则须将该间隔分解为上述两个垂直方向上的分量(参考图 2.5 中的 a、d 两地,ad 为 s,ac 为纬线分量,ab 为经线分量)。严格来讲,这里需要用到球面三角学的计算方法,但托勒密认为,一般情况下,距离测算涉及的球面三角形相比于地球而言都非常小,以至于可以等价于一个平面三角形(Berggren & Jones, 2000:16—17)。这样一来,只要知道该距离的方向,就可以根据弦表计算出经线和纬线方向上的距离分量,然后依照步骤 1 和 2 中的方式进行换算即可。

相比之下,天文观测数据的转换要更加复杂。其中大部分的计算原理,托勒密并未在《地理学》中给出,而在《至大论》中有所论述。我们首先来看与纬度计量相关的主要三类天文数据,即天极高度、日晷阴影比例和最大白昼时长的转换。

(2) 天极高度

天极高度(ἐξάρματα τοῦ βορείου πόλου)指的是可观察到的北天极(由北极星指明)在给定地点的夜空中,沿天球大圆距离地平面的角度 α。在所有天文观测中,这一数据是最为直观的。如图 2.7 所示,设圆 ABCD 代表天球,N 为北天极,O 为球心,由于地球尺寸与天球相比极小,故可认为给定地点 g 的地平线 AC 也经过球心 O。由此,测得北天极的高度角为 ∠AON = α。然后,我们利用同一张图,转换到地球的尺度,以圆 abcd 代表地球,那么对于地球上纬度为 φ 的一点 g 而言,ef 代表了当地的地平线,z 为天顶,n 为天极所在方向。可知 ∠egn = α。又 α + β = φ + β = 90°,所以纬度 φ = 天极高度 α。

174　　　托勒密《地理学》研究

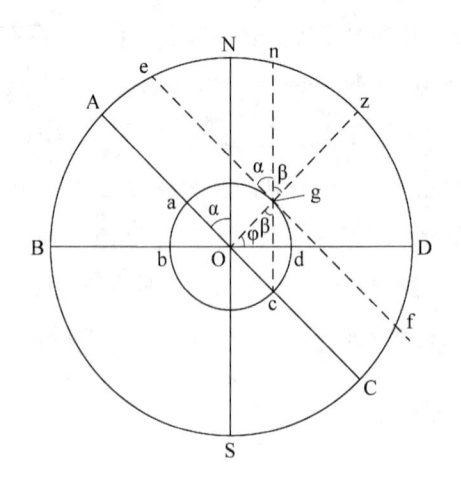

图 2.7　天极高度与纬度对应关系示意图

（3）日晷阴影比例

几乎与天极高度等价的另一种纬度标示法，是日晷阴影比例，具体地说，是位于分点（equinoxes）的太阳经过中天时，入射阳光在日晷（或垂直于地面的棍子）后形成的阴影长度与日晷本身长度的比值。如图 2.8 所示。

由该图可知，分点直射阳光与日晷形成的夹角 φ，实际就等于所在地的纬度。然而相比于测量日影长度，要测量这一夹角并不十分方便。故而古希腊人多借助于日晷或垂直的木棍，测出在春分或秋分时测出正午的日影长度，该长度往往假定日晷的长度为 60 份（60^P），然后以此为单位，用整数或带分数的整数形式给出（如 $44\frac{1}{4}^P$）。日影长度与日晷本身的比值，就等于 φ 的正切值 $\tan\varphi$。但在尚无正切概念的时代，相关运算只能诉诸上述弦表。

如图 2.9 所示。将日影（s）视作其与日晷（m）形成的三角形

第二章 《地理学》的理论框架　　*175*

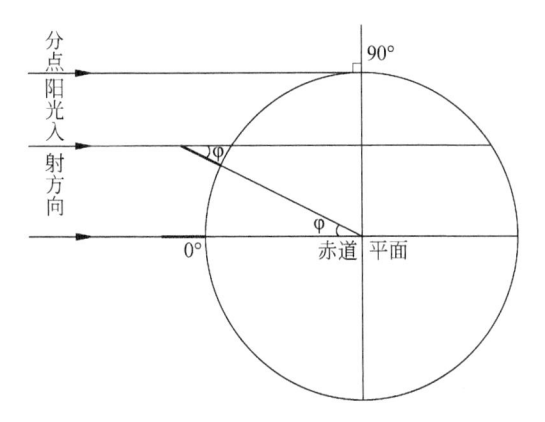

图 2.8　日晷阴影的比例测量及其与地球纬度角 φ 的关系图示

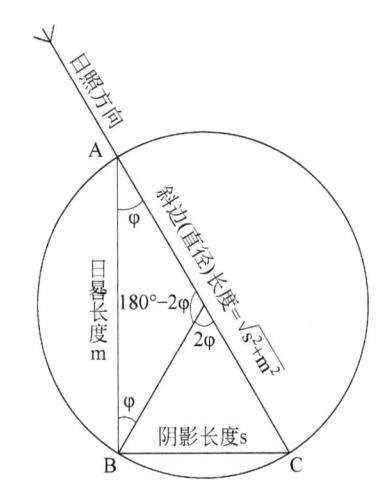

图 2.9　日晷阴影比例与入射角度之间的换算图示

(ABC)的外接圆上的弦(BC),则该弦对应的圆心角为 2φ。由图中的三角形与圆的几何关系,显而易见:$\sin\varphi = \dfrac{s}{\sqrt{s^2+m^2}}$。借助弦表则可先查明 2φ 的大小,进而求得 φ 的度数。

这一将比值转化为度数的方法,至少在希帕克斯的时代就开始运用。[①] 到了托勒密写作《地理学》时,他利用上文中多次提及的数学工具弦表,已能实现大规模的转换运算。不过值得注意的是,日晷测量中涉及到一个由太阳尺寸所造成的、鲜为人知的误差,即日光光源的中心实则并非太阳中心,而是其上边缘。而太阳的直径在天球上占据的角度约为 32′。因此施图克尔贝格等学者提出,由日晷测得的度数与实际的地球纬度之间,实际存在约等于太阳半径(即 16′)的误差(Stückelberger & Mittenhuber, 2009: 230)。

(4)最大白昼时长

众所周知,每一地点对应的白昼时长会随季节而变化,并在夏至日达到最大。该最大值的具体数值只与当地纬度相关,并且从赤道到极圈,逐渐由 12 小时增大到 24 小时。在《至大论》(*Almagest* 2.2—2.3)中,托勒密花了单独两节来叙述最大白昼时长与天极高度(即纬度)度数的转换关系,其中涉及比较复杂的球面三角学和梅涅劳斯定理的运用(如图 2.10)。下文将依照托勒密的基本思路,对其推导过程加以概述。

[①] 据斯特拉波记载,希帕克斯曾提出将大圆划分为 360 份(tmemata),每一份相当于 700 希腊里。事实上,希帕克斯唯一传世的文献(《评注》)中也给出了天极高度的度数,以及诸如罗德岛(36°)、雅典(37°)和赫勒斯滂(41°)等主要城市的纬度度数。见 Manitius(1894:27, 115)。

第二章 《地理学》的理论框架　　177

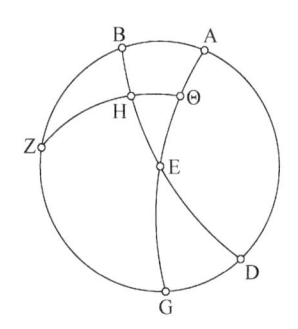

图 2.10　海伯格版(古希腊文版)《至大论》关于最大白昼时长与天极高度角的转换示意图①

　　作图 2.11,设圆 ABGD 为代表天球的经线大圆,BED 为代表地平面的大圆(的一半),AEG 代表赤道(的一半),Z 为北天极,F 为位于黄道上的夏至点(黄道用虚线表示)。② 假设 H 即是夏至日时的日落点,则过 F 与 H 可作天球纬线 KHF(以虚线表示),K 为 F 的对径点;过 Z 与 H 可作经线大圆 ZHΘ,该圆弧与赤道交于 Θ。在已知最大白昼时长的前提下,我们需要求得与纬度相等的天极高度度数,即圆弧 BZ 的弧度值。

　　和托勒密一样,我们也选取最大白昼时长 τ 已经给定的某地——如罗德岛为例,其数值为 τ = 14½h(h 即为等分时)。对上

---

① 本图来自 Heiberg(1898:90)。
② 注意,这里 BED 并非南半球的地平圈,而是转换后的北半球地平圈。事实上,托勒密在《至大论》中正是用的南天极和冬至点来推算最大夜晚时长,因该数值实际等于北半球的最大白昼时长。但考虑到直观性,本书对《至大论》附图进行了改制,通过使地平圈绕地轴旋转 180°以获得等价的北半球视角,以此简化球面的几何运算。见 *Almagest* 2.2。

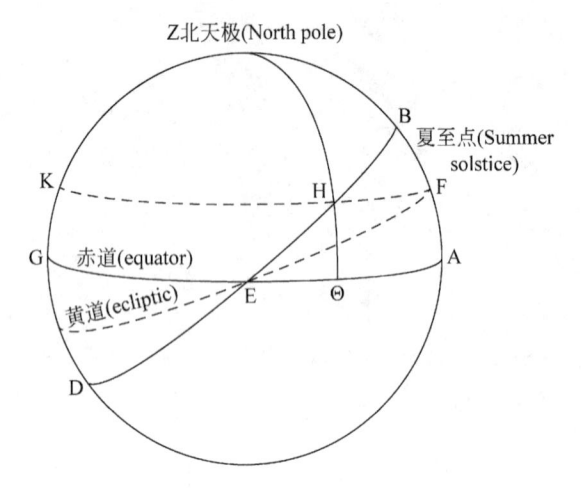

图 2.11 最大白昼时长与天极高度(纬度)度数换算示意图

图而言,这一时长等于太阳从中天(K)随天球转动沿纬线方向运行至日落点 H 的时长的两倍。因为一整天的昼夜时长是恒定的,即 24 小时——这也是天球匀速自转一周的时间。所以圆弧 KH 和 HF 各自与圆周的比例也可由此算出,即 arc KH = (14½ : 24) × 360° = 108°45′,arc HF = 71°15′。同时,由于天球围绕过 Z 且垂直于赤道的极轴旋转,故同一经线上的点具有"同时性"。因此,由 H 和 Θ、F 和 A、K 和 G 位于同一经线上可知,ΘA 的弧度与 HF 相等,GΘ 的弧度与 KH 相等,即 arc ΘA = 71°15′,arc GΘ = 108°45′。进一步的,由于 E 点为正西方向,所以 EΘ 的弧度 arc EΘ = 18°45′。

接下来,由于大圆圆弧 BE 与 ZΘ 相交于 H,并各自与大圆圆

弧 AZ、AE 相交,故而根据球面上的梅涅劳斯定理 I 可得:①

$$\frac{\sin(\text{arc AE})}{\sin(\text{arc A}\Theta)} \times \frac{\sin(\text{arc }\Theta Z)}{\sin(\text{arc ZH})} \times \frac{\sin(\text{arc HB})}{\sin(\text{arc BE})} = 1 \quad (2.1)$$

用托勒密的运算体系来表达,即给定弧度为 φ 圆弧(arc)的对应弦长(Chord,缩写为 Crd)与今天的正弦值之间的关系为 Crd φ = sin(φ/2)×120p(设圆的直径长 120 份,以其中每一份为单位,简写作"p"),则式(2.1)应表达为:

(Crd arc 2AE/Crd arc 2ΘA) × (Crd arc 2ΘZ/
Crd arc 2ZH) × (Crd arc 2HB/Crd arc 2BE) = 1 (2.2)

已知 ΘA、AE 的弧度,则 arc 2ΘA = 142°30′, arc 2AE = 180°。又,ΘZ 为大圆的四分之一象限,且 H 位于夏至点所在纬线(北纬 23°51′20″),故 arc 2ΘZ = 180°, arc 2ZH = 132°17′20″。经查阅弦表可得到以下四个数值:

Crd arc 2ΘA = 113;37,54p②

Crd arc 2AE = 120p

Crd arc 2ΘZ = 120p

Crd arc 2ZH = 109;44,53p

将上述结果带入式(2.2)可得,Crd arc 2HB︰Crd arc 2BE = (113;37,54︰120)/(120︰109;44,53) = 103;55,26︰120。又因

---

① 《至大论》(Almagest 1.13)中,托勒密证明了梅涅劳斯定理在球面上的适用性,并总结出两个定理。一是梅涅劳斯图形的 4 个内部线段和 2 个外部线段的比例关系,二是 2 个内部线段和 4 个外部线段的比例关系。诺伊格鲍尔称之为"定理 1"和"定理 2"(图默将其简写为 M.T.Ⅰ和 M.T.Ⅱ)。

② 为了将 60 进制的度数比例与长度比例对应,下统一以 x;y,z 的形式表示以 P 为单位的长度数值,譬如 113;37,54p = (113+37/60+54/3600)p。以此类推。

为 BE 为所在大圆的四分之一,所以 Crd arc 2BE = 120p。因此 Crd arc 2HB = 103;55,26p。根据弦表,可倒推出 HB 的弧度为 60°。相应的,EH 的弧度即为 30°。为了求得最终的目标圆弧 BZ 的弧度,我们需要将 HB 的弧度(或弦长)带入另一组梅涅劳斯公式即定理 2 中,于是有:

$$(Crd\ arc\ 2\Theta A/Crd\ arc\ 2E\Theta) \times (Crd\ arc\ 2EH/Crd\ arc\ 2HB) \times (Crd\ arc\ 2BZ/Crd\ arc\ 2ZA) = 1 \quad (2.3)$$

其中,EΘ、ΘA、EH、HB 的弧度均已求得,结合弦表可算出,Crd arc 2BZ:Crd arc 2ZA ≈ 70;33 : 120。同样的,由于弧 ZA 为 90°,故 2ZA 对应的弦长为 120p。同样代入式(2.3)中可求得 Crd arc 2BZ = 70;33p。根据弦表推出 BZ 的弧度约等于 36°——这正是《地理学》中罗德岛纬度的数值。

对于居住世界上的任意地点,其纬度度数都可以用这一方法从最大白昼时长中求得。反过来,也可以遵循类似步骤由度数推出最大白昼时长。事实上,该方法还具有更大的扩展性——它不仅能将至点对应的最大白昼时长转化为度数,也能将太阳运行在黄道上任意点所对应的白昼时长进行转化,其原理基本同上。

(5)从月食观测的时差推算经度

最后一类数据转换,是将两地观测到的同一天文现象(主要是月食)的时差,转换为经度度数。这一转换的原理十分简单。早在托勒密之前,譬如马里诺的地理著述中,就已经在经度范围内对世界进行时区划分。同样的,按大圆的一周为 360°且天球的周日旋转为 24 小时(等分时)计算,每小时时区的经度跨度,即为 360°/24 = 15°。因此,一旦测出两地的时区差异,比如 6 小时的时差,就

第二章 《地理学》的理论框架

能按比例得出两地的经度跨度为 6×15° = 90°。但困难在于如何得到两地的时差。古代的地理学家已经意识到,对不同经度或不同时区的居民而言,太阳会在不同的时间运行到中天,也就是说,各地处于正午的时间是不同的——更偏东边的地点,要比西边的地点提前抵达正午。同时,托勒密时代的日常时间计量,并不使用天文学意义上、按天球或太阳的周日运转划分的"等分时",而是将从日出到日落、从日落到日出的两段时间间隔,各自划分为十二个相等的本地时间或"季节时",并往往将某事件描述为发生在"某某白昼时"或"某某夜晚时"。所以要比较两地的时间差异,就必须依赖于一个不受地理位置影响的、恒定的参考系。为此,托勒密使用了天文学意义上的等分时来计量不同地点的时间差值。然而这一数值该如何测量呢?由于高精度钟表的普遍运用和远距离通讯的普及,今天的人们很容易通过测量某天体在不同地点通过正午的时间差,手动计算出经度值。但精准的机械钟直至18世纪才由约翰·哈里森(John Harrison)发明,最早的电报也要等到19世纪才问世,对古代西方的学者而言,类似的测量几乎是不可想象的,除非他们能找到某种不受天球的周日运动影响且在相当大尺度内稳定可见的事件。毫无疑问,月食便是其中最理想的观测对象。

前文已提过,最早提出这一设想的是天文学家希帕克斯。托勒密几乎原封不动地继承了他的方法论。由图2.12可知,月食开始(即月球进入地球本影)的时刻,对地球同一侧(夜晚侧)的观测者来说,的确是同时发生的(对结束时刻而言也是如此)。但具体到地方,对同一事件的记载却取决于当地时间的不同。因此,对记

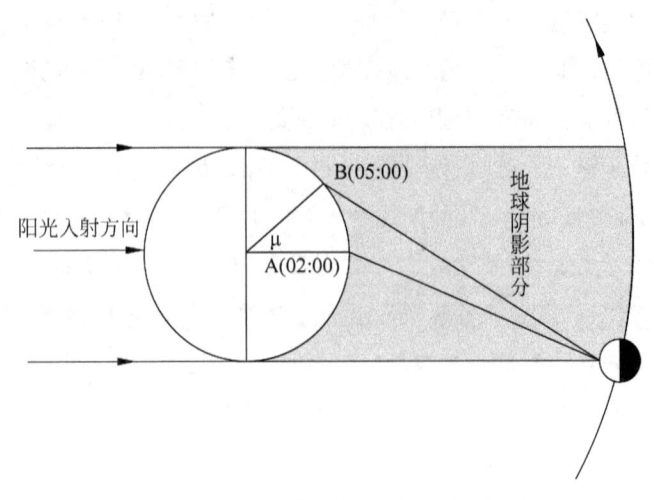

图 2.12　利用月食测量地球经度示意图①

载了历史上著名月食事件的文献加以搜集对比,就能得出相应观测地点正午时间的差异,并按比例算出两地经度差值。托勒密在《地理学》中举了一个广为人知的例子,即"那场 5 点发生在阿尔比勒(Arbela)、2 点发生在迦太基的月食"(Geography 1.4.2)。事实上,这次月食的确也被托勒密之外的文献所记载,譬如普林尼的《自然志》。但仅从这一例证中,就足以看出该方法所面临的一个重大困难,即记录的不可靠和测算的粗糙性。从托勒密的文本中,可得两地的时差为 3 小时,经度差异为 45°,但其实际差别却是 2 小时 14 分,即 33½°的度数——我们无法得知这应归咎于托勒

---

① 图中 A、B 两地观测到月球开始进入地球本影,即月食的开始"时刻"是相同的。但具体到当地时间则不同,设若该事件发生的当地时间在 A 地是凌晨 2 点,在 B 地是凌晨 5 点,按分点时间计量,则两地时差大概为 3 小时。换算为经度 μ 即为 3×15°=45°。

第二章 《地理学》的理论框架

密的估算,还是文献来源本身的不可靠。相比之下,普林尼记载说"在阿尔比勒发生在夜晚第二个小时的月食,在西西里发生在日落时分"(*Natural History* 2.180),由此推算出的经度差为 28½°。这就比托勒密的数据要更准确。①

除此之外,月食观测法面临的另一个困难是数据稀缺。通过托勒密对希帕克斯遗留的坐标之少的抱怨,能看出可用于测地的天文数据本就不多,而其中与经度相关的数据,显然比与纬度相关的资料更少。当今尚存的古代文献中,关于同一月食的两地(或更多地点)不同时间的记载也相当有限,因此我们很难据此还原出托勒密掌握了多少这方面资料,但有一点可以确定的是,托勒密从所有的月食观测结果中,推测出居住世界的经度范围不会超过地周的一半(即 180°)。他在《至大论》中说:

> 如果将地球划分为四个部分,每部分以赤道和过极点所作的大圆为界,那么我们所在的居住世界就大致占满了北半球的一半。纬度方面的证据是,分点太阳在正午投下的日晷阴影,总是指向北边,从未指向南边。经度方面的证据是,从居住世界上遥远的西部到遥远的东部,对同一"食"(尤其是月食)现象(都发生在同一[绝对]时间)的当地时间记载,差异从没有大于过 12 小时。(*Almagest* 2.1)

---

① 参考 Pliny(1916:313)。对于以数学的精确性著称的托勒密,和素来因奇谈怪论而被认为不可靠的普林尼,这实在是一个讽刺性的结果。

由此可见,至少在写作《地理学》之前,托勒密手中已经有了一批"从居住世界上遥远的西部到遥远的东部"的月食记载,而且相关记载的体量,足以使他得出关于地球经度范围的结论。从这一角度而言,无论资料可靠与否,托勒密能利用的天象数据显然比今天所见的要多出许多。

3. 数据编目与"重要城市列表"

通过上述处理过程,托勒密得以将旧有的地理信息全面纳入一个统一的、以经纬度数作为坐标计量的地理定位系统中去。值得注意的是,这一计划并非始自《地理学》——毋宁说,《地理学》只是作为其最终成果的汇编。正如上文中所言,托勒密在《至大论》中已经描述了该计划的雏形,即"在对相关领域研究最充分的学者基础上,以及对每个城市沿经线与赤道相距的度数,及其沿赤道向西或向东距亚历山大经线(正是借助于这条经线我们才确立了对应于[天体]位置的时间)的度数详尽记录之后,再将其单独呈现出来"(Almagest 2.13)。不仅如此,此时的托勒密实际已经着手为一些"重要城市"(πόλεις επίσημοι)进行坐标编目,其成果直接体现在《实用天文表》中,作为预备性表格而出现的"重要城市列表"。作为天文观测和计算的辅助表格,它列出了超过300个地点的地理位置,托勒密称其为"第一个列表"(πρῶτοι κανόνες):

> 第一个列表包括居住世界的重要城市,记载其[地理]经度和纬度的位置信息。(Περιέχουσι δὲ οἱ μὲν πρῶτοι

κανόνες τῆς καθ᾽ἡμᾶς οἰκουμένης ἐπισημοτέρων πόλεων τὰς κατὰ μῆκος καὶ πλάτος ἐποχάς.)(Ptolemy *Handy Tables* 1;Heiberg,1907:159)

古代晚期的数学家,同时也是著名的托勒密评注者亚历山大的提翁(Θέων ὁ Ἀλεξανδρεύς,Theon of Alexandria,约335—405年)注释说,"他现在列出了第一张表格(πρῶτον κανόνιον,proton canonion),其中包括我们居住世界北部的重要城市的名字。为了做到这一点,他将其地理著作中的经度信息放在第一列,纬度信息放在第二列"(Halma,1822:1)。传统上讲,该列表包含了367个地点,此后在流传与抄录的过程中,还陆续增加了150个地点。和托勒密在《地理学》中提出的理论框架一样,列表中的所有数据都呈现为度数的形式,并且同《地理学》卷二至卷七的地点编目中的数据十分吻合。由此可见,早在天学研究的阶段,他就已经确定了至少有300个以上的地点坐标。当然,这绝非托勒密个人之功,而必定建立"在对相关领域研究最充分的学者基础上"——比如多次提及的希帕克斯。[①] 有理由认为,作为托勒密最早的"地理编目",这一列表及其中的坐标数据,构成了他对整个居住世界进行系统性编目的基础框架,也即前文所述由可靠数据组成的"基点"。这即是说,正是基于早期的"重要城市列表",《地理学》对世

---

① 托勒密对希帕克斯数据的继承,可以通过对比《至大论》(*Almagest* 2.6)和《地理学》(*Geography* 1.23)中各纬线参考地点,以及斯特拉波引述的希帕克斯纬度列表而看出。譬如在托勒密的著作中,14h 的纬线也穿过下埃及,拜占庭与马赛也处于同一纬线上,尤其亚历山大和迦太基的纬度,与希帕克斯的描述完全一致。诸如此类。

界图像的描绘才得以铺展开。

到了《地理学》的写作中，尽管由于研究目的和门类发生了变化，数量更庞大的地理编目也已经成形，但"重要城市列表"仍变相保存了下来，并整合到第八卷中各区域地图说明的重要城市（πόλεις επίσημοι 或 πόλεις διάσημοι）目录中去①——这就构成了该列表的第二个版本。但与《实用天文表》的文本不同的是，《地理学》中的重要城市一共有 358 个，数量上要更少。而且吊诡的是，这些地点坐标不是以度数的方式给出，而是标示为最大白昼时长或时区间隔的传统形式。尤为突出的是本初子午线即零度经线的设置，并非居住世界最西边的"至福群岛"，而恢复为了更早的亚历山大城。所有这些做法，都和卷二至卷七中地理编目相违背（甚至第八卷中亚历山大城距离西部边界的经度数值，也和前面的地理编目中不同），也同《至大论》中的声明不一致。这使得一些学者对《地理学》第八卷的真实性提出了质疑，比如巴格罗就认为这属于后世的伪作（Bagrow, 1945）。也有部分学者持相反的意见，认为其成书更早，故而才会出现更为传统的编目特征。不过，该版本中记载的时长数值，某一些似乎"过于精确"，如 1/15 小时、1/20 小时、1/90 小时等——与其说它们是经由测量得到的，倒不如说更有可能是从度数中倒推出来。② 因此施图克尔贝格和

---

① 对"重要城市"的说法在不同文本中略有差异，譬如在《至大论》中，它们被叫作 axioi poleis（ἄξιοι πόλεις）；在《实用天文表》中，一般被称作 poleis episemoi（πόλεις επίσημοι）；在《地理学》第八卷中，大部分时候称作 poleis diasemoi（πόλεις διάσημοι），但也偶尔叫 poleis episemoi。

② 比如第八卷中计算塔内斯河（Tanais，即今顿河）河口距离亚历山大城的经度距离时，就用到了小于十二分之一的分数 γι′（13/30）（Geography 8.18.5）。

米滕胡伯等学者认为,第二版本的"重要城市列表",更可能是在完成居住世界的地理编目之后,再由第一版本转化而来(Stückelberger & Mittenhuber,2009:140)。

总而言之,在"重要城市列表"的基础上,托勒密需要依据既有的地学范式和数学方法,将他所继承的庞杂的地理数据纳入一个统一的坐标体系中去。然而即便有数学方法论的加持,这项任务的复杂和艰巨程度依然是空前的。在《地理学》的理论陈述中,托勒密自己也深感其不易,因此在为地理编目方式辩护的部分,他不无谨慎地表示:

> 因此,我们承担了一项双重任务:首先,除了需要加以纠正的部分,我们将保留马里诺著作中的主要观点;第二,应当利用亲历之人的记述或精确地图上的位置,把他未曾说明的内容尽可能准确地敲定下来。另外,为使本书方便使用,我们将对涉及行省的下列信息加以汇编:各区域的轮廓[即其经度和纬度],重要部族的相对位置,以及一切可被纳入地图的主要城市、河流、海湾、山脉及各事物的准确定位(τάς ακριβεῖς ἐποχάς)。所谓"定位",意思是指沿赤道计量的、当地经线距西部边界经线的经度度数[按大圆圆周为360°计算],以及沿经线计量的、当地纬线距赤道的纬度度数。这样一来,我们就能确定每一个位置(τὴν ἑκάστου θέσιν)。借助这一精准定位,行省之间以及相对于居住世界的位置,也都能得以确定。(*Geography* 1.19)

通过这段话,托勒密点明了对地理数据进行整理的基本原则,即:一是采用"方便"或曰清晰简明的方式标明;二是以经度和纬度度数来定位地理坐标;三是以罗马帝国的省份为单位,重点记述各省边界、重要民族的相对位置以及(边界上的)"重要城市、河流、海湾、山脉"等地标。最终需要实现的目标,是确定"行省自身、各省之间,及其相对于整个居住世界的位置"。依照上述原则,托勒密为世界地图的绘制准备好了一个地点数量将近 8 000,经纬度坐标数量超过 12 000 的空前巨量的世界地理数据库(据格拉斯霍夫等的统计,其中 1 404 个地点只有大致定位的部族名和地形名称,其余 6 345 个则具有完整的坐标数据)①。在对上述信息归档和编目时,他从制图的便利性出发,认为应当选择一种朝右的呈现顺序,让手从已经画好的部分移向尚未绘制的部分,即先画北方,再画南方;先画西方,再画东方。"因为无论在球面还是平面地图上,对于制图者或观察者的习惯而言,居住世界的'上'即是'北','右'即是'东'。"(*Geography* 2.1.5)因此对编目而言,也应当从居住世界的西北角(即北欧)出发,首先定下欧洲的诸地点,其次是利比亚大陆——也就是非洲的诸地点,最后是确定亚细亚的部分。具体到每个大陆也是一样,即按照从更北边和西边的国家、地区或岛屿开始,逐渐往东部和南部描述。而对大陆上各区域的划分,则遵循总督区或行省的边界,从而使得整个地图既足够细致,又一目了然。同时,基于开篇中对地理学偏几何与制图的定义,他删去了大量描述民族特征的文字,仅保留了一些简短的说明。

---

① 详见 Stückelberger & Mittenhuber(2009:241)。

第二章 《地理学》的理论框架

最终呈现出来的编目形式,正是按上述顺序(从西北到东南),以行省、总督区或约定俗成的分区为单位板块,沿各区域的边界依次描述包括城市、河口、海角等地形地标的坐标位置,并用表格的形式将所有地点和坐标分别排布在三栏单独的纵列之中——这和《实用天文表》中的做法一脉相承,如图 2.13 所示。如此一来,任何有意借助该编目绘制地图的操作,都能有条不紊、按部就班地进行。而列表的形式也便于传承和订正,他解释说:

> 这就是为什么我们还以表格形式(κανονίων τρόπον)在每一列(σελίς)的外缘添加了每个[地点的]度数,方法是将经度放在纬度之前,这样,如果通过进一步的研究获得了更好的结果,就有可能将其添补到两列间的空白处。(*Geography* 2.1.3)

从这段话可以看出,对地理编目的形式选择,既出于清晰简明的可读性和查阅的便利性(不言而喻),也基于持续修订的需求。可见在托勒密看来,《地理学》中的数据及其编目远非确定不移的最终成果,而是会随着对世界认知的拓宽,不断被修正、被改变。对于非数学化的、隶属于自然世界的具体经验,他的这一态度,也合于前述"演化的世界观念"。

*　　　　*　　　　*

总结起来,托勒密将"地理学"(geography)定义为一种对居住世界或已知世界的模仿,这一模仿以图像的形式加以呈现,并具有

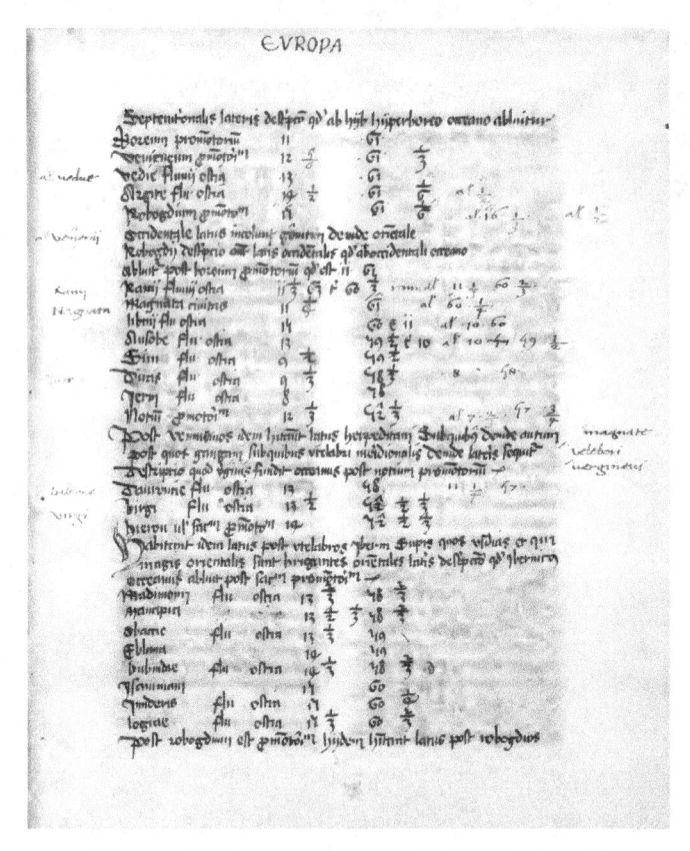

图 2.13 托勒密《地理学》的地理编目样本(之二)[①]

[①] 该书页源自 15 世纪的拉丁文写本"*Vault Ayer Ms.* 740"(Ptolemaeus,1425),记载的是第一张欧洲地图中的地理坐标,从最北边的爱尔兰('Ιουερνία)和不列颠岛(νῆσος Βρεττανικῆs)开始编目。可以看到,该写本中的坐标数值已开始用阿拉伯数字标示,并延续了希腊语中的分数标记,只是将其转换为更常用的普通分数而非单分数。另外,正如托勒密所期待的那样,栏边的空白处还包括一些对既有数值的修正(譬如 Ravius 河口的坐标,就由 11⅛和60⅓改为了12⅛和60⅔)。影印图片出自纽伦堡图书馆(Newberry Library)馆藏的 1425 年拉丁文纸版手抄本(*Vault Ayer Ms.* 740),扉页题为"Cosmographia"——这是文艺复兴时代该书通行的拉丁译名。

双重性：它既可以作为创制知识用于地图制作，又可以作为理论知识用于数据编目。毋宁说，文字和图像是一体两面，互为表里的等价产物。同时，借由与"地志学"（chorography）的对比，他进一步明确了地理学的主题，即对世界加以图式化、几何化的整体描绘，以区别于对地方细节、景色风物的细致描摹。因此"合比例性"与"相似性"成为地理制图的核心原则，并同《至大论》《和音学》中对神性及"好的秩序"之追求的论述相吻合。为了贯彻这两大原则，托勒密设计出一套精密而复杂的理论体系。首先是包含了计数系统、圆周度数和弦表在内的计量体系，托勒密借此构筑起地理坐标网络的数学骨架；其次是基于两球宇宙的测地理论，尤其是天文测地和大地丈量，构成了其地理编目的主要来源；再者是对已有数据进行整理和编目的理论，包括数据的修正原则、不同测地结果的转换方法、编目的形式与顺序等。上述理论构成了托勒密《地理学》制图的基本前提，在此基础上，他的平面制图法才得以横空出世。

除此之外，我们也能发现托勒密对几何、天文、地学等各领域的同时代成果和学术传统的重视。由上文论述可知，单是《地理学》第一卷就包括了至少十种如周航志、游记、行军记录等地理文献，结合他对"我们时代的记录"的重视，可见他密切关注着时人的域外探索与前人的学术文本。一方面，托勒密对推罗的马里诺的批判性继承，揭示了公元1世纪到2世纪的地理共识；另一方面，他也强调知识与时俱进的重要性。诚如他本人所言，地理学"有必要遵照已有的最新记录，同时要警惕当前研究和对早期研究的批评中，哪些是合理的，哪些是不合理的"（*Geography* 1.5.2）。

这奠定了一种地理和地图学意义上"演化的世界观念",并贯穿了整个制图理论,最终呈现在庞大的地理坐标表格之中,使其具备了前所未有的可扩展性。而上述特征与其说体现了他对时代的超越,倒不如说托勒密所在的时代,一种普遍主义或普遍地理学的种子已然播下。[1] 只不过这一理想在相当长的时间里将处于曲高和寡的境地,只得在漫长蛰伏中寻求更合适时机生根发芽、悄然成荫。

---

[1] 这种普遍主义(universalism)有时也被阐释为世界主义(cosmopolitanism),这成为理解托勒密及其同时代人地理学的一个重要视角。麦克莱奥称"世界主义是(埃及的)亚历山大的城市文化"(Macleod,2010:xi)。科斯格罗夫则将世界主义同罗马时代的斯多亚主义普世共同体之梦联系到一起(Cosgrove,2001:48—49)。而这一古已有之的潮流,恰好与地理大发现时代的"制图世界主义"(cartographic cosmopolitanism)遥相呼应(Woodward,2007:1030)。

第三章 想象的秩序：托勒密的地理制图法

根据前文的理论梳理，托勒密的《地理学》主要通过"世界制图"和"地理编目"两部分重现居住世界的秩序。其中与地理编目相关的理论框架已在上一章中加以阐述。本章的主要内容，是对托勒密的"世界制图"方法（确切地说是他的平面制图法）进行分析。如上文所述，其制图法规定的两大基本原则可以概括为与球面世界的"相似性"与"合比例性"。尽管费凯认为，"合比例性和形状的相似性总是相伴相生的，形状的相似即包含了距离的合比例"（Feke, 2018b: 314），但就几何本质而言，要同时精确地符合这两大原则却近乎不可能——毕竟，球面图形向平面转换的形变是不可避免的。而通过对托勒密制图法的分析，我们会发现他对两种原则的实践所依据的理论资源很可能并不相同，也就是说，他在实际制图中遵循了至少两条不同的理论路径。由此导致的一个自然后果是，其制图体系内部始终存在不可调和的张力。事实上不仅是对于托勒密本人，这一内在困难也贯穿于自埃拉托色尼以来的数学地理学领域，并体现在托勒密之前隐约浮现的世界制图方法论中。

在当代制图学史的论述中，托勒密的《地理学》往往被视为地图投影领域最早的理论体系,但这并不代表,关于地图绘制的数学方法或理论建构在托勒密之前完全不存在。事实上,在批判马里诺的过程中,托勒密暗示了制图法在马里诺之前的时代已有不少。故而他才说:"马里诺……批评了所有现存的平面制图方法。尽管如此,他最终却选用了那种最不符合距离比例的方法。"(Geography 1.20.3)的确,早在埃拉托色尼的时代,某种"矩形制图"(也称"矩形投影")就可能存在于地理学领域。只不过在斯特拉波的转述中,我们所能确定的只是埃拉托色尼地图上存在平分世界的两条"基线"(στοιχεῖα)。而据阿伽塞梅鲁的记载,希帕克斯曾将居住世界描述为"梯形"(τραπεζοειδής),这很可能意味着一种对旧有矩形地图加以修正后的"梯形制图"。[1] 与此相关的间接佐证,也存在于斯特拉波的《地理学》中:

> 我们用经线[圈]和纬线[圈]来展示地球的纬度、方向以及地面上各区域相互之间或相对于天界的位置变化。如果[在制图中]不将它们绘制为圆,而是将纬线圈绘制为平行的横线,将与纬线正交的经线圈绘制为垂直的竖线,这最终只会产生极微小的差异,因为我们的想象力能轻易地把平面图形转换到球面上去。同样的道理也适用于[地球上的]斜圆和

---

[1] 在迪克斯看来,希帕克斯所说的"梯形",仅是一种关于球面上居住世界北端比南端更窄的、单纯而粗略的表达。但近年来天文学史对希帕克斯制图学的研究,使得意见的天平再度倾斜。比如图默和诺伊格鲍尔就提出,希帕克斯很可能早于托勒密两百多年确立了类似"球极投影"(stereographic projection)的理论,并制作了最早的星盘。如果是这样,完全有理由认为他在地图投影方面也有过相应的思考。参考 Dicks (1960:148,206); Toomer(1978:219); Neugebauer(1975:858,868—879)。

第三章 想象的秩序:托勒密的地理制图法

[地图上对应的]直线。尽管地球上的所有经线都被认为穿过并会聚(συννεύουσιν)于极点,但在平面上,如果只是使经线稍微会聚,是没有关系的(τὰς εὐθείας μικρὸν συννενο υ´σας ποιεῖν)。甚至于,在球面上代表经纬线的曲线被转移到平面上、并被画成直线的大多数情况下,连这也是不必要的,更不用提像球面那样明显的弯曲(ἡ σύννευσις)了。(Strabo 2.5.10)

学界一般认为,斯特拉波在这里描述了两种制图方式,一种是传统的矩形地图,即纬线用水平的直线来表示,经线用垂直的直线表示,所有经纬线严格地垂直相交;而另一种因表述得过于含糊而有歧义,既可解释为"经线在地图顶部稍微向内弯曲,仿佛象征性地暗示它们最终会汇聚,除此以外的部分又垂直于赤道且彼此平行",也可解释为"经线被绘制为会聚的直线,以使得沿顶部和底部纬线测得的距离彼此成正确的比例,并且,只有中央经线和中央纬线相互垂直,且相互之间成正确的长度比例"(Berggren & Jones 2000:32—33)。相比之下,前者很难被定义为制图法;而后者很可能正是一般意义上的"梯形制图",即地图网格呈现为梯形。[①] 对后一种解释,谢格罗夫曾专门撰文加以论证,并从托勒密对图勒纬度的界定中找到线索,证明这一最早源自希帕克斯的梯形制图方式,实际也影响了托勒密制图法的诞生(Shcheglov, 2007)。

---

① 严格来说,当我们将某种投影形式命名为"某某形状"时,所指称的是由投影网络所划分出的单一"网格"的形状,而未必是绘图画框本身的形状。

由此可见,在托勒密之前至少存在两种主要的地理制图法。就"相似性"而言,矩形制图只适用于小范围的区域地图,而梯形制图仅在"南宽北窄"这一点上与居住世界类似;就"合比例性"而言,矩形制图(以马里诺为例)仅在中央纬线上符合要求,其余部分的形变颇为严重,而梯形地图在前者的基础上,增加了对居住世界北部边界和南部边界之长度比(简称"南北比例")的规定,如图3.1所示。这样看来,梯形制图是要优于矩形制图的——这也能解释为何托勒密会对马里诺的选择如此不满。但无论是哪一种制图方式,和球面上的世界图式相比,差异仍过于明显:一方面,完全由直线段组成的矩形或梯形,根本上难以"模仿"球面上弯曲的圆弧;另一方面,除中央纬线的"经纬比例"之外,其余经线和纬线的长度比与现实中并不一致。尽管通过南北比例的设定,梯形地图在"合比例性"上前进了一步,但这却是以牺牲"经线和纬线相互垂直"的球面特征为代价。可见,"相似性"同"合比例性"的内在冲突已然开始显现。在创作《地理学》时,托勒密所面对的正是这一地理制图领域长期存在的困境和张力。为此,他依据不同的理论前提,在书中发展出了三种不同的平面制图法。

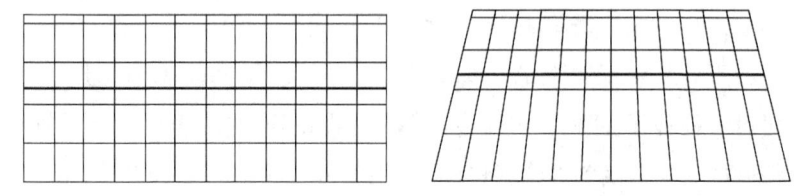

图 3.1 矩形制图(左)与梯形制图(右)的几何图式[①]

[①] 注意,两种制图法的本质区别不在于地图画框,而在于投影网络所划分出的网格形状分别为矩形和梯形。

第三章 想象的秩序：托勒密的地理制图法

一 第一平面制图法

在《地理学》的第一卷中，托勒密在对其学科概念、理论框架和传统文献进行了必要的讨论之后，于末尾转向了对制图方法的系统阐述。这也是他整部著作中最为数学化且最具原创性的章节。不过令后世的读者和研究者颇为苦恼的是，这部分文本和他的其余几部数学作品类似，都显得相当、甚至过于简明扼要，以至诸多推论前提都被省去了。一方面，这与上一章中提过的"创制知识"不无关系；《地理学》在很大程度上，是一本指导人们如何绘制地图的"指南"(guidance)或"手册"(handbuch)[1]，为操作的便利起见，有必要直接给出结果，而非详细的推论过程；另一方面，很可能因为早在托勒密之前，相关的制图学前提已在包括马里诺著作在内的地理学文本中详细探讨过，甚至作为共识传承下来。[2]因此，在进入托勒密制图法之前，一项必要的工作是对其预设的前提假定进行澄清。其中一些前提是共同的，即每一种制图法都必须以此为基础；而另一些前提则是特定的，专为不同的制图法而设。下面首先要加以澄清的，是其关于地理制图的共同前提。

第一条前提是传承自古希腊地学传统的一项基本共识，也是

---

[1] 上述两词分别为琼斯的英译本和施图克尔贝格的德译本所采用的题名。
[2] 这一点从托勒密对马里诺的批判也可以看出：他对两者分歧之处的攻击巨细靡遗，但具体到双方的共同点，或曰他对马里诺的继承却很少提及。诺伊格鲍尔认为这种"论战式"(polemic)的风格，类似于文艺复兴时期的人文主义作品，这也是古代科学文献的主要特征(Neugebauer, 1975: 879)。

地理制图方面最根本也最重要的假定,即:居住世界位于球面的一个象限,即四分之一的球面内(尽管不那么严格)。相比于马里诺对世界经度范围的大肆扩张(达到了225°),托勒密反而更为恪守传统,将这一范围重新缩回到了严格的180°以内。这一前提之所以重要,在于它为古代平面制图的简化提供了可能性——和天球的绘制不同,古代地图的绘制者从未试过将整个地球表面都展开在一个单一平面上。这固然是由于当时人们地理认知的局限,但也应当视为古代天学与地学理论共同建构的结果。总之,这使得历代制图者能很好地规避从球面到平面转化的复杂性,甚至在小范围距离计算或区域地图的绘制中,直接诉诸平面几何。①

第二条前提是关于居住世界内的经纬线间隔和数量的,即所有经线和纬线都能按照给定的比例或间隔,有序地进行绘制(基于前一章中论述的数学框架)。经线方面,他部分借鉴了马里诺地图中已有的经度划分方法(即时区),并以三分之一小时为单位,将其转换为度数(即5°),作为经线之间的平均间隔,由此确定了从西部边界的本初子午线到东部边界(经度180°)之间,一共有37条主要经线;纬线方面,他根据最大白昼时长的等差数列,列出了搭建世界地图框架所需的主要纬线;其中赤道以北的纬线,从0°到北纬48½°之间以四分之一小时(最大白昼时长)的时差递增;从北纬48½°到58°之间以二分之一小时的时差递增;从北纬58°到63°之间以1小时的时差递增;赤道以南的纬线则仅包括两

---

① 这在下文中托勒密对经度间隔的绘制部分,将有直接的体现。不过值得注意的是,虽然托勒密的居住世界在经度范围上局限于半球之内,其纬度范围却越过赤道伸向了南半球,这直接造成了他的第一制图法在数学上的不一致性。

条,一是作为南部边界且与麦罗埃位置相对的"反麦罗埃"(Anti-Meroe)纬线(南纬 $16\frac{5}{12}°$),二是穿过托勒密地图上得到命名的最南端城市卡蒂加拉的纬线(南纬 $8\frac{5}{12}°$)。因此包括赤道在内,主要纬线一共有 24 条,而居住世界的纬度范围就从南纬 $16\frac{5}{12}°$ 一直延伸到北纬 $63°$,合计跨度为 $79\frac{5}{12}°$,如表 3.1 所示。在此基础上,我们将首先进入对托勒密"第一平面制图法"(也简称为托勒密的"第一制图法"或"第一投影")的"特定前提"的讨论。

表 3.1　托勒密《地理学》(1.23)中列出的主要纬线及其纬度[①]

纬线序数	相较赤道的最大白昼时长差(小时/h)	纬度度数(°)	位置/地标
1	$\frac{1}{4}$	$4\frac{1}{4}$ N	
2	$\frac{1}{2}$	$8\frac{5}{12}$ N	
3	$\frac{3}{4}$	$12\frac{1}{2}$ N	
4	1	$16\frac{5}{12}$ N	麦罗埃(Meroe)
5	$1\frac{1}{4}$	$20\frac{1}{4}$ N	
6	$1\frac{1}{2}$	$23\frac{5}{6}$ N	赛伊尼(Syene),北回归线
7	$1\frac{3}{4}$	$27\frac{1}{6}$ N	
8	2	$30\frac{1}{3}$ N	
9	$2\frac{1}{4}$	$33\frac{1}{3}$ N	
10	$2\frac{1}{2}$	36　N	罗德岛(Rhodes)
11	$2\frac{3}{4}$	$38\frac{7}{12}$ N	

[①]　表格中第 1~21 条为北半球的纬线,第 22、23 条为南半球纬线,赤道不包括在内。另最大白昼时长的单位"小时",按赤道的最大白昼时长为 12 小时计算。见 *Geography* 1.23。

续表

纬线序数	相较赤道的最大白昼时长差（小时/h）	纬度度数（°）	位置/地标
12	3	$40\frac{11}{12}$ N	
13	$3\frac{1}{4}$	$43\frac{1}{2}$ N	
14	$3\frac{1}{2}$	45 N	
15	4	$48\frac{1}{2}$ N	
16	$4\frac{1}{2}$	$51\frac{1}{2}$ N	
17	5	54 N	
18	$5\frac{1}{2}$	56 N	
19	6	58 N	
20	7	61 N	
21	8	63 N	图勒(Thule)
22	$\frac{1}{2}$	$8\frac{5}{12}$ S	拉普塔（Rhapta）、卡蒂加拉(Kattigara)
23	1	$16\frac{5}{12}$ S	反麦罗埃(Anti-Meroe)

1. 第一制图法的特定前提

如前所述，传统的矩形制图或梯形制图的一个重要局限，在于纯粹的直线构图很难再现球面的曲线特征。而托勒密的第一个突破口便从此着手——他试图将地图上的部分直线转换为平面几何中常见的曲线，即圆弧。为此，他给自己的第一平面制图法设定了一个特殊的"视点"（或曰"视角"），试图从视觉成像的原理阐述其几何设计：

第三章　想象的秩序：托勒密的地理制图法

当视线开始投向球面北部象限的中央,即居住世界大部分所在的位置,此时让球体相对于眼睛转动起来,使得每根经线都相继位于眼睛的正对面且经线平面穿过视锥顶点,经线就会呈现为直线。然而纬线却不会如此,因为北极的位置偏离了视轴,于是纬线明显呈现为向南凸出的圆弧状。(*Geography* 1.20.6)

也就是说,他想象观察者的眼睛位于球面的斜上方,"俯瞰"其正对着的居住世界,同时该视点也不是固定的,而应相对于球面转动(沿东西方向)。这样,每一根经线在不同时刻便会相继处于眼睛的正对面,即其所在平面穿过视锥的顶点,因而呈现为直线。相对的,所谓纬线却由于处在视点的(斜)下方,因而会呈现为凸向南边(即凹向北边)的圆弧状。通过原文中出现的"视锥"(visual cone)、"顶点"(apex)等术语可知,托勒密在此借用了传统的视学原理——具体地讲,即欧几里得《视学》('Οπτικά)中的部分命题——来支持自己对特定视角下球面外观的解释。[①] 这里只需要知道,通过这一"想象的视角",托勒密确立了第一制图法中经纬线呈现的几何效果:它们应分别绘制为直线和圆。

显然,上述理论设计所依据的基本原则便是与球面的"相似性"。由此出发,他进一步指出,由于球面上的所有纬线都为相互平行的圆,因此在平面地图上,纬线也应设计为相互平行——即不同半径、同一圆心的圆弧;又因为所有经线都汇聚于一点(即地球

[①] 对视学相关理论的比较研究,将在本章第五节中详细讨论。

北极),并与纬线相互垂直,故而地图上的经线也应设计为相互汇聚且垂直于纬线的直线,也就是说,经线会呈现为纬线圆弧的一系列半径。这样一来,球面上经线与纬线的特征,就在相当程度上予以保留。这一几何建构在"相似性"的层面上,较矩形制图或梯形制图前进了一大步,也十分类似于当代制图学或射影几何学意义上的"圆锥投影"——事实上,琼斯、诺伊格鲍尔等科学史家也的确如此称呼(Berggren & Jones,2000:36;Neugebauer,1975:880)。

与此同时,托勒密也试图从"合比例性"原则的角度对第一制图法做出改进。和前人一样,他对合比例性的考量主要集中在居住世界的"南北比例"和"经纬比例"两个方面。就"南北比例"而言,在从球面到平面转化的过程中,一旦能保留真实世界的"南北比例",地图上纬度范围内的形变就能得到有效的控制。于是和梯形制图类似,他将这一比例施加于传统地理范围中的南北界限,即图勒的纬线和赤道之上——尽管在托勒密的《地理学》中,赤道早已不是世界的南部界限——其具体数值正是上一章中提到的缩减系数。因此由托勒密的纬线列表可知,图勒的纬度为 $\varphi=63°$,按照缩减系数的运算法则,图勒的纬线与赤道的长度比即"南北比例"应为 $\cos\varphi=\cos63°\approx0.453$。而托勒密的表示方法是以分数呈现的 52/115。[①] 对于这一分数数值的选择,《地理学》中并未加以解释。图默认为"115"的数值实际源于希帕克斯弦表中所对应

[①] 按照托勒密的数字体系,他需要用分数表示上述比例(即相应弦长与大圆直径之比)。但其通常做法是将直径长度设定为 120 单位,即南北比例本应表示为 $\cos\varphi=\mathrm{chord}(180-2\varphi)=\mathrm{chord}\,54°=54/120(=0.45)$。因此,第一制图法中所选择的比值(52/115)并不符合常规,这在托勒密研究史上也是一度困扰学界的难题。

的直径长度,而非托勒密自己的弦表,这一弃新用旧的做法与图勒纬度(63°)的数值密切相关。他解释说:

> 由于所有纬线都呈现为同心圆弧,条件(3)[即"南北比例"与真实一致]便意味着[平面地图上]代表图勒纬线和赤道之圆弧的半径比例等于 $\frac{\text{Chord } 54°}{\text{Chord } 180°}$。如果采用 52/115 的比值,那么两端圆弧之间沿表示经线的直线测得的距离,就等于 115-52=63 单位长度。由于赤道和图勒纬线之间的纬度间隔是 63°,这就是说,托勒密获得了一种沿经线上极为方便的测量标尺,即纬度上的 1 度相当于 1 单位长度。但如果他将 $\frac{\text{Chord } 54°}{\text{Chord } 180°}$ 表示为 54/120(从他自己的弦表中求得),他就不得不引入一个十分不讨喜的换算系数 66/63,用以测量沿经线上的长度值。(Toomer,1974:24—25)

换句话说,为了制图过程以及长度测算的方便,托勒密依照赤道与图勒间的纬度差值,对"南北比例"进行了刻意的设定,使得沿经线上每 1 纬度的长度,对应于绘图过程中所设定的纬线圆弧的半径的单位长度(即比例为 1∶1)。由此,第一制图法就能方便地实现度数与长度之间的转换——这无疑是一种很巧妙的几何设计。在"经纬比例"方面,托勒密也明显继承了马里诺的制图,即只对传统上平分居住世界的罗德岛纬线上的"经纬比例"做出规定。前文提过,马里诺将这一比值定为 4∶5。而托勒密受"南北比例"的影响,一度将其修正为 93/115(≈ 0.808),使之更合于罗德岛纬度(北纬36°)的缩减系数(cos36°≈0.809)。只是在实际的绘图步骤中,大概出于可操作性与运算难度的考量,他又将其改回了4∶5。①

综上可见,托勒密很大程度上参照了既有的制图传统,在"合比例性"方面对第一制图法进行了规定。具体而言,即在图勒纬线和赤道上保留"115/52"的"南北比例",以及在罗德岛纬线上保留"4/5"的"经纬比例",以此对居住世界在东西方向(经度范围)和南北方向(纬度范围)上的比例加以框定。同时在实际操作之中,他考虑到的不仅是数值的精确性,也包括制图的便利性。这使得第一制图法更多体现出遵循传统的权宜性,以及介于新旧体系之间的过渡特征。总结起来,我们可以将第一制图法所包含的特定前提概括为如下:

(1)为保持与球面的几何相似,平面地图上的纬线被绘制为同心圆弧,其半径差值对应纬度差值,经线则被绘制为朝向共同圆心汇聚的直线;

(2)保留真实的"南北比例",即北部边界(图勒的纬线)与赤道的长度比为52/115;

(3)保留罗德岛纬线(北纬36°)上真实的"经纬比例",即该纬线上单位经度与单位纬度的长度比为4/5。

以此为基础,托勒密得以将纬线的长度比例与各自的绘图半径相关联,并通过预先确立的"南北比例"和"经纬比例",依次确

---

① 通过4∶5的比值,托勒密能够更方便地将赤道上经度为5°的规定间隔,转换为罗德岛纬线上经度为4°的整数间隔,所以在地图绘制和距离计算中自然更便利。

定圆心位置、各经线的位置和各纬线的位置,由此展开其第一制图法的世界图式。下一节将就其绘图步骤进行详细论述。[1]

2. 步骤

步骤 I:确定作为制图媒介的、尺寸合适的平面。尽管托勒密认为"为了让特定距离的视线间距适于观看,绘制区域应当尺寸适当,以使人一目了然"(*Geography* 1.1.4),但在具体操作中,他并未规定详细的尺寸,只是令其为矩形,且长边为短边的两倍。[2]一旦确定的画框的尺寸,地图上的单位刻度及相应参数也会随之确定。

如图 3.2 所示。设矩形 ABGD 为制图平面,AB 为顶端的北部边界。EZ 垂直于 AB,并将其平分。然后,选择一个点 H,使得 HE 的连线与 EZ 共线,且 HE:EZ = 34:97$\frac{5}{12}$。也就是说,以既有矩形的短边长的 97$\frac{5}{12}$ 分之一为单位(即 1 份,或表示为 1p),则 HZ 长 131$\frac{5}{12}$p——这一长度数值的求取过程如下:首先,因为 HZ 代表的是居住世界的中央经线。设该经线上 1 单位长度为 p,按照前提假定,则 1 纬度对应于 1p。又设 HZ 与赤道的交点为 S,与北界纬线的交点为 O,与南界纬线的交点为 Z,则 SO = 63p,SZ = 16$\frac{5}{12}$p。

---

[1] 下文对托勒密制图法的步骤陈述,主要基于《地理学》第一卷文本(*Geography* 1.24.1—9),但同时也参考了 Neugebauer(1975)、Harley & Woodward(1987)、Berggren(1991)等相关内容加以重构,因而具体推导过程并不与托勒密的原始文本完全一致。此后的第二制图法与第三制图法亦然。

[2] "2 倍"的数值实际也是源自狄凯阿科斯以来的地学传统。设若居住世界位于北半球的一个象限之内,且填满其边界(虽然实际并非如此),则其长度(经度)范围正是宽度(纬度)范围的两倍(即 180:90)。可见,托勒密依然继承了传统矩形地图的"画框"设计,只是在这一大致画框以内,他重新呈现(re-presentation)了居住世界的外观。相关内容参考本书第二章的讨论。

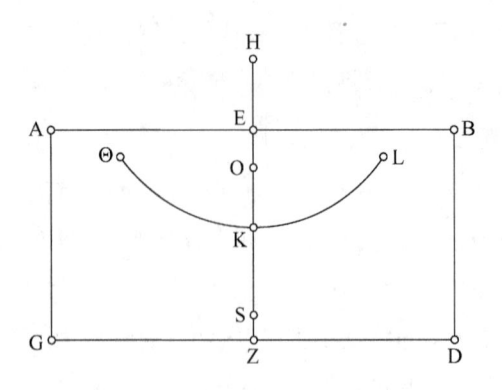

图 3.2 第一平面制图法：步骤 I

结合假定的"南北比例"可知，南北两条边界纬线对应的弧长比例，也等于其半径比（因是同心圆），所以 HS：HO =（HO+SO）：HO = 115：52。因 SO = 63p，故可求得 HO = 52p。于是有 HZ = HO+OS+SZ = 131$\frac{5}{12}$p。

在确定 H 点的位置后，以其为圆心，以 79 单位长度为半径，过 K（代表罗德岛，北纬 36°）绘制一段圆弧 ΘKL（HK = HS－KS = 115p－36p = 79p）。可知弧 ΘKL 代表的正是罗德岛的纬线。以弧 ΘKL 和直线 HZ——即地学传统上的中央纬线（实则在托勒密世界地图中并不处于中央）和中央经线为标准，托勒密搭建起了第一制图法的基本框架。

步骤 II：从中央经线开始向两边绘制各条经线，如图 3.3 所示。按照共同前提的假定，经线之间的间隔是三分之一小时，即沿赤道（大圆）上的 5 度。由于大圆上的 1 度即 1p（p 即单位长度）是等长的，所以赤道上的单位长度，也等于中央经线 HZ 上的单位长度。按照罗德岛所在纬线上的"经纬比例"（4：5），该长度

第三章 想象的秩序:托勒密的地理制图法

(5p)对应到罗德岛的纬线上,即为4p。以4p为长度基准,沿弧ΘKL在K的每一侧划分出18个同样长度的间隔。① 将所有间隔点分别与H相连,就得到了除中央经线外的其他36条经线线段,并最终得到标示着东西边界的经线,即HΘM和HLN。

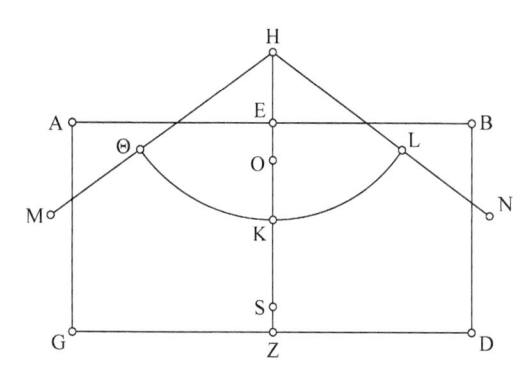

图 3.3　第一平面制图法:步骤Ⅱ②

步骤Ⅲ:按中央经线上的比例,绘出各条纬线,如图3.4所示。方法如前所述。以H为圆心,以52p为半径绘制代表图勒纬线的弧COP(与HZ相交于O),以115p为半径绘制代表赤道的弧RST(与HZ相交于S),以 $131\frac{5}{12}p$ 为半径绘制代表南部边界(即与麦罗埃的纬线相对的纬线)的弧MYN(与HZ相交于Y)。③ 以此类

---

① 由于4单位长度相对较短,故而可以直接用尺规沿弧ΘKL量出其大致间隔,不必换算为相应的弦长。

② 为简洁起见,图中只画出了东西边界的经线。实则这一步需要绘制出总共36条经线线段。

③ 一般而言,Y点即是Z点。但如果希望地图边界之外留有一定的空隙,可在第一步中将单位长度与地图宽度的比值设定得稍小一些,这样Y点就会位于Z点上方。参考Berggren & Jones(2000, note 69)。

推，其余相应纬度(φ)的纬线，都能以 H 为圆心、以($115-\varphi$)p 长度为半径绘制出来。①

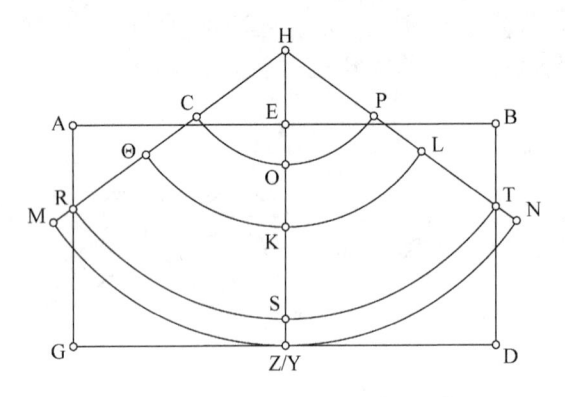

图 3.4　第一平面制图法：步骤Ⅲ②

步骤Ⅳ：对赤道以南的纬线进行修正和缩减，如图 3.5 所示。在球面上，赤道以南的纬线的长度应会逐步变小，然而单纯依照同心圆的绘制方式，南部的纬线（如 MYN）会比赤道更长（M 和 N 点甚至超出了地图边界），这显然不合比例。因此，托勒密按照位置相对的北半球纬线（麦罗埃纬线）的情况，即"每单位经度间隔的长度及其数量"，对代表南部边界的弧 MYN 进行了缩减，由此得到了新的边界弧 FYX。同时，通过连接 FYX 与 RST 上对应经度的点，也能得到赤道以南的经线，比如南半球的东西边界（RF 和 TX）。

---

① φ 为纬度度数的数值。若是赤道以南的纬线，则 φ 为负数。事实上，直到第三步才绘制出的主要纬线及其间隔，在绘图开始之前就已提前设定好。或者说，正是基于已知世界的纬度范围和已有的纬线框架，托勒密逆向建构出了前两步的几何框架。

② 同样只绘制出了南北边界、赤道和罗德岛的纬线。实际这步中应绘制出第一卷纬线列表中的 24 条基本纬线。

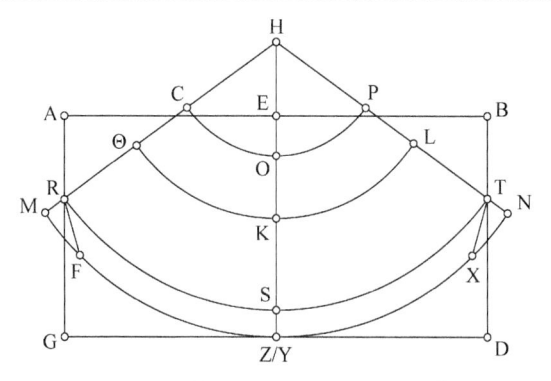

第三章 想象的秩序:托勒密的地理制图法

图 3.5 第一平面制图法:步骤Ⅳ①

至此,对已知世界的经纬框架的建构就基本完成了,如图 3.6 所示。

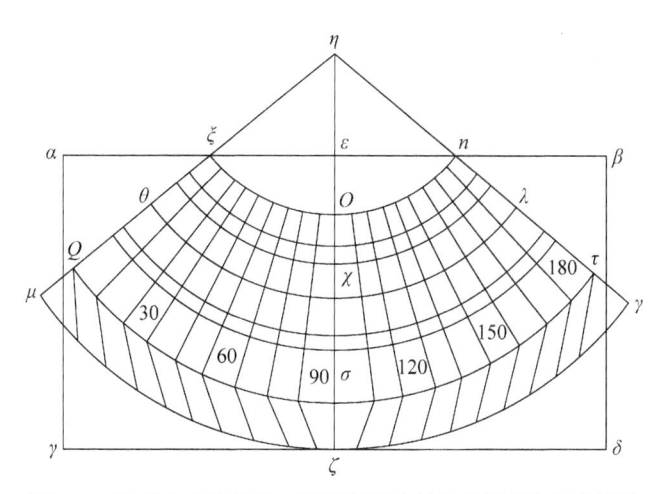

图 3.6 绘制完成后的第一平面制图法的经纬线框架示意图②

---

① 同样,该图中只绘出了标志着南半球东西边界的经线 RF 与 TX,实际上这一步应当在赤道以南绘出与北半球相应的 36 条经线。

② 本图来自 Nobbe(1843:47)。

步骤 V：在已有的经纬框架上建立刻度体系。为了后续地点定位和标记的方便，并避免直接在地图上标度可能造成的干扰，托勒密提到应借助"一把小而窄的尺子"（*Geography* 1.24.8）。该尺与 HZ（或者 HS）等长，其中一端固定于 H，这样就能沿地图转动。此外，尺子一侧需要与 H 点共线，以使该侧与代表经线的直线精确重合。与 HZ 相应，该侧也应均分为 131⁵⁄₁₂ 份（或对应 HS 分为 115 个部分），并以赤道为零点标出数字。类似地，将赤道也分成 180 份，并从最西边的经线依次标注度数。① 这样在给定经度和纬度的情况下，首先将尺子刻度侧移动到赤道标示的经度，再借助尺子的刻度，找到相应的纬度位置，便可以实现对地点的定位。

3. 第一制图法的局限

通过对第一制图法的前提假定和具体步骤的推演，明显可见，托勒密的整套方法体系并非凭空臆造，而在很大程度上依托于当时已有的制图体系。尽管在《地理学》中，托勒密尖锐地批判了马里诺的矩形地图，但马里诺所定义的、居住世界中央纬线和经线的真实比例，即罗德岛纬线上的"经纬比例"（4∶5）依然保留在了他的第一制图法之中。到了托勒密的时代，世界图像的急剧扩张使得罗德岛早已不再是"世界中心"——因此严格地说，以罗德岛为标准设置"经纬比例"的传统做法在数学上是没有根据的。那么，保留了这一比例的原因何在呢？对此唯一合理的解释——如前文所述，仍是出于对制图便利性的考虑。经过历代地学的文献积累

---

① 赤道上的刻度标注没有借助于其他工具，一方面是因为纬线为圆弧，难以用直尺测量，另一方面也由于赤道上的地点不多，对绘图的妨碍并不大。

第三章 想象的秩序：托勒密的地理制图法

和数据测算，罗德岛所在纬线已经成为了古代西方人最为熟悉的一个地理概念，沿着该纬线上的许多距离和位置都是已知的。因此，如果选择该纬线而非实际上的中央纬线（如第二制图法那样），在计算方面将更易操作上手。类似的还有对"南北比例"的界定。经历了罗马时代对非洲内陆的探索，世界南部边界早已延伸到赤道以南。然而托勒密还是将"南北比例"的数值，施加在图勒的纬线和赤道之上。① 这一做法既如图默和谢格罗夫所说，反映出希帕克斯的弦表或其梯形制图的影响，也再次印证了第一制图法对地理学传统的路径依赖。

不过也应当承认，相比于对传统的遵循和借鉴，托勒密表现出的创造性更为显著。比之矩形制图，托勒密增加了"南北比例"的限定，从而使得居住世界在整体上更合乎比例；比之梯形制图，托勒密在相似性上更进一步，令纬线保留了平行、弯曲的圆弧特征，且保持了经纬线之间的相互垂直。只是以上大部分与比例相关的几何设计，都局限于赤道以北的北半球。如果将该方法延伸到赤道以南，即当"真实纬线的周长逐渐减小，而地图上相应的圆弧却在继续变长"，那么"纬线将扭曲得让人无法忍受"（Berggren & Jones, 2000: 36）。正是为了避免这一后果，托勒密才引入了上述"步骤IV"中的特设性假定（ad hoc），即将南半球的弧长截短，使之与赤道以北同纬度的纬线等长。但这样一来，他就不得不在数学连续性上做出牺牲（Neugebauer 1975: 880）。从最终成形的经

---

① 尽管并非严格意义上南北界限，但从数学上讲，也可将其视为最长和最短的两条纬线，因而也具有一定的合理性。

纬线框架图中也可以看出，所有经线在赤道处都发生了极不真实的弯折，从而不仅在"合比例性"上难以符合要求，在"相似性"方面也大打折扣。这一结果在很大程度上应归咎于托勒密在前提假定中未将南半球的比例纳入考量，也即是说，该方法未能完成对旧有的地理传统、制图体系和扩张后的、新的世界图像的整合。由此造成了第一制图法对南半球的呈现，更像是附着在相较更完整和统一的北半球制图框架上的"壁虎尾巴"——即便完全去除，也无损于剩余部分的完整性。

另外，一个常常容易被混淆或为人所忽视的点是，托勒密并未在制图中给出北极点的位置（不少人甚至将地图北部边框的中点 E 或纬线的共同圆心 H 视作北极）。尽管考虑到已知世界范围的有限，对北极点的定位是不必要的，但顺着托勒密的几何框架，我们其实能推出极点的位置位于 H 以南 25p，或 O 以北 27p（如图 3.7 所示）。这在后世对托勒密制图法的扩展和修正中，将起到一定的作用。同时，由于托勒密已经设定了 HE 的长度为 34p，可知北极点比 E 距离 H 更近——这就意味着北极点落在了制图框架以外。值得一提的是，诺伊格鲍尔甚至据此计算了北部边框 AEB 和地图最北端（C、P 两点）的位置关系，并得出结论说，AEB 将会穿过地图北部，并在东西两边各自切出一个小角来。[①] 也就是说，托勒密所给出的画框大小，实际上并不足以涵盖整个居住世

[①] 其论证过程如下：设若 AEB 正好穿过地图的最北端的两点 C、P，那么 HE = HO × cosα，α 为角 ΘHK，因为 HK = 79，KΘ = 72，由弦表可知 α 大约为 52;13°。所以，HE = 52 × 0;36,45 = 31;51，比托勒密所设定的 34 要短。这就意味着，在托勒密的制图框架中，C 点和 P 点都超出了画框以外。详见 Neugebauer(1975:882)。

第三章 想象的秩序：托勒密的地理制图法

界的范围。在部分后世抄本所附带的以第一制图法绘制的托勒密世界地图中，这一点也将得到生动的体现。①

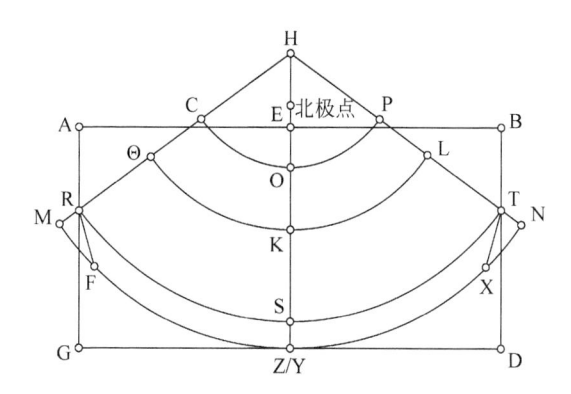

图 3.7 第一平面制图法的北部边框与北极点、居住世界北端位置关系示意图

好在托勒密并未令自己的制图学探索止步于此。正如上文所言，第一制图法对于诸多成规的妥协以及在操作层面上的顾虑，使得它在数学既不统一，也不完善。那么，倘若依照某种在数学上更为严谨、一致并能囊括整个已知世界的方法体系，对既有的经纬线框架进行更彻底的修改——换言之，即使之在"相似性"以及"合比例性"继续向前推进，能否得到一个更令人满意的结果？事实上，这正是托勒密在"第二平面制图法"中所做的探索。

---

① 事实上，随着后世对欧洲北部包括不列颠诸岛和斯堪的纳维亚半岛的探索，许多根据第一制图法绘制的地图直接突破了托勒密式的边框，在北端附加了一块单独的地图。

二　第二平面制图法

地理史家迪尔克曾指出,托勒密的第一制图法存在着两大根本性的问题:"首先,南北半球的经线在赤道形成尖锐的夹角;第二,图勒和赤道间的其他纬线比例和球面上不一致。"(Harley & Woodward,1987:186)为了"缓和"(而非解决)这两大问题,托勒密在《地理学》中紧接着提出了他的第二平面制图法,也简称为托勒密的"第二制图法"或"第二投影"。实际上,我们理应将第二制图法视为在"相似性"和"合比例性"两方面对第一制图法加以数学改进后的结果,而改进的关键问题在于:如何更好地呈现南半球的世界图式？托勒密清楚地知道,如果固守自斯特拉波以降、将经线绘制为平行或汇聚的直线的做法,在保持数学连续性的基础上,这一目标将很难达成。因此唯一的解决方案,是沿着第一制图法的进路更进一步,即不仅将所有纬线、也将所有经线都转化为曲线——或按古代平面几何的传统,将其呈现为圆的一部分(即圆弧)。[①]

[①] 结合后文的讨论可知,托勒密地理制图中对经线和纬线的呈现方式,无一例外的都是"直线/圆弧",并不包括其他类型的曲线。这很可能是出于古希腊平面几何的固有传统,即如数学史家莫里斯·克莱因(Morris Kline)所言:"希腊人不仅把数学主要限于几何,他们甚至把几何只限于那些能用直线和圆做出的图形。"也就是说,应当在平面几何的意义上理解《地理学》中的制图法,而非像今天所说的投影那样,将其视为发生在立体空间中的过程。参考莫里斯·克莱因(2014;140)。另一方面,也应当参考古代视学(optika,即"光学")的理论影响。详见本章第三节的比较研究。

1. 第二制图法的特定前提

为了给这一新的几何设计提供合理的解释,托勒密重新设置了他的制图"视点"——或者说是"视轴"(ἄξονος τῶν ὄψεων, axis of the visual rays)。[1] 根据他的规定,视轴相对于球面应位于这样一个位置,使得它能够同时穿过以下两点:

(1) 在经度方向上平分居住世界、距离眼睛最近的经线(即中央经线)与在纬度方向上平分居住世界的纬线(即中央纬线)的交点,即居住世界的中点;

(2) 地球的球心。[2]

同时,视轴上的视点要与球体保持足够远的距离,以使它看见的差不多是一个半球。[3] 如图 3.8 所示。通过对视轴位置的设定,托勒密推出"经度范围的东西边界和纬度范围的南北边界,将呈现为相等的距离"(Geography 1. 24. 19)。与此同时,按照类似于第一制图法中的视学原理,除中央经线之外,所有经线都将呈现为均等地对称排列在中央经线两侧的圆弧,就像右括号和左括号一样。但由于经线之间并不平行,代表经线圆弧的曲率也各不相同,因此它们并不像代表纬线的圆弧那样具有共同的圆心。这样,

---

[1] 所谓"视轴",即欧几里得定义的"视锥"轴线,或曰视点到锥底圆心的连线。见 Geography 1. 24. 10。

[2] 托勒密的中央经线切开了波斯湾(Persian Gulf),稍稍经过了波斯波利斯(Persepolis)以西,然后向北穿过里海(Caspian Sea)和斯基泰(Skythia)。中央纬线即是下埃及的赛伊尼(Syene)的纬线。

[3] 根据欧几里得《视学》的"命题 23"和"命题 24",单眼所见的球面部分将始终小于半球,但随着眼睛远离球面,可见的部分会变多。因此要看见差不多等于半个球面的居住世界,眼睛即视点的距离应该相当远,或者说,在球面斜上方的相当远处(Burton,1945:361)。

他就为之后的几何建构提供了一个新的视角基础。在他看来,由此呈现出来的地图平面,在"合比例性"和"相似性"上都更表现得更加优异:

> 显而易见,相比于前一种方法,用这一方法绘制的地图与球面更为相似。因为当我们观看球面地图时,若球体静止不动(就像观看平面地图时那样),那么将只有一条经线(即中央经线)落在视轴平面内并呈现为直线,其余位列两边的经线都将呈现为曲线,而且越是远离中间便越是弯曲。通过该方法对经线加以相应的弯曲,上述印象遂得以保留。另外,纬线之间的正确比例也得以保留:这不仅适用于赤道和图勒的纬线(正如以前的地图一样),也尽其可能地适用于其他纬线。任何人只要验证过便能明白。(*Geography* 1.24.23)

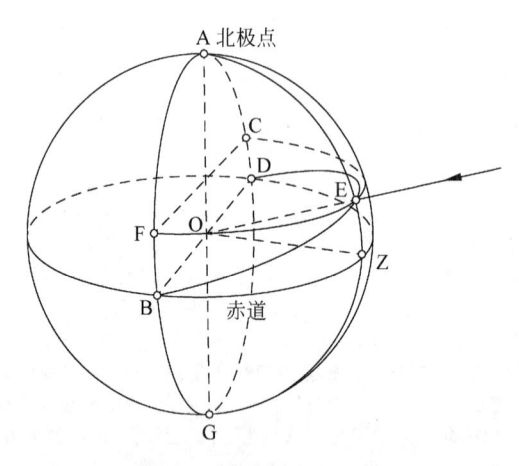

图 3.8 第二平面制图法假定的视点与视轴

和第一制图法中的视角不同,第二制图法中重设的视点相对于球面是固定的,因而更符合想象中俯瞰地球所得的视觉表象,即与通常意义上的球面更加相似。由此所呈现的大部分经线和纬线,也都是和球面上的圆类似的弧线。唯一例外的是位于视轴平面内的"中央经线",即 AEZ,它将类似于第一制图法的视学原理呈现为直线。此外,过 E 点与赤道上的 B、D 两点的大圆 BED(严格地说是半圆),也将呈现为直线。而 E 点所在的位置,即居住世界经度范围和纬度范围严格意义上的数学中点,被他定位在赛伊尼(纬度 $\varphi = 23\frac{5}{6}°$)。

就纬线而言,从第一制图法到第二制图法的绘制方式并无实质改动,因此新的纬线框架以及该系列圆弧的共同圆心的确定,仍可参照第一制图法中的数学步骤。然而,同样被设定为圆弧的经线又如何绘制呢,或者说,各经线圆弧的圆心如何确定?在这里,托勒密参照了另一种几何上常见的、用于确立特定的圆的传统,即欧几里得在《几何原本》曾间接证明的"过不共线的三点可确定一个圆"。[①] 托勒密将相应的三点,分别置于三条具有代表性的纬线圆弧上。这即是说,他预先选定了三条纬线,在上面分别标记出不同经度的经线与它们理论上的交点(实际经线尚未绘出)。通过同一经度的一组三点,便能用几何方法绘制出穿过它们的圆弧。

从"合比例性"来说,这一绘制方式较第一制图法更进了一步,即将平面上保留真实比例的纬线条数增加到了三条(比前者

[①] 出自《几何原本》第四卷的第 5 命题。原命题是说,"由给定三角形可作一外接圆"。由于三角形的三点必然不共线,所以实际等价于"过不共线的三点可确定一个圆"。见 Euclid Elements 4.5,中译见欧几里得(2020:169—171)。

多出一条)。不仅如此,在新的制图设计中,三条特殊的"标准纬线"①被定位在了严格意义上的北部边界、南部边界和中央纬线之上,即分别穿过图勒(北纬 63°)、赛伊尼(北纬 23$\frac{5}{12}$°)和反麦罗埃(南纬 16$\frac{5}{12}$°)的纬线,从而使得"合比例"的不只这三条标准纬线(严格意义上),也包括罗德岛的纬线乃至所有的纬线(粗略意义上)。在"经纬比例"方面,他要求在标准纬线上按缩减系数产生的间隔进行经度划分,以此确定绘制各经线圆弧的一组三点。②于是,通过将"南北比例"和"经纬比例"扩展到更大范围的、包含了南半球的居住世界的极限,第二制图法中居住世界的整体比例更合乎真实,如托勒密所说,"整个纬度范围和经度范围之比也是准确的"(Geography 1.24.25)。

归纳起来,我们仍仿照第一制图法中的做法,将第二制图法的特定前提总结如下:

(1) 以过球心与居住世界中点的视轴上某点为视点,地球纬线同样呈现为同心圆弧,经线则呈现为凹向中间的圆弧(除中央经线外),过地图中点的中央经线和与之垂直的大圆呈现为直线;

(2) 在地图的北部边界(图勒纬线,北纬 63°)、南部边界(反麦罗埃纬线,南纬 16$\frac{5}{12}$°)和中央纬线(赛伊尼纬线,北纬 23$\frac{5}{12}$°)3

---

① 法国制图史家达维扎克(M. D'Avezac)将托勒密第二投影称为"homeotheric projection",原意为"等面积投影"。该说法进入中文学界后,也译作"三标准纬线组合投影",这显然源于托勒密第二制图法中对三条特殊纬线的设定,由此遂产生了"标准纬线"的说法。见 D'Avezac(1863:25)。

② 由于三者的长度已预先按真实比例确定下来,且最南端的纬线短于赤道,所以在代表三条纬线的圆弧上所截出经度相同的点,必然不共线(若共线,则最南端的纬线将长于赤道)。

条标准纬线上保留真实的纬线长度比例,该比例按相应纬度的缩减系数确定;

(3) 在三条标准纬线上保留真实的"经纬比例",照此划分经度间隔,并通过同一经度对应的一组三点确定代表各经线的圆弧。

2. 步骤

以上述前提为基础,第二制图法的具体操作如下。

步骤Ⅰ:确定代表纬线的圆弧的共同圆心 H 的位置。首先,应在球面视图上确定位于赤道上的 Z 点的位置。在前面的图 3.8 中,由特定前提可知,视轴穿过相互垂直的 AEZ 和 BED 平面,故而 BED 也可以视为水平的视平面。若 Z 在赤道上,则 BZD 为赤道所在平面,其与 BED 平面的夹角 φ,即为 E 点的纬度 $23\tfrac{5}{6}°$。

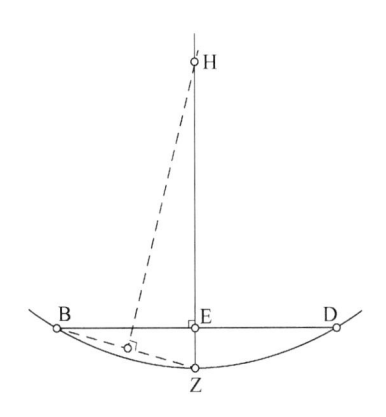

图 3.9　第二平面制图法:步骤Ⅰ

转到平面视图中。由于半圆 AEG、BED 均呈直线,且 1 单位长度(1p)对应大圆上的 1 度,可得出 B、E、Z、D 四点的位置关系,如图 3.9 所示。BE=ED=90p,EZ=$23\tfrac{5}{6}$p,且直线 EZ 垂直于 BD。

这便构成了第二制图法的"基线"。由于球面上的弧 BZD 代表赤道，故而平面上过此三点确定一道圆弧，圆心 H 即为所有纬线圆弧的共同圆心。作连接直线 ZB，从其中点 Θ 与 H 的连线 ΘH。由于∠BZE 与∠HZΘ 共角，故三角形 BEZ 与三角形 HZΘ 相似，于是有 ΘZ∶HZ = EZ∶BZ。从 BE 与 EZ 长度可求得 BZ = 93$\frac{1}{10}$ p，则 ΘZ = BZ/2 = 46$\frac{11}{12}$ p。所以 HZ = ΘZ×BZ/EZ = 181$\frac{5}{6}$ p。这样，点 H 的位置就确定了，即位于 ZE 延长线上，距 E 点 158 单位长度。

步骤Ⅱ：绘制代表纬线的圆弧。将视图转到制图画框。如图 3.10 所示，ABGD 代表制图的矩形画框。同样的，令长 AB 约为宽 GD 的两倍。E、Z 分别为 AB 和 GD 的中点，EZ 垂直于 AB。设 EZ 的长度（即画框宽度）为 90 单位（90p）（也就是说，经纬框架上按比例计算的 1 单位长度 p 等于画框宽度的 1/90）。① 随后，沿直线 EZ，作 ZH = 16$\frac{5}{12}$p，HΘ = 23$\frac{5}{6}$p，HK = 63p。若 H 是位于赤道上的点，则过 Θ 可作赛伊尼的纬线（即中央纬线）；过 Z 点可作代表南部边界的纬线（反麦罗埃的纬线）；过 K 点可作代表北部边界的纬线（图勒的纬线）。进一步延长 ZE 至 L，使得 HL = 181$\frac{5}{6}$p。② 可知点 L 即是所有纬线圆弧的共同圆心。因此以 L 为圆心，分别以 LZ、LΘ 和 LK 为半径，可作圆弧 PKR、CΘO 和 MZN，这就是托勒密所选出用以保留真实长度比例的三条"标准纬线"。③

---

① 这在数值上和第一制图法（97$\frac{5}{12}$）有所差别，有可能是托勒密对第一制图法中比例进行了调整，以使得画框能完全容下居住世界的图像，而不至将其切割。

② 托勒密认为，这里 HL 的长度可以取整为 180 单位，"因为这样绘制的地图不会有太大差别"（*Geography* 1.24）。

③ 这里需要注意的是，图 3.10 和图 3.9 中的同一字母被用以表示不同的点，因此和图 3.10 的点 L、H、Θ 分别对应的实际是图 3.9 中的点 H、Z、E。切不可混淆。

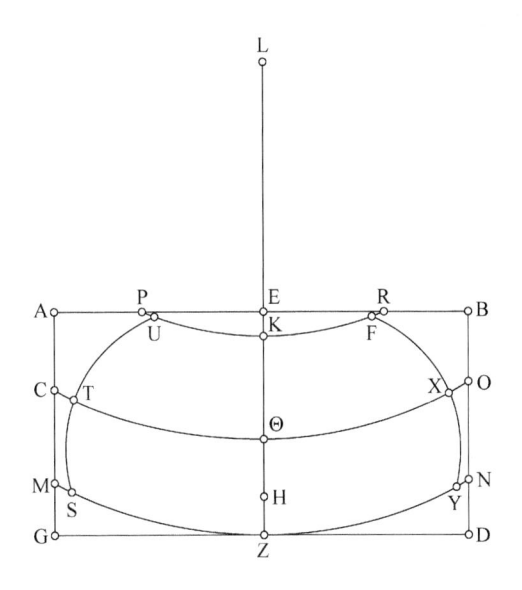

第三章　想象的秩序:托勒密的地理制图法　　　**221**

图3.10　第二平面制图法:步骤Ⅱ&Ⅲ

步骤Ⅲ:绘制代表经线的圆弧。根据前提假定,三条标准纬线上的"经纬比例"应与真实一致。按照大圆上 5 度(即 5p)的经度间隔来换算,三纬线上经线间隔应分别为:$2\frac{1}{4}$p($=5\times\cos36°$,即图勒纬线),$4\frac{7}{12}$ p($=5\times\cos23\frac{5}{6}°$,即赛伊尼纬线),$4\frac{5}{6}$p($=5\times\cos16\frac{5}{12}°$,即反麦罗埃的纬线)。① 类似于第一制图法的方式,在中央经线 ZK 每一边的三条纬线上,都照此划分出 18 个间隔,然后

---

① 需要注意,这里对"经纬比例"的换算,托勒密同样没有取 115 单位所对应的赤道长度值,而是恢复为他惯用的 120 单位,由此将三条纬线上的"经纬比例"分别确定为 54/120,110/120,116/120。可见托勒密对分母数值的选取,有很强的权宜性,这应当也是出于计算方便的考虑。

将相应间隔的端点按照经度度数分为一组 3 点,共 36 组。过相应 3 点绘制各经线圆弧(其方法和"步骤 I"中经 B、Z、D 三点绘出圆弧及确定圆心的过程类似),其中包括代表着东西边界的经线 STU 和 FXY。最后,照步骤 II 所述补完其余的主要纬线,从而在不干扰经线绘制的前提下完成绘图。至此,托勒密第二制图法的整体经纬框架就搭建完成了,如图 3.11 所示。

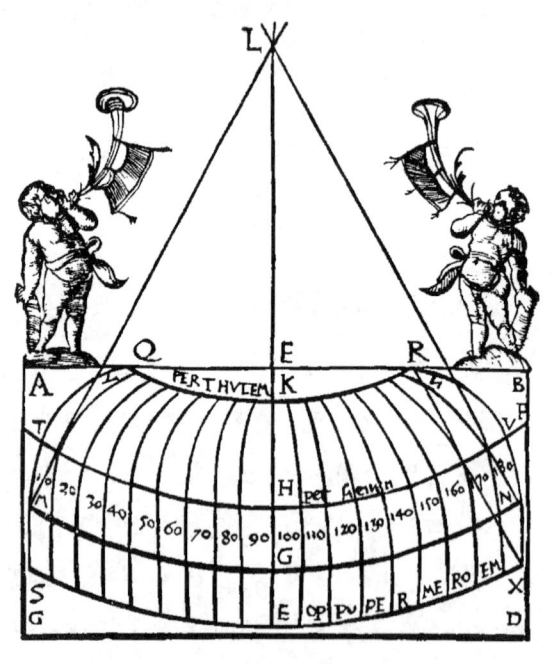

图 3.11　第二平面制图法:步骤 III[①]

---

① 图片出自 Stevenson(1932:46)。

3. 第二制图法的优势与限度

作为对第一制图法的改进,托勒密的第二制图法在数学的一致性和融贯性上的优势显而易见。托勒密自己也认为,就"整个纬度和经度范围的比例"以及"形状"而言,这种方法是优于前一种方法的(*Geography* 1.24.25—1.24.28)。事实上,该制图法的确对一千多年后发端的近代制图学产生了更为深远的影响。正是在此基础之上,后世的制图学家逐渐发现:如果不将经线的形式局限于圆弧,那么在类似的制图方法中所有的纬线(而非仅仅三条)都能保持真实的长度比例,而经线将呈现为连接相同经度的不规则曲线(或多边形)。首先尝试这一路径的,是15世纪的德国制图者马提勒斯(Henricus Martellus Germanus,活跃于1480—1496年)。他在1490年左右制作的抄本中绘制了一张著名的世界地图(现藏于耶鲁大学的拜内克古籍善本图书馆,因此又称马提勒斯的"耶鲁地图")。尽管该图基于托勒密第二制图法的经纬网格绘制,但北部边界的中央却向上凸起,暗示出某种不同于传统的制图理念(Harley & Woodward, 1987: 187)。进入16世纪后,包括西尔瓦努斯(Bernardus Sylvanus,活跃于1465—1511年)、约翰内斯·维尔纳(Johannes Werner, 1468—1522年)等《地理学》的新版译者兼制图学家,也陆续对托勒密第二制图法进行了更为严格的数学意义上的改良和修正,使之不仅能保留所有经线和纬线的正确比例,甚至能在单一平面上展示扩大到整个地球表面的已知世界。[①]

[①] 关于维尔纳(Johannes Werner)基于极坐标体系对托勒密第二投影的改良,见Neugebauer(1975: 885—888)。关于后世制图领域的发展以及托勒密《地理学》的具体影响,将在第六章中进行详细讨论。

然而，尽管第二制图法具有理论上的优势和更强的扩展性，从制图实践的角度而言，其便利性和可操作性实则并不如第一制图法。托勒密自己也意识到了第二制图法在操作上的麻烦，因此他说：

> 在第一制图法中，只需要绘制一条纬线并划分刻度，就能通过转动尺子在地图上标出所有地点。然而在第二制图法中，由于经线全都凹向中央呈弯曲状，这一操作不再可行。我们只得画出所有的[经线和纬线]圆弧，以构成一个网格系统，再通过网格周边的相应度数来估算落在网格之中的地点位置。(*Geography* 1.24.28)

果不其然，后世的发展也验证了托勒密对自己的预言——从传世抄本以及早期的印刷版本中包含的托勒密地图来看，大多数制图者都采用第一制图法而非第二制图法来绘制世界地图。例如，在费舍尔为《地理学》整理和重建的古代地图中，有4张希腊语地图和3张拉丁文地图都基于第一制图法，而基于第二制图法的希腊语地图只找到了1张。[1] 尽管就托勒密自身的偏好而言，他更青睐的还是"虽然麻烦却更加优秀的方法"（即第二制图法）。但是考虑到《地理学》一书的指南用途及为方便计，他建议两种方

---

[1] 值得一提的是，伊斯坦布尔的苏丹图书馆中馆藏的写本"*Codex Seragliensis* 57"中所附的地图（作于13世纪晚期）是基于第二投影绘制的，因而极具价值。2006版的德译本《地理学》对该抄本及其地图进行了影印并重新出版。转引自 Neugebauer (1975:940)。

第三章 想象的秩序:托勒密的地理制图法

法都应当掌握在手。

应当承认,不管是方便上手的"第一制图法",还是令托勒密颇为得意的"第二制图法",和现代制图意义上严格的几何映射相比,都不能作为真正的"投影"或"透视"看待,而只能被当作一种"数学上较方便的'制图法'(mapping)"(Neugebauer,1975:883)。所以尽管诺伊格鲍尔将两者都命名为"圆锥投影"(conic projection),伯格伦和琼斯也将第一投影的南半球部分和第二投影称为"伪圆锥投影"(pseudoconical projection),但这更像是一种现代意义上的方便称呼,而非对其方法论本质的概括。正如地理史家昆宁所说:"尽管托勒密投影法看上去很像圆锥投影,但它并不是。在古代世界并不存在圆锥或圆柱投影一类的概念"(Keuning,1955:9)。伯格伦也对诺伊格鲍尔所谓"托勒密牺牲了数学一致性"的观点提出反驳,声明"数学一致性根本就不是他的目的所在",因为《地理学》关心的乃是视觉上的"相似性",即使平面地图获得类似球面的视觉外观(Berggren,1991:136)。因此琼斯等学者也将包括第一制图法和第二制图法在内的平面制图法(也包括下面要提到的第三制图法),视为一种"定性模仿"(qualitative imitation)(Berggren & Jones,2000:39)。

不过确切地讲,仅仅将托勒密的制图法视为"定性模仿"是不公允的——这一判断反映的,充其量只是他对"相似性"追求的一方面。从前述两种制图法的论述之中也能发现,托勒密对"合比例性"的追求包含了相当多定量的考虑。只是相比于严格的数学建构,他的确掺入了诸多未加说明的推导,以至于被判定为某种定性的、非数学的步骤。但诚如我们在前文注释中屡屡提及的那样,托勒密基于"相似性"原则对球面世界的视觉表象的模仿,很大程度上依据的是古代的平面几何与视学命题——尤其以欧几里得的《视学》为重,而视学学科本身就是古代几何不可分割的一部分。诚如费凯所言,那些看似并不符合"透视"或"投影"规则的几何设计,实则应放在古希腊数学的语境下加以理解,其反映出的是《地理学》作为"图像理性"范畴的数学科学的本性(Feke,2018b：302)。接下来,我们将通过与视学传统的纵向对比,看看托勒密的地理制图在何种程度上依赖于古代数学的传统土壤。

三　古代视学传统中的托勒密制图法

视学(ὀπτικά,optika)的概念,最早出现在亚里士多德的著作中,亚氏将其定义为一门几何学,更确切地说,是介于几何学与物理学之间的"从属科学"(subordinate sciences)。[①] 视学所对应的现代学科一般译为"光学",但在古代希腊,它的研究对象严格来说并不是光,而是视现象,即可见物体如何在眼睛中形成视觉表象。由此,古代视学探讨中产生的系列概念或术语,如视线(visual rays)、视锥(visual cones)、视轴(visual axis)等,都与视觉成像直接

[①] 根据《后分析篇》的定义,不同类属(genera)学科的证明无法相互"转用",如算术证明不能用于几何命题,但如果一门学科"位于另一门学科之下",即前者作为后者的"从属科学",则其证明和原理可以依赖于后者(Aristotle *Analytica Posteriora* 75a40；75b8—10)。从这一意义上讲,视学与和声学、天文学、机械学等都从属于几何学,因而能使用几何学的方法来进行论证。

相关,相比于"光学"更应翻译和理解为"视学"。① 尽管如前所述,《地理学》的本质是对球面世界的"模仿",即"再现"居住世界的地理图式。但"相似性"的原则却决定了,这一再现过程必然依托于原始的视觉呈现,因而与以解释视觉表象为目的的视学具有天然的内在关联。也可以说,在以特定视角下视觉外观的"相似性"为目的的前提下,所可依据的理论基础几乎只能是古代视学中几何化了的视觉呈现机制。

事实上,前言中已经提及托勒密本人即著有名为《视学》(Optics)的作品。② 该书分为五卷,其中已遗失的第一卷探讨视觉成像的物理性质,第二卷探讨传统视学关于颜色、形状、大小以及运动成像等的相关问题,第三卷和第四卷探讨属于传统镜学(catoptrics)的反射问题,第五卷(同样不完整)讨论折射问题。因此可能与制图相关的内容,仅是第二卷中与"形状感知"相关的数个命题。但对书中内容与《地理学》的制图法进行对比便会发现,两者并不契合,甚至有不少命题是相互抵触的。比如托勒密的《视学》第二卷(Ptolemy Optics 2.64,2.72)曾规定,当眼睛正对物体表面,将根据包围视锥底部的形状将其轮廓感知为"直线或圆

---

① 从词源学上讲,无论是 ὀπτικά 的词根 ὀπτός(可见,被看),还是拉丁文对应的 perspectiva 及其词根 specio(观看,注目),都指明其研究对象为视觉的产生过程,因而涉及的是"视觉的学问"或"视觉理论"(theories of vision),和近代科学中以光作为研究对象的光学具有本质差异。因此笔者赞同王哲然博士的意见,将古代尤其是古希腊语境中名为 ὀπτικά 的作品及其相关领域译为"视学"。见王哲然(2019:10—16)。

② 这部书在后世流传过程中,先是从希腊语转译为阿拉伯语,而后又根据阿拉伯语转移为拉丁语,遗憾的是,其希腊语原文和阿拉伯语译本均已失传,唯有在此基础上经过两度翻译的一部拉丁文残本传世(缺少第一卷)。

弧",但:

> 当[这类]表面不再正对着眼睛,并且也不穿过视锥顶点时,它确实会呈现为和正对眼睛时不一样的形状。这时方形和圆形将呈现为拉长的形状,因为原本等长的边或直径,当与视轴垂直时将比倾斜于视轴时张开的角度更大。(Smith, 1996:101)

换句话说,与视轴垂直的情况下感知到的圆,在与之倾斜的平面中将呈现为椭圆(oval)或卵形(egg-shaped)。依此推定,托勒密第二制图法中居住世界的经线和纬线应当呈现为椭圆的一部分,即椭圆弧。然而事实却是,托勒密始终将其规定为圆的一部分,即圆弧。类似的抵牾之处还有不少,不再赘述。《地理学》的英译者伯格伦和琼斯经由对书中视学术语的分析,也揭示了一条重要的线索,在很大程度上解释了上述现象的原委:即《地理学》的创作很可能要早于《视学》。在第一卷开篇,托勒密便说:

> 无论画的是整体还是部分,为了让特定距离的视线间距适于观看,绘制区域也应当尺寸适当,以使人一目了然。①
> (*Geography* 1.1.4)

---

① 此处希腊语文本为"... καὶ ἔτι τῶν δεξομένων τὰς γραφὰς συμμέτρων ὀφειλόντων εἶναι ταῖς ἐξ ἀποχῆς αὐτάρκους τῶν ὄψεων διαστασεσιν, ἐάν τε τέλειον ἦ τὸ γραφόμενον ἐάν τ' ἐπὶ μέρους, ἵν' ἅπαν αἰσθητπως παραλαμβάνηται."

第三章 想象的秩序:托勒密的地理制图法

上文中的"视线间距"($\tau\tilde{\omega}\nu$ ὄψεων διαστασεσιν),英文也译作"spacing of visual rays",实为源自欧几里得《视学》中的术语。在这部开创性的视学著作中,欧几里得最早提出了"视线"理论(theory of visual rays),由此将复杂的视觉现象,转化为直观的线性几何关系。欧几里得在"定义2"中提出,视觉成像的空间形成了一个锥体,而眼睛位于锥体的顶点,锥的底面构成了视觉的边界(Euclid Optika Definition Ⅱ)。同时,他将连接视点与被观看物的视线定义为离散的、不连续的、数量有限的直线,它们彼此之间将产生一定的空隙,即"视线间距",该间距大小与视线多少都将影响成像的清晰度。[①] 上述的一系列术语和定义,都出现在托勒密的《地理学》中,明显可见其中的理论关联。但到了托勒密自己的《视学》之中,他对视线的基础定义进行了大幅改动,将原本离散、实在的视线段改为了连续、虚构的几何假定,并反对欧几里得关于远方的物体不可见的传统解释(即对象位于视线间距的缝隙之间),主张这是因为随物体距离的增加,视线的强度逐渐减弱所致(Smith,1999:53)。[②] 由此可以合理地推断,至少在写作《地理学》

[①] 上述结论源自欧几里得《视学》中前三个命题及其证明过程。命题Ⅰ:"没有事物能被一次性完整地观看到。因为……视线彼此分离,它们无法连续地投在被观看物上,其间会产生间距(spaces),故而物体无法被一次性完整地观看到。"命题Ⅱ:"同样大小的物体在近处比在远处看得更清楚。因为……有更多的视线投在近处的物体上,且它们所成的角度也更大。"命题Ⅲ:"每一物体都有其特定的观看距离界限,当超过这一界限,它就无法被看到。因为……当它位于发散的视线之间,就不会有视线投在该物体上。"见 Euclid Optika, Prop. Ⅰ,Ⅱ,Ⅲ,即 Burton(1945:357)。

[②] 在他看来,视线的本质必然是"连续而非离散的",否则,"即便是大的物体看上去也会像马赛克一样七零八碎,不成一体,而同样距离上的小物体在移行一边的过程中,会变得时隐时现"。见 Ptolemy Optics 2.52,即 Smith(1996:92)。

第一卷时,托勒密还未形成其《视学》中阐释的理论体系,故而后者对前者的假定性影响是不成立的。相比之下,倒是另一条影响脉络得以突显出来,即欧几里得《视学》对托勒密制图的影响。

　　进一步加以比较便能发现,托勒密制图中大部分基于"相似性"原则和"想象性视角"的几何设定,都能在欧几里得的视学命题中找到出处。一个最为直接的例证,是第一制图法中对于所有经线的设定,以及第二制图法中对中央经线和过赛伊尼的大圆的设定——托勒密认为,由于上述球面大圆都和"视轴"位于同一平面,故而应呈现为直线。尽管从常识的角度,这一推论并不难理解,但放在古代几何传统的大背景下,它的依据实则可以追溯到欧几里得《视学》的"命题 22"中。该命题称:"如果一段圆弧被置于眼睛所在的平面内,那么圆弧将呈现为一条直线"(Euclid *Optika* Prop. 21;Burton,1945:361),如图 3.12 所示。就古代学术体系的脉络而言,这一命题无疑构成了托勒密地理制图最直接的理论来源。

　　如果上述结论显得较为直白,以至于似乎并不需要诉诸理论解释,那么另一个例子就很难从常识的层面加以理解了——即托勒密将第一制图法中的纬线、第二制图法中的经线都设定为圆弧。正如前文所述,托勒密自己在《视学》中也意识到,这些球面上的圆应当呈现为拉长的椭圆而非圆的一部分——但根据欧几里得《视学》的解释,人眼所见却并非如此。首先,我们需要借助欧几里得所陈述的"命题 10"。该命题称:"当一个平面位于眼睛的下面,则平面上越远的地方,看起来越高"(Euclid *Optika* Prop. 10;Burton,1945:359),如图 3.13 所示。

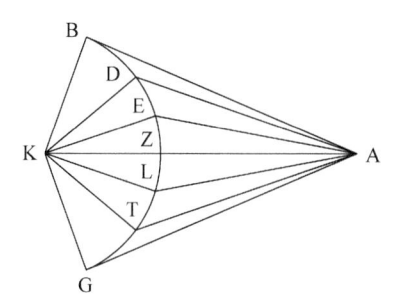

第三章　想象的秩序：托勒密的地理制图法　　**231**

图 3.12　欧几里得《视学》命题 22 的证明图式①

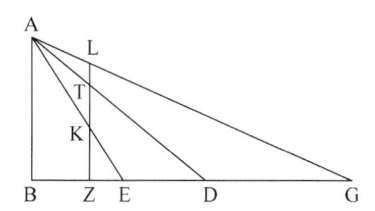

图 3.13　欧几里得《视学》命题 10 的证明图式②

---

① 令圆弧 BG 和视点 A 位于同一平面，视线 AB、AD、AE、AZ、AL、AT、AG 投在弧 BG 上，K 为弧 BG 圆心。由于 KB 被观看的角是∠KAB，KD 被观看的角是∠KAD，由前述命题可知 KB 将显得比 KD 长。同理可证视觉呈现中的 KD 长于 KE，KE 长于 KZ。因此，这和在垂直于 KA 的直线上所见的一致。同一结论也适用于弧 BG 凹向 A 的情况。参考 Burton（1945：361）。

② A 为视点，BEDG 代表被观看的物体，且 A 高于 BEDG。图中可以看到类似投影平面或绘图平面的纵截面 LZ。但就欧几里得的文本而言，他并未将 LZ 当作投影面，而更像是测量高度用的"窗口"。他的证明过程如下：设 Z 为 BG 之间的某点，过 Z 做 ZL 垂直于 BG。因此在视线 AG、AD、AE 投到 BG 之前，它们会先投到 ZL 上（即 AL、AT、AK）。所以在 A 点看来，G 和 L 重合，T 和 D 重合，K 和 E 重合。由于 DG 是在 AG 和 AD 之间被看见的，DE 是在 AD 和 AE 之间被看见的，所以 GD（对应于 LT）就比 DE（对应于 TK）要高。类似的 DE 看起来也比 BE 要高，因为"视线更高就意味着事物看起来更高"。见 Euclid *Optika*, Prop. 10。

在证明的图式中,欧几里得罕见地设置了一道类似投影平面的纵截面 LZ,并由 LZ 与 BG 上各段的对应关系证明了视觉成像中,DG 高于 DE,DE 高于 ZE。这甚至被不少学者认为是当时已产生透视法的标志。① 而相较之下,更重要的还是该命题末尾所附加的一个推论,即:

很明显,在更高处(ἐν μετεώρῳ)看到的物体,看起来将是凹陷的(κοῖλα)。(καὶ φανερόν, ὅτι τὰ ἐν μετεώρῳ κείμενα κοῖλα φανήσεται.)(Heiberg,1895:18)

美国的数学史学者科诺(Wilbur R. Knorr)经由不同古代抄本的横向对比,将其解释为:"显然,从中间看到的平面是凹陷的。因为当眼睛(即视线)位于平面中间的上方,明显可知当平面 GK 向左延伸,无论左边还是右边,越远的地方看起来都会越近。所以如果远处显得更高,中间的部分自然看上去是凹陷的。"(1991:204)用今天的立体图形来表示,如图 3.14(左),HG 为 A 点下方平面内的直线段,点 B 为 HG 距离点 A 最近的一点。那么根据欧几里得的命题 10,从视点 A 的角度看过去,平面内距离 A 点更远的 H 点和 G 点,会比距离其更近的 C、E 点看起来更高。而与 A 点相隔最近的 B 点,必然看上去最低。如果将 A 点看到的直线 HG 呈现为连续变化的线条,那么一个必然的推论就是,在更高处(即 A 点)看到的物体(HG)看起来是凹陷的(即中间点比两边的

---

① 这在多大程度上影响了托勒密制图中投影意识的产生,目前仍难以推定。

第三章　想象的秩序：托勒密的地理制图法　233

更低），如图 3.14（右）所示。

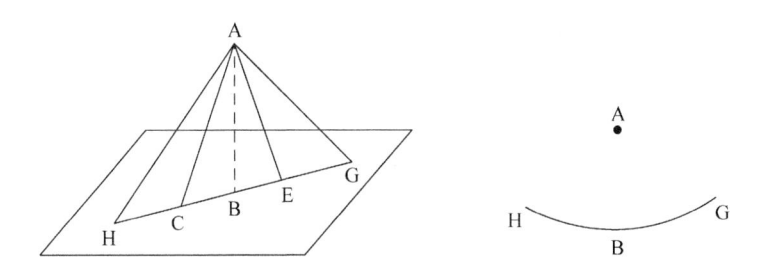

图 3.14　立体视图中呈现的欧几里得《视学》命题 10 末尾推论①

由这一推论出发，托勒密制图法中对经纬线的设定就很容易理解了。根据前提假定，制图中假想的视点都位于地球上方足够远处，或者说位于居住世界所在球面的"斜上方"。如图 3.15 所示。因此无论静止或是旋转，视点和地球纬线的位置关系，都满足欧几里得"命题 10"中的假定，这就解释了为何依据"相似性"的原则，所有纬线都呈现为向南凸出（即向北凹陷）的曲线。② 同样，在视点相对固定的情形下，地球经线也符合上述推论，即它们将呈现为凹向中央的曲线。不同的是，由于纬线都位于视点的同一侧，故始终凹向同一边，而经线由于分居视轴平面的两侧，所以不同侧的凹陷方向是相反的。如图 3.16 所示。

不过问题仍未结束。因为"命题 10"及其推论并不能完全解

---

①　左图中，A 点为视点，HCBEG 为 A 点下方平面上的一条直线，其中 B 点距离 A 点最近（但 A 点并不在 HG 正上方，即直线 AB 不垂直于该平面）。右图为按照该推论所呈现的该视点下 HG 的平面图像。

②　需要注意的是，在欧几里得证明过程中，代表物体的是平面内的直线而非曲线，但我们可以通过同样的方式证明，在托勒密的视点设定下，各纬线的视觉呈现同样满足"命题 10"的规定，因而也符合上述推论。

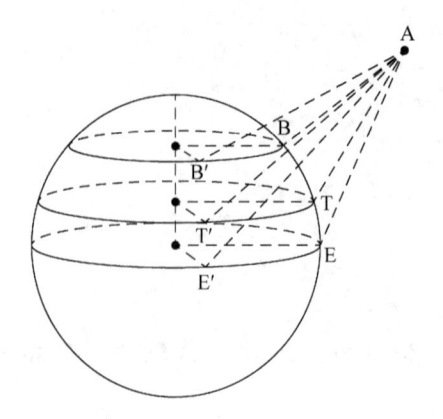

图 3.15 托勒密第一与第二平面制图法中视点 A 与球面关系示意图①

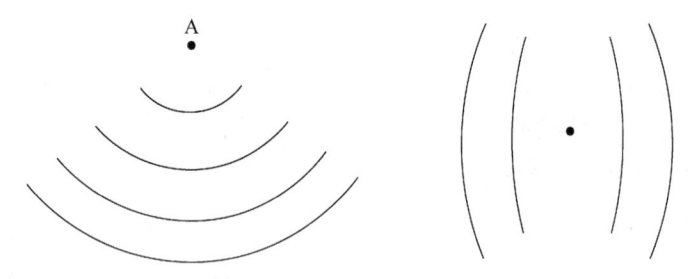

图 3.16 古代视学命题规定下的经纬线形变示意图②

释上述"曲线"为何必须是"圆弧"。对这一操作的解释可能有两

---

① 该图中球面上的圆 EE′、TT′、BB′代表不同纬线,而 B、T、E 分别为正对视点的经线(即距离 A 最近的经线)上的点。由欧几里得《视学》的命题 10 可知,从 A 点看到的 B′要高于 B,T′要高于 T,E′要高于 E。故可类似地推知,每一条纬线都呈现为凹向北面的曲线。

② 如图 3.16 所示,按照欧几里得的视学命题,托勒密《地理学》的三种制图法中所设定视点下,纬线都将呈现为向上(即向北)凹陷的曲线(左),而在第二、第三制图法中,除中央经线以外的经线则呈现为朝向中央凹陷的曲线(右)。

条不同的路径;其一仍是诉诸欧几里得《视学》的相关命题。遍览该书五十多条命题,直接提及"圆弧"的除上面提到的"命题22",仅有紧接着的下一条与球面成像相关的"命题23"。该命题称:"无论以任何方式,单一视点(即单眼)所见的球面,都要小于半球,且所见的球面部分呈现为圆弧(μέρος κύκλος περιφέρεια)。"[①]如图3.17所示。

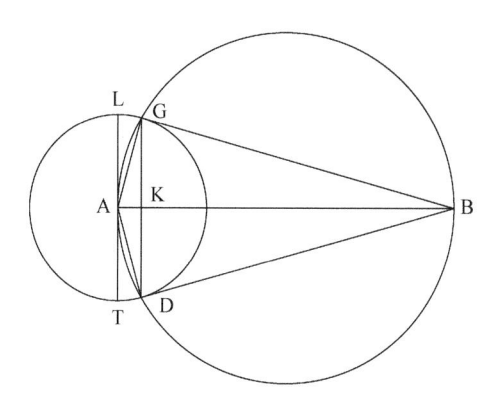

图 3.17 欧几里得《视学》命题 23 图示

然而,这里欧几里得的表述有一定歧义:既可以理解为单一视点观察下的球面部分呈现为圆,也能理解为可见部分的线段都呈现为圆的部分即圆弧。就一般理解和命题后的论证而言,前一种理解似乎才是顺理成章的;后一种理解则并无严格的根据,甚至可以说是偏离本意的"错误阐释"。如果托勒密据此提出纬线圆弧

[①] 值得注意的是,此处的"圆弧",伯顿的英译本将其译为"弧状"(arc),但根据 Heiberg 的希腊语文本,其所指应为圆弧(μέρος κύκλος περιφέρεια)。见 Euclid *Optika* Prop. 23;Heiberg(1895:36)。

的假定,那么该假定无疑出自对欧几里得定理的误读。当然,还有一条解释路径是诉诸古代平面几何的习惯,即倾向于以"直线和圆"这两种简单图形构造一切现象的传统。如数学史家莫里斯·克莱因所言:"希腊人不仅把数学主要限于几何,他们甚至把几何只限于那些能用直线和圆做出的图形。"(2014:140)因此,托勒密将制图中的经线和纬线处理为圆,很可能只是对当时的平面几何惯例的遵循,并无理论上的确切实据。

无论如何,托勒密地理制图中对地球上经纬线的几何设定,对欧几里得《视学》相关命题的借鉴都是显而易见的。从逻辑上讲,以视觉成像的形状、尺寸相关的几何机制为探讨对象的视学推论,也足以成为以视觉相似为目标的地理制图的前提条件。① 但同时,欧几里得《视学》的大多命题仍是定性的陈述,虽然能为"相似性"的相关设定提供支持,却很难解释托勒密在定量层面上的几何建构。譬如,纬线圆弧的圆心为何是同一点,经线圆弧为何要借助三点来确定,中央经线与赤道的长度比为何相等,诸如此类。结合托勒密制图理论中提及的两大原则,可知这必然源自于另一个原则——即"合比例性"。

正如对"相似性"的实践主要基于古代的视学传统,对"合比例性"的设计必定有相应的理论根基。笔者认为,这一根基正是

---

① 当然,古代视学领域(尤其托勒密之前)的著作并不止于上述两部,我们还能列举出同属欧几里得的《反射镜学》(Catoptrica [也译作"镜学"])、亚历山大的希罗的《反射镜学》(Catoptrica)等与平面镜、凸面镜、凹面镜等的反射、折射相关的作品,或如柏拉图《蒂迈欧篇》、亚里士多德的《论动物》或其他逍遥学派或斯多亚学派中与视觉、颜色产生的自然哲学机制相关的篇章,但这上述视学理论已和地理制图相去甚远,故不在本书考虑之列。

古希腊的平面几何与立体几何传统——其中尤以前者为重。事实上，前两种地理制图的大部分内容，都能在平面几何的框架内得到合理的解释（也包括了前面提到的圆弧设定）。唯一可能令人困惑的，是从球面转换到平面的过程以及其中的比例设定。与此相关的阐释众说纷纭，并一度在研究界引发了相当大的分歧，以至于不同学者所用的概念、术语、体系都不尽相同，更有甚者则大量借用了现代投影学、透视法或射影几何的方法论，造成了《地理学》研究的辉格化。[①] 和前述论证一样，本文仍试图从语境主义的角度，即从古代几何学的方法论出发来解释托勒密对"合比例性"的重新设计。但在此之前，我们需要先引入《地理学》中的第三平面制图法——正是在这一特殊的几何建构中，托勒密全面展现了其方法论的多样性和复杂性，从而构成研究其制图法思想来源的最佳样本。

四　第三平面制图法

在结束了《地理学》第一卷的理论建构，即第一制图法和第二制图法的论述之后，托勒密在卷帙浩繁的地理编目之末（即第七卷卷尾），出人意料地再次展开了对另一种平面制图法的讨论。

[①] 为了论述的方便，制图学史和地理学史领域的许多论著都将托勒密的方法概括为"投影"或"透视"，甚至直接用解析几何或极坐标的方法阐明其有效性。这在通史叙事中尤其见。其中较典型的正是本章中不断提及的诺伊格鲍尔、哈利等人的编著。而在对托勒密的专门性研究中，这一点亟需得到纠正，使之重回古代学术传统的语境。

学界通常也将其称为"托勒密第三平面制图法",或托勒密的"第三制图法""第三投影"。不过与前两种制图法不同的是,这一制图法的目的并不在绘制地图,而是为了在平面上展示一种包含了地球仪(globe)的特殊仪器的图像——也就是说,其绘图对象并不局限于居住世界,而是包含了居住世界的整个地球(仪),而球体本身又被古代天文测量仪器中常见的"环"(rings)所包围,从而构成了一个特殊的"环仪"(armillary sphere)①,托勒密将其称为"地球环仪"(Κρικωτπης σφαίρας, ringed globe)②。

可以想象,第三制图法的主旨和方法都与前两种制图法有所不同。看上去,这一制图过程似乎更应强调"相似性",因其目的是创造一种与球面视觉表象类似的平面视图,或如托勒密所言,"使之宛如呈现在球面上"(*Geography* 7.6.1)。但在具体的方法建构中,托勒密却依托于古代立体几何的传统,发展出了有别于视学命题中定性描述的绘制技术,因而在"合比例性"与"相似性"两方面都做出了重大的开拓。由于绘制目的的特殊性,第三制图法很少在后世地理制图领域被付诸纸面,以至于被部分学者斥为"完全无用的建构",或"预示了中世纪的趣味"(Neugebauer, 1969:223)。但有趣的是,正因方法论上的独树一帜,它在千年以

---

① Armillary sphere 一般译为"浑仪",指一种用以展示、计算和测量天球经纬度的环状球形框架仪器,由于其核心特征是由代表主要天球大圆的环圈围成,故也可称"环仪"。最早出现在古代希腊和中国,而后普遍见于伊斯兰和拉丁西方的天文学研究领域。

② 该仪器外层共包含了7个代表天球大圆的环圈,分别为天球赤道、黄道、穿过分点的经线、南北回归线、北极圈和南极圈。根据托勒密著作中所描述过的各类仪器可以推测,这很可能是一种当时用于表现居住世界、地球和天球关系的"展示型"仪器(exhibitory instrument)。见 *Geography* 7.6.1。

后的文艺复兴时代反而受到建筑家、画家和光学研究者的重新青睐,也影响了透视法的兴起和发展(第五章中对此有详细的讨论),足见其中蕴藏的理论潜能。下文中将就其前提和内容进行详细分析。

1. 第三制图法的特定前提①

同此前的制图法类似,托勒密也为第三制图法设定了一些特殊前提。首先也是最重要的一条,取决于该制图的首要目的,即完整地呈现"地球环仪"上的居住世界。因此托勒密规定,环仪所附带的任何环圈都不得阻挡居住世界。具体地说,即是"整个地球的已知部分能够透过赤道和北回归线之间的空间被看见,并且黄道圈的南半部也应位于球的正面,这样当居住世界位于北半球时,便不会被黄道圈遮挡"(*Geography* 7.6.3)。基于第一前提及其目的,托勒密紧接着提出了他的第二条前提,即关于视点(视角)所在的位置。根据他的假设,该位置应当满足以下两个条件:(1)视点所在的视轴,为穿过黄道上的回归点(即至点)的经线平面与地球表面赛伊尼的纬线(即中央纬线)平面的交线。同时,也假设居住世界的中央经线位于上述经线正下方(即同一平面);(2)视点与环仪和球面的距离应足够合适,以符合第一前提的设定。如图 3.18 所示。

相比于前面两条明文规定的前提,还有一条前提更为隐晦,却不言自明地蕴含在推导过程中。我们将其列为第三条前提,即:给

---

① 如无特别说明,本小节中关于托勒密第三平面制图法的论述和原文均引自卷七第六章(即 *Geography* 7.6)。

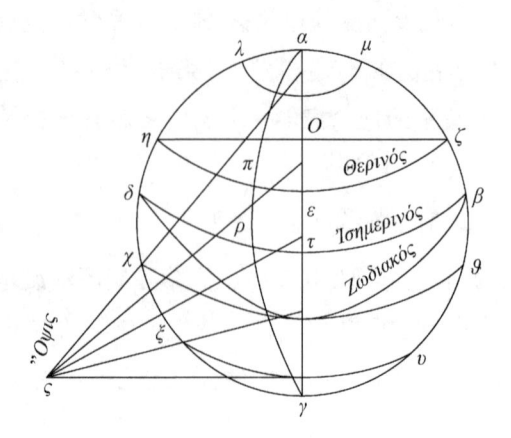

图 3.18　第三制图法视点与天球外环的位置关系图示①

定视角下地球经线和纬线的呈现原理,仍遵照欧几里得的《视学》命题。根据这一假定,托勒密对第三制图法中的相关经线和纬线进行了推论:

(1) 穿过至点的天球经线(也就是天文学中的二至圈或至点圈[solstitial colure])和地球的中央经线应呈现为同一条直线,并与穿过两极的轴线重合;

(2) 赛伊尼的纬线(也即居住世界的中央纬线)也呈现为一条直线,并与上述经线相互垂直;

(3) 地球上的其余圆(即经线和纬线)都呈现为凹向上述直线的曲线(即圆弧),经线凹向通过两极的轴线,纬线凹向赛伊尼

---

① 该图出自为古希腊文《地理学》的附图(Nobbe,1843:183)。它以球面视角呈现了第三制图法中视点与天球的相对关系。其中北回归线(Θερινός)、赤道('Ισημερινός)、黄道(Ζωδιακός)分别用希腊语标出。

的纬线,且越是远离中间就越是弯曲。

必须注意的是,根据上述推论所绘制的经纬线框架,明显与第二制图法有所不同,即所有纬线不再凹向同一方向,而是以中央纬线为界南北各异,这自然是由于视点的变化所致。① 这样一来,既有的同心圆设定便很难再沿用。因此,托勒密参照经线的绘制方法,同样为纬线规定了"过不共线三点确定一个圆"的绘制法则。其中相应三点的确定方式,实际又糅合了不同的几何体系,其中也包括外环绘制过程所采用的、十分类似投影的方法,如图3.19所示。对此我们将在下面的具体步骤中加以详述。

2. 步骤

步骤 I:确定地球与外环的相对尺寸。为了精确地满足第一前提中"不被遮挡"的条件,首先需要确定一些定量比例,其中最基础的就是地球与外层环圈的半径比。如图3.20所示,令 ABGD 为环仪上的至点圈,E 为球心,A 为北极,G 为南极。按南北回归线的相应纬度(23$\frac{5}{6}$°)截出弧 BZ、DH、BΘ 和 DK,按南北极圈的相应纬度(66;8,40°)截出弧 AL、AM、GN 和 GC。令 AE 与 ZH 相交于 O。假设将要绘制的代表地球的圆为 PFRX,线段 PR 代表平分居住世界的经线(与 AG 共线),S 代表赛伊尼(北纬23$\frac{5}{6}$°)。托勒密特地指出,过点 S 即赛伊尼的纬线必须被放置在 E 和 O"之

---

① 在第二制图法中,由于视点必距离球面足够远,从而能看到差不多半个球面,因此视点实际在所有纬线的斜上方;而在第三制图法中,视点位于赛伊尼的纬线平面内,且离球面必须足够近以至能看见整个居住世界而不受外环遮挡。在此情况下,纬线便和经线一样分居于视轴两侧,再根据欧几里得《视学》中命题10的推论,它们自然凹向居中的赛伊尼纬线。

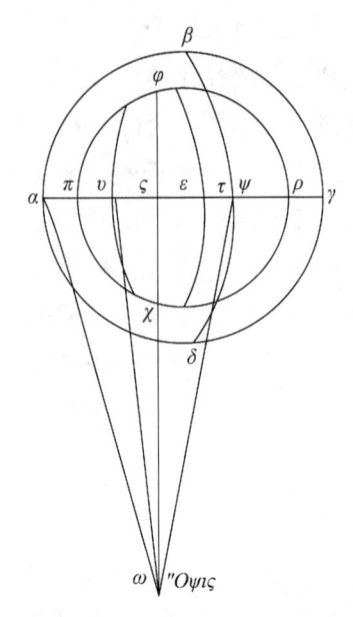

图 3.19　第三平面制图法"类投影"图示①

间"(μεταξύ, between)(*Geography* 7.6.7),如图 3.20 所示。

按第三前提的假定,托勒密依照第二制图法,预设了沿地球经线即 PR 上的长度比例,应与实际纬度度数比例一致。但对于平面上与之重合的天球经线,他却遵循了另一套规则,即基于立体几何的视角,将圆 ABGD 视为天球的一个截面(这从上述几何绘制步骤中也能看出)。简单地说,对地球经线 PR 的处理,更像是一种"平面展开",因而平面上沿直线的距离和比例,与球面上沿曲

---

① 图片出自诺布版《地理学》的第二卷附图(Nobbe,1845:186)。

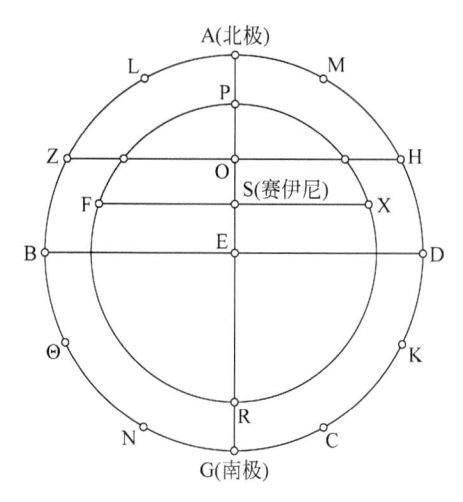

第三章 想象的秩序:托勒密的地理制图法 243

图 3.20 第三平面制图法:步骤 I [1]

线的距离和比例仍保持一致;而对天球经线的处理则是平面几何意义上的,其计算方式也与平面圆的计算方法一致。由这一糅合了不同模式——或谓之场景[2]——的图式出发,托勒密开始进行如下推导:

(1) 平面上的圆心 E,同时代表了地球和天球赤道上的点(纬度中点);

---

[1] 值得一提的是,第三平面制图法的步骤 I 至步骤 III 示意图(图 3.20—3.22)的绘制均参考了 Berggren & Jones(2000:113—115)。

[2] 第三制图法往往在同一图形中糅合了多种视角或几何法则,因此在后文的讨论中,我们将单一视角或法则下的特定几何图式,视为一个"场景"。当视角切换或法则变化,而图形却保持不变时,我们称之为"场景"的切换。这种切换方式也是古代立体几何中的常见做法,但托勒密的制图步骤可能更为复杂,他在同一图形、同一步骤的推导中,甚至会涉及四次以上的场景转换。如下文步骤 IV。

(2) 在地球经线 PR 上，$ES/EP = 23\tfrac{5}{6} : 90 \approx 4/15$；

(3) 在天球经线 AG 上，$EO/EA = EO/EH = \sin 23\tfrac{5}{6}° \approx 4/10$；

可见，对于实际上共线的地球经线和天球经线，托勒密遵循了不同的计算法则。进一步地，假若将上述"之间"(between)一词理解为"中间"(in the middle of)，那么 S 便是 E 和 O 的中点，即 $EO = 2ES$。综合各比例可得，$EP/EA \approx 3/4$。也就是说，平面上呈现的地球半径和外环半径之比约为 3∶4。[①] 在给定外环尺寸的情况下，地球尺寸也便随即确定。

步骤Ⅱ：绘制出地球(仪)上主要纬线的中点，如图 3.21 所示。

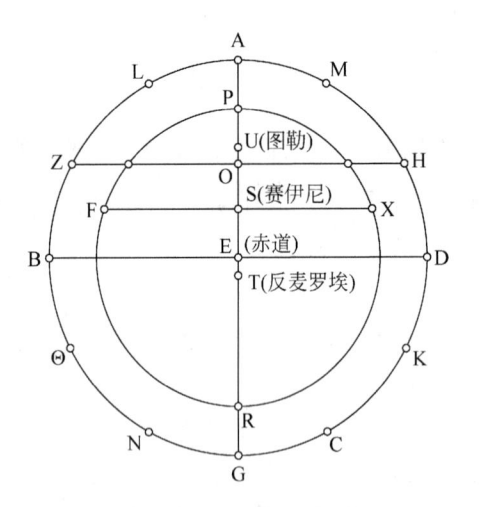

图 3.21 第三平面制图法：步骤Ⅱ

[①] 实际上，托勒密并未在《地理学》解释该比例的推导过程，这也一度成为科学史研究中的一个悬案(Neugebauer, 1959: 23)。但此后安德森通过将"其间"(in between)一词加以重新阐释(即意为"中间")，指出 S 应为 EO 的中点，从而厘清了整个推导思路。见 Andersen(1987)。

以 PR 为直径,首先绘制出代表地球球面的圆 PR。按照步骤 I 中确立的比例原则可知,EP 的长度与纬度度数(90°)相应,即按 90 单位(p)计量,则 ES=23$\frac{5}{6}$ p,ET=16$\frac{6}{12}$ p,EU=63 p。于是过 T 所作的纬线将成为居住世界的南部边界(即反麦罗埃的纬线),过 U 所作的纬线将成为北部边界(即图勒的纬线)。另外依照前提中的第二条推论,过 S 所作垂直于 EP 的直线 FSX,即代表赛伊尼的纬线。

步骤Ⅲ:绘制出视点 W 的位置,并据此确定外环中点在 AG 上的"投影",如图 3.22 所示。从 T 稍往南一点作点 Y,连接 YD,令 SX 与 YD 相交于 W,则 W 即为眼睛所在的视点。过 W 分别作经过 M、H、D、K 和 C 点的直线,并和 AG 产生一系列交点,这些交点便是它们在"投影面"上对应的点——或如托勒密所说,对应的是"5 条(天球)纬线最靠近眼睛的部分"(比如,点 Y 对应的就是球面上的点 D)。必须指出,托勒密对外层环圈的绘制,遵循了一套和居住世界绘制不尽相同的法则,而更类似于"透视投影"(perspective projection)或"线性透视"(linear perspective)。[①] 但严格来讲,它并不能和投影画上等号(对其数学本质的详细分析将在下节中进行)。此处我们暂将其命名为"类投影"(projection-like),其中涉及的"投影面"或"投影点"也放在双引号中以示区别。同时,这一几何过程也需要放到古代立体几何的传统中加以理解,即作者往往用同一平面图形表示不同的视角,并借由视角变

[①] 诺伊格鲍尔称之"在一定程度上"属于真透视(Neugebauer,1975:889);伯格伦和琼斯认为外环的绘制就是"线性透视"(Berggren & Jones,2000:39);埃杰顿则将第三制图法奉为文艺复兴透视法的"直系始祖"(Edgerton,1974:284)。

化实现"场景"转换。①

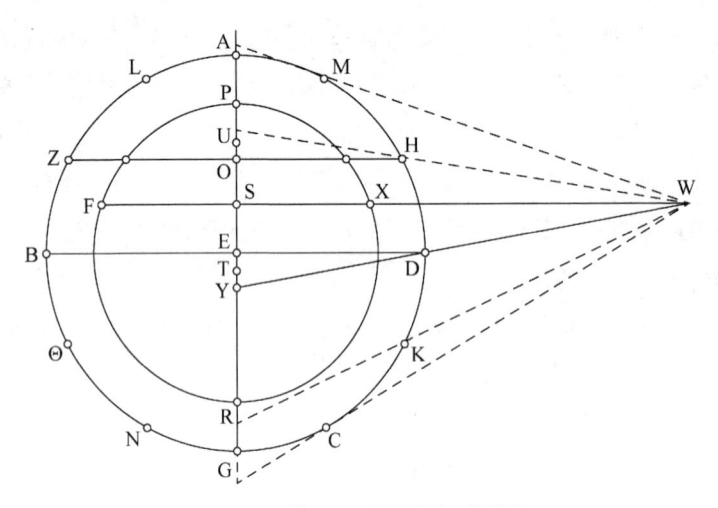

图 3.22　第三平面制图法:步骤Ⅲ

步骤 Ⅳ:绘制代表地球纬线的圆弧。按照前提中的第三条推论,除中央纬线外的其余纬线,应绘制为凹向前者的圆弧。由于南北纬线弯曲方向不一致,同心圆的设定无法再沿用。因此托勒密借鉴了经线圆弧的绘制方法,即"过不共线三点确定一个圆"。其中一点(即各纬线中点)已通过"步骤Ⅱ"的"平面展开"法则按比例确定,而对于另外两点,托勒密参照了绘制外环的"类投影"法则,借由已确定的中点进行反向推导。具体过程如下:

首先将绘图平面视为"视轴平面",圆 PFRX 则成为地球被视

---

① 即绘制过程中,我们需要首先假想图表所在平面即是视轴所在平面,而在绘制完成之后,则应想象图表绕轴旋转了 90°,使得 W 与读者的视点重合。这样的过程很可能在同一步骤中反复进行。

轴平面切开的截面,如图 3.23 所示。设若 PR 为"投影面",则其上各纬线中点相当于"投影点"。连接视点 W 和各纬线中点,与圆 PFRX 相交,譬如 UW 的交点 g,TW 的交点 a——则交点相当于被投影的球面各点。此时,设想整个图形绕 AG 旋转 90°,使得点 W 与读者视点重合,则圆 PFRX 将成为"投影面",上一场景中的交点 g、a,将与当下场景中的 U、Y 重合,而当下场景的 g 和 a 点,则代表了同一纬线与投影面的交点(即东端的"投影点")。以同样的方式继续旋转,可以得到对应的西端"投影点"(即与 g 对称的 d,与 a 对称的 b)。由此,对于"投影面"上的每一条纬线,都能确定东、中、西三点,通过这三点可以绘制相应的纬线圆弧(如弧 gUd 和弧 aTb),可见图 3.23。

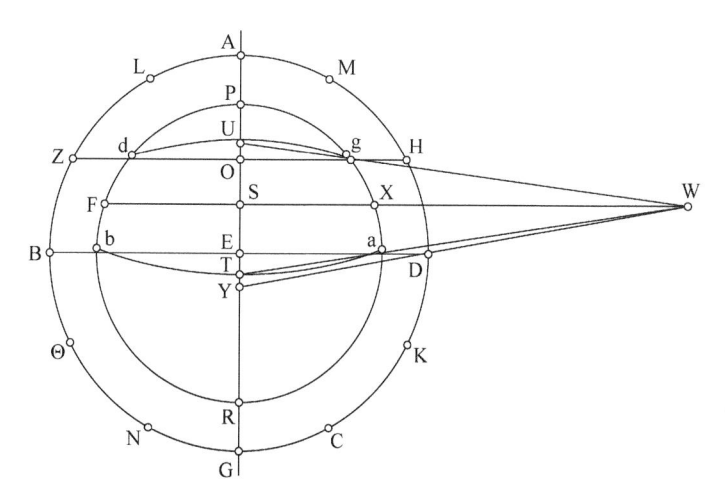

图 3.23 第三平面制图法:步骤Ⅳ

由上述过程可见,托勒密关于地球纬线的绘制,涉及至少三种不同的方法：一是按比例的"平面展开"，各纬线的中点位置依此确定；二是基于立体几何的"类投影"方法，各纬线的东、西两点位置据此绘出；三是最基础的平面几何，由此方能通过上述三点绘制纬线圆弧。对不同方法体系的综合，也淋漓展现了托勒密的几何天赋与创造性——尽管这多少牺牲了数学上的一致性，也使得其制图很难用单一原则加以概括。

步骤 V：绘制代表地球经线的圆弧。这一步和第二制图法中绘制经线的方法完全相同，即按照适于三条纬线的比例，在直线段 FX 和圆弧 aTb、gUd 上切出相应间隔，然后过相应间隔的每组三点，作穿过它们的经线圆弧，比如代表经度范围两条边界经线的弧 ezh 和 θkλ（两者实际应与弧 gXa 和 dFb 重合）。如图 3.24 所示。

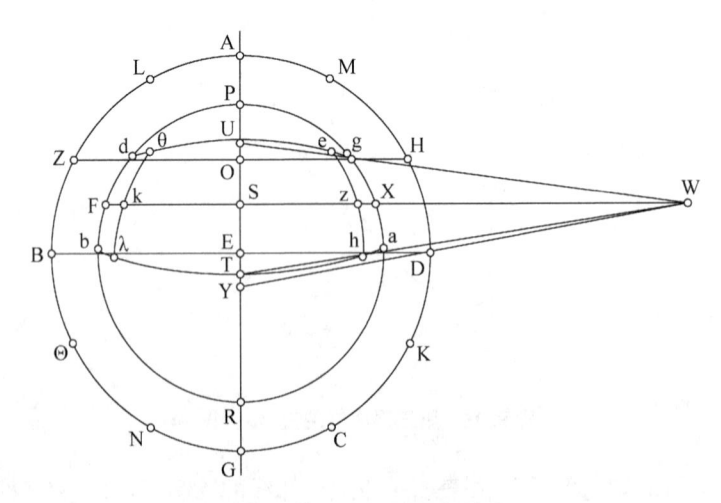

图 3.24　第三平面制图法：步骤 V

第三章 想象的秩序:托勒密的地理制图法

至此,《地理学》中为第三制图法规定的五个步骤就结束了。但实际上,由此完成的仅是居住世界部分,整个仪器的其他部分尚未绘入图中。因此在后文中,他补充了关于外层环圈的绘制方法,并做出如下规定:

> 每一个外环都要呈卵形(ὠοειδεῖ)穿过4个确定的点,而非以尖点(ὀξὺ)的形式结束于最外层圆的交点处,这样才不会造成断裂的错觉,甚至这一点本身也应当具有与临近处相近的曲率,即便椭圆(ἔλλειψις)凸出的部分落在图形边界的圆外。这正是我们在真实的环上所见的情形。(*Geography* 7.6.13)

可以看到,托勒密对外环的绘制方法已经和地球上的圆全然不同。首先,他将其绘制为卵形而非圆形(或圆弧),这并不符合传统的视学或平面几何惯例,而更类似托勒密本人《视学》中的规定;其次,他没有区分"椭圆"和"卵形"的概念,而是加以混用,因此很大程度上可判定为一种定性描述(类似前述"拉长的圆");最后,他规定了每一外环应由4个点确定,相应的四点分别为:"步骤Ⅲ"中确定的中点,仿照"步骤Ⅳ"的方法绘制的东、西两点,以及视点与西端点连线同 AG 的交点(即遵照同样原理的"投影点")。以代表赤道的环为例,图 3.25 中用虚线标示出了其对应的平面图形,可见其呈现为穿过 D、Y、B 以及 B 在 AG 上投影点(即 BW 连线与 AG 的交点)的卵形或椭圆,且其长轴位于 BD 之下。类似的,也可以绘制出包括南北极圈、南北回归线、黄道在内的其他环圈。最终完成后的效果图可以参照图 3.26 中由诺布重建的示意图(其中也包括了托勒密规定的诸多细节)。

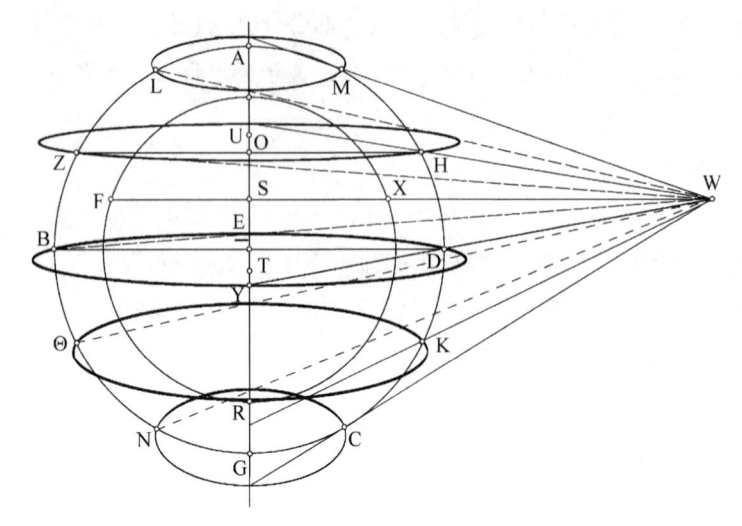

图 3.25　第三平面制图法的外层环圈绘制示意图

3. 第三制图法与透视投影

在几何建构的完整过程之外,托勒密对第三制图法似乎还有更高的"拟真"效果的要求,以至于他事无巨细地规定了色彩、质地和容纳元素方面的诸种细节。① 这也透露出《地理学》隶属于前

---

① 其规定主要包括以下 7 个方面:1)所有环圈不只是线段,而是有适当的宽度和明晰的色彩;2)地球背面的部分要比正面呈现出更多阴影色调;3)当不同部分交汇的时候,远离眼睛的部分就会被近处的部分切开,就像在现实中所见的那种遮挡一样——这同时适用于环圈和地球;4)黄道环的南半圆,即经过南回归线[点]的部分置于地球前面;而北半圆,即经过北回归线的部分在地球背面;5)环圈的适当位置应标注相应的名字(如赤道、极圈、回归线等);6)地球上的圆应标注前述制图中所演示的距离和小时数值(即卷 1.23 中的经纬线列表);7)在环仪的 5 条(天球)纬线环圈以及极点外围,标注出风向之名(与地球环仪保持一致)。参考 Geography 7.6.14—15 相关文本。

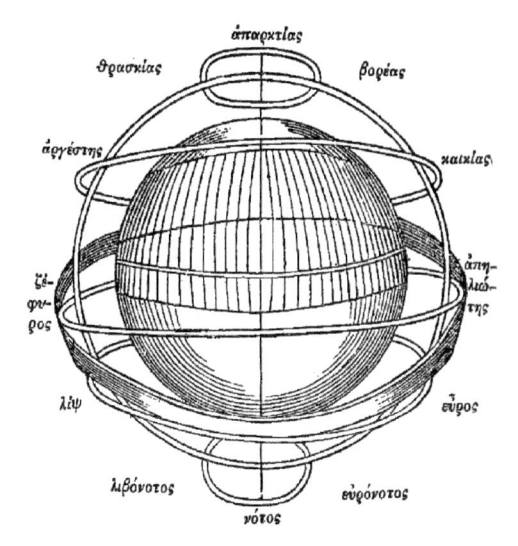

第三章 想象的秩序:托勒密的地理制图法 251

图 3.26 诺布版古希腊文本中所附的第三制图法最终效果图①

述"创制知识"的一面。② 不过就当代的科学史和艺术史研究而言,最令人瞩目的仍是其"理论知识"层面的创造性。由前文的步骤分析可以看出,《地理学》制图体系的方法论是高度丰富且杂糅的——尤其是第三制图法——其之所以特殊,在于结合了天球(外环)和地球两者不同的绘制法则,也综合了基于"相似性"与"合比例性"的不同方法体系。正如伯格伦等学者所指出的,在外层环圈的绘制中,他基于古代立体几何的方法,进行了类似于今天

---

① 出自 Nobbe(1845:188)。图中绘出了所有七个外层环圈,但未注名。地球上则绘出了居住世界范围内的所有经线,以及包括南北边界在内的四条纬线。此外,所有风向的名称也被标注在纬线环圈以及极点外围。

② 事实上,后世的追随者从未完全恪守他在实际制作中的建议。在后世所复制或重建的第三制图法中,很少有一幅完整包含了托勒密提及的所有细节。

意义上的"投影"操作；而对地球表面的绘制，则更近于他的第二制图法（Berggren & Jones, 2000：38—39）。事实上，我们在"步骤 IV"的讨论中已经指出，托勒密对地球纬线的建构不只效法了前两种制图法，而是融合了至少 3 类方法体系：基础性的平面几何、依比例进行的"平面展开"，和基于立体几何的"类投影"。但遗憾的是，托勒密从未对不同的法则加以界定，或就其适用性和相互之间的关系进行解释，因而损害其制图法内部的一致性。诺伊格鲍尔甚至毫不留情地批评说，"从数学一致性的角度来说，这是托勒密的所有制图法中做的最差的"，因为"整个设计会让人想到某种嵌入地球整体框架的、按第二圆锥投影（即托勒密第二制图法）绘制的地图，但地球本身却被按透视法绘制的、并被不会遮挡地图位置的天球圆环所包围"（Neugebauer, 1975：890）。

但第三制图法呈现的开创性也是显著的，其中尤以"类投影"方法最为突出。在诸多近现代科学史的叙事中，这一方法常在定性层面上被概括为"透视投影"或"线性透视"。譬如琼斯就认为，"这是唯一一个从古代流传下来的、根据线性透视进行构图的例子"（Berggren & Jones, 2000：39）。艺术史家埃杰顿也将第三制图法称为"通过单一固定视点进行投影制图的最早例子"，甚至是古代文献中可被视作"透视"的唯一记录（Edgerton, 1974：284）。但正如当代学者将第一制图法和第二制图法形容为"圆锥投影"或"伪圆锥投影"一样，无论是用"投影"还是"透视"来指称托勒密的制图法，都应当加上"引号"，即视为某种权宜的代称——因为在托勒密的文本中，这些现代意义上的术语都尚未诞生。从词源的角度来说，"投影"（projection）的概念和"制图学"（cartography）

第三章　想象的秩序：托勒密的地理制图法

类似，都诞生于近代以后。而"透视"（perspectiva）一词最早出现在中世纪拉丁文语境中，直到文艺复兴时期才开始意指透视法。也就是说，《地理学》中并无与二者精确对应的术语。而从实际的几何过程来讲，若要判定托勒密制图是否在方法论层面与二者等价，则须对"投影"和"透视"的定义加以更加清晰的界定。

制图学领域中的"投影"（或曰"地图投影"），指的是将球面铺展到平面上以制作地图的方式。狭义上的投影，一般指"透视投影"，即通过固定的投射中心（即投影点、点光源）将物体投射到单一投影面上所得到的图形。广义上讲，任何能将曲面上的坐标点按照统一的数学方法或函数逐点、连续地投射到平面上的制图方式，都可以称之为"投影"。但无论是狭义还是广义，投影方法在本质上是一种"点对点"（pointwise）的映射，即所绘图形应当能通过连接固定视点和对象曲面上的点(L,φ)，并通过与投影平面产生的相应交点(x,y)来直接获得——无论视点距离投影平面（即 x-y 平面）有限远还是无限远（Neugebauer，1975：879）。类似的，"透视"（perspective）的本意也是指在平面上再现立体感的绘画技术。广义的透视包括了几何透视法、散点透视法、空气透视法等多种制图方式，而狭义的透视则专指线性透视（linear perspective）——这也是"透视"在本文语境中具体所指的含义。需要指出的是，狭义的透视可以视为广义投影的一种，也可以理解成基于不同角度对线性光/视线、视点/点光源、投影面/绘图面所构建的几何体系。正如安德森所言："线性透视的目标是制造图像，以使这些图像能够产生和现实相同的视觉效果。这一做法的基础是在视锥中插入横截面——或按现代术语表述——利用中心投影将物体转移到绘画平面上。"(Andersen, 2008：79)由此可见，理解透视的关键，在于视点和被看物体之间的"横截面"。用文艺复兴时期的透视理论家阿尔贝蒂的话来说，可以将其设想为一扇窗户，透视所得的图像，则可以比作"透过去"看到的窗外空间(Alberti, 2011：39)。

倘就严格的定义而言，无论是《地理学》中旨在制作平面地图的前两种方法，还是为了再现仪器图像的第三制图法，都很难视作真正的"投影"或"透视"。的确，第三种制图过程中包含了所谓"横截面"(即"投影面")，但该平面的位置却并非全介于视点和对象之间——按照"窗户"的譬喻，所绘图形不仅包括了"窗外"的空间，也包括了"窗内"的部分。因而相比于透视，这一绘图方式更应称作"透视投影"。但就投影而言，托勒密的几何建构又并不符合其数学定义，即点对点的映射。相反，《地理学》制图的基本方法可以概括为：首先用类似投影的方式确定少量平面上特定点，再根据前提假定和平面几何方法构造整个图形。也就是说，并不存在统一的函数关系，来确保球面到平面的逐点对应。但不可否认的是，托勒密在"投影面"和"视点"之间建立几何关联的方式，的确与投影的基本方法相当接近——事实上，是否将《地理学》中的制图法视为"投影"在学术界也存在争议，因为这涉及到一个更根本的问题：托勒密或同时代人是否已发展出投影的方法论。对该问题的阐释不仅涉及托勒密的地图绘制，也关乎其天图呈现——因为在《地理学》之外，还有一部类似的托勒密作品也涉及对球面到平面的几何转换，即《平球论》。书中关于天球的绘制方法，长期被冠以射影几何意义上的"球极投影"(stereographic projection)之名,从而使得上述问题的答案变得尤为扑朔迷离。为了更好地解释《地理学》中制图法的本质,下文将运用比较研究的方法,对《平球论》中的天球制图法进行剖析,以期在整体上解释托勒密制图法的本源及其与"投影法"的真正关联。

五　托勒密的天图与地图比较
——以《平球论》为例

据苏达辞书记载,《平球论》(*Planisphaerium*,*Planisphere*)的希腊语原名为 Απλωσις ἐπιφανείας σφαίρας,意为"天球的展开"或"球面的简化"。[①] 不过,由于原始希腊文本至今已不存,现存最早的是巴格达翻译运动中所著的阿拉伯语译本,而该书最常见的名称则源于12世纪的拉丁译名[②]——顾名思义,该题目也可以翻译为"平面天球",即 plani(平面的)与 sphaera(球体、天球)的组合。相比于《地理学》,《平球论》更像一本"指南"性质的小册子,因其内容甚少理论阐述,而偏重几何演绎。从这一点上来看,它和《地理学》中的制图法部分应当是高度近似的。但不同的是,《平球论》所绘制的天球,包括了从北极点一直向南直到"最大恒隐

[①] 德国学者考夫曼将其名称的第一个词改为 ἐξάπλωσις,意为"展开"(unfolding)。该词在古代的星盘相关文献中十分常见。诺伊格鲍尔也接受了这一修正。其实无论是 απλωσις 还是 ἐξάπλωσις,都可以理解为类似意义的"展平"或"伸展"。详见 Neugebauer(1975:870—871)。

[②] 即12世纪赫尔曼(Herman of Carinthia)的译本。该版本既是现代早期诸拉丁文本的母本,同时也是1907年的 Heiberg 版本的底本。由于阿拉伯语有限的适用范围,赫尔曼的拉丁文本也间接成为20世纪的现代学术研究所通用的参考版本。

圈"北部边界的部分。① 也就是说,其绘制对象几乎涵盖了整个球面,因而远大于居住世界占地球表面的比例(约四分之一)。为此,托勒密发展出了一种与其地理制图大相径庭的天图绘制方法,即以南极点作为固定的视点,以赤道平面作为截面(cutting plane),通过将球面上的关键点与视点相连,而在截面上定下对应的点。在这之后,再通过平面几何方法在截面上建构出完整的"平球"。

当今学界往往将《平球论》中的方法概括为"球极投影"(stereographic projection)。正如诺伊格鲍尔所说:"《平球论》讨论的是如何用平面图形再现天球。这种制图法,如今也叫作'球极投影'……"(Neugebauer,1975:857—858)图默也认为:"球极投影的整套必备的理论都在托勒密的《平球论》中得以阐述。"(Toomer,1978:219)彼得森更加详细地界定说:"[在《平球论》中]托勒密描述了天球如何能以不同的方式被投影,即从南极点以球极(中心)投影的方式将天球映射到赤道平面上。"(Pederson,2010:405)若该判断被认定为既定事实,那么一个不可回避的问题便会自然浮出水面:如果托勒密已经掌握了球极投影的原理,为什么他的地理制图没有采用类似的方法呢?对这一问题最通行的解释,来自于天图绘制和地图绘制在制图条件上的不同。如诺伊格鲍尔所说,绘制天图所用的"球极投影"方法,会产生过于严重的形变。这在天图绘制中是不得已而为之,但对所涉部分仅为球

---

① 对于给定纬度 φ 的地点,天球上永不可见的部分和恒星不断升落的部分之间,存在着一条分割界线,这便是托勒密所说的"最大恒隐圈"(the greatest always-invisible circle)。这一界线即是天球上纬度为(90°-φ)的赤纬圈。

第三章 想象的秩序:托勒密的地理制图法

面四分之一的地图而言,显然并不合适也无必要。不过,这很难解释进一步的疑问,即"投影"本身作为重要的方法论,为何没有成为《地理学》几何建构的基础。也就是说,如果托勒密在天图绘制中已经确立起"投影"的方法论,那么即使不采用球极投影,也完全能发展出类似的其他投影,或在方法论层面体现出"投影"的本质。诚如伯格伦所言:"为什么当优雅的论据就在手边之时,托勒密却选择了看似笨拙的方法?"(Berggren,1991:134)

正是这一疑问的存在,对《平球论》文本的讨论成为必要。① 相较于《地理学》,《平球论》的文字更加精简,也更近于一部几何学著作。从开篇第一章节起,作者便开门见山地开启了几何建构过程。同样的,托勒密对该书的作者也预设了"知识门槛",即类似于地理制图的前提假定。其中有两条最为基本:

其一,是后世称为"保圆性"的定理,即任意不穿过"投影点"(固定点)的圆在平面上仍呈现为圆,而穿过"投影点"的圆在平面上呈现为一条直线;②

其二,即球面上的几何特征,大部分在平面上仍旧保留。譬如

---

① 我们选择的参考版本是西多利和伯格伦 2007 年的英译本(Sidoli & Berggren, 2007),其底本为现存最古老的阿拉伯文本,较通行的拉丁文本更接近原始版本。

② 西多利认为托勒密已经知道了关于保圆性的简单的证明,并假设读者也熟悉这一证明。从既有的古希腊数学文献中,我们也能找到与此等价的证明方法,即阿波罗尼乌斯在《圆锥曲线论》中对第一卷第五定理的证明,该定理如下:如果一个斜圆锥(scalene cone)被一个垂直于底面并包含轴的平面,以及另一个与之垂直的平面所切割,后一平面将前一平面沿轴切割后形成的三角形再度切割,并切出一个包含了共同顶点且与前述三角形相似但方向相反的三角形,那么第二个平面在圆锥上的截面仍是一个圆。见 Apollonius Conics I. 5. 而对保圆性的直接证明最早见于来自 9 世纪的中亚学者法加尼(Al-Fargani)《论星盘的制作》一书。参考 Thomson(1978:210—217);Neugebauer(1975:858—859)。

球面上相交于两点的圆,在平面上仍相交于两点,线段或圆弧的端点,在平面上仍是对应图形的端点。①

以此为基础,我们来看一看托勒密具体建立了怎样的"平球"体系。

如图 3.27 所示,假定在制图平面上,圆 ABGD 代表赤道,圆心为 E,则 E 代表北极点。由于一切(赤道)经线都穿过南北极,所以经线应当绘制为过 E 的直线。作 AG、BD 两条相互垂直的经线。根据"保圆性"的前提,托勒密提出,对于平行于赤道的纬线圈(即赤纬圈),北半球的对应图形应当是位于圆 ABGD 内部的圆,南半球的对应图形应当是位于圆 ABGD 外部的圆。为了更好地展示这一推论,他在同一图形中重置了视点(或"投影点"),即令 D 为南极点,B 为北极点,从而使得圆 ABGD 成为经过南北极且垂直于赤道的截面,而 Z、H 则分别为该截面上距赤道相同纬度、不同方向的两点(也就是弧 GZ 和弧 GH 的弧度相等)。连接 DZ、DH,分别与代表赤道平面的直线 AG 相交于 T 点和 K 点。然后,再次转换视点,回到前一场景,以 E 为圆心、ET 为半径绘制圆 TL,以 EK 为半径绘制圆 KM。托勒密断言,这两个圆(TL、KM)所代表的,即是球面上距离赤道相同距离、不同方向的两个赤纬圈。

这一几何建构过程,可以说是《平球论》整体方法论的一个缩影。可以看出,借助单一的平面图形,托勒密实际假设了两个不同的场景,即令绘图平面分别代表:1) 赤道平面,即所谓"投影面"或

---

① 除此之外,托勒密也预设了读者至少应熟悉《几何原本》中的相关定理,以及《至大论》前两卷中的球面天文学的方法和结论,这对于理解他的数学步骤是至关重要的。

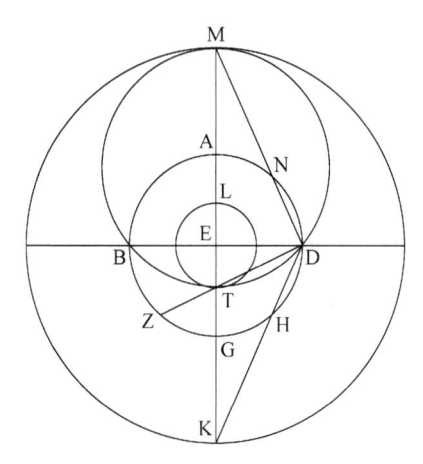

第三章　想象的秩序:托勒密的地理制图法　　259

图 3.27　托勒密《平球论》的基本几何框架及第一定理证明图示

横截面,此时圆 ABGD 代表赤道;2)经线平面,即垂直于上一平面的纵切面,此时圆 ABGD 代表经线圈,D 代表南极点。从基于第二场景的演绎过程来看,托勒密的确建立了一种十分类似"球极投影"的几何方法——即以 D 点(南极点)作为投影点,以赤道平面作为投影平面的单点"透视投影"。但诚如前文中的定义所言,透视投影的图形本质上是从对象(球面)到投影点逐点连线后,与投影面(平面)的交点所构成的。《平球论》遵循的并非这一过程,而和《地理学》中的第三制图法一样,首先确定了特殊点所对应的平面位置,再根据预设的前提,逐渐建构、补完平面图形——后者是通过对一系列引理(lemma)、定理(theorem)或命题(proposition)的平面几何证明来完成的。退一步讲,假令《平球论》以投影作为基础方法论展开,那么:第一,托勒密对该方法论前提应有直接论述或间接提及;第二,他所假定的"保圆性",在逻辑顺序上应作为逐点投影的一个简单推论而存在,而非作为预设的前提;第三,他对书中诸多定理的证明必然会呈现为不同的路径。而事实是,上述三点在《平球论》中都没有体现出来。

下文将以书中第一条定理——即球面上的一个大圆对应的平面图形将平分赤道——的证明为例,展示投影法所假定的理论路径和托勒密实际的论证思路之间的差异。仍如图 3.27 所示。在说明了赤纬圈在平面上对应的图形后,托勒密以 TM 为直径,以其中点为圆心所作的圆 TM,与 TL、KM 两个圆相切。假定圆 TM 所代表的是球面上与相应赤纬圈的相接(即南北两端分别与两个赤纬圈相交于一点)的斜大圆(oblique great circle)。① 而他要证明的是,平面上的圆 TM 也平分了圆 ABGD。设若托勒密已经掌握了点对点的投影原理,那么这一结论是不言自明的。② 然而托勒密却使用了一种颇为复杂的平面几何证明路径,即首先连接 DM,与赤道交于 N。根据圆的对称性,可知弧 AN 和弧 GH 相等。又因弧 GH 等于弧 GZ,故弧 GZ 等于弧 AN。因此,arc NDZ = arc NDG + arc GZ = arc NDG + arc AN = arc ADG。因为弧 ADG 是半圆,则弧

---

① 这从他预设的前提中可以推出来,即因为球面上的斜大圆与相应纬度的两个赤纬圈相接,故而在平面上,它们各自对应的图形也应当相接(相切)。又,球面上的斜大圆在平面上仍为圆形,故而其应为与平面上代表赤纬圈的两个圆分别内切的圆,据此可直接进行绘制。

② 伯格伦曾按照投影原理,给出了这一证明的最短也最合理的路径,即:1)球面上任意两个大圆都相交于对径点;2)因此,球面上的任意斜大圆与赤道交于对径点;3)但是,赤道的投影仍是它自身,因而上述交点在投影后仍不变,即仍是赤道的对径点;4)因此,投影平面上的斜大圆,必然将赤道平分。而在实际的几何证明中,这往往被概括为"显然"或"不言自明"的结论(Berggren,1991)。

NDZ 也是半圆。因此，∠MDT = ∠NDZ = 90°，即为直角。① 也就是说，以 TM 为直径所作的圆，经过了点 D。同理可证，该圆也经过了点 B。由于 BD 为赤道的直径，所以圆 TM 平分了赤道。

其实与此类似，《平球论》中的大部分推论都和《地理学》中一样，隶属于平面几何的范畴，而非如投影那样发生在立体空间中。而同时，和《地理学》中的第三制图法类似，《平球论》也涉及了一定程度的立体几何或圆锥理论。如上所示，托勒密假定了类似投影点的制图基点，以及类似投影平面的制图平面。② 但《平球论》的现代译者之一西多利指出，尽管由此建构出的图形在数学上与球极投影等价，但就方法论而言却必须在古希腊数学的语境中加以理解。因此最好用一套不同的术语来指称该过程中的相关对象，比如将少数被"投影"的球面上的点称为关键点（key points），平面上点称为对应点（correlates），而将"投影面"称为截面（cutting plane）（Sidoli & Berggren, 2007: 103—108）。伯格伦也认为，托勒密的几何建构和现代制图方法之间的确存在一道鸿沟，但没有必要仅为了填补科学史叙事的空白或提供合理的动机就贸然做出假设——因为托勒密的制图本身就是一种独特而精妙的几何设计：一方面，从球面到平面的转换基于古代的立体几何，并结合了视学命题中想象的视点和视线来展开；另一方面，主体的建构过程必须

---

① 依据《几何原本》第五卷"命题 31"。见 Euclid *Elements* Ⅲ 31；欧几里得 (2020: 145)。
② 这在《平球论》中的最后几章关于"黄纬圈"的建构部分表现得尤为明显。见 Ptolemy *Planishere* 15—19。

诉诸平面几何才得以完成。①

经由上述的比较可知,托勒密的《平球论》和《地理学》中的制图方法之间并不存在本质差异。《平球论》中从球面上的"关键点"到平面上"对应点"的绘制过程,和《地理学》的第三制图法中常常被归入"透视"或"投影"的相应步骤,遵循的乃是同一原理。因此笔者主张用"类投影"这一术语来指称这一方法。不同的是,《地理学》中从球面到平面的转换过程,还糅合了另一种依据"合比例"原则而设计的制图方式,即前文所书的"平面展开"(unfolding of the sphere)。② 事实上,托勒密在第一制图法和第二制图法中,主要是通过这一方式来建构起平面地图的基线,即长度与纬度度数一致的中央经线,以及符合缩减系数的标准纬线的。与"类投影"不同,"平面展开"并非基于视觉相似的图像再现,而更像是为了保持真实比例对球面曲线加以"展平"的结果。总体而言,在"类投影"和基础平面几何的方法层面,托勒密的天球制图法和《地理学》第三制图法是相似的,两者都在一定程度上体现出了投影的雏形意识,但并不能算作是严格意义上的投影或透视;而在"平面展开"的方法层面,《地理学》中的制图方法则是独一无

---

① 正是经由这一路径,托勒密完成了对黄道十二宫的分区、斜圆体系、黄道纬线体系等绘制,以及斜圆交点代表球面上的对径点、平球与球面上的上升时间(rising time)相等等一系列平球特征的证明——而如果采用投影的视角,其中许多几何过程都是不必要的。

② 伯格伦曾将《平球论》中的几何方法也定义为"平面展开",并认为其目的是在平面上"呈现与球面上形状一致的图形"(Berggren, 1991)。但笔者认为,"展开"(unfolding)在中文语境下容易造成歧义。相比之下,《平球论》中的几何方法及其标题更适于以"平面化"(flattening)这一术语概括,而《地理学》中对中央经线和标准纬线的处理方式,反而更符合"展开"的中文理解。

第三章　想象的秩序：托勒密的地理制图法

二的,也堪称是托勒密基于"合比例"原则进行的独特几何设计。

＊　　　＊　　　＊

对托勒密地理制图法的理解历来构成了《地理学》研究中最为重要的一环。综上可知,托勒密制图的几何大厦建构在两大基本原则,即"相似性"与"合比例性"之上。为实现平面与球面的"相似性",他借鉴了以欧几里得《视学》为代表的古希腊视学,并凭此确定了经纬框架在平面上的基本几何特征(即呈现为直线或圆);为实现与真实距离的"合比例",他设计出了一种独特的"平面展开"方法,以此确定了平面构图上的基线比例(即中央经线和标准纬线),并根据视点位置的不同,发展为三种不同的绘制框架。另外,托勒密在第三平面制图法中,还运用了和天球制图法中相似的"类投影"方法,将其与"平面展开"、视学的基本命题以及平面几何方法糅合到一起,建构出某种数学上并不一致、却富于开创性的制图框架。

同时应指出,"相似性"与"合比例性"的原则不仅互为彼此,也不乏内在张力。依据前者所假定的视学特征,可能并不符合球面的几何比例;依据后者进行的平面展开,也可能有悖于视觉比例。相比之下,倒是"类投影"的方法一定程度实现了对两种原则的融合:由《平球论》中的推论可知,以"类投影"绘制的平面天球与球面的许多数学比例保持一致,由此制作的星盘可用来计算星座的上升时间;由托勒密第三制图法的效果与对后世透视法的影响可知,"类投影"方法在实现视觉相似性的方面,也较第一和第二制图法有较大进展。不过,托勒密终究没有沿着这条路发展出完整的投影方法论。这很可能也是由于《地理学》的宗旨所限。正如托勒密在第二卷开头所言：

> 通过将以下三方面纳入考量，即(1)关于大地已知部分[即我们的居住世界]最新的记录；(2)各地点之间的正确比例和形状上[同真实的居住世界]尽可能相似；(3)绘制方式，我们对地理学的一般设想以及世界制图的修订进行了概述。(*Geography* 2.1.1)①

也就是说，首先需要保证基于最新记载的居住世界——尤其是其不断扩张的边界——能够清楚地呈现出来，而后才是比例和形状上的"尽可能相似"。而制图标准中，并不包含对数学上精确或融贯的要求。因此，《地理学》的主要工作是在理论与创制、数学一致与操作便利，以及在"相似性"与"合比例性"之间求取平衡。事实上，这一过程体现的创造性意义，要远大于数学不一致带来的麻烦；它展现的不仅是托勒密在设计新几何图式方面的卓越天赋，也是他如何凭借既有思想传统和敏锐的问题意识，在尚无成熟理论支撑的领域开疆拓土的独特实践。

此外值得一提的是，托勒密用以综合不同方法论的关键要素，是他作为地理学家和数学家所假定的"视点"——在第一制图法

---

① 文段中的第三点"绘制方式"，伯格伦和琼斯将其翻译为"地图的多样性"(variety of map)，似不妥。因古希腊语原文为"τῷ τρόπῳ τῆς καταγραφῆς"，意指绘图的方法，故此处参照德文译法（die Darstellungsmethode），更正为"绘制方式"。参考Berggren & Jones(2000:94)；Stückelberger & Graßhoff(2006:138—139)。

中,是位于中央经线上、相对球面不断旋转的视点;在第二制图法中,是位于球心与居住世界中点连线的轴上的固定点;在第三制图法中,是位于赛伊尼的纬线平面上,根据"类投影"法则逆推出的交点。更重要的是,这些视点均无法从现实中获取,只能通过几何想象推知。通过想象的视点,托勒密实现了对不同领域的视学命题、数学法则乃至新的几何设计的综合,从而获得了将球面转换在平面上的"阿基米德式支点"。正如琼斯所说,托勒密的制图法"提供一个数学地理学家想象视角下的地球视图"(Berggren,1991:137)。从这一角度而言,《地理学》中所构建的居住世界的几何秩序亦是"想象的秩序"。正是凭借这一想象的秩序,托勒密在以解释视觉表象为目的的古代视学和以模仿、再现为宗旨的地理制图之间架设起桥梁,也将延续自埃拉托色尼以来的"赫尔墨斯视角"发挥到了极致——可惜的是,这一学术伟业一直被"投影""透视"等现代术语所遮蔽。不过也应当承认,托勒密对视学的运用和对视点的强调,的确启发了透视法、投影法在后世的出现。这一点也同大多数古代思想的重生类似:与其说更早地窥见了真理,不如说遇见了更适于其开枝散叶的时代。[①]

[①] 琼斯在关于帕普斯的欧几里得《视学》评注的文章中也提出,《视学》中并不涉及"透视"的问题,但它包含了(中心)投影法和透视法的"种子"(germ)。由此,托勒密对《视学》理论的继承和对视角的娴熟应用,更多为近代制图学的诞生提供了一种可能性的示范(Jones,2001:52)。

第四章　古代地理视野中的《地理学》世界图像

托勒密生活和著述的时代,正值罗马帝国最为鼎盛的"安东尼王朝",并几乎完整地经历了涅尔瓦(Nerva)、图拉真(Trajan,98—117年在位)、哈德良(Hadrian,117—138年在位)、安东尼·庇护(Antoninus Pius,138—161年在位)、马可·奥勒留(Marcus Aurelius,161—180年在位)的执政时期。马基雅维利(Niccolò Machiavelli)称赞说,这五位贤君"不需要忠实的近卫军同伙,或无数军团的守卫,而仅靠自己良善的生活方式、臣民的善意归附和元老院的齐声拥护,便足以固若金汤"(1996:32)。《罗马帝国衰亡史》的作者爱德华·吉本也认为"五贤帝"治下的罗马帝国在"智慧与美德的庇护下",乃是"人类最为幸福和繁荣的时代"(Gibbon,1854:95)。尽管上述评价仍待商榷,但就地理知识的开拓和交换而言,这却是一个毋庸置疑的黄金时代。作为古代地中海地区最为庞大的政治体,罗马帝国在很长时间内让地中海成为其"内海"(Mare Internum)或"我们的海"(Mare Nostrum)。但其大部分疆土却是在自建城700年内的共和时代所开辟的。到了奥古斯都继位"第一元首"的时代,帝国边界已大致遵循着地缘要素

第四章　古代地理视野中的《地理学》世界图像

确定下来,即西抵大西洋沿岸,东至幼发拉底河,南达埃及与北非的海岸山脉一线,北到莱茵河与多瑙河防线。尽管经历潘诺尼亚起义和条顿堡森林的惨败后,奥古斯都转攻为守并留下遗训"将帝国限制在有限的范围内"①,但此后两个世纪,罗马人仍在不断地创造新的疆域。在图拉真时代末期,帝国扩展到了极盛,这位武功赫赫的君主成为了第一位也是最后一位饮马波斯湾的帝国元首(Grant,1979:296)。这意味着古代罗马人或西方人的地理视野,或者具有更加确定性的地理知识的范围将迈入一个新的纪元。

这里我们提到了一个古代制图史研究中常见的术语,即"世界图像"(imago mundi)。该术语主要从地图呈现的角度出发,专门用以指称尚未形成固定范式的早期制图史上对居住世界整体以及各部分区域的图像形式。② 不同于"世界图景"(world picture)、"世界观"(Weltbild)等可能强调存在论和形而上学维度的类似概念,对"世界图像"(imago mundi)的讨论主要围绕地图轮廓、形状、

---

①　罗马共三个军团,包括将领、士官以及辅军在内尽数被日耳曼人歼灭,由此构成了罗马帝国建立以来最惨重的一次失败。见 Augustus 23(Suetonius,1914);Annals 1.3(Tacitus,1914);Gibbon(1854:3)。奥古斯都的遗训见 Annals 1.11(Tacitus,2008:11)。

②　该术语最早见于15世纪法国学者皮埃尔·达伊的名著《世界图像》(Ymago Mundi),他以之作为时下流行的"宇宙志"的代名词,糅合了当时已有的天文、地理和自然哲学等领域的论述,对包括天球在内的地球图景进行了图式化的展示(D'Ailly,1930)。值得一提的是,1935年由列奥·巴格罗(Leo Bagrow)所创办的国际知名制图史研究刊物《世界图像》(Imago Mundi: International Journal for the History of Cartography)也取自这一术语。

大小、范围以及地点的位置、距离、方位等直观的视觉形象展开。[1]毫无疑问,托勒密的"世界图像"首先受到其所处帝国疆域的重要影响,换句话说,地中海周边的世界构成了其地图绘制的核心区域——事实上,《地理学》中描绘得最为准确的地点也的确集中在该区域内。此外,罗马人对异域的征伐、希腊和埃及人同东方的贸易、传统地学的世界描述以及同时代地理作者们关于域外的记述,都在不同程度上构成了托勒密构建居住世界的砖块。对其"世界图像"加以详尽的描述、呈现和定性的把握,是今人进入古代西方地理世界的必要环节。因此,下文将从托勒密所在时代的地理现状出发,具体呈现罗马帝国的辽阔疆域、文人学者的地理想象以及传统的世界图像在何种意义上共同塑造了托勒密的地理世界和区域认知;同时,托勒密如何以其亚历山大式学者特有的严谨、博学和惊人的想象力,将分散的地理信息统合为融贯有序的"世界图像"。

一 托勒密时代西方的地理视野

荷马曾说:"大地属于每一个人。"而你[罗马人]使之成

---

[1] 事实上,国际学界对地理史和制图史论述中出现的 world picture/ world view/ world image 等术语仍缺乏明确的定义和区分,因此我们时常能看到学者在不同语境中对其加以混用(Dalché, 2007: 329)。本书中为避免歧义的发生,将尽量使用"世界图像"作为 world image 的标准译名,以此指称制图学意义上对居住世界的视觉呈现,以此作为"地理图像""地理呈现"等概念的代名词。同时,"世界图像"也与前文中提到过的"世界图式"(world scheme)形成对照,后者主要就世界地图的整体轮廓和基本结构而言,前者则包括了对宏观和微观的轮廓、地貌、地理位置等大部分地理元素的呈现。也可以说,"世界图式"更多涉及的是定量制图的理论体系和数学结构,而"世界图像"主要围绕对地形地貌、地理位置乃至部族分布的定性描述展开。

为现实。你们测量并记录所有文明世界的土地。你们在河流上架设各种桥梁,你们穿山越岭铺设出大道,你们用驿站点缀了荒芜之地。你们改造了所有的疆土,使之成为稳定有序的安居之所……尽管雅典的公民首开文明之先,但到头来,今天的生活仍旧由你们一手创造。

——J. H. 奥利弗(Oliver,1953:906)

1. 罗马帝国盛期的疆域

公元 2 世纪的希腊修辞学家阿里斯提德斯(Aelius Aristides, 117—181 年)曾在其著名的《罗马颂词》(*Roman Oration*)中,盛赞了安东尼王朝治下罗马成就的伟岸与疆域的辽阔。阿里斯提德斯所在的时代与托勒密基本重合,很大程度上也能代表古罗马盛期文人哲士心目中的帝国疆域,以及相应地理视野所激起的澎湃回响。自公元前八世纪的王政时代以来,罗马人便从亚平宁半岛的中心展开了南征北讨,逐渐从台伯河畔的村落成长为意大利的主人。因此意大利可视为罗马帝国的"本土"(尽管这也是一系列战争和同盟的结果)。在帝国存续期间,意大利适中拥有凌驾于其他行省的地位,诚如普林尼所言,居于中央的意大利,"既集八方之精华,又育四极之土地,乃荣耀神灵、团结万邦、化成天下、同文共轨的天选之地,简言之,即所有民族之父邦"(*Natural History* 3.5)。公元前 264 年,布匿战争的爆发开启了罗马海外扩张的脚步。半岛之外第一块被纳入罗马疆域的领土是西西里岛,因其呈三角形,古希腊人也称之为"特里纳克里亚"(Trinacria, Τρινακρία,意为"三角之地")。罗马征服叙拉古王国后,将该岛以及周围的马耳他等小岛屿划为一个行省。奥古斯都在此建立了6个殖民城市（kolonia），其中最为重要的属旧王都叙拉古、濒临墨西拿海峡的陶尔米纳（Taormina）和卡塔尼亚（Catania）。

与西西里类似，撒丁岛和科西嘉岛也是从与迦太基人的争战中夺取过来的。在被罗马占领后，撒丁岛曾因掀起长达近百年的叛乱，致使其西部山区长期脱离罗马管制。罗马人主要掌握着东部和南部的天然良港，比如卡拉里斯（Caralis，即今卡利亚里）。科西嘉岛的情况也类似。此后罗马将其合并为一个行省，并以科西嘉岛的殖民城市阿莱里亚（Aleria）为首府。① 同样借由布匿战争吞并的领土也包括西班牙地区（Hispania）。早在罗马人到来之前，西班牙便分别就被腓尼基人、希腊人和迦太基人先后染指过。第二次布匿战争后，罗马占领了从比利牛斯山脉至直布罗陀之间的海岸地带，并逐渐向内陆扩张。到了奥古斯都时期，整个半岛基本都被收入帝国囊中，由此被重新划分为三个行省：一是以首府塔拉科（Taracco）重新命名的"塔拉科西班牙省"（Hispania Tarraconensis），在三行省中地域最广，囊括了新征服的北方地区；其次是以贝提斯河（Baetis，即今瓜达尔基维尔河）流域为中心的"贝提卡省"（Hispania Baetica），沿河平原尤为富饶；最后是位于大西洋沿岸的"卢西塔尼亚省"（Hispania Lusitania），包括了今天

---

① 值得一提的是，由于该行省动乱频繁、文化不昌，帝国政府曾长期将其作为流放的目的地。尼禄当政时期，譬如受阴谋罪指控的卡西乌斯·朗吉努斯（G. Cassius Longinus）等一大批官员被流放到撒丁岛。提比略则将4000名受指控的犹太教信徒送到岛上。此后遭到此流刑惩罚的也包括诸多基督徒，他们被派往岛上矿场工作，并成为当地的少数希腊语族群（Chapot, 1996：105）。

的葡萄牙地区。[1] 由于背山面海,远离战事,罗马的"文明化"进程在西班牙推行得十分顺利,从大量出土文物中仍能窥见帝国时代的基本风貌。

另一片同样高度罗马化的地区,是与西班牙隔比利牛斯山相望的高卢地区。拜凯撒的《高卢战记》所赐,后世历史学家对这片土地纳入帝国的详细过程了如指掌。但在那之前,临近阿尔卑斯山、同样以凯尔特人为主要居民的高卢地区已被共和国揽入囊中。其中山南高卢(Cisalpine Gaul)以波河流域为主,在凯撒之前已属于法理上(de jure)的意大利地区,故不纳入讨论;而南临利翁湾(Gulf of Lion)、相当于今天法国的朗格多克(Languedoc)一带的山北高卢(Transalpine Gaul)则成为独立行省,并依首府纳博讷(Narbo Martius, 今 Narbonne)命名为"纳博讷高卢省"(Gallia Narbonensis)[2]。此地临近本土,又久沾"王化",其罗马化程度在公元1世纪已与意大利相当,以至于普林尼赞叹说:"就土壤的耕作,文明礼仪和财富而言,没有行省能超过纳博讷高卢。实际上相比于行省,我们也许更应将其视作意大利的一部分(Italia verius quam provincia)。"(*Natural History* 3.20)上述两个高卢地区,一度被罗马人并称为"高卢行省",以区别于更北方仍处于铁器时代部落社会的"长发高卢"(Gaulia Comata)。奥古斯都将其划分为三省:自纳博讷高卢以北、卢瓦尔河以南、西临比斯开湾的部分为

---

[1] 后两个行省的首府分别是科尔多瓦(Corduba,今称 Córdoba)和梅里达(Emerita Augusta,即今 Mérida)。

[2] 或译作"那旁高卢"。著名港口城市马赛(Massalia)也在该省。详见 Grant (1979:177)。

"阿基坦高卢"（Gallia Aquitania）；自卢瓦尔河以北，至东北方的塞纳河与马恩河的区域为"卢格杜高卢"（Gallia Lugdunensis）；与其东北边界相邻的则是"比利时高卢"（Gallia Belgica）。建城于公元前40年的卢格杜努姆（Ludgunum，即今里昂）既是卢格杜高卢的首府，也是整个高卢地区的绝对权力中心。

越过高卢，罗马人还在英吉利海峡对岸的不列颠岛上烙下了自己的痕迹。图密善当政后，罗马军队在著名将领阿古利可拉（Gnaeus Julius Agricola）的率领下，在格劳皮乌斯山（Mons Graupius）一举击败了喀里多尼亚人（Caledonians，即今苏格兰的原住民），奠定了罗马治下的"不列颠行省"的疆界，即福斯-克莱德一线（Forth-Clyde neck）——这一切都被阿古利可拉的女婿塔西佗记载在《阿古利可拉传》中（Tacitus, 1914:152）。然而边境的统治并不太平。考古证据显示，在罗马人凯旋回师之后，苏格兰一带还持续了二十多年的相互攻伐。为此哈德良皇帝甚至亲临前线，并沿泰恩河（River Tyne）至索尔韦湾（Solway Firth）的"石门前线"（stonegate frontier）监造了边墙，史称"哈德良长城"。此后安东尼·庇护进一步向北推进，在福斯-克莱德一线建造了"安东尼长城"。但后者没过多久就被弃置。罗马人与当地土著在该区域展开了反复的拉锯和争夺，最终维持的稳定疆界仍是更早修筑的哈德良长城一线。

除了不列颠的边墙之外，另一条让罗马皇帝们头疼不已的前线是莱茵河与多瑙河流域。凯撒在征战高卢时曾兵临莱茵河一线。继承其遗志的奥古斯都也一度计划征服易北河，并推进到威悉河一带。然而此后日耳曼总督瓦卢斯（Publius Quinctilius

Varus)的惨败(即前述条顿堡森林之役)严重挫伤了帝国东扩的野心。罗马人只能退守莱茵河一线,并象征性地将右岸的日耳曼部落迁移到左岸,据此划分出两个行省,分别称"上日耳曼"(Germania Superior)和"下日耳曼"(Germania Inferior)。唯一值得帝国欣慰的是,罗马人打通了莱茵河上游与多瑙河的连接部,并修筑成一道贯穿欧陆的漫长防御线。提比略登基后,陆续镇压了潘诺尼亚、达尔马提亚、雷蒂亚和默西亚的对抗势力,稳定了这一帝国边界。由于北临波西米亚高地和匈牙利大平原,这里长年受到南下的山民和游牧民——如雅济革斯人(Iazyges)和马科曼尼人(Marcomanni)侵扰,以至于皇帝们即便赢得了战争,也只能依靠缴纳贡金等外交手段来维持和平。[①] 唯一的例外大概是图拉真——他两次御驾亲征,将帝国的疆域扩张到了史上极盛:向北突破多瑙河防线,将包含了特兰西瓦尼亚高原(Transylvania)、南喀尔巴阡山一带的达契亚王国吞并;向东进兵帕提亚王国(Parthian Kingdom,即中国史籍中的"安息"),将罗马东境推进到底格里斯河以东,直抵波斯湾。图拉真为此设置了达契亚、亚美尼亚、亚述、美索不达米亚等多个新的行省。但哈德良即位后,唯有达契亚保留在帝国版图之列。

在托勒密开展其中要工作之时,帝国武功赫赫的时代已经过去,亚洲的疆域也基本压缩在从埃及的西奈半岛到卡帕多奇亚(Cappadocia)的地中海沿海区域,并时刻在东部边境保持着紧张

[①] 据《罗马帝王纪》载,哈德良在位期间,一位罗克索拉尼国王抱怨他的贡金(stipendiis)减少,哈德良主动调查并与他达成了和解。见 *Historiae Augusta*, "Hadrian" 6.7—8;Magie(1991:20)。

的军事压力。位于亚洲最南方、与埃及接壤的行省,是"佩特拉阿拉伯"(Arabia Petra),也是罗马在阿拉伯地区名义上的唯一领土。此地原为纳帕塔王国(Napata)的一部分,因位于从亚喀巴(Aqaba)经佩特拉(Petra)前往大马士革的商路上而繁荣异常。在佩特拉阿拉伯的西北角,从死海直至加利利湖的约旦河西岸,是以基督诞生地而闻名的"犹太"(Judae)行省。当地居民由于独特的信仰而与帝国爆发多次冲突。在一系列的叛乱和镇压后,哈德良将其并入叙利亚并改名为"巴勒斯坦叙利亚省"(Syria Palaestina)。而一般意义上的叙利亚指的是犹太以北直到幼发拉底河与东南托罗斯山脉之间的区域,在罗马之前,叙利亚曾归塞琉古王朝所有,后被庞培纳入行省,成为帝国的军事重镇。受沙漠的影响,该片区大部分城市集中在地中海东岸及穿越沙漠绿洲的贸易路线上。譬如前面提过马里诺的故乡、历史悠久的商业名城推罗就位于叙利亚省南部沿海的腓尼基地区。除此之外,叙利亚的贸易中心还包括与推罗往来频繁的大马士革、沙漠中的绿洲城市帕尔米拉(Palmyra)以及作为省会的安条克。其中尤为重要的是位于奥伦特斯河(Orontes)沿岸的安条克城。由于占据了东西方贸易的要津,其地位在西罗马倾覆后的拜占庭时期乃至中世纪都长盛不衰。

在叙利亚西北的伊苏斯湾(Gulf of Issus,即今伊斯肯德伦湾),地中海转向西南行进,描绘出了罗马帝国小亚细亚地区的大致轮廓。首先是临近叙利亚的奇里乞亚(Cilicia)省,以塔苏斯(Tarsus)为首府。该海域曾因海盗盛行而迫使当局出重兵围剿。沿托罗斯山脉往西,是原属奇里乞亚的潘菲利亚地区。克劳狄将它与吕西亚(Lysia)组成"吕西亚-潘菲利亚"联合行省,由此其范围从托罗斯山脉以南的沿海平原逐渐北扩,并形成包含皮西底亚(Pisidia)、伊苏利亚(Isauria)在内的广域概念——托勒密《地理学》中的潘菲利亚正是如此规定的。① 继续往西是临近爱琴海的"亚细亚行省"(Provincia Asia)。自亚历山大大帝逝后,"继业者"(Διάδοχοι)瓜分了他的遗产,其中占据小亚细亚地区的利西马奇亚帝国(Lysimachian Empire)在分崩离析后,重构为阿塔罗斯王朝治下的"帕加马王国"(Kingdom of Pergamon)。公元前133年,末代国王阿塔罗斯三世归顺罗马,由此贡献了这一罗马在亚洲的首块疆域。该省与旧王国的范围大致相合,包括密西亚(Mysia)、吕底亚(Lydia)、卡里亚(Caria)、弗里吉亚(Phrygia)等地区。这里也拥有诸多熠熠生辉的希腊名城,如旧王都帕加马(Pergamon,也作"佩加蒙")和宗教圣地以弗所(Ephesus)。由亚细亚往北,位于黑海(Pontus Euxinus)和马尔马拉海(Propontis)南岸的狭长地带,构成了帝国北部的"海疆"之一,即"比提尼亚与本都行省"(Provincia Bithynia et Pontus)。类似亚细亚省,该省也是由罗马的附属国、比提尼亚王国的末代国王尼科美德四世"拱手相赠"。因位于黑海入口,其战略意义不言而喻。重要城市尼科米底亚(Nicomedia)在帝国晚期成为东部的都城,其南部不远处的尼西亚(Nicaea)则因早期基督教的发展而名声大噪。自本都地区沿黑海海岸向东,可抵达帝国东北角的行省卡帕多奇亚。提比略时代,其

---

① 托勒密对潘菲利亚的整体描绘如下:"西边与吕西亚和部分小亚细亚接壤,北边延伸到加拉太(Galatia);东边从加拉太的边界穿过奇里乞亚和部分卡帕多奇亚,直抵潘菲利亚海(Pamphylian Sea,相当于今天土耳其的安塔利亚湾);南边同样与这片海相对。"(*Geography* 5.5.1)

被纳入行省之列以应对当地的叛乱危机。自公元2世纪起,这里成为羁縻亚美尼亚、对抗抵御帕提亚帝国的重要军事屏障(Bowman et al,2000:219)。

相比强邻环伺的欧洲和亚洲,非洲(也称"利比亚大陆",即Lybia,)可算是帝国最为和平的区域,其稳定繁荣很大程度依赖于非洲的"母亲河"——尼罗河的滋养。作为历史更为悠久的古代文明,埃及在很长一段时间内都维系着自身独特的文化体系。当地居民大多"说埃及语,崇拜埃及的神祇,按照埃及人的原则处理问题"(瓦歇尔,2010:182)。尽管托勒密王朝治下,亚历山大城、瑙克拉提斯(Naucratis)、帕拉托尼乌姆(Paraetonium)和托勒密城(Ptolemais)[①]等少数城市实现了希腊化,但这比起广袤的尼罗河流域不过是九牛一毛。在地理位置上,埃及作为亚非交点,北接克里特岛,具有得天独厚的贸易优势。亚历山大港是其集中的体现。虽然自公元前2世纪至托勒密王朝末期,亚历山大曾经历了不可避免的衰退。但在帝国治下,它重新夺回了作为贸易中心和希腊文化高地的位置——这里不仅是托勒密最重要(也许是唯一)的研究基地,还诞生了包括希罗(Heron of Alexandria,活跃于约62年)、帕普斯、提翁、希帕提娅(Hypatia,350—415年)等古代最伟

[①] 瑙克拉提斯是希腊人在埃及建立的第一个永久性殖民城市,位于尼罗河三角洲靠西南的支流上,早在公元前6世纪尼科二世时期便已成形;帕拉托尼乌姆即托勒密王朝时期的Paraitónion,今为埃及的港口城市马特鲁港(Mersa Matruh),据亚历山大城以西200多公里;托勒密城又称赫米乌托勒密(Ptolemais Hermiou)或底比斯的托勒密(Ptolemais in the Thebaid),位于尼罗河西岸,斯特拉波称其为底比斯最大的城市,规模可与孟菲斯(Memphis)比肩。有学者认为托勒密本人便出生于此。参考 Herodotus Histories 2.179;Strabo 17.1.42;Jansen-Winkeln(2021),以及 Stillwell(1976)之"Ptolemais Hermiou"词条。

大的数学家。埃及的重要性还在于,尼罗河沿岸尤其是三角洲地区的肥沃土地构成了整个帝国的粮仓。沿尼罗河上溯,行省南界延伸到位于赛伊尼的第一瀑布,囊括了整个狭长区域的富饶之地。尼罗河西部的许多绿洲,如背靠加龙湖(Lake Qarun)的法尤姆地区(Faiyum)亦成为兴旺之地。而尼罗河以东与红海之间的贫瘠山地,主要依靠矿产资源提振经济,也有重要商路穿越其间,将尼罗河同红海沿岸的米约霍墨斯港(Myos Hormos)、贝勒尼基(Berenike)等港口连接起来(Sidebotham & Zitterkopf, 1995)。沿红海南下,罗马人进一步将海上贸易拓展到非洲南部、阿拉伯半岛以及印度。在罗马军团的保护下,这片海域来往的商船络绎不绝,运载着来自阿杜利斯(Adoulis)的象牙和兽皮、香料角的肉桂、阿拉伯的乳香以及印度的宝石等罗马人汲汲以求的货物。

紧邻埃及以西的是"克里特与昔兰尼加"(Crete and Cyrenaica)行省。昔兰尼加位于今天利比亚的东部海岸,在锡德拉湾(Gulf of Sidra)以东。该省的东部较为贫瘠,史上也称"马尔马里卡"(Marmarica)地区;西部的"潘塔波利斯"(Pentapolis,意为"五城")集中了该省的主要城市。顾名思义,这里最初由五座希腊的城邦(殖民地)组成,其中最重要的正是行省得以命名的昔兰尼。[①] 前文中提道过,这里是"地理学之父"埃拉托色尼的故乡,也是古希腊时代重要的文化锚点和智识中心。昔兰尼更还代表着北

---

① 五座城邦分别是位于内陆的昔兰尼(Cyrene)、其关联港口阿波罗尼亚(Apollonia,即今 Marsa Susa)、阿尔西诺伊(Arsinoe,也称 Taucheira)、尤厄斯珀里得斯(Euesperides,也称 Berenice,在今班加西附近)、巴拉格莱(Balagrae,在今贝达)以及巴尔刻(Barce,在今迈尔季)。见 Abun-Nasr et al. (2016)。

非沿岸的狭长地带的富庶农业,以盛产大麦、橄榄油、无花果、羊毛,以及上流社会人尽皆知的"罗盘草"而闻名。① 相比之下,曾孕育了古希腊文明的克里特岛反而黯然失色,并于公元前78年并入昔兰尼加进行统一管理。从昔兰尼往西,越过北非的地中海沿岸最为深陷的大苏尔特海湾(Syrtis Major,即锡德拉湾),便是依附于"阿非利加行省"(Africa Proconsularis)②的城市的黎波里(Tripolis,意为"三城"),其内陆部分与费赞绿洲(Fezzan)相邻。阿非利加行省是罗马在非洲建立的第一个行省,也是罗马人战胜强大迦太基的荣耀象征。从共和国到帝国时代,阿非利加的疆域不断扩大,向东直至昔兰尼,向西则囊括了努米底亚(Numidia),跻身于帝国人口最稠密的省份之一。在图拉真的统治下,罗马军团向西挺进到提姆加德(Timgad)及兰拜希斯(Lambaesis),洞开了通向撒哈拉的门户(Thomson,1948:258)。

由阿非利加再向西行,直抵大西洋沿岸,便是位于非洲大陆以及帝国最西边的毛里塔尼亚省(Mauritania)。奥古斯都时期,帝国占领了沿海的大部分据点,但其军事控制并不完全,内陆地区主要交由附属国治理。其中最著名的国王是发现了加纳利群岛的朱巴

---

① 罗盘草作为一种堕胎药和媚药,一度风行于罗马本土(Ring et al.,1994)。但据普林尼的《自然志》记载,这种草本药物在1世纪时已逐渐稀少,难以寻觅。此后终至于灭绝(Natural History 3.5,即 Pliny,1961:243)。
② "阿非利加"之名最初源自一支柏柏尔人部落的称呼(意为"洞穴"或"穴居")。罗马人最初以"阿非利加"代指迦太基的故土,即今突尼斯一带,而阿非利加行省则包括了大小苏尔特湾南岸的狭长地区,包括今天的阿尔及利亚东北和利比亚西北部分。此后,"阿非利加"逐渐扩大成为地中海以南土地的总称,并衍生为今天的"非洲"之意(Dickson et al.,2010)。

二世(Juba Ⅱ)。① 公元40年前后,克劳狄吞并了毛里塔尼亚并将其分为两个行省,即东边的"凯撒毛里塔尼亚"(Mauretania Caesariensis)和西边的"廷吉塔纳毛里塔尼亚"(Mauretania Tingitana),大约相当于今天的摩洛哥和阿尔及利亚。然而除了有少量非正规的辅军部队驻扎,海岸不远的高原盐湖长期处于帝国控制之外。在奥兰(Oran)和丹吉尔(Tangier)之间的里弗(Rif)山区,罗马人甚至只能通过海上路线进行交通。毛里塔尼亚向西的最后一个罗马前哨站抵达了今天的拉巴特(Rabat)附近,背靠中阿特拉斯山(Middle Atlas)以北的宽阔河谷,距离后来的北非名城卡萨布兰卡(Casablanca)不远。向内陆纵深的扩张唯有一例:公元41年,罗马将领苏伊托尼乌斯(Gaius Suetonius Paulinus)跨越阿特拉斯山平叛,行进到了穆卢耶河(Moulouya River)上游,跨过"灼热的黑色沙土与烧变岩的沙漠",抵达了被认为是瓦迪吉尔(Wadi Ghir)的河流附近(*Natural History* 5.1)。②

2. 同时代人的域外探索和地理想象

相比于广袤的欧亚大陆,即便是空前广大的罗马帝国也只占据了其中一小部分。"居住世界"的大部分都在帝国军团的管辖范围之外,无怪乎连兵临波斯湾的图拉真也只能望洋兴叹"时不

---

① 事实上,朱巴二世一直以艺术和科学的恩主称名于后世,颇类似文艺复兴时期的意大利王公之风。他资助了不少地理冒险和博物考察,甚至他自己也是一位著作颇丰的学者,其著作范围涵盖了地理、历史、诗歌、戏剧等多个领域,并被后世的拉丁与希腊语作者广泛征引。详见 Roller(2003:61—63)。

② 瓦迪(wadi)源于阿拉伯语,指北非干旱地区的季节性河道或河谷,也称"干谷"。该河道发源于阿特拉斯山区的古特迈(Gourram)附近,向东南流入今天的阿尔及利亚境内,最终在伊格利(Igli)汇入萨乌拉河谷(Oued Saoura)。

我予"。① 在欧洲,罗马的主要疆土集中于地中海沿线,这奠定了今日拉丁文明和拉丁语系的分布范围。在极北方向上,直到托勒密的时代,由皮西亚斯探知的图勒仍是地理认知的最北点。据塔西佗记载,不列颠的征服者阿古利可拉曾派了一支舰队从泰河河湾(Tay)出发,抵达了奥卡德岛(Orcades)和图勒岛②——这成为托勒密绘制不列颠以北地图的主要依据(Tacitus *Agricola* 10.6)。事实上早在托勒密之前,地理学家梅拉便已经听闻了奥克尼群岛(Orkney)和由七个岛屿组成的"艾莫代"(Aemodae,即今设得兰群岛)。普林尼在此基础上,补充了不列颠西北的赫布里底群岛(Haebudes, Hebrides)的信息。然而对于不列颠本岛上的苏格兰地区(即罗马人所说的喀里多尼亚),时人语焉不详。塔西佗提到这一区域是楔形的,有长长的峡湾伸入山中。他还提到图勒附近的海洋相当"黏滞",因而被认为是传说中世界之外的"死海"。③与不列颠隔海相邻的爱尔兰岛则很少进入罗马人的地理视野。斯特拉波将爱尔兰(Ierna)置于了遥远的北方(Strabo 4.5.4),梅拉则认为爱尔兰(Iuverna)位于不列颠"上方",且两者差不多大(Mela 3.53)。普林尼对前人描述做了修正,使其长度变短许多,但宽度即南北跨度仍和不列颠相当(*Natural History* 4.16)。

在日耳曼"蛮族"聚居的欧洲中北部,帝国人的地理认知延伸

---

① 图拉真在寄给元老院的书信中抱怨受,他年事已高,无法再继续东进以重现亚历山大大帝的伟业了(Bennett, 2001:202)。
② 奥卡德岛一般认为是今天的奥克尼群岛(Orkney)。
③ 如塞内卡所描述:"这片海陷入不动的死寂,仿佛被其边界所囚,天然凝滞起来,深不见底的空洞也孕育了怪异而骇人的轮廓和海兽。黑暗遮蔽了光芒,阴翳笼罩了白日。确乎是一片沉重而死寂的海洋。"(*Suasoriae* 1.1,即 Sèneca, 1728:3)

到了今天波兰境内的维斯杜拉河(Vistula),提比略等人环绕日德兰半岛(Jutland)的海上行军也增进了对这一带的了解。[①] 斯特拉波的描述止于易北河流域,但对贯穿日耳曼尼亚的赫尔齐尼亚森林(Hercynian Forest)做了详细的介绍并以此勾勒出欧洲的边界。[②] 梅拉说日耳曼外海有一个巨大的科丹海湾(Codanus Bay),其中岛屿星罗棋布——这指的可能是丹麦和瑞典之间的卡特加特海峡(Mela 3.29, 3.54)。再向北去,斯堪的纳维亚半岛也出现在普林尼的笔下,但他和同时代的地理学者都没有意识到这是与欧洲相连的大陆,而将其描述为"斯卡迪纳维亚岛"(Island Scadinavia)。他还提到了第二个岛,岛上拥有巨大程度"不亚于利派昂山脉(Rhipaean Mountains)"的萨沃山脉(Saevo)。[③] 基于普林尼的众多描述,塔西佗得以创作出他的经典之作《日耳曼尼亚志》(Germania)。这部原名为"日耳曼人的住地与起源"(De Origine et Situ Germanorum)的民族志,最早对欧洲中北部的部落和种族进行了整体介绍。其中大部分涉及当地的公共和私人生活以及各部落

[①] 据说随军人员"看到或听说了一片广阔的大海,通往斯基泰和寒冷的地方",这无疑正是指的波罗的海(Natural History 2.167,即 Pliny, 1961:303)。

[②] 梅拉、凯撒、普林尼等人对这片森林都有提及,并指出其向东一直延伸到达契亚,即今天的喀尔巴阡山脉。详见 Mela 3.29(1998:109); De Bello Gallico 6.24—25 (Caesar, 1958:348—357); Natural History 4.80(Pliny, 1961:179)。

[③] 利派昂山脉('Ριπαια ὄρη, Rhipaei or Riphaei montes)是古代西方人假想中的山脉,通常作为已知世界的北部边界。其字很可能来自希腊语 ριπή("阵风"),因此也被视为极度寒冷、永远有大雪覆盖的地区。许多古代地理学家认为这座山脉是北风(Boreas)以及数条大河(第聂伯河、顿河、伏尔加河)的源头。参考 Natural History 4.13, 94—96(Pliny, 1961:193)。

的具体差异,地理方面的论述则作为附属内容带出。"总的来说,这里只有荒凉的森林与可怕的沼泽"(Tacitus,1914:271),塔西佗的这句总结代表了罗马人对该区域的基本认知。书中列出了波罗的海沿岸许多部族的名字,比如易北河一带、统属于苏维比人(Suebi)的塞蒙尼人(Semnones)、马科曼尼人(Marcomanni)、朗戈巴迪人(Langobardi)、卢基人(Lugian / Lugii)、阿累伊人(Harii)等,再向东去,还有来自约塔兰的古通人(Gotones)、出售琥珀的埃斯蒂人(Aestii)、维涅季人(Venedi)以及原始和贫穷的芬尼人(Fenni)。在"苏维比海"(Suebian sea,即波罗的海)外的岛屿上有强大的苏伊翁人(Suiones)和女王治下的昔托内人(Sitones)——这些部族之名大多被吸纳到了托勒密《地理学》之中(Tacitus,1914:316—331)。①

自古希腊以来,西方人便以"斯基泰地区"(Scythia)之名称呼欧洲东北方向以及黑海以北的地区。到了罗马时代,这一名称被"萨尔马提亚"(Sarmatia)取代。帝国对于这片域外之地仍维持着有限的羁縻。在长达300年的时间里,占据亚速海沿岸以及陶里卡(Taurica,即今克里米亚半岛)的博斯普鲁斯王国,一直作为罗马的附属国而存在,助其稳定黑海的贸易路线。在罗马人的地理认知中,游牧的萨尔马提亚人分布在日耳曼尼亚或维斯杜拉河以

---

① 托勒密很可能参考了塔西佗,但其文献来源显然不止一处,且引用过程中存在诸多不一致和语法性误读。譬如指代朱特人(Jutes)的"Fundusii",很可能就是的拉丁语"Eudusii"(即塔西佗所说的 Eudoses)之误。而城市名 Siatutanda 则源于对拉丁短语"ad sua tutanda"(为了保卫他们自己)的误读。诸如此类,见 Thomson(1948:246);Tacitus *Annals* 4.74。

东、多瑙河与黑海以北直至伏尔加河一带的广袤地域。[①] 斯特拉波将其分为雅济革斯人(Iazyges)、罗科索拉尼人(Roxolani)、奄蔡人(Aorsi)以及希拉可人(Siraci)。但罗科索拉尼人横行的亚速海以外是否有人生存,他持怀疑态度(Strabo 7.2)——毕竟罗马诗人奥维德(Ovid)在因得罪权贵而被流放到黑海西岸后,一度将那里绝望地称为"最后的土地"(ultima terra)。[②] 普林尼认为,广阔的迈俄提斯湖(Maiotis)很可能是北大洋(North Ocean)的一部分,或者就是入海口。和梅拉一样,他也认为塔内斯河(Tanais,即顿河)的源头位于传说中的利派昂山脉。这一说法以讹传讹地流传下来,并进入了托勒密的地理图景之中。

萨尔马提亚的东部在地理上位于当时的亚洲,比如亚美尼亚以北的高加索地区。这在很长时间里是古代西方人地理认知的极限,一如昆仑山之于上古之中国。故而埃斯库罗斯将遭受天罚的普罗米修斯置于"遥远的"高加索山之上,而传说中亚历山大大帝所建用以抵御北方蛮族的"亚历山大之门"也位于高加索山口。帝国将这片黑海和里海之间的多山地区视作狭窄的地峡,作为抗击北方游牧部落的前线。史学家阿里安('Αρριανός, Arrian of Nicomedia,约86/89—146年)也在《黑海周航志》(*Periplus of the*

[①] 事实上,两者都源于对欧亚大草原(Eurasian steppe)上的雅利安游牧部落的称呼,而萨尔马提亚人(Sarmatians)本身也属于广义斯基泰文化的一支(Unterländer et al., 2017)。

[②] 奥维德称"那无法居住的寒冷土地上一无所有"(ulterius nihil est nisi non habitabile frigus),见 *Tristia* 3.4b,51—52(Ovid,1893:9)。

Euxine Sea)中提到过高加索山。[①] 普林尼论及此处的"高加索之门",并埋怨人们总将它和"里海之门"混淆。[②] 自高加索以南、两河流域以东便是当时的帕提亚帝国。今天对这一带最重要的地理记载,来自于查拉克斯的伊西多鲁斯(Isidorus of Charax,活跃于公元元年前后)所著之《帕提亚驿站志》(*Parthian Stations*, *Σταθμοί Παρθικοί*)。[③] 这部成书于公元前后的道路志,记载了从安条克东行至印度和阿富汗的陆上路线,并对沿途的贸易站加以详述。据书中所言,翻过亚美尼亚高原,经扎格罗斯山口(Zagros pass)可抵达米底的中心城市埃克巴塔那(Ecbatana)[④]。而后越过卡斯皮乌斯山(Caspius)[⑤],穿过里海之门(Caspian Gates)[⑥],沿南岸东行依次经过科亚雷那(Choarena)、科米塞拉(Comisena)、赫卡尼亚(Hyrcania),可到达安息初代国王阿萨西斯一世称王之地"阿萨

[①] 值得注意的是,阿里安在其更出名的著作《亚历山大远征记》(*Anabasis of Alexander*)中反复提及的"高加索山",实际是印度的兴都库什山脉(Thomson, 1948: 290)。

[②] 他还说铁门之畔耸立着名为库马尼亚(Cumania)的堡垒,与黑海相距200罗马里(约300公里)。而事实上,里海与黑海沿高加索山最短的距离也有500公里(*Natural History* 6.12, 29—30)。

[③] 据考伊西多鲁斯的出生地喀拉克斯就是查拉塞尼王国的首都、斯巴西努的查拉克斯(Charax Spasinu),因位于两河下游临近波斯湾的河口,也称"波斯湾的安条克城"。此地很可能即是甘英出使大秦所抵达的终点"条支"。参考 Schoff(1914);Hill(2009:5, 23, 240—242)。

[④] 即今伊朗哈马丹(Hamadan)。

[⑤] 即今厄尔布尔士山脉(Elburz Range),其中 Caspius 一词源于附近的卡斯皮人(Caspii),这后来也成为里海名称的由来(Smith, 1870:558—559)。

[⑥] 注意,此处为米底的"里海之门",在今厄尔布尔士山脉一带,应区别于亚美尼亚以北、高加索山区的"里海之门"。

克"(Asaak)。① 由此往南便进入了安息帝国的核心地带帕提亚(Parthyena)。顺着马尔吉亚那(Margiana)继续南下,是坐落着"阿里的亚历山大城"(Alexander of Arii)②的阿里亚(Aria)——该地名曾被埃拉托色尼用以指称整个伊朗高原。再往南是扎兰吉亚那(Zarangiana),这也是希罗多德笔下组成阿契美尼德王朝第十四行省的"萨兰吉亚人"(Sarangeis),及阿里安所说的扎兰该人(Zarangaeans)、狄奥多罗斯所说的德兰吉亚人(Drangians)所在地。③ 越过赫尔曼德河,进入塞种人立国的萨迦斯坦(Sakastan)。④ 塞种人的彼端是直抵印度河流域、有"白印度"之名的阿拉霍西亚(Arachosia)。⑤ 托勒密的亚洲地图保留了这些地名中的大多数。

公元前2世纪中叶起,希腊化的巴克特里亚王国遭到中国史籍中所载"大月氏"入侵。此后百余年,月氏五翕侯之一的贵霜翕侯统一诸部,自立为王,国号贵霜,并在此后建立起地跨咸海、花剌子模、粟特、大夏、旁遮普、恒河上游直至印度讷尔默达河(Narmada)的广阔帝国。不过当时,西方对这一位于丝路沿线的

---

① 阿萨克即今伊朗古昌(Kuchan),位于土库曼斯坦的首都阿什哈巴德(Aşgabat)和礼萨呼罗珊省首府马什哈德(Mashhad)之间。
② 即今阿富汗赫拉特(Herat)。
③ 这一系列词根的本意为"湖畔的住民"(Zareh,即湖水之意),很可能意指伊朗东部的"赫尔曼德湖"(Lake Helmund,即哈蒙湖),现已大范围干涸。见 Herodotus 3.93 (1928:121); *Anabasis* 3.25 (Arrian, 1967:313); Diodorus 17.78 (1983:344—345; 1985:255)。
④ 即今锡斯坦地区。塞种人(Sacae)也称"萨迦伊人",即中国古籍中所说的塞人或塞种人(Saka)。原居住于伊犁河流域,后受到月氏人的驱赶不断南下,后越过开伯尔山口进入印度,在印度历史中也被称为"印度-帕提亚人"(Indo-Parthians)。关于塞种人之源流,可详细参考余太山(1992)。
⑤ 详见 Schoff(1914:3—9)。

"四大帝国"之一仍缺乏了解[1],和"赛里斯国"一样,罗马人关于中亚的消息往往来自印度或斯里兰卡商人或使者,所以里海被当作通向北大洋的狭长海湾,咸海甚至并未进入西方的视野。普林尼提到过大名鼎鼎的中亚两河,但认为它们都汇入里海,而所谓的塔比斯角(Cape Tabis)以外都是浩瀚无垠的大洋。"海湾"以东散布着多雪的沙漠、食人的斯基泰人和野兽出没的荒僻之所。相比之下,南方印度洋沿线的亚洲部分显然更为他们熟知。上文中提过的《红海周航志》(Periplus of the Erythraean Sea),便是关于该区域地理认知的翔实记载。据考,这部以通用希腊文写成的周航志很可能成书于1世纪中叶,书中描述了从罗马治下的埃及红海出发,一方面绕阿拉伯半岛横渡波斯湾前往印度,一方面绕过香料角南下东非的沿线诸多港口。[2] 据其记载,以贸易著称的阿拉伯半岛,主要市场包括距离内陆首府萨法尔(Sapphar)不远的穆扎(Mouza),而前往印度的船只更多经由曼德海峡附近的俄刻利斯(Okelis)启航。过半岛西南端之后便是被称为利巴诺托弗诺(Libanotophoros)的乳香王国,即今哈德拉毛地区,据说此地蚊虫肆虐,瘴疠横行。此后是苏亚格罗斯角(Syagros)[3],它和香料角连

---

[1] 学界一般将公元初年崛起于欧亚大陆丝绸之路沿线的中国汉朝、中亚贵霜王国、波斯的帕提亚帝国和罗马帝国并称为当时统治世界的"四大帝国"。见让-诺埃尔·罗伯特(2005:1);布尔努瓦(2001:76)。

[2] 英译者斯考夫认为,那位无名氏的作者很可能活跃于公元59—62年,其作为希腊化的埃及人,出身不高,对北部亦不甚了解,应位于埃及南部的贝雷尼科港一带(Schoff,1914:7—16)。

[3] 即今也门东南的Ras Farstask。见Smith(1872:1051—1052),"Syagros Promontorium"词条。

线中间的海域上坐落着今天的索科特拉岛（Socotra），作者称之为迪奥斯库里德岛（Dioskouridou）。远航的船只在这附近的摩斯卡（Moskha）进港，并等待合适的季风降临以横渡大洋，或前往波斯沿岸的奥马那（Omana）等地。

在那时候，整个阿拉伯半岛几乎都属于"福地阿拉伯"（Arabia Felix），希腊人则称之为"Ἀραβία Εὐδαίμων"（Arabia Eudaimon）。根据《红海周航志》的作者所言，该地名源于半岛南岸一座名为"尤岱蒙"（Eudaimon）的城市，当时从波斯湾跨越红海的贸易尚未兴起，于是印度和埃及的货物都在此地转口，因之繁盛一时（Casson, 1989: 65）。不过关于阿拉伯内陆的状况，罗马人的了解似乎相对有限。普林尼说那里的游牧部族一半经商，一半以抢劫为生，但无论如何，"他们是世界上最富有的部族，因为罗马和帕提亚的财富都汇聚到他们手中。他们大肆销售从山海森林中采集的物产，却什么也不买入"（*Natural History* 4.32）。他称奥古斯都时期的埃及行政长官埃利乌斯·加卢斯（Aelius Gallus）计划征服此地，虽然结果虽并不理想，却拓宽了不少地理认知，如早期占领的城市尼格拉纳（Negrana，即今尼杰兰）、饱受罗马围城的马里巴（Mariba）、被沙漠覆盖的港口埃格拉（Egra）等行军沿线城市都进入到西方人的视野。有"学者王"之称的朱巴二世也提到了亚丁港（Aden），那里和尤岱蒙一样，很早便是东西方货物的中转口岸。斯特拉波记载从米约霍莫斯港驶往"埃塞俄比亚的海角和印度"的船只多达120艘，这很可能是帝国军团海上力量的证明（Strabo 2.5.12）。

古代西方对于遥远的亚洲东部的确切信息往往止于印度。公元前4世纪,希腊人麦加斯梯尼(Megasthenes,约350 B.C.—290 B.C.)就曾作为塞琉古王朝的使者入驻孔雀王朝的首都华氏城(也作Pataliputra,即今印度帕特纳),并撰有《印度志》(Indica, Ἰνδικά)一书。[1] 亚历山大东征以后,西方关于印度的地理知识急剧增加,包括阿里安、埃拉托色尼、西西里的迪奥多罗斯(Diodorus Siculus,活跃于公元前1世纪)等作者都有所论述。罗马帝国时期,直接的商贸往来进一步促进了对印度的了解。于是《红海周航志》一类的行程记录成为了当地地理信息的重要载体。据其记载,船只越过波斯湾后,首先越过"拥有七个河口、白色河水涌入红海"的印度河(Sinthos),河口有可供停靠的锚地巴巴里克(Barbarike),继续向南可经艾丽浓(Eirinon)海湾、巴拉克(Barake)海岬,到达西岸最重要的港口之一巴里加沙(Barygaza)及其所属国阿里亚克(Ariake)。[2] 西海岸的其他重要贸易港包括南部马拉巴尔海岸的穆齐里斯(Muziris),以及更南方的胡椒贸易港巴卡雷(Bacare)和内尔辛达(Nelcynda)等。[3] "周航志"的作者提到内尔辛达属于潘地亚王国(Kingdom of Pandion)。同样隶属

---

[1] 据其所撰《印度志》记载,印度是一片四边形的地域,南部与东部临海,西北边界为印度河,向北直抵托罗斯山脉的尽头。麦加斯梯尼将东至大洋、包围印度的群山也称为"高加索山"(Caucasus),其中包括了帕拉帕米索(Parapamisos)、海默都(Hemodos)和海莫斯(Himaos)等山脉。这些山脉之外则是居住着塞种人的斯基泰人之地(Schwanbeck & McCrindle, 1877:49; Stoneman, 2021:29)。

[2] 据说当地还保存着亚历山大大帝东征的祭坛、军营、城墙等遗迹。但事实上,亚历山大应当未曾到过该地(Periplus Maris Erythraei 41,即Casson, 1989: 77; Huntingford, 2017:44)。

[3] 普林尼也提到了内尔辛达人(Neacyndi)的港口,但其名为波拉卡(Porakad)。据他所言,巴卡雷(Bacare)的胡椒实际是用空心独木舟从内陆产地科托那拉(Cottonara)运过来的(Natural History 6.23,105,即Pliny, 1961:419)。

该国的还有实际位于印度的东南海岸、盛产珍珠的克尔开（Kolkhoi,即今 Korkai）。① 时人认为从克尔开之后的利穆利（Limyrike）开始,海岸才转向东边（而非东北）,经由产棉的马萨利亚（Masalia）、出产象牙德萨雷尼（Desarene）直至恒河河口。他称恒河是印度最大的河流,河口不远处有传说中已知世界最东端的"黄金岛"（Chryse）。在该书中,斯里兰卡只有影影绰绰的传闻：此地幅员辽阔,出产珍珠、宝石、乌龟壳等。狄奥尼索斯称它位于北回归线之下,普林尼则认为其距印度一侧 10 000 希腊里,岛上约有 500 个城镇。

值得一提的是,《红海周航志》中还提到了"丝绸之国"的秦纳城（Thina）："此地产生丝、丝线（τό τε ἔριον καὶ τὸ νῆμα）和赛里斯的布匹（ὀθόνιον τὸ σηρικὸν）。货物由陆路经巴克特里亚运往巴里加沙,也通过恒河运往利穆利。"该城在印度以北,"小熊星座之下"（即北极圈附近）,临近黑海与里海"海岸线改变方向的地方"（Casson,1989：91；Huntingford,2017：56）。这一记载也反映了自埃拉托色尼以来古代西方关于丝国的普遍信念。事实上,他们一般将其称为赛里斯国（Serike,Σηρική,源自表示"丝"的名词σηρικός/serikos）,当地住民则称赛里斯人（Seres,Σῆρες,其复数Σήρ/Ser 可能源于古汉语"丝"的对音）。公元前 37 年的诗人维吉尔似乎最早提出这一称呼。在《农事诗》中,他以动情的笔调描述了赛里斯人如何从树叶上梳下丝般柔滑的"羊毛"（Virgil

---

① 即潘地亚王朝（Pandya dynasty）,印度南部的三大泰米尔人国家之一,与哲罗（Chera）、注辇（Chola）王朝并称,其首都位于内陆的莫杜拉（Modura,即今马杜赖）,参考 Stein(1977)。

Georgics 2.121）。该比喻很大程度上代表了时人对中国丝绸的认知——相比于希腊本土科斯岛加工的丝织品，这一通透丝滑、富于幻想色彩的东方织物显得更为轻盈、精致，因而备受上流阶层青睐（布尔努瓦，2001:31）。恰如普林尼所言：

> 赛里斯人以出产羊毛而闻名。这种羊毛生于树叶上，取出，浸之于水，梳之成白色绒毛，然后再由我们的妇女完成纺线和织布这双重工序。靠着如此复杂的劳动，靠着如此长距离的谋求，罗马的贵妇们才能够穿上透明的衣衫，耀眼于公众场合。（Natural History 6.20）

据塔西佗的记载，提比略曾在演讲中抱怨，"男女的一般服饰，或妇女们对宝石所特有的疯狂，将大把大把的钱砸向国外甚至敌国"（Tacitus Annals 3.53），为此他曾禁止男性穿戴丝绸。普林尼也对丝绸消费所引发的一系列财政危机感到痛心疾首。[1] 这也侧面反映出当时帝国丝绸风靡之盛。不过，同时期西方人对中国地理认知的匮乏却与此形成了强烈反差。按照埃拉托色尼的世界体系，赛里斯与印度隔伊美昂山（Imaios）南北相望：南边是印度，北边是赛里斯国。此后的东方地理认知基本继承了这一图景，斯特拉波称赛里斯国位于东大洋之滨，其南为托罗斯山（从土耳其一路延伸过来），其北为斯基泰；梅拉还指出赛里斯国以南的岛

---

[1] 据说他还曾大声疾呼："据最低估算，每年从我们帝国流入印度、赛里斯和阿拉伯半岛的金钱不下1亿罗马银币。这就是我们的奢侈风气以及我们的妇女们所花费的总额。"（让-诺埃尔·罗伯特，2005:209）

屿,即"黄金岛"和"白银岛"(也称"金洲"和"银洲",相应的地名也出现在托勒密文本中)。可见时人对于中国地理描述的准确性之欠缺和幻想色彩之浓厚。和托勒密差不多同时代的希腊地理学家保萨尼亚斯(Pausanias,约110—180年)还认为赛里斯人位于"红海最远端的赛里亚岛(Seria)上",那里的居民是"埃塞俄比亚人种"(Pausanias 6.26)。不过,《红海周航志》将远东南部经海陆抵达的秦纳城(Thina)或秦奈之地(Thinai)与赛里斯国等而视之,似乎是同现代认知的难得吻合之处。[①]

至于非洲,罗马人的域外想象主要源自于尼罗河。曾统治北非西海岸的"学者王"朱巴二世提出,尼罗河的源头在离西大洋不远的毛里塔尼亚。他的理由是,毛里塔尼亚的湖中发现了和尼罗河中特有的鳄鱼,而两边的水体和鱼类也高度相似;类似的,在位于非洲南部、被古希腊和罗马人称之为"埃塞俄比亚"(Αιθιοπία,Aethiopia)的地区[②],其动植物和季节性的泛滥现象也和尼罗河一样。以此为线索,他描绘了一张假想中横跨北非大陆的尼罗河路线图。在朱巴二世看来,尼罗河在向南行进的过程中,会进入地下蜿蜒潜行,偶尔涌出地面,便汇成了中途的湖泊。在第三次涌出之后,它流经埃塞俄比亚的尼格里斯湖(Nigris),而后向东与非洲东

---

① 只是这一地理认知似乎并不牢固,下文中将会提到,托勒密在《地理学》中将秦奈和赛里斯再次分作了两个国家,详见后文。

② 古代西方所说的"埃塞俄比亚",主要是指尼罗河上游以及撒哈拉沙漠以南的"深色人种"居住的地区。其词源很可能由古希腊语中表示"燃烧"的 αἴθω(aitho)和表示"脸"的 ὤψ(ops)两个词根构成,即意指当地民族焦炭一般的肤色。自荷马以来,Aethiopians便用以代指非洲南部的黑人聚落,其范围也随着西方地理视野的拓宽而不断向南延伸。参考 Liddell & Scott(2017);Homer *Iliad* 1.423;Fage(2015)。

部的尼罗河干流相连,最终往北形成麦罗埃下游众所周知的河道。此后,梅拉和普林尼等学者继承了该说法,并将想象中位于西非的上游河道命名为努丘尔(Nuchul)①。据斯特拉波所言,河流的"地下潜行"理论在古希腊广为流传,不少河流都被认为有地下河道(甚至还能穿过海洋抵达彼端的陆地),其中自然也包括尼罗河(Strabo 6.2)。②

"地下潜行说"和西非河源论的出现,一方面源自古希腊罗马人对于非洲南部了解的匮乏,另一方面也基于迦太基人汉诺以来的西方传统地理观念,即将非洲视作面积不大的岛屿。③ 但无论如何,各种假设的提出的确激发了人们的探索野心。塞内卡称尼禄曾派出侦察部队溯尼罗河而上,他们"看见了远处的草原和森林,以及大象和犀牛的踪迹。继续深入,就到了一片巨大的沼泽,其植被茂盛,连船只也无法通行"(Thomson,1948:272)。相比之下,沿海地区的记载更为丰富。譬如《红海周航志》详细记载了从苏伊士湾和亚喀巴湾沿红海南下,向南至非洲东海岸的系列港口。

---

① 米克(C. K. Meek)指出,努丘尔(Nuchul)的说法源自苏丹语发音。其第一个音节"nu"是当地表示"河流"的词根,而第二个音节"chul"很可能是形容词词缀,表示"大"或"黑"。这可以从今天生活在贝努埃河(Benue river)的朱昆族人(Jukun)的语言中找到证据(Meek,1960:9)。

② 潜行理论或将尼罗河视为横穿整个"利比亚大陆"的说法,可以追溯到公元前7世纪的普罗马图斯(Promathus of Samos)。见 Wiseman(1995:59)。

③ 汉诺是公元前5世纪的一位迦太基航海家,其唯一传世的作品是转译为希腊语的《周航志》或《汉诺周航志》(Periplus or The Periplus of Hanno)。据其记载,他从赫拉克勒斯之柱出发,沿非洲海岸南下,最远到达了所谓的"诸神车驾"(Chariot of the Gods/ Θεῶν ὄχημα)和"南方之角"(Horn of the South, Νότου κέρας)。一般认为汉诺抵达了今天的加蓬地区(Schoff,1914:3—8;Law,1978)。

第四章　古代地理视野中的《地理学》世界图像　　293

在帝国时代,从"肉桂海岸"(Cinnamon coast)到香料角(即今瓜达富伊角)的港口人头攒动,贸易繁盛,但过了香料角之后的部分则人迹罕至。据载自海岸向西方向的第一个港口奥波内(Opone,今Ras Hafun)出发,向南和西南方向12天后边抵达"岩石海岸",然后是低地"海滩"。"接下来要在阿扎尼亚航行7天,经过一些河口和锚地,再向南西南方向跨越两条河流,离岸300希腊里有一个树木低矮的岛屿,上有鳄鱼和海龟。此后再行船两天,就抵达阿扎尼亚的最后一个集市拉普塔"(*Periplus Maris Erythraei* 8—15,即 Casson,1989:55—59),不过,阿扎尼亚和拉普塔的具体位置一直存在争议。①

比起拥有尼罗河与红海的非洲东部,罗马人对非洲西部以南、临近大西洋海岸的地理认识更加模糊。除了少数几个位于当今摩洛哥的驿站之外,文献中几乎未曾提及罗马人在这一带的贸易或探索痕迹。普林尼提到了西非的海岸山脉及一些附属河流,但大多记载基于道听途说。类似的还有梅拉的描述,其中甚至融入了许多希腊神话的元素,譬如沙漠山区里的潘神或萨提尔,化身"戈尔贡"(Gorgons)的多毛女人族,神话中的暮光仙女"赫斯珀里得斯之岛"(Islands of the Hesperides)以及其中之一的俄律特亚岛(Erytheia)等(Mela,1998:14,114,129)。对于更远处的外洋中的岛屿,罗马的军团显然不再有兴趣,倒是朱巴二世这样热衷于求知的"学者王",有能力与闲心遣人越洋出海,探知到此前仅存在于

---

① 将上述地名同托勒密《地理学》做一对比可知,前者无疑构成了后者重要的资料来源。不过托勒密将阿扎尼亚延伸到南半球,普林尼的描述则便更偏北,甚至囊括了红海一带的水域和索科特拉岛(Socotra)。

神话传说中的极乐世界：至福群岛（英文：Fortunate Isles/Isles of the Blessed；希腊文：μακάρων νῆσοι, makaron neisoi）。据普林尼的转载，群岛包含五个岛，包括加那利岛（Canaria）和尼瓦利亚岛（Nivaria，即今特内里费岛）——其中由朱巴所命名的"加那利"最终成为了整个群岛的名字（Natural History 6.37；Peck, 1923: "Nivaria"）。① 据说此地平原烟雾朦胧，高地终年积雪，还出产纸莎草、蜂蜜、大狗、蜥蜴以及许多奇异的鸟。不过对于托勒密以及古代地理学而言，这一业已探明的极西之地最大的意义，是为居住世界的经纬坐标网络确立了一个新的起点。

二 《地理学》的世界图像

可以想象，位于亚历山大城的托勒密在写作《地理学》时，已能最大限度地接触到前人留下的地理资料，其丰富程度也远远超过上述罗列以及今日所见之范围。与此同时，贸易和文化中心不断汇聚迭代的异域信息，也为"世界制图"提供了新的可能性。对马里诺的全面批驳便是一个明证：这既来源于托勒密自身的理论建树，也源于地理知识的变迁与更新。托勒密所描述的"我们的居住世界"的全貌，既反映了时人地理认知的极限，也构成了古代最具代表性的世界图像。

---

① "加那利"之名源于岛上一些特别凶猛的狗（canaria）。而特内里费岛（Tenerife）是今天加那利群岛七个岛屿中最大的一个，其名字来源于关契斯语的 teni（mountain）+ ife（snow），意思就是"雪山"。朱巴二世用以称呼特内里费岛的名称 Nivaria，源于拉丁语中表示雪的"nix"，同样指岛上泰德火山山顶的积雪。

第四章 古代地理视野中的《地理学》世界图像

1. 作为整体的居住世界

在前文第一、二章部分,我们便讨论过作为托勒密地理书写的古代地理学前史,以及相应的理论基础。这里有必要再对其进行简要的总结。阿伽塞梅鲁曾在其《地理学概要》(τῆς γεωγραφίας ὑποτυπώσεις ἐν ἐπιτομῇ)一书中,介绍过包括德谟克利特、希帕克斯、波西多尼奥斯等前代地理学家的世界图式"简史",据他所言:

> 古人将居住世界描绘为"圆形"(στρογγύλης),位于中央的是希腊,还有占据着"大地之脐"(τὸν ὀμφαλὸν)的德尔菲。明智的德谟克利特第一个意识到,大地是长形的(προμήκης),其长度是宽度的一倍半(即 1.5 倍)。同样意见的还有逍遥学派的狄凯阿科斯。欧多克斯则认为长度是宽度的两倍,埃拉托色尼甚至认为是 2 倍多。克拉特认为是"半圆状"(ὡς ἡμικύκλιον)。希帕克斯认为是四边形(τραπεζοειδής)的,其他一些人认为是尾巴状(οὐροειδής)。斯多亚主义者波西多尼奥斯提出了"悬带状"(σφενδονοειδής,即 sling-shaped)的图景。诸如此类。(Berger,1869:35—38)

关于圆形世界和长形世界的观念,我们在第一章中已有所提及。克拉特(Crates of Mallos,活跃于约公元前 2 世纪)的半圆形世界则是"地球说"兴起之后的产物。据他的描述,传说中的大洋包含了环绕地球的两条十字交叉的环状部分,其中一条沿赤道分布,占据了整个热带,另一条与其垂直,并穿过两极。[①] 以此为基础,

---

[①] 关于克拉特的地理学观念,详见 Berger(1903:453—454);Thomson(1948:202—203)。

地球上的陆地被大洋分隔成的相互对称的大陆,分居四个"象限",而"我们的居住世界"只是其中之一。

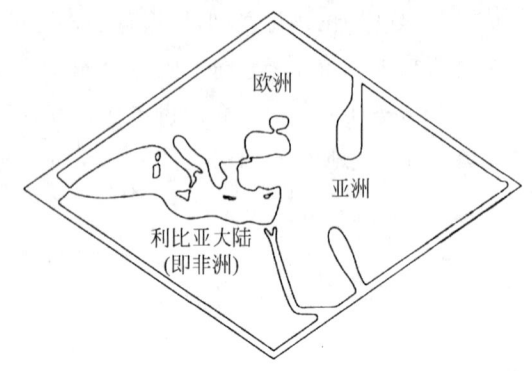

图 4.1 波西多尼奥斯和狄奥尼修的"悬带状"世界图式

而所谓"悬带状",据阿伽塞梅鲁的解释,意为"中间的南北方向上很宽,向东和向西则变窄,但在朝向印度的东南方向却变得更宽"(Kidd & Edelstein,2004:263—264)。"旅行者"狄奥尼修(Dionysus Periegetes,活跃于约公元2世纪)也使用了这一术语,在他看来,该形状是由两个"圆锥"(即等腰三角形)组成的,东边的一个是亚洲,西边的是欧洲加上利比亚(大陆)。两个"圆锥"有共同的"底",其轴线则分别朝向东方和西方(Dionysius Periegetes 271—278,620—623,即 Bernhardy,1828:21—22,37)。[①] 而"尾巴状"很可能指的也是东西两端逐渐收窄的形状(Kidd,2004:717)。[②] 另

[①] 延伸讨论可参考 Shcheglov(2007b);Zimmermann(1999:122—124);Zimmermann(2002)。

[②] 基德指出斯特拉波在提到"斗篷状"大陆东西两端的时候,用到了名词"μύουρος"(鼠尾,窄端)及其动词"μυουρίζειν"(收窄,变弱)。见 Strabo 2.5.6, 2.5.14。

外，前文提过埃拉托色尼关于世界的"斗篷状"(χλαμυδοειδής, chlamys)譬喻，其实也呈现为类似的图式。因他曾如是描述："当我们穿行在居住世界的各地时便会发现，其宽度越趋于东西两端便越是收窄，尤其是在西端"(Strabo 2.5.9)。

谢格罗夫指出，以上对大地形状或世界图式的形容虽然各不相同，但大都隐含了一个共同前提：即居住世界是一个四面环海的"岛屿"(Shcheglov, 2004)。正因如此，古人才会根据已知的地理视野来设想其形状：关于中央的知识是最丰富的，故最宽和最长的部分都集中在中间；而越往两端人们的认知越少，故形状便趋于收缩。这样看来，古代地理学家所描绘的居住世界，毋宁说是一座局限于传统认知的"观念之岛"，以及有限地理视野之下的"经验之岛"。事实上，希罗多德或波利比乌斯很早就对这类图景表示过质疑，但真正有意识地想要突破该框架的第一位学者是希帕克斯。上一章中提到，希帕克斯很可能已经构想出了一种"梯形"或"四边形"的居住世界(τραπεζοειδής οἰκουμένη)。这绝非是仅仅源自经验的构想，而是基于超越性的数学框架重新规定了世界的整体图景。他也反对沿袭传统的"海中地"即单一大洋环绕陆地的理论。如斯特拉波所述，他"认为第一，各地大洋的行为并不完全一致；第二，即便一致也并不代表西大洋没有间断地环绕了地球一圈"(Dicks, 1960:59)。从这一角度而言，托勒密几乎完整地继承了希帕克斯的观点。尤其在他所处的时代，西方人的地理视野上得到了极大地扩展，尤其在南方和东方。马里诺等前辈地理学人所留下的资料、帝国的军事行动以及各类行程记录的地点清单，使得他确信陆地的范围远比过去所认为的要更大，甚至过去认为无法居住的热带和赤道地区,也未尝不能纳入"居住世界"的范围。以此为基础,托勒密描绘出了一个空前广大的世界——不仅大过在他之前的地理学描述,也大过他本人的早期著作,甚至此后直至古代晚期的一切文本。

首先,他确信地球比埃拉托色尼所设想的更小,因赤道上一度只相当于500希腊里,而地球周长相当于180 000希腊里;其次,尽管世界的经度范围仍与传统不相上下,但纬度范围却从北极圈一直延伸到赤道以南,纵贯了几乎整个热带地区;最后,作为托勒密地图最为显著的特点,其大部分边界由陆地而非海洋组成的,因而从理论上讲,随着地理知识的扩张,居住世界还能进一步延伸到已知边界外——对固守"海中地"或"世界岛"观念的古代作者来说,这一点殊难办到。[①] 具体而言,托勒密和马里诺一样,假定居住世界在北方以传说中的图勒岛(63°N)。而南部边界的确定,主要基于对马里诺引述的两位罗马军事将领非洲行军里程,以及航海者沿非洲东海岸航行至拉普塔和普拉松的航程来进行修正。根据他的推算,世界的南端不可能比麦罗埃(16°25′N)的相对纬度更偏南,因此他将其纬度确立为16°25′S。这样一来,居住世界的纬度范围便为79°25′,或取整为80°(*Geography* 1.10.1)。在经度方向上,托勒密将本初子午线从亚历山大城移到前述的至福群岛,并认

[①] 事实上,现代的地理学依然可以证明古代世界或者说亚欧大陆是一个巨大的"岛",即大陆本身依然是被海洋包围的。但古代的"世界岛"理论与此不同的是,它是关于"已知世界"的理论,因而很大程度上将未知的扩展性排除在外。也就是说,即便斯特拉波、普林尼等具有博物学情绪的地理描述依然留有空白,但一旦假定岛的形状是确定的,其扩展的可能性也就相当受限了。

为该群岛几乎都在同一经线上(事实并非如此)。经度从西向东逐渐增加,据其估算,亚历山大的经度约为60°30′,希拉波利斯则为72°。而更远的亚洲部分只能根据稀少的行程记录进行估算,比如古代西方关于丝绸之路最古老的文献记载梅斯·提提阿努斯的路线报告,以及某不知名的亚历山德罗斯所提供的前往秦奈湾的卡蒂加拉(Kattigara)的商路信息(Geography 1.12.1,1.13)。经过独特的数据处理后[1],托勒密得出印度河河口西端的经度为110°20′,而赛里斯国都塞拉(Sera)为177°15′。经取整后,居住世界的经度范围约为180°,即12小时时区(Geography 1.14.10)。如上所述,无论是极东还是极南的区域,托勒密都以连续的陆地板块(即未知之地)作为世界地图的边界。如图4.2所示。

对边界以内的陆地,托勒密将其划分为三块:即欧洲、非洲和亚洲三大洲。[2] 其划分依据主要遵循既有的传统,但也相当强调地形地貌的自然区隔:他用直布罗陀海峡隔开了非洲与欧洲,用苏伊士地峡隔开了亚洲和非洲,因而将尼罗河与埃及完整地归入了非洲。就欧洲和亚洲而言,他遵循从赫勒斯滂(即博斯普鲁斯)海峡穿过黑海直抵刻赤海峡的天然分界,并沿着塔内斯河北上。更北的斯基泰或萨尔马提亚一带由于所知甚少,托勒密采取了权宜

---

[1] 见第二章第四节"世界制图的前提Ⅲ:数据的处理与编目"。
[2] 赫卡泰和伊索克拉底曾提出过二分大陆的概念,然而并不常见。而"三分世界"的划分方式,最早可以追溯到公元前5世纪的希罗多德,甚至在他之前就已出现,因他假设该分类是众所周知的。不同时代的划分方式存在些许差异,譬如阿那克西曼德曾以高加索山的法希斯河(Phasis,即今格鲁吉亚里奥尼河)作为亚洲的分界线,到希腊化时期,这一边界变成了塔内斯河(即顿河);而亚非之间的分界一度是汹涌浩荡的尼罗河,埃及也始终在非洲和亚洲之间反复徘徊。参考Romm(2010)。

图 4.2 托勒密的居住世界(按第一平面制图法绘制)[①]

之法,即让欧亚之间的边界沿 64 度经线延伸至北界(*Geography* 2.1.6,7.5.5)。欧洲的轮廓相对更容易辨识,其向北一直延伸至波罗的海东海岸,而偏远的西北部海域(如不列颠群岛)及轮廓则明显扭曲。对地中海地区的描绘是最准确的,尽管作为帝国中心的意大利半岛的方向和现实并不相符。在托勒密的利比亚大陆上,北非的地中海沿岸被大大压平了,同样的还有非洲之角,此外南北走向的大西洋海岸最终也弯向了西南方,从而使得其非洲迥异于今天的形象。不过和现代地图相比,最大的差异仍存在于遥

---

① 图片来自 Stevenson(1932:168—169)。

远的东方——印度次大陆在南北方向上被压扁了,斯里兰卡(即塔普罗班岛)的面积几乎与印度差不多大;越是邻近东亚,大陆的形状与地貌便和真实情况相去越远。以至于到了东部边界附近,托勒密干脆让亚洲的海岸线转而向南,再向西延伸,最终形成了一片连接东亚和非洲南部的、广阔的"南方大陆"——相应的,印度洋也变成了巨大的内海。

应该说,托勒密所呈现的这一崭新图景并非无源之水,它既吸纳了古代居住世界描绘的悠久传统(其地图依然是长形的),也建基于经纬线架构世界的数学方法。更重要的是,其中蕴含了托勒密关于世界描述的崭新态度:已知世界之外,还存在其他尚未被探索的(陆地)领域。他怀疑在非洲南部、欧洲和亚洲北部以及远东都有这样一块未知之地(*Geography* 7.5.2)。因此,如克拉特那样的由大洋"四分世界"之对称规整的图式就不再可行,古代环航非洲的传说也被他抛诸脑后——毕竟,托勒密的非洲大陆一直延伸到曾被认为是大洋、灼热的火海或是另一个居住世界的南方,从而给更多的域外探索留下了无尽的空间。但对于已知世界以外乃至地球背面的情况,他本人却相对谨慎,不置一词。另外值得注意的是,《地理学》并未突出罗马帝国的疆域或行省界分:尽管区域命名和划分显然参照了当时的行政区划(如图4.3所示),但包括"Imperium Romanum"(罗马帝国)及其希腊术语的政治表述并未出现,帝国疆界也没有特别的表征。这种对人文痕迹的淡化处理,一方面源于托勒密学术中强烈的数学色彩,另一方面也与从古代希腊罗马的边疆观念相关——而其背后反映的很可能是一种与西方古典时代的普遍历史(universal history)相应的"普遍地理"

(universal geography)观念。[1]

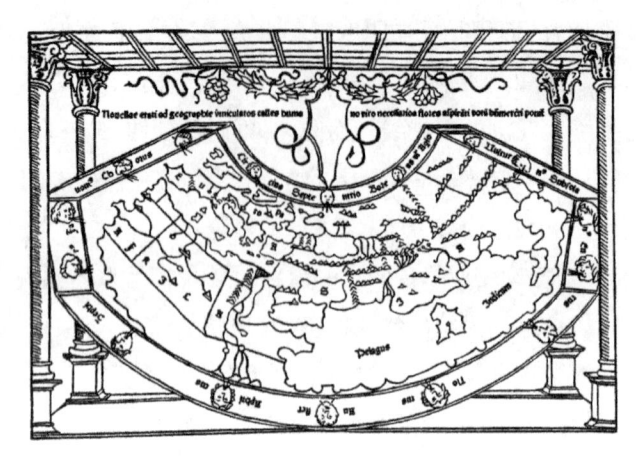

图 4.3　托勒密的居住世界轮廓及分区(按第一平面制图法绘制)[2]

2. 区域地图中的古代欧洲

如第二章所论,世界地图的绘制构成了托勒密《地理学》的核心目标和最终产物。但基于地理细节本身的丰富和广阔性,区域地图仍在其绘图实践中占有一席之地。在第八卷中,他提出将世界划分为 26 个区域,分别为其绘制地图,并为每幅地图都添加说

---

[1] 托勒密笔下的普遍地理观也与帝国时代的疆域观念息息相关。在一定程度上,罗马继承了希腊的疆域观,即边界(frontier)主要就文化而非政治角度而言,其区隔的是已度量的内部和未度量的外部,也即"文明"与"野蛮"。就该意义而言,地图始终是普世主义的(universal),旨在再现文明的秩序而非划定政治或军事疆界。另一方面,帝国在许多前线地图修筑的边墙或防御工事也不同于现代意义上民族国家边界,正如惠特克(Whittaker,2008)所言,毋宁说它们是流动不居、运动变化着的道路。而托勒密从来没有将罗马人引以为豪的道路系统纳入他的地理描绘之中。这也解释了《地理学》的世界图像中,为何看不到类似的人工痕迹或政治分野。

[2] 图片来自 Stevenson(1932:163)。

明文字(ὑπογραφή),以使"编目中的所有地点都能纳入地图,并以合适的比例清晰呈现出来"。这一安排的目的旨在克服世界地图过于大略的局限性,诚如他所言:"在未加划分的世界地图中,由于要估计居住世界不同部分之间的比例,某些部分的信息太过密集,不可避免地挤在一起,而另一些部分则因所知甚少,空间白白浪费掉了……通过区域地图的方式,便能避免上述问题。其方式是让信息更多的区域单独或占据一张地图,因而拥有更多呈现空间;而那些信息较少甚至未知之地,就和类似的区域合并为一张地图,其各自包含的经纬线圈便更少。此外也不必让所有地图比例都一致,而只需要使各自内部的'经纬比例'合适即可。"(Geography 8.1.2—4)以此为基础,托勒密"制作了10张欧洲地图,4张非洲(利比亚)地图,12张亚洲的地图",与卷二到卷七地理编目中的大约80个地区相互对应。① 有趣的是,曾被托勒密大加鞭挞的马里诺地图(即矩形地图或"等距圆柱投影"),如今被用于《地理学》区域地图的呈现——因为相比于世界地图"其边界处经纬线圈的形变"很小。②

---

① 就写本传统而言,托勒密《地理学》包含区域地图的数量,分为两种不同的情况:一种如第八卷所言,包含26张区域地图,这是所谓的"A类写本",在该类别中区域地图也出现在第八卷,并同相关的说明文字交替出现;但还有一种"B类写本"包含了64张更小的地图,散布在卷二到卷七地理编目中的适当位置。昆茨认为,B类写本应是在A类写本的基础上写成的,即A类的时间更早。故而这里我们也采用A类即26张区域地图的分类方式。见Cuntz(1923:8);Bagrow(1945:350)。

② 这里需要注意的是,尽管托勒密规定了区域地图的基本框架为矩形,但文艺复兴后的拉丁文抄本更多采纳了尼古拉·日尔曼努斯(Nicolaus Germanus)的方式,将其改进为"梯形地图",即将经线绘制为会聚的直线,以使得顶部和底部纬线的东西距离与南北距离保持真实比例。本章所引区域地图亦多属此类。

就整体而言,作为帝国心脏的地中海沿岸欧洲无疑是书中最为详细和准确的区域。托勒密描述的沿海轮廓与现实十分相近,纬度的误差通常不超过1°。但个别区域会有例外,比如地中海中的撒丁岛平均纬度低了3°,科西嘉岛则低了2°。相比之下,伊比利亚半岛、中欧和巴尔干半岛东部的纬度往往又太高。这一诡异的误差很大程度上是托勒密对北非和黑海海岸的误判造成的——简单地说,他将北非中部的迦太基纬度定得过低,而黑海入口的拜占庭则定得过高,由此连带影响了对岸欧洲的一系列地点。[①] 随着与迦太基即今突尼斯距离的增加,欧洲各部分出现了补偿性的形变,譬如大西洋一侧的高卢地区、多瑙河沿岸,以及马尔马拉海一带普遍向北偏移了1°左右。而越往北走,则偏移越多,直到黑海以北的萨尔马提亚地区,纬度误差甚至达到惊人的6°或7°(Mittenhuber,2009b)。

具体到每幅地图中,托勒密的地理图景"对现实的扭曲"程度又有所不同。[②] 和地理坐标的编目方式一致(即按由北向南、从西向东的顺序),第一幅欧洲地图描绘的是位于世界西北角的不列颠诸岛。得益于帝国的军事活动,其记述比以往任何记载都要更加详细。他提到了许多新的岛上部族,如洛克萨人(Loxa)、瓦拉

[①] 如前所述,托勒密的许多重要坐标值继承自希帕克斯,迦太基和拜占庭也在其中。斯特拉波曾记载希帕克斯测定的迦太基日晷阴影比值为11∶7,由此换算出的度数值为32°28′,和托勒密的坐标值32°40′几乎等同,但与今天的数值(36°55′)相比却小了大概4½°。类似的情况也出现在拜占庭的坐标值上,由日晷阴影比值转化成的度数为高出了2°多(Mittenhuber,2009b)。

[②] 由于托勒密的区域地图数量较多,为免妨碍行文的通畅,本章仅节选了亚非地区的部分加以示意。其余地图将其统一编入附录之中,作为相关讨论的必要参照。

人(Varar)、塞尔戈瓦伊人(Selgovae)等,也标出了苏格兰的喀里多尼亚森林(Caledonian Forest),以及不列颠本岛外的艾比代群岛(Ebudae,即今赫布里底群岛)和奥卡德群岛(Orcades,即今奥克尼群岛)。对熟悉英国地图的人而言,托勒密笔下的不列颠和今天最重要的差别一望即知:苏格兰地区整个旋转了约 90°,从原本向北延伸转而向东延伸,由此使得经度范围也从 8°扩大到了 20°。其原因如谢格罗夫所言,很可能与作为极北之地的图勒纬度设定有关。① 苏格兰的旋转又导致了爱尔兰海中岛屿位置的偏离,原本距本岛不远的安格尔西岛(Mona, Anglesey)、曼恩岛(Monarina, Man)被"扯离"了不列颠沿岸,赫布里底群岛则干脆遭"撕裂",散布于爱尔兰以北到不列颠东北的海域上。② 相比于不列颠,爱尔兰(Hibernia)的轮廓和尺寸呈现得更好,只是位置偏北,几乎凌驾于威尔士上方。由此人迹罕至(就罗马人而言),岛上的地点寥寥无几,唯一能和今天对应的是埃布拉纳(Eblana,即今都柏林)。

在不列颠之后,第二幅欧洲地图移向了欧洲最西端的伊比利亚半岛。这被认为是托勒密区域地图中绘制得最好的之一。除了

---

① 古希腊和罗马人的地理探索,已经确定了苏格兰(喀里多尼亚)、奥克尼群岛(奥卡德)和图勒的从南向北依次分布的顺序。而为了将图勒纬度限制在北纬 63°,其南向的奥克尼群岛和苏格兰地区不得不在纬度上被压缩,从而其已探明的地理纵深只能弯向东边(Shcheglov, 2007b)。

② 托勒密的艾比代群岛过度偏向爱尔兰,从而远离了杜姆纳岛(Dumna)和斯凯提岛(Scetis)。而后两者作为赫布里底群岛中相应的刘易斯岛(Lewis)和斯凯岛(Skye),其位置显然过于偏东,从而造成了群岛本身的撕裂(Thomson, 1948:236—237)。

西南部的神圣海角（Holy Cape）①和东北部的阿基坦大洋（Aquitaine Ocean）②，其海岸轮廓与比例几可与今天的地图媲美。伊比利亚和高卢地区之间被比利牛斯山脉（the Pyrenees）隔开，但与现实相比，山脉走向显得更加"陡峭"，并向比斯开湾延伸出一个岬角。③ 整个区域的经度范围相对准确，纬度则除西南角外整体稍微偏北。海岸以外的一些离岛也被详细地列出，如巴利阿里群岛（Balliareis）和传说中的"锡岛"卡西特里德斯（Cassiterides）。④ 半岛本身则遵循帝国的行政区划，被分为了三个"西班牙"行省。与此类似的是同样高度罗马化的高卢地区——在第三幅欧洲地图中，我们能很容易地认出法兰西的大致轮廓：西南的比利牛斯山脉、南部的高卢海（Gallic Sea，即里昂湾）、东部的阿尔卑斯山和莱茵河，以及北部的不列颠海（即英吉利海峡）都不难辨识。南部的赛文山脉（Cebenna，Cevenes）和汝拉山（Iurassus，Jura）都被绘制出来，由此隔开的河流也基本与现实一致，比如南流汇入地中海的罗纳河（Rhodanus，Rhône）及其支流索恩河（Arar，Saône）和杜河（Dubis，Doubs），向西流入比斯开湾的

---

① 即今圣文森特角（Cabo de San Vicente），托勒密认为这是欧洲大陆的最西端。实际上的最西端应为更北边的罗卡角（Cabo da Roca）。

② 即今比斯开湾（Biscay）。实际上，比斯开湾南岸即西班牙北部的轮廓比托勒密所描绘的更加平滑。

③ 帝国早期的地理学家，如斯特拉波（Strabo 3.1.3）和梅拉（Mela 2.85）等多半将比利牛斯山描绘为南北走向。相比之下，托勒密已经在此基础上做了不少纠正。

④ 从希罗多德起，"锡岛"（Cassiterides 本身即为"产锡的群岛"之意）就一直是古代西方传说中的岛屿。地理学家通常将其置于西班牙外海的西北方向。托勒密也继承了这一传统，并将其描绘为环状的群岛。其实际位置至今仍存争议。详见 Herodotus 3.15(1928:140); Diodorus 5.38.4(1993:203); Strabo 2.5.30(1917)。

卢瓦尔河(Liger, Loire)以及向北流入英吉利海峡的塞纳河(Sequana, Seine)。当然,最重要的还是作为帝国前线和高卢边界的莱茵河(Rhine),尽管其下游河道显得过于笔直,而许多重要支流如摩泽尔河(Moselle)也未被包含其中。在莱茵河右岸的日耳曼地区,托勒密还提及了一系列的军团驻地,成为了书中少有的时代色彩的体现。如图4.4和图4.5所示。

图4.4 根据托勒密描绘绘制的古代西班牙区域地图[①]

作为高卢之后的第四幅欧洲地图,日耳曼地区(或日耳曼尼

---

① 图片出自《地理学》文艺复兴末期的印本 Ptolemaeus(1540), Tabula Europae II。

图 4.5 根据托勒密描绘绘制的古代高区域地图①

亚)重要性可想而知。此地东、西、南方向分别为三条重要的河流所围,即维斯杜拉河(Vistula)、莱茵河与多瑙河,北面则临"日耳曼大洋"(Germanic Ocean,即北海)和"萨尔马提亚大洋"(Sarmatian Ocean,即波罗的海)。两片"大洋"以辛布里安半岛(Cimbrian Peninsula,即今丹麦所在的日德兰半岛)为界,只是半岛朝向东倾斜了 45°,面积也偏大。再往北去便是今天的北欧一带,托勒密延续了既有传统,将其视为充斥着岛屿的外海,海上散布着

---

① 图片出自《地理学》文艺复兴末期的印本 Ptolemaeus(1540),Tabula Europae Ⅲ。

名为"斯堪迪亚"(Σκανδίαι, Scandiae)的三个小岛和一个大岛(Geography 2.11.35)。① 在日耳曼内陆,他还提到了76个部族和94个"城市",甚至比著有专论的塔西佗更多。不过其资料来源却比想象的更芜杂,部分描述并不完全合于已知的古代文献,甚至是头一次出现,譬如对西令该人(Silingae)的提及(2.11.18)。在地形方面,托勒密的描绘与传统有所不同,大部分低地日耳曼的山脉都偏北,比如阿布诺巴山(Abnoba,即今黑林山);有的山脉实际上并不存在,比如多瑙河上游与阿尔卑斯(Alps)同名之山;传说中纵观整个中欧的"赫尔齐尼亚森林"被托勒密缩小到东部的一小段。整体看来,他对这片长期处于化外的蛮荒之地似乎仍缺乏足够的了解。

相较之下,对作为帝国心脏的亚平宁半岛和阿尔卑斯山区的描绘则要细致得多:其地点之密集,称谓之繁多,以至于只能将范围相近的同一区域分作两次处理,由此诞生了第五和第六幅欧洲地图。该区域北部以多瑙河为界,沿河分布了雷蒂亚和文德利基亚(Raetia et Vindelicia)、诺里库姆和潘诺尼亚各省,各支流的顺序也基本准确;东部隔亚得里亚海与巴尔干的伊利里亚(Illyricum)和马其顿相对;西部则止于相当于西阿尔卑斯山(Western Alps)的阿杜拉山(Adula mons)。② 阿尔卑斯山的大略走

---

① 在斯卡迪纳维亚(Scadinavia)之外,普林尼其实也已经有"Scandiae"群岛的概念,但他将其置于不列颠周边。见 Natural History 4.16,8.16(Pliny,1961:199)。

② 一般认为阿杜拉山脉相当于今天的莱茵瓦尔德峰(Rheinwaldhorn),位于瑞士境内。但托勒密将该山单独列出,并将其朝向描绘南北向,迥异于东西朝向的阿尔卑斯山。同时,他也将这一山脉视为莱茵河的源头(Geography 2.9.5)。

向和现实一致,但具体位置的相对误差较大,譬如西麓的科莫湖（Lacus Larius, Lake Como）成了东麓波河的源头;过于偏东的布匿阿尔卑斯行省（Alpes Graiae et Poeninae）①和过于偏西的朱利安阿尔卑斯山（Julian Alps）直接相连（两者实际各自位于波河平原的东西端）。对亚平宁半岛的描述则受前述北非纬度扭曲的影响,使得西部的北意大利地区普遍偏南1°以上,往东方渐趋准确。当然,"靴子状"的意大利形状始终清晰可见,纵贯其中的亚平宁山脉及其附属河流也与现实符合得很好。但相比于内凹的东岸和突出的伊斯特里亚半岛（Istrian peninsula）,托勒密的意大利东岸变得略微外凸且平坦许多,"靴子"的形状也更偏东西方向,因而将亚得里亚海挤向了北面。由于半岛经度遭到压缩,整个南端显得更加陡峭,"靴底"的塔兰托湾（Gulf of Taranto）也缩为狭窄一线。在意大利本土之外,撒丁岛和西西里岛自成一张地图,并受迦太基的纬度误置影响,几乎位于同一纬度（事实上撒丁岛的纬度要高得多）。不过,西西里保持了"靴尖"的位置和三角形的形状,仅有岛屿之西的纬度被拉低,使得原本的西北端如德雷帕努（Drepanum）和利利俾（Lilybaeum）变成了西南端。②

剩余的三张地图自北向南构成了今天的东欧。维斯杜拉河以东,喀尔巴阡山脉、德涅斯特河（Tyras, Dniester）和黑海、亚速海

---

① 布匿阿尔卑斯行省的名字源于"布匿山口"（Poeninus Mons,即今大圣伯纳德山口）,公元前218年,迦太基名将汉尼拔远征意大利的时候曾从此山口通过。
② 两者均为罗马与迦太基之间的布匿战争的古战场,分别对应于今天西西里岛西北角的特拉帕尼（Trapani）和马尔萨拉（Marsala）。参考 Smith (1849) 之 "Catulus" 词条。

(Maiotis Sea,Sea of Azov)以北的东北欧地区,即罗马人所谓的萨尔马提亚。该区域一直延伸到当时的亚欧分界线塔内斯河(顿河)。由于拜占庭的纬度误置,该区域普遍偏北。亚速海北端的纬度差异甚至达到了7°上下,从而使其面积被严重高估,几乎有黑海一半大小。相比之下,被撒路斯提乌斯(Sallust)称为"斯基泰之弓"的黑海并未显出其真实形状(*Histories* 3.63①)。受罗马时代对黑海以北地理认知的限制,托勒密对北方内陆河道及山脉的描述相当潦草,甚至干脆以神话传说里的利派昂山脉(Rhipaean Mountains)和极北山脉(Hyperborean Mountains)填充极北之地。不过,今日俄罗斯境内一处标志性的地貌得以呈现,即在欧亚大草原上相互靠近、再各自分流而去的顿河与伏尔加河。由此往南是黑海以西、马尔马拉海(Propontis,Marmara Sea)和爱琴海以北的巴尔干北部地区,其经度范围与现实较接近,纬度从西向东逐渐升高,直至拜占庭的纬度偏差将整个马尔马拉海拉长为南北方向(实际为东西方向)。北方纬度的偏差也造成了多瑙河以北的达契亚面积异乎寻常地大,几乎占据了该地区的半壁江山,而色雷斯、马其顿以及默西亚行省等都缩小为海莫斯山脉(Haimos Mountains,即巴尔干山脉)以南狭小的一隅。② 关于多瑙河沿岸地区,中游的绘制较为准确,下游受东北欧的连带影响拐向东北,致使入海口距今德涅斯特河河口提拉斯(Tyras)相去不远。类似尼罗河与印度河,托勒密也将多瑙河三角洲的河道分作了7条

---

① 可见 Sallust(1994)和 Dan(2013)。

② 希腊原文为 Αἷμος(3.11.7),拉丁文也转写为 Aemus Mons。巴尔干山脉(Balkan mountains),又称老山,位于巴尔干半岛北部,横贯保加利亚全境。

(Geography 3.10.4)。①

最后一张地图(第十幅欧洲地图)移到了巴尔干半岛以南,即欧洲文明的摇篮希腊地区。整体看来,雅典、斯巴达所在的阿提卡半岛、科林斯湾和伯罗奔尼撒半岛位置和形状都较准确。可惜前述的纬度误置影响实在太大,加之托勒密将伯罗奔尼撒中心和罗德岛置于同一纬线(36°N),故而这一带整体都略偏南。相反,东部的色雷斯沿岸则大致偏北——由此造成的后果是,整个希腊沿逆时针旋转了45°左右。于是我们看见,原本指向东南的"手掌状"半岛哈尔基季基(Chalcidice)指向了东边;马其顿西海岸向南延伸到奥特兰托海峡(Strait of Otranto),便维持在科孚岛(Corfu)的纬度一路向东;从伊庇鲁斯(Epirus)到塞萨利平原(Thessalia)的希腊中部,在南北方向上被"压平"了。但在地图细节上,托勒密显然做足了功夫。他描述了大量小型山峰、河流以及诸多部族和独特地貌,密密麻麻的名称可以挤满整张地图,信息的丰富性正好与文化上的重要性交相辉映。此外,希腊本土外的诸多岛屿也被详尽地记录下来,包括克里特岛、伊奥尼亚海诸岛、基克拉泽斯群岛(Cyclades)以及爱琴海以北的利姆诺斯岛(Lemnos)等,尽管岛屿间的相对大小缺乏参考性,其基本位置和布局却较为合理。

---

① 事实上在希罗多德的记述中多瑙河河口航道仅为5条。托勒密将其增加到7条,有可能是受到帝国时代的学者,如普林尼、塔西佗等人的影响。譬如普林尼就提到了6条河道,塔西佗则增加到7条,其中一条"没入沼泽之中"。因此托勒密也将一条渗入地底的河流算了进去。由于大河入海口时过境迁的变化,如今已很难确定古代的真实情况为何。关于希罗多德、普林尼和塔西佗的记载,参考 Herodotus 4.47.2; *Natural History* 4.12,79(Pliny,1961;179); Tacitus *Germannia* 1.2(Tacitus,1914;265)。

3. 地中海世界与古代非洲

相比于亚洲和欧洲,托勒密分配给非洲的区域地图数量是最少的(仅包含4张)。就地点而言,在6300多个坐标确定的地理坐标中也只有964个位于非洲,占比不到六分之一。考虑到埃及文明和人口在整个古代西方所占的比重,这一比例显然有些过低了,更不必提理论上的"利比亚大陆"比欧洲还要大两倍。可以想见,篇幅的多少必然和当时人的垦殖和探索程度成正相关——在埃及之外,古希腊和罗马人所到访的几乎限于北非沿线的海岸平原,而离海不远的阿特拉斯山脉、高地盐湖和炎热荒芜的沙漠地带,都阻碍了其进一步南下。托勒密的非洲区域描述,基本也是沿着海岸自西向东行进的,由此展现出其作为地中海文明的关键属性。换句话说,除了第四张地图深入到埃及以南的埃塞俄比亚内陆,托勒密基本将笔下的非洲局限于古代西方地理视野的固有疆界之内,对撒哈拉以南更为广大的"黑非洲"缺乏真正的了解。

整体来看,北非沿岸的东西两端——即西方人所熟悉的"赫拉克勒斯之柱"(直布罗陀海峡)和尼罗河口的亚历山大城,纬度都相当准确。但前述迦太基的纬度误判,却导致了海岸中部发生形变,仿佛"凹了下去"。具体而言,从直布罗陀到迦太基的西部,原本的走向是略向东北抬升,但托勒密却让其转向东南;过了迦太基之后,原本急遽折向南方的海岸被削平,大小两个苏尔特湾(Greater/Lesser Syrte)[①]成了平坦的陆地上不太起眼的两处凹陷;不过这样一来,纬度上的误差也被缩小,自昔兰尼以东的马尔马里

[①] 即今锡德拉湾(Gulf of Sidra)。

卡和埃及纬度几乎与事实相符。在经度方面,以至福群岛为本初子午线,整个北非或曰非洲的东西跨度都被拉长了——这一点同欧洲一样。毋宁说,地中海及其周边的经度范围都被大大高估了。[1]但两岸的相对位置扭曲却并不明显,毕竟从埃拉托色尼以降,西方人就对罗马和迦太基、罗德岛和亚历山大等北非和南欧的一系列港口了如指掌。在地中海沿岸以外的区域,定位的不确定性有所增加,尤其临大西洋的西海岸被描述为径直向南,并在经过一个夸张的海角后转向西方的未知大陆——这一轮廓与真正的西非海岸正好相反。相形之下,倒是埃及一端的东海岸,包括红海和阿拉伯地区刻画得较好,非洲之角和亚丁湾等标志性地貌都得以恰当地展现。

第一张非洲地图始于北非西部的毛里塔尼亚地区,即廷吉塔纳和凯撒毛里塔尼亚省。以直布罗陀为起点,该区域一面向南,直抵托勒密所谓的"大阿特拉斯山"(Atlas Major)[2],一面向东,延伸到安普萨迦(Ampsaga)河口[3]。和现实的差异一望即知:由于前述海岸往东南向而非东北向延伸,位于海峡处的廷吉斯(Tingis,即今

---

[1] 在《地理学》中,从至福群岛到亚历山大港的经度跨度(即亚历山大城的经度)为60°30′(Geography 4.5.9),而依照今天的地理坐标实际约为46°,小了近三分之一。

[2] 值得注意的是,托勒密所标注的大小阿特拉斯山并不对应于现代的同名山脉,其南北顺序也正好相反。托勒密的大阿特拉斯山可能位于今天的基尔角(Cape Ghir)一带,而小阿特拉斯山则在卡萨布兰卡(Casablanca)和艾宰穆尔(Azemmour)之间。托勒密也没有提及今天同属于阿特拉斯山系(Atlas Mountain Range)的泰尔阿特拉斯(Tell Atlas)和撒哈拉阿特拉斯山脉(Saharan Atlas)。

[3] 即今阿尔及利亚的凯比尔河(Oued el Kebir)。安普萨迦河尽管体量不大,但作为毛里塔尼亚和努米底亚的界河,在地理上十分重要。其上游又称为鲁梅尔河(Oued Rhumel),见Stillwell(1976)的"Cuicul"词条。

丹吉尔)成了纬度最高点(北纬36°),而安普萨迦的纬度则偏南了将近5°。在经度方面,整片区域也被拉伸了一倍多,绵延近33°(实际只有16°)。对于内陆部分,托勒密基本没有参照坐标加以描绘,而是将文献中的地名和部落名依次进行排布,因此更近于定性的展示。现实和传说中的地名也混杂在一起——譬如神话传说中内陆的忒里同河(Triton River),大西洋外海的厄律忒亚岛(Erytheia),都给该区域平添了几分神话色彩。

毛里塔尼亚以东的阿非利加行省,构成了第二张非洲地图的主体。该区域从安普萨迦河口延伸到大苏尔特湾,包含了上文多次提及的重要地标迦太基。可以想见,作为一系列纬度误置的"风暴眼",该区域构成了北非形变最严重的地区——突尼斯东海岸巨大的南北落差几乎被填平,尤其从今天的邦角(Cape Hermaia, Cape Bon)到卡布迪亚角(Cape Brochodes, Cape Kaboudia)的海岸线,差不多压缩为东西走向。诚然,这事实上减小了由迦太基带来的纬度误差,但也让沿海轮廓变得面目全非。突尼斯湾的开口由原本朝向西西里的东北方向,转而朝向撒丁岛的西北方向。而的黎波里和迦太基、大苏尔特湾与小苏尔特湾的纬度几乎相差无几。同样受此影响的也包括内陆的地貌,比如忒里同河流经的一系列湖泊,差不多逆时针转了90°,而迈杰尔达河(Bagradas, Medjerda)则被过度拉长,向南一直上溯到利比亚内陆(Interior Lybia)。此外,前述西西里附近的马耳他与潘泰莱里亚(Kossyra, Pantelleria)等岛屿也被纳入该区域地图中。

第三张非洲地图囊括了北非东岸的昔兰尼加、马尔马里卡、小利比亚、埃及和尼罗河三角洲等古希腊罗马人最熟悉的部分。这一片区的海岸几乎沿着 31 度纬线笔直向东,使得原本向北突出的昔兰尼和迦太基一样遭到抹平。因而昔兰尼加地区的纬度普遍偏低 1°左右。除了北部沿海的一些部族,马尔马里卡和利比亚的内陆地区几乎被沙漠占据,相应的描述也十分贫乏。按照托勒密的话来说,这是一片"沙漠和无水地区"(δίαμμος καὶ ἄβροχος χώρα)。① 对埃及和尼罗河的描述则相对准确得多——毕竟,托勒密本人就出生和生活在此一区域,且包括亚历山大、赛伊尼和麦罗埃等流域沿线城市,都已通过天文学方法得到测定。借助于罗马当局的官方档案,托勒密在这一带划出至少 49 个行政分区。至于埃及以东的阿拉伯海(Arabian Sea,即红海),在该地图上只显示了西海岸,西奈半岛及其两侧的苏伊士湾、亚喀巴湾都未体现出来,倒是沿红海海岸南下,阿尔西诺伊(Arsinoe)到贝雷尼科(Berenike)的一系列港口,表明了他对该海域贸易和交通路线的熟悉。

相比于前三幅地图,第四张非洲地图更为特殊。因其涵盖了前三者的所有区域,并向南延伸到埃塞俄比亚及其以南的"南方大陆",故可视为全非洲的"大陆地图",如图 4.6 所示。我们能从中更清晰地看出托勒密对于非洲的整体构想。首先,第一张图中未曾标出的"至福群岛",现在出现在了远离西非偏南海岸的大洋中。不同于普林尼,托勒密绘制了一共六个岛,并重新拟定了一半

---

① 值得一提的是,托勒密此处的措辞(*Geography* 4.5.26,4.7.35)和斯特拉波所引述的希帕克斯一样(Strabo 2.5.37),由此也构成其参考希帕克斯的又一直接证据。

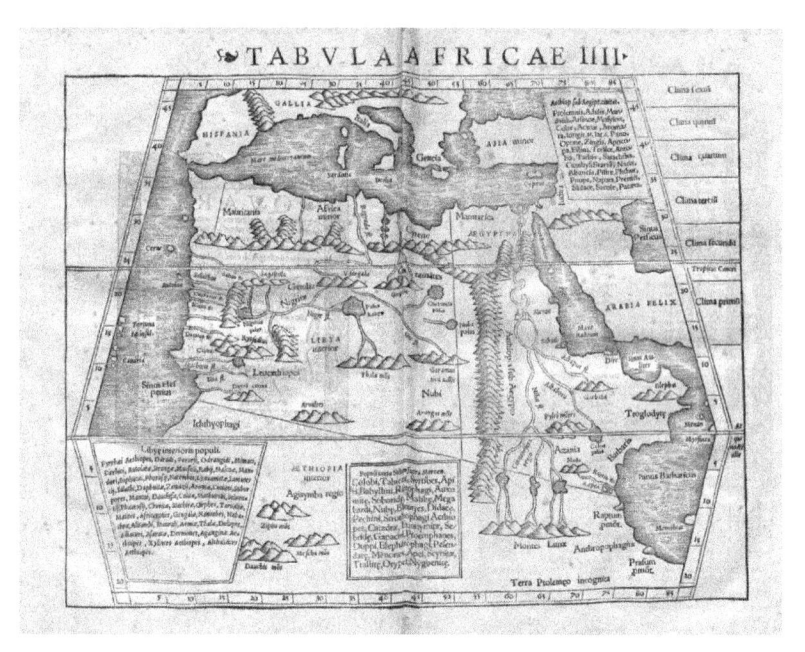

图 4.6　托勒密《地理学》中的非洲大陆全图(即第四张非洲地图)①

的地名。整个群岛沿南北一线分布(即其本初子午线),其平均纬度则相比现实偏南了15°左右。② "加纳利"(Canaria)之名仍旧保留了下来,并在后世成为整个群岛的代称。其次,由于前述西非海岸的形变,今天的摩洛哥、西撒哈拉一带几乎难以辨识,沿岸河流和很难和现实对应上。多数学者认为,西非沿岸南部突出的海角,

---

① 图片来自 Ptolemaeus(1540),Tabula Africae IIII。
② 事实上,加纳利群岛的岛屿数量共有8个,东西跨度(即从其最西端的到最东端的岛)高达4.5经度,而实际纬度则在北纬27°到29°之间(托勒密的纬度为10°到16°)。

应当是摩洛哥塔尔法亚的朱比角,海角以北的达拉杜河(Daradus river)则是德拉河(Draa)——只是同加纳利群岛一样,两者的纬度都严重偏南。① 继续南行,海岸向西的弯折形成了所谓"西海湾"(Western Gulf),托勒密在这一遥远的处所安置了汉诺曾提到过的"西海角"(Western Horn)和"诸神车驾"(Chariot of the Gods),大约位于北纬 10°~15°之间(相当于今天的冈比亚、塞内加尔),更远处则是面貌模糊的"食鱼者"(Fish-eaters)和"西埃塞俄比亚人"。

正如前文所言,"埃塞俄比亚"是罗马时代对于撒哈拉以南的非洲内陆的统称,其地域横贯了整块大陆,"那里有白象、犀牛和老虎"(Geography 4.8.4)。托勒密关于这一带的资料很可能主要来自马里诺。卷一的理论章节部分,他就大段引述了马里诺的文献,并对气象数据加以修正以合于当地常见的"深色人种"和犀牛特产。② 据记载,至少有两名罗马人从加拉玛出发,并率军南行三到四个月,抵达了埃塞俄比亚的阿吉辛巴。一般认为,加拉玛便是今天利比亚费赞地区的加尔马(Germa),而阿吉辛巴的位置存在较多争议,有说在乍得的提贝斯蒂山脉(Tibesti Mountains)或乍得湖地区,也有说在更南的贝努埃河(Thomson,1948:266)。只是地理细节的稀少使得相关描述的可信度不高。相比之下,托勒密对埃及以南、尼罗河上游的埃塞俄比亚东部的描绘要详细许多。以红海为界,其东端从临近贝雷尼科的巴齐翁角(Cape Bazion)向南

---

① 也有认为是塞内加尔或佛得角(Bunbury,1879:629—631)。
② 见前文第二章。

经"香料角"延伸至拉普塔角,不仅覆盖了红海沿岸直至特罗格洛底提卡(Troglodytike)的区域,也包括绕过非洲之角后广大的巴巴里亚(Barbaria,意为"野蛮之地"),纵贯了今天的埃及南部、苏丹、厄立特里亚、索马里、肯尼亚、坦桑尼亚等诸国。相应的内陆部分也被称为阿扎尼亚,托勒密在此描绘出了尼罗河的上游河道。

不同于朱巴二世以来横贯"利比亚"大陆的尼罗河图景,托勒密对非洲大陆相关水系的描述体现出与古代传统的巨大差异。曾被视为尼罗河上游的西非沙漠河道,在托勒密笔下成了两大绵延曲折的内流河网,并通过南北走向的"埃塞俄比亚山脉"(Aithiopian Mountains)与尼罗河完全隔开。仅就尼罗河而言,托勒密准确地描述了两道支流的分岔,并将上源定位在与拉普塔几乎同一纬度的两大湖泊,而湖泊水源则来自于更南方"月亮山"的高山融雪。[①] 这一设想无疑参照了马里诺提过的某位"第欧根尼"(Diogenes),据说他曾"抵达了作为尼罗河源头的湖泊,从此稍微往南便是拉普塔角"(*Geography* 1.9.1)。不管怎样,比之传统的"潜行理论",托勒密的设想同 19 世纪以后方才探明的尼罗河源头显然要更相近。从尼罗河往东,红海与亚丁湾(即托勒密的阿杜利斯湾)的面积和宽度都被描绘得过大,而阿拉伯半岛海岸的位置和方向则相对准确。沿东非海岸南下,越过拉普塔角,最终将到达居住着"埃塞俄比亚食人族"(Αἰθίοπες Ἀνθρωποφάγοι,

---

[①] 现代学者通常将"月亮山"定位在乌干达和刚果民主共和国边界上的鲁文佐里山(Dumont,2009:246;Sideropoulos & Kalpakes,2014)。

man-eating Aithiopians)的普拉松角(Geography 4.8.2)[1]。托勒密将其纬度定在了南纬15°，由此构成了已知世界最南端的一个被命名的地点。此后，想象中的未知之地承接了南方的陆地部分，并一路向东直至遥远的东亚。[2]

4. 远至恒河的亚洲部分

与前面的欧洲地图和非洲地图类似，托勒密所描绘的亚洲图景也受到一处关键地点纬度误置的影响，即巴比伦。古代文献中记载了巴比伦的最大和最小白昼时长的比值为3∶2，根据第二章中的理论公式，可将其换算为34°到35°之间的纬度值(Neugebauer, 1975:366)。[3] 托勒密将其定为35°，比实际的纬度值高了约2°30′。尽管理论上讲，天文测算的优先性的确高于道路志和周航志的行程数据，但实际操作中的误差却可能导致南辕北辙，譬如托勒密的两河一带便整体向北偏移，继而引发了幼发拉底河河道的扭转、波斯湾面积的扩大等西亚至印度的一系列连锁反应。[4] 所以自红海沿岸的阿拉伯半岛和波斯湾沿岸纬度本来还算

---

[1] 普拉松角(Cape Prason)对应于今天莫桑比克北部的德尔加多角(Cape Delgado)。

[2] 值得一提的是，托勒密还在普拉松角的外海标记了一个不起眼的小岛，即米努艾提亚岛(Μενουθιάς, Menuthias)，它构成了最后一张非洲地图的东部边界(经度85°)。见 Geography 4.8.2, 7.2.1。

[3] 普林尼曾记录其日晷阴影比值为35∶24，由此对应的纬度为34°26′。见 Natural History 6.39,213(Pliny, 1961:496—497)。

[4] 尽管"天文测地优先"的原则在理论上无懈可击，但实践中却可能导出更严重的错误。其原因在于天文测算的数值本身就存在理论和实际间的撕裂(受限于当时的数学模型和观测手段)。相比之下，倒是更容易进行的里程测算，能给熟悉的区域提供较确切的信息。

精确，但越往东走，扭曲越趋严重。伊朗南岸从卡尔马尼亚（Carmania）到盖德罗西亚（Gedrosia）的纬度普遍南移了 3°~4°；而由于印度半岛向南突出的部分遭到大幅压缩，此后纬度又"矫枉过正"，转而偏北；自恒河继续向东，海岸线复而偏南，从孟加拉湾到黄金半岛（Golden Chersonese, Χρυσῆν Χερσόνησον）[1]一带的纬度甚至偏低 4°~7°。塔普罗班岛（斯里兰卡）的南北距离被严重夸大了 10° 左右，几乎成为了与印度比肩的另一块"大陆岛"。与南方相比，亚洲北方的形变程度不遑多让。受前述拜占庭位置的影响，整个萨尔马提亚地区的纬度都被刻画得过高。这一影响也持续到了其亚洲部分。里海整体北移，并受经度拉伸的影响，成为一个东西向距离更长的内海。[2] 但从里海东南经波斯、阿利亚（Aria）直至恒河上游地区，受印度压缩的"对冲作用"，纬度却逐渐与实际一致。在经度方面，幅员辽阔的亚洲大陆显然受居住世界整体拉伸的影响更大，从拜占庭（56°）到卡蒂加拉（177°）[3] 的东西跨度（121°）比实际的经度范围（76°）近乎翻了一倍。

在第一幅亚洲地图中，托勒密描述了西方人最为熟悉的"亚

---

[1] 也有译作"金洲"（戈岱司，1987：38）。但此处"黄金半岛"的字面意义实际与古代西方传说中的"黄金之地"或"黄金国"（Χρυσῆ χώρα, Chryse chora）相对应。《地理学》在"恒河以外的印度"的部分，也提到了名为"黄金之地"的地方，该地位于"白银之地"（Ἀργυρᾶς χώρας, Argyras choras）以北，大概位于今天的缅甸境内。"金洲"之名很难体现两地的地名差别，故而此处译出"半岛"（chersonese）之意更为合适。黄金半岛一般认为与马来半岛相应。

[2] 事实上，里海的南北跨度约为 11°，大于其东西跨度（约为 8°），见 Modabberi et al.（2020）。

[3] 此处假定卡蒂加拉对应于今天的越南河内（Hanoi）。拜占庭则显然是伊斯坦布尔（Istanbul）。两者今天的经度数值为 28°57′E 和 105°51′E。

洲",即亚细亚(Asia)原初所指、后来称之为"小亚细亚"(Asia Minor)的地区。托勒密将其分为8个区域：比提尼亚和本都、亚细亚(省)、吕西亚、潘菲利亚、奇里乞亚、加拉太、卡帕多奇亚以及小亚美尼亚("大亚美尼亚"与此分开,算入了高加索地区)。对这一带的熟悉使得地名繁多而精准,连帝国行省之外的小亚美尼亚也提到了77个城镇。但来源的冗杂也导致了一些重复和错置,尤其在卡帕多奇亚东部。受拜占庭影响,北部的黑海海岸整体向北拉伸,马尔马拉海也发生了转向,但对西部爱琴海沿岸特别是离岛的绘制却相当准确——除了个别位置的偏移,诸如莱斯博斯(Lesbos)、希俄斯(Chios)、萨莫斯(Samos)、科斯(Kos)、罗德岛和喀帕苏斯(Karpathos)等岛屿的位置都较符合现实。南部的地中海岸纬度基本是正确的,只是轮廓过于平坦了,像今日土耳其南岸的安塔利亚湾(Gulf of Antalya)和梅尔辛湾(Gulf of Mersin)等都未能体现出来。托勒密对西部河流的绘制相交更详尽,赫尔姆河(Hermos)和米安得河(Maeander)[①]等希腊人熟知的河流,甚至在源头与河口之外还标注中间点的坐标。东部的准确性要差一些,譬如作为卡帕多奇亚边界、发源于亚美尼亚的幼发拉底河,上游河道几乎笔直向南,而实际上它更多是从东北向西南蜿蜒前进。

  对亚美尼亚的描述,可以结合《地理学》中所对应的第三幅亚洲地图来进行谈论。其中小亚美尼亚因位于"河西"而在帝国的军团控制之下；大亚美尼亚则作为罗马与帕提亚争夺的焦点而备

---

① 分别为今土耳其境内的盖迪兹河(Gediz Çayı)与大门德雷斯河(Büyük Menderes)。

受瞩目。托勒密在这一带绘出了3个大湖：即今天的赛凡湖（Lychnitis，Gökie Gölü）、凡湖（Thospitis，Van Gölü）、埃尔切克湖（Arsessa，Erçek Gölü）。从伊索斯湾穿过幼发拉底河中游的阿曼诺斯山脉（Amanos Mountains）以及凡湖东南方向的尼法特山（Niphates Mountains）[①]，构成了亚美尼亚与亚述的南部边界，其东则隔托罗斯山与米底相邻。据托勒密所言，汇入波斯湾的幼发拉底河与汇入黑海的阿拉塞斯河（Araxes）都源于此地的佩里亚德斯山（Paryardes）——即名为"亚拉拉特"（Ararat）的亚美尼亚最高峰（如今它更多以《圣经》中诺亚方舟的停泊处著称）。[②] 在亚美尼亚以北，是夹在黑海和里海之间的高加索地区，其东西跨度比实际要更大，且越是向北，纬度误差越大。该区域的北部边界是托勒密所描述的高加索山（Caucasus Mountains，即今大高加索山脉），南部边界是相当于小高加索山脉的梅斯赫梯山（Moschika）。[③] 在这片崎岖多山的地区，托勒密安置了三个高加索国家：科尔基斯（Colchis，今西格鲁吉亚）、伊比利亚（Iberia，今东格鲁吉亚）和阿尔巴尼亚（Albania，今阿塞拜疆）。在"阿尔巴尼亚"的北界，托勒密还将著名的高山锁钥"阿尔巴尼亚之门"（Albanian Gates）添加

[①] 对应今坦杜雷克山（Tendürek Daıı）和努尔山脉（Nur Dağları）。
[②] 实际上，幼发拉底河由上游的卡拉苏河（Karasu）与穆拉特河（Murat）汇流而成，后者的源头确在亚拉拉特山一带；阿拉塞斯河和卡拉苏河则发源于更偏西一些的埃尔祖鲁姆（Erzurum）地区。参考 Stearns（2008）中的"Tigris and Euphrates Rivers"词条。
[③] 今天的梅斯赫梯山（Meskheti Range）仅指小高加索山脉在格鲁吉亚境内西南的部分，但在托勒密的地图中，它从里海一直延伸到黑海东岸，并弯向西南方向。

在地图上。[1]

从高加索继续向北,便是萨尔马提亚的亚洲部分。其西部以塔内斯河和亚速海东岸为界,北方延伸到传说中的"极北山脉"(Hyperborean Mountains),其分布大致沿61°纬线横跨东西。南部则是刚刚提过的高加索山。不同的是,这幅地图(即第二张亚洲地图)中的"阿尔巴尼亚之门"以西,又添加了一个名为"萨尔马提亚之门"(Sarmatian Gates)的关隘,后世也将其称作"高加索之门"(Caucasian Gates)。[2] 自高加索以东,名为"克劳尼"(Ceraunii)的山脉继续伸向东北,一直延伸到亚马逊人(Amazon)的地界,此后又由希庇奇山脉(Hippici montes)接续,转向西北方向纵贯整个地区。与这片相当于欧亚大草原的广袤地域不相称的是,书中提及的部族仅有40多个,随意散布在托勒密所设想的荒凉山脉之间。相比之下,倒是对河流的描述更为详尽。除顿河外,汇入亚速海的河流包括马鲁比乌斯河(Marubios)、隆比特斯河(Rhombites)和希帕尼斯河(Hypanis)。[3] 沿岸城市的存在显示它们已是可通航的大型河流。对黑海以北和刻赤海峡(Cimmerian Bosphorus, Kerch Strait)的河口,他也做了精确标记。只露出了一小片的里海,沿岸

---

[1] "阿尔巴尼亚之门"也被认为是传说中的"亚历山大之门"(Gates of Alexander),据传为亚历山大大帝修建在高加索山区用以抵挡北方蛮族入侵的险要关口。其位置应在今俄罗斯里海沿岸的杰尔宾特(Derbent)。但这很可能源于对印度的"高加索山"和黑海之滨的高加索山的混淆(*Natural History* 6.12; Arrian *Anabasis of Alexander* 5.3.3)。

[2] 通常认为,此地对应的是俄罗斯与格鲁吉亚交界处的达里尔山口(Dariel Pass),也称作"伊比利亚之门"(Iberian Gates)。但后世经常将其与阿尔巴尼亚之门混为一谈(Smith, 1870: "Iberia"词条)。

[3] 即今俄罗斯的卡加利尼克河(Kagalnik)、叶亚河(Jeja)和库班河(Kuban)。

河流却被一一列出，包括拉河（Rha）、乌冬河（Udon）、阿龙塔斯河（Alontas）、索亚纳斯河（Soanas）等等。[1]

巴比伦所在的中东或两河流域构成了第四幅亚洲地图，如图 4.7 所示。以阿尔萨达姆山（Alsadamus）[2]和幼发拉底河中游为界，该区域又分为东西两部分。东部包括美索不达米亚（两河）、亚述、巴比伦尼亚以及荒漠阿拉伯（Arabia Deserta）等地区。其中两河地区的城镇和村庄最为密集，多达 69 个，亚述和巴比伦则分别有 30 个左右。东部的轮廓与今天的地图较为接近，但由于巴比伦的影响而纬度偏高，倒是经度范围异常地精准。除去巴比伦的误置导致的形变，两河河道整体较为准确。但匪夷所思的是，托勒密在两河下游平原地区描绘了两座实际并不存在的山系，即"巴比伦山脉"（阿拉伯与巴比伦尼亚的交界）和"福地阿拉伯山脉"（佩特拉与荒漠阿拉伯同南部半岛的交界）。地图的西部始于轮廓模糊的西奈半岛，其中西奈山以梅拉纳山（Μέλανα，Melana，其意为"黑山"）之名被标注出来（Geography 5.17.3）。而包含此地的佩特拉阿拉伯几乎顺时针转动了 45°，从而将红海的西北端拉宽了。北边的叙利亚地区一分为二：一是狭长的叙利亚低地（Hollow Syria），包括 108 个城镇；一是"巴勒斯坦叙利亚"，即原来的"犹太"，包括 43 个城镇（Thomson，1948:286）。地中海东岸与

---

[1] 上述河流分别对应伏尔加河、高加索山南麓的库拉河（Kura）、捷列克河（Terek）与孙扎河（Sundzha）。关于俄罗斯境内河流的古今地名对应，主要参照 Stückelberger & Graßhoff（2006:924—1014）。

[2] 大致对应今天叙利亚境内东北-西南走向的台德木尔山（Mount Tadmur）或浩兰地区（Hauran）。

现实相比显得倾斜了不少,以至于东北角的伊苏斯(Issos)和东南角的阿斯卡隆(Ascalon)的经度相差了 4.5°,多出了 2°。但山川河流的地理信息却相对精确,比如奥龙特斯河(Orontes)、辛加斯河(Singas)以及汇入大马士革和帕尔米拉(Palmyra,Tadmur)附近绿洲的诸多河流,河口位置和走向都描绘得很好,后世名震天下的约旦河也出现在加利利湖和死海之间。

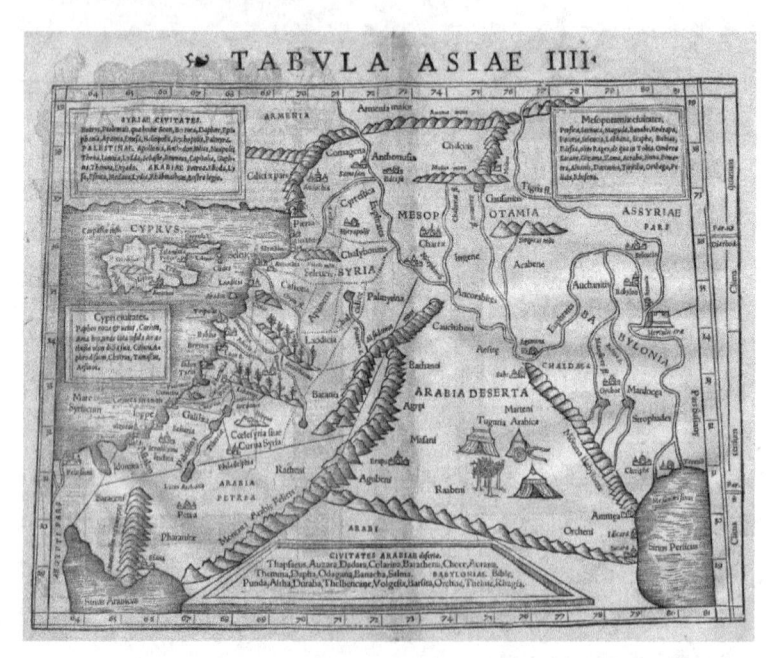

图 4.7 《地理学》中描绘的地中海东岸及两河流域(即第四幅亚洲地图)①

自亚述以东便是今天的伊朗地区。于是第五幅地图上包含了

---

① 图片来自 Ptolemaeus(1540),Tabula Asiae IIII。

传统的米底、波斯、苏西亚那、赫卡尼亚、帕提亚和卡尔马尼亚沙漠等部分。整体方位比实际更偏东西（即逆时针旋转），显得更"平"，因而从西部的阿拉克斯河（Araxes）到东部阿姆河（Oxos）的经度跨度足足有 20°，这也使得里海的长度几乎翻倍。地图上的山脉主要是用来划定边界的，最大的山体包括分隔两河平原与伊朗西南部的科亚特拉山（Choathras），横贯东西分隔米底与波斯的帕拉科亚特拉山（Parachoathras），以及隔开赫卡尼亚与帕提亚的科罗诺斯山（Koronos）。前两者共同构成今天的扎格罗斯山脉（Zagros Mountains，托勒密仅以此名代指称米底的一座孤峰）；后者应为伊朗与土库曼斯坦边境处的科彼特达格山脉（Kopet-Dag）。以帕拉科亚特拉为界，大部分河流被南北两分，北部河流汇入里海，南部河流汇入波斯湾。唯一例外的是发源于北方米底的扎格罗斯山附近，但转而南流，穿过了中部的巨大山体直至注入波斯湾的"尤拉尤斯河"（Eulaeus）。这很可能对应今天伊朗最长的河流卡伦河（Karún）。值得一提的是，托勒密还提到了中东地区最大的湖泊之一，即伊朗西北部、临近亚美尼亚高原的乌鲁米耶湖（Lake Urmia），并按罗马传统命名为 Marcianes（Matianus）（*Geography* 6.2.5）。

第六幅地图由中东往南，转向孤悬于印度洋的阿拉伯半岛，或罗马人所谓的"福地阿拉伯"地区，其走向和今天相同，都是西北-东南方向，如图 4.8 所示。通过虚构的至福阿拉伯山脉，该区域北部与另外两个"阿拉伯"地区相隔开。濒临红海与波斯湾西侧与南侧刻画得较为准确。但苏亚格罗斯角（Cape Syagros, Ras Fartak）以东的海岸问题却不少。受巴比伦的纬度升高和伊朗地

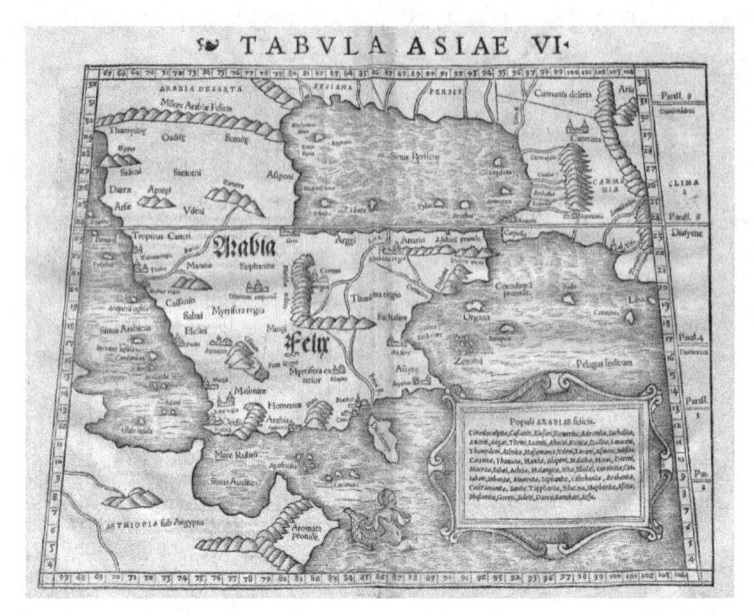

图 4.8　托勒密所描绘的阿拉伯半岛(即第六幅亚洲地图)①

区旋转的影响,波斯湾被整体撑大,轮廓近于矩形。相应的阿萨邦角(Cape Asabon,即今霍尔木兹海峡)以西的波斯湾沿岸被推向西边,原本的西南-西北走向也扭曲为先径直向西再向北的"直角",而坐落在直角顶点的是古代阿拉伯文明的重要都市格尔哈(Gerrha)。关于内陆的描述和今人认知大相径庭:这片沙漠地区被托勒密安置了数条漫长的外流河(实际上只有季节性内流河)。除了一些著名的交易中心,如马里布(Mara,Marib)或扎法尔(Sapphara,Zafar)以及沿海的山区之外,之后的村落和山脉便都没

---

①　图片来自 Ptolemaeus(1540),Tabula Asiae VI。

有名字,故而难以定位。① 令人不解的是,他似乎并未提到任何"沙漠"的字眼——尽管这倒符合将之视作"福地"的传统看法。

对罗马帝国时代的西方人而言,印度作为其海上贸易的终点和目的地之一,很大程度上代表了他们关于东方的地理想象。对跨过阿拉伯半岛、横越印度海(洋)直至印度河口的这片区域,托勒密的描述很可能参考了前述的《红海周航志》。他用走向清晰的山脉将该地区自西向东分割为卡尔马尼亚、阿里亚、德兰吉亚那、盖德罗西亚、阿拉霍西亚等区域。其中北方被萨里法山脉(Saripha)和普罗帕尼索斯山脉(Propanisos)阻断(这一东西走向的山系甚至从亚述延绵到帕米尔高原),东面则由印度河构成了天然的地理边界。越过该边界便抵达了亚历山大大帝也未能染指的神秘东方国度。由于大部分信息实际源于贸易和传说,托勒密对印度的描绘可能会令人感到陌生。整体上看,印度位于西部的印度河与东部的恒河之间,北靠伊美昂山脉(Imaon Mountains,即今喜马拉雅山脉),南与塔普罗班岛隔印度海相望,这同今天的格局基本相同。但就具体的轮廓、走向和方位而言则不尽相同。越过印度河三角洲,托勒密描绘的"西海岸"先是一路向南,并两度向西突出,然后在焦尔角(Cape Simylla, Chaul)骤然弯向东去;此后的印度海岸主要朝向东方延伸,直到塔普罗班对面的科里角(Cape Kory, Rameswaram),而现实中其一直沿东南行进到最南端的科摩林角(Cape Komaria, Comorin)之后便转向东北——也就是说,从科摩林角向东至科里角的方向变化,并未体现在托勒密地图

---

① 事实上,《地理学》将阿拉伯半岛的众多民族和地点都集中在海岸附近,尤其在今也门地区。

上；而托勒密的印度海岸在科里角之后甚至还进一步弯向东南，直至印度与黄金半岛之间的交界。① 直到恒河三角洲，他的所谓"东海岸"才转向东北，与现实的走向逐渐吻合。由于海岸轮廓的彻底变形，印度已经看不出"半岛"或"次大陆"的形状，其"南部"的纬度普遍高出了 4°~5°，而印度河与恒河河口则反过来低了 4°左右，唯一较接近实际纬度的大概只有中上游部分的河道，譬如华氏城(Palimbothra，Patna)。同时，印度的经度范围也被高估了，从实际的 20°扩大到了 35°。

经历如此严重的形变，印度的山川河流也出现了方位和大小上的错置：内陆的一系列山脉很难找到今天的对应者，河流的情况虽则稍好，但"西海岸"的流域面积明显被扩大了，河流也异乎寻常地长。相比之下，恒河一侧流入孟加拉湾的河流相形见短（实际的情况正好相反）。抛开上述讹误不言，托勒密对沿岸港口的描述仍包含了相当有益的信息。一些知名港口如巴里加扎(Barygaza)、纳尔巴达(Narbada)、穆齐里斯(Muziris)、贝卡雷(Becare)、梅尔辛达(Melcynda)等都赫然在列，其内陆所述的区域或国度也被标注出来。在西岸的印度海中，他提及了一些不知名的小岛，但最重要的还是被安置在了印度西南（实际是东南）的塔普罗班。如前所述，该岛被严重夸大，其纬度范围超过 12°，而实际只有 2°；经度范围达 15 度，而实际只有 4°。由于面积变得足以同印度比肩，它甚至独占了一张地图②。托勒密对当地居民、贸易以及动植物作了大量的描述：

---

① 黄金半岛的起点大致对应印度东南注入孟加拉湾的戈达瓦里河(Godavari River)河口。见 Stückelberger & Mittenhuber(2009:301—303)。
② 即第十二幅亚洲地图。

在印度的科里角对面是塔普罗班岛的海角。该岛曾名为"西蒙杜"(Σιμούνδου, Simundu),但现在叫"萨里克"(Σαλίκη, Salike)。岛上的居民通常被称作萨莱人(Σάλαι, Salai),他们总是像女人一样把辫子扎起来。此地产大米、蜂蜜、姜、绿柱石、风信子,及各种金、银矿物;当地还有大象和老虎。(*Geography* 7.4.1)

除此之外,《地理学》中还能找到对斯里兰卡周边约 20 个小岛的描述。按照方位关系进行推断,这些岛屿无疑应属于印度西南方的马尔代夫(Maldives)、拉卡代夫(Laccadives)以及东南方的安达曼(Andaman)和尼科巴(Nicobar)群岛,甚至更远的南洋群岛。但对具体位置的精确定位似乎不太可能——因为在托勒密笔下,这些岛离塔普罗班都太近了。

三 托勒密的"丝绸之路"与"丝绸之国"

从古代希腊到罗马帝国,西方人有正式记载的东行范围基本止于印度的恒河一带。而恒河以外(或曰"恒河彼岸")的印度及更遥远的东亚则笼罩在神秘的异域面纱之下。因此,古代地理学家对今天意义上的中亚、东亚乃至东北亚的描述,主要建立在传说、神话以及丰富的想象力之上。托勒密也不例外,但体现出更加务实的一面。相对于早期的文献,他更看重时间上切近的地理记录和商旅报告。[①] 譬如卷一的第十一章中,他引述了马里诺提到

[①] 见本书第二章中的"测地理论"。

过的关于马其顿商人梅斯·提提阿努斯(Maes Titianus)的"里程记录"。这位出生于经商世家的商人掌握着庞大的贸易网络,通过其代理人的消息渠道,大致掌握了从幼发拉底河一路东行穿越亚洲腹地、抵达当时的"丝绸之国"即赛里斯国(Serica)都城塞拉(Sera)的里程信息。托勒密的本意是要借由对远东的描述,将居住世界的经度范围加以修正,但不经意间却给后世留下了西方通往"丝绸之国"的道路——即"丝绸之路"的最早文献资料。

1.《地理学》对"丝绸之路"的描述

根据《地理学》卷一和卷六中的相关记载,托勒密笔下的东方之旅可概述如下:

第一区间:从幼发拉底河到石塔。

从幼发拉底河在希拉波利斯的渡口出发,经过两河地区到达底格里斯,从那里再经亚述和米底的加拉迈埃(Garamaioi),到埃克巴塔纳(Ekbatana)和里海之门(Caspian Gates),然后抵达帕提亚的赫卡托皮洛斯(Hekatompylos)。这一段路基本沿着穿过罗德岛的纬线进行[①]。从赫卡托皮洛斯开始,道路在赫勒斯滂和拜占庭的纬线之间不断南北弯折,先是向北抵达里海东南的赫卡尼亚(Hyrcania),再向南经阿里亚(Areia),而后重新折向北前往马尔吉亚那的安条克(Antiocheia Margiane)。此后向东经巴克特拉(Baktra),再北上阔梅得山区(Komedai)。该山脉一直延伸到平原

[①] 据马里诺所言,该纬线均穿过上述地域。

和峡谷的交界。向东穿过山脉,直到峡谷,峡谷之上就是石塔(Stone Tower, Λίθινος Πύργος)。①

第二区间:从石塔到塞拉

从石塔向东,群山不断延伸,与伊美昂山脉相连。后者从华氏城(Palimbothra)一直北上。离石塔不远的伊美昂山中,有一处贸易站位于"卡什亚"地区(Κασία χώρα, Kasia region),那里是通往塞拉的交通线的"起点"(ὁρμητήριον, hormeterion)。从此出发,穿过伊美昂山的北线支脉(可能是今帕米尔高原或喀喇昆仑山),道路开始下行,向东会经过斯基泰的伊赛顿('Ισσηδὼν Σκυθική, Issedon Skythica)。跨国奥伊卡德斯河畔后,是赛里斯的伊赛顿('Ισσηδὼν Σηρική, Issedon Serica),这就已到赛里斯国境以内。据梅斯的报告,从石塔到塞拉的旅程需要 7 个月。但考虑到中途的歇脚、暴风雨等恶劣天气频发,以及绕道偏航所走的多余里程,这一段路沿纬线上的实际距离为 18 100 里,或者是经度的 45¼°。②

1877 年,德国地质地理学家费迪南德·冯·李希霍芬男爵(Baron Ferdinand von Richthofen, 1883—1905 年)在其《中国》

---

① 伯格伦与琼斯考证,阔梅得(Komedai)为帕米尔高原的一部分,为塞种人所居住的山区。通向石塔的山谷则是该地区常见的高地峡谷(Berggren & Jones, 2000: 174)。

② 以上行程内容系根据 Geography 1.11;1.12;6.14—6.16 以及托勒密地图进行综合整理得出。

(*China*)系列丛书的第一册中,基于上述通往丝绸之国的描述进一步推广了"丝绸之路"(die Seidenstrasse)的概念,由此使得这一历史悠久的东西交流通衢广为人知,并逐渐成为现代学界的共识。① 尽管李希霍芬认为,"通过马里诺再次发现的关于早期'丝绸之路'西段的补充记载,完全来自于马其顿人梅斯之代理人的说法",也将其称作"马里诺的丝绸之路"(die Seidenstrasse des Marinus)(Richthofen,1877:496—500)。② 但从文献来源和后世影响的角度来讲,毋宁将其命名为"托勒密的丝绸之路"恐怕更合适。毕竟,无论精确与否,托勒密的这段记载都构成了古代西方通向东亚丝绸之国的陆上里程的唯一记载。

这段路的前半段即从幼发拉底河到帕提亚的行程,已在前文覆盖的区域之内,此处不再赘述。仔细对比地图可知,从赫卡托皮洛斯开始,路线开始呈"之字形"曲折地向东。这样一种不断绕道的行路方式,显然受制于当地复杂的地形,尽管托勒密并未解释其中的具体关联。该区间的最后两站城市已进入中亚的范围,其中"马尔吉亚那的安条克"即今土库曼斯坦的马鲁城,中国史书中呼

---

① 李希霍芬习惯上被认为是"丝绸之路"概念的提出者(唐晓峰,2018:46)。但近年来有学者提出,"丝绸之路"(die Seidenstrasse)概念并非李希霍芬首创,而至少可以追溯到更早的地理学家李特尔等人。不过,李希霍芬的著作的确使得这一概念广为人知,并大大扩展了其影响力。见马提亚斯·默滕斯(2021)。

② 李希霍芬在同年发表的一文章中论及"迄止公元2世纪的中亚丝绸之路"时,也用到了Seidenstrasse一词。当然,作为德国人的李希霍芬的中国描述不可避免地带有东方主义色彩,因而也成为19世纪西方地缘政治和殖民扩张的一个注脚。相关讨论另见徐朗(2020)和Chin(2013)。

为"木鹿城"(Merv);①巴克特拉则是著名的大夏(即巴克特里亚)的首府,即今阿富汗北部的巴尔赫(Balkh)。和今天相比,巴克特拉的位置显然太靠北了。顺着巴尔赫河向北,进入丰饶的吐火罗盆地(Tochari),不多远就能抵达"中亚两河"之一的阿姆河(Amu Darya),即古希腊语中的 Oxus(乌浒水)。另一条大河是更加偏北的锡尔河(Syr Darya),即古希腊语中的 Iaxartes(药杀水)。② 托勒密对这两条河流的描绘并不十分准确,原本的西北-东南走向基本被扭转为东西走向,只在上游一带偏向南边。不同于现实中两河的最终归宿——咸海,托勒密和前代的地理学家类似,令两者都流入了里海,而完全未提及咸海。巴克特里亚位于阿姆河以南,阿姆河以北直至锡尔河的河间地区则是中国人所熟悉的粟特之地(Sogdiana)。托勒密在这一带提到了许多闻名于史籍的商业城市,如尼萨(Nisaia,Nisa)、撒马尔罕(Marakanda,Samarkand)和苦盏(Khujand),只是具体定位并不准确。锡尔河再往北便是斯基

---

① "马鲁"(Mary)原为阿契美尼德王朝治下的马尔古城(Margu),在亚历山大的征服后一度被命名为"亚历山大城",后在塞琉古王朝时期被更名为"安条克"。另《后汉书·西域传》载:"安息国,居和椟城,去洛阳二万五千里。北与康居接,南与乌弋山离接。地方数千里,小城数百,户口胜兵最为殷盛。其东界木鹿城,号为小安息,去洛阳二万里"(Smith,1870;"Antiocheia" 7;范晔,2000:2918)。

② 波利比乌斯和斯特拉波称阿姆河为 Oxus,希罗多德将其与锡尔河并称为 Araxes,其发音很可能来源于当地的粟特语。《汉书》中据此称之为"妫水",后《隋书》《旧唐书》等称之为"乌浒水"。锡尔河在亚历山大的征服后为希腊人所熟知,因后者在该河流上游沿岸建造了帝国最东边的"远东亚历山大城"(Alexandria Eschate)。希腊人称其为 Iaxartes(Jaxartes),《隋书》称之为"药杀水",两者均可视作作为语源的古波斯语产生的译音。参考 Strabo 11.6; Polybius 10.48; Herodotus 1.202; 班固(1962:3889—3890);欧阳修、宋祁(1975:6244,6247,6252,6254); Smith(1870:"Jaxartes");魏微等(1997:1850,1854,1856)。

泰人的天下，这里的城市稀少，只出现了一些陌生的部落名，包括前面提过的奄蔡人等游牧部族。

在托勒密所描绘的这段丝绸之路中，巴克特拉应该算是最后一个较为确定的城市。出巴克特拉向北，入阔梅得山区，走到山谷与平原（或是高原）相接之处，"石塔"便挺立在山谷之上。托勒密为其设定的坐标分别是经度135°和纬度43°，但由于远东部分的形变太大，石塔对应的地点至今仍有争议。早在11世纪，阿拉伯学者比鲁尼（Al-biruni）就对其地点做出了猜测，认为它可能在今天乌兹别克斯坦的塔什干（Tashkent，其名有"石塔"之意），纬度也大致相合（Bell, 1836: 448）。19世纪的地理学者裕尔指出，石塔在阿姆河支流苏尔克河（Surkhab）的河谷之上，即今达鲁特库尔干（Daraut-Kurgan，也作Daroot Korgon）附近，阿赖山脉（Alai／Alay）在此处的缺口洞开了一条通往喀什噶尔河的道路。[①] 而贝凡等学者将其定位在吉尔吉斯斯坦的奥什（Osh），甚至将"起点"也定在石塔一带（Bevan, 1875: 80）。20世纪以降，哈坎、赫尔曼（Herrmann, 1938: 104—123）和斯坦因（Stein, 1933: 257—258）等东方学者、地理学家或考古学家皆对此提出过不同的看法，其候选地至少有塔什干、奥什、达鲁特库尔干、伊尔克什坦（Erkeshtam）和塔什库尔干（Tashkurghan）五处。[②] 近年来国内学者杨共乐

[①] 转引自Thomson（1948: 308）。

[②] 伊尔克什坦位于中国新疆克孜勒苏柯尔克孜自治州乌恰县境内，与吉尔吉斯斯坦的奥什州毗邻，至今仍是同中亚交通和贸易的重要口岸。塔什库尔干位于中国境内，今为西北边陲的一座小镇，毗邻塔吉克斯坦、阿富汗与巴基斯坦。在古代突厥语中，塔什库尔干的本意亦是"石头堡垒"。

(2011)对塔什干和塔什库尔干两说加以对比,否证了后者的可行性,并认为石塔(即石城)应在帕米尔高原以西。但图皮科娃、舍末尔、戈伊斯等国外学者借助球面三角学和系统关联的方法,代入新的地球周长对托勒密的原始数据进行了重新计算,得出结果更偏向于塔什库尔干一说(Tupikova et al. 2014)。[①]《地理学》的德文译者也反对将其置于定位模糊的帕米尔高原深处,而更赞成今天中国喀什地区的塔什库尔干(Stückelberger & Graßhoff, 2006:657)。

从石塔继续向东,就是托勒密所谓通向东方的"起点"。根据托勒密的描述和坐标定位,其地点往往互为参照,彼此关联。因此不同的石塔(或阔梅得山脉)位置很可能会定位出不同的"起点",进而决定此后路线的差异。依照图皮科娃等人的推断,由巴克特拉进入中国的路线至少有以下三种方案:(1)阔梅得山脉的上升坡段位于远东亚历山大城(Alexandreia Eschate),即今苦盏附近,而后沿天山北麓向东,再翻越山口进入塔里木盆地,故"起点"的位置很可能在今阿克苏或喀什;(2)石塔位于阿赖山谷中的达鲁特库尔干(Daroot Korgon),阔梅得山脉对应泽拉夫尚山脉(Zerafshan Range)和吉萨尔山脉(Gissar Range),穿山后进入的平原谷地即阿赖山谷,由此"起点"的位置同样应在喀什附近;(3)石塔位于塔什库尔干,阔梅得山脉在印度一侧的帕米尔高原,则商旅

[①] 但文章同时也指出,托勒密很可能参考了马里诺之外的其他资料,从而将不同的数据糅合到同一地点中。因此石塔对应的地点尽管更偏向于塔什库尔干,但仍不能完全确定,甚至可能有多个。同样的道理也适用于对更东方的"起点"和塞拉位置的确定。

应当由和田和叶尔羌之间的区域进入塔里木盆地,"起点"可能位于今日新疆的皮山县(Tupikova et al. 2014:20—21)。

2. 同时期中国史料中的"丝绸之路"

李希霍芬对丝路概念的定义,也与西汉张骞凿空西域和东汉班超、班勇父子经略西域密切相关,由此具有明确的时间界限——即在公元前2世纪至公元2世纪之间(刘再聪,2020)。因是之故,我们同样不能忽视同时期处于汉王朝治下的中国史料中对于西域通路,或曰"王朝地理学"著述中呈现的丝绸之路(唐晓峰,2010:86)的记载,这很大程度上可以作为托勒密文本的重要旁证。据成书于1世纪末的《汉书·西域传》所云:

> 自玉门、阳关出西域有两道:从鄯善傍南山北,波河西行至莎车,为南道,南道西逾葱岭则出大月氏、安息。自车师前王廷随北山,波河西行至疏勒,为北道,北道西逾葱岭则出大宛、康居、奄蔡焉。(班固,1962:3872)

可见,当时穿越西域的道路分南北两道:南道沿今天塔克拉玛干沙漠的南缘(昆仑山北麓)行进,自莎车一带翻越帕米尔高原至巴克特拉(当时大月氏治所),北道则沿沙漠北缘(天山南麓)行进,至疏勒一带翻越帕米尔高原,至大宛康居(费尔干纳盆地以北)。西汉末年,第三条道路似乎也被开辟出来,即"元始中,车师后王国有新道,出五船北,通玉门关,往来差近,戊己校尉徐普欲开以省道里半,避白龙堆之阸"(班固,1962:3924)。根据裴松之所引鱼豢《魏

略》,这条"新道"在汉末三国时代已经和前述两道并列,晋升为主道之一:

> 西域诸国,汉初开其道,时有三十六,后分为五十余。从建武以来,更相吞灭,于今有二十。道从敦煌玉门关入西域,前有二道,今有三道。从玉门关西出,经婼羌转西,越葱领,经县度,入大月氏,为南道。从玉门关西出,发都护井,回三陇沙北头,经居卢仓,从沙西井转西北,过龙堆,到故楼兰,转西诣龟兹,至葱领,为中道。从玉门关西北出,经横坑,辟三陇沙及龙堆,出五船北,到车师界戊己校尉所治高昌,转西与中道合龟兹,为新道。(陈寿,2011:859)

与此同时,新道或曰"新北道"既可如上文所言转西与中道汇合,也可选择另一条道路,即"转西北则乌孙、康居"。因此总的说来,东汉的西域道路网可以分南、中、北三条,其南道即为西汉的南道,中道为西汉的北道,北道或新道则是从玉门关西北行,经吐鲁番一带转入天山北麓的乌孙,或向西南并入中道。托勒密生活的年代正值中国东汉王朝时期,因此相较之下,经巴克特拉的托勒密丝绸之路有很大可能走的是南线(至少是其初始路段)。这样一来,与之最为吻合的方案自然是以塔什库尔干为"石塔"的路线,相应"与赛里斯国贸易的起点"则位于叶尔羌河流域的古莎车国或临近的皮山绿洲。[①]

当然,这并非唯一正确的答案。正如中国古代史料未曾详述

[①] 关于中国古代史籍对丝绸之路的记载,参考张德芳(2014)和余太山(2006)。

月氏以西的路线，自"起点"向东直至塞拉的路线也从未在《地理学》中得到确切的说明。其中语焉不详之处给后代学者留下了自由发挥的空间。20 世纪初的德国地理学家赫尔曼（Herrmann, 1938:104—123）曾结合托勒密对东亚各地点的坐标关系和实际地点进行比照，进而推断出了以下可能的路线图（括号中为托勒密的地名）：

达鲁特库尔干（石塔）——喀什（"起点"）——阿克苏（奥扎基亚，Αὐξάκια, Auzakia）——库车（斯基泰的伊赛顿）——吐鲁番（皮亚达，Πίαδα, Piada）——哈密（阿斯米莱亚，Ἀσμιραία, Asmiraia）——敦煌（特罗亚那，Θροάνα, Throana）——武威／凉州（塞拉）

这一实际对应东汉北道（后转中道）的路线，一度在学界得到了相当广泛的认可，以至于不少通识地理史作直接将喀什（或喀什噶尔）作为了丝路东段的西部起点。不过，赫尔曼的推断基于一个重要的假设，即托勒密参考了经过波斯人翻译的中国里程志，并将中国的长度单位"里"和希腊里的换算关系搞错了。因此赫尔曼的主要工作是对原本的数学关系和背后的"真"地图进行还原。鉴于该假设的成立本身便问题重重，以及由此推出的路线图也受到了部分后世学者的批评。近来有不同的意见认为，梅斯的代理人一开始仍宜走南线，仅在中段才可能沿和田河或叶尔羌河穿越塔克拉玛干沙漠，接入阿克苏以东的中道（Tupikova et al., 2014）。无论如何，这一不断激发学者地理想象力的争论，很可能继续持续下去。其实早在 19 世纪,地理史家布恩伯里就抱怨说,托勒密关于丝绸之路的记载"提示过于模糊,以至于很难确定任何精确的位置"(Bunbury, 1879:530)。但数个世纪的学术探索,至少使得一点成为了当今学界的共识,即托勒密所描述的赛里斯国及其大部分地点,实际应位于河西走廊外的中国西域,即今中国甘肃、新疆一带(尤其是塔里木盆地),近两百年来的学者如丹韦尔(Jean-Baptiste B. d'Anville)、裕尔、奥利弗·汤姆逊(Oliver Thomson)以及前述的赫尔曼、图皮科娃等的一系列成果也反复印证了这一结论。

3. 赛里斯国的山脉与水文状况

对丝绸之路路线的论证,还可以从托勒密对该区域山脉与河流的描述中得到启示。在"伊美昂山之外的斯基泰"一节(6.15),托勒密描述说:

> 该地区北部居住着"阿比奥斯基泰人"('Άβιοι Σκύθαι, Abioi Skythians),南部居住着"食马肉的斯基泰人"('Ιπποφάγοι Σκύθαι, Hippophagoi Skythians)。再往南是"奥扎基亚"地区,它的南边即前述"起点"附近是卡西亚(Κασία, Kasia)地区。"卡泰斯基泰人"(Χάται/Χαῖται Σκύθαι, Chatai/Chaitai Skythians)居住在此地以南,更南方是"阿卡莎"('Αχάσα, Achasa)地区。"卡乌拉奈斯基泰人"(Χαυραναῖοι Σκύθαι, Chauranaioi Skythians)居住在艾莫达山脉以南。(*Geography* 6.15.3)

文中所说的奥扎基亚、卡西亚地区，分别对应着其各自以东方向上的两条山脉：奥扎基亚山和卡西亚山。据法国学者魏义天的考证，奥扎基亚（Auzakia）很可能是汉代的温宿（即今乌什、温宿县一带，其原始发音为 Usuk 或 Uchuk），因此奥扎基亚山便位于乌什以北的天山西段。自奥扎基亚往南，依次排布着卡西亚山、阿斯米莱拉山（Asmiraira）以及作为赛里斯和秦奈分界的"艾莫达-塞里卡-奥托罗克拉"（Emoda-Serica-Ottorokora）山脉（De la Vaissière, 2009）。① 在这大致三条横贯东西的山脉之间，托勒密安排了两条主要河流，即奥伊喀德斯河（Oichardes）和鲍斯提索斯河（Bautisos）。两者的流向几乎都与山脉平行，并各自拥有三个源头：

两条河流经了塞里斯的大部分地区。其中一条是奥伊卡德河（Οἰχαρδης, Oichardes），它位于奥扎基亚山的源头前面已提过。另一个源头位于阿斯米莱拉山，坐标为（174°, 47°30′）。还有一条支流从卡西亚山流出，汇流点在（160°, 49°30′），其源头在（161°, 44°15′）。

另一条河叫作鲍提苏斯河（Βαύτισος, Bautisos）。同样，它也有一个源头在卡西亚山（160°, 43°），它在奥托罗克拉山

---

① 魏义天（De la Vaissière）还补充了关于一条重要的线索，即赛里斯国的若干山名都带有浓厚的印度色彩，如古印度普拉克里特（Prakrit）方言中将喜马拉雅山脉称为 Haimota，与 Emoda 近似；婆罗门与佛教神话中世界四大部洲之一的北俱卢州（Uttarakuru），与 Ottorokora 近似；而印度教传说中最高的神山须弥山（Sumeru）也令人联想到 Asmiraira 的说法。由此可以推断托勒密很可能在马里诺之外，必定参考了隶属于印度地理传统的古代文献。

的源头位于(176°,39°),还有一条支流可上溯到艾莫达山脉,汇流点在(168°,39°),源头在(160°,37°)。(Geography 6.16.3)

传统上一般认为,奥伊卡德河对应西域乃至中国最长的内陆河塔里木河,而鲍提苏斯河的所指则一直众说纷纭。[①] 因为就今天塔里木盆地的水文状况来看,该区域唯一拥有三条显著河道的河流仅有塔里木河。也有将其比附为西域之外的黄河或雅鲁藏布江,或干脆认为和奥伊卡德河就是同一条河流。中国学者万翔参考郦道元《水经注》后指出,汉代塔里木的河流体系可能和今天有所不同,托勒密《地理学》中的两条河对应的应是《水经注》中曾提到过贯穿西域的"北河"和"南河"(Wan,2013)。基于《汉书》中关于两条河流("一出葱岭山,一出于阗")经蒲昌海后潜行地下、过积石山汇入黄河的传统说法,郦道元将作为"黄河源头"的两河当作了各自独立的西域河流加以记载:

> 释氏《西域记》曰:南河自于阗东于北三千里,至鄯善入牢兰海者也。北河自岐沙东分南河,即释氏《西域记》所谓二支北流,迳屈茨、乌夷、禅善,入牢兰海者也。北河又东北流,分为二水,枝流出焉。北河自疏勒迳流南河之北,《汉书·西域传》曰:葱岭以东,南北有山,相距千余里,东西六千里,河出其中。暨于温宿之南,左合枝水,枝水上承北河于疏勒之

---

① 据公元6世纪的拜占庭史学家米南德(Μέναvδρoς Προτήκτωρ,Menander Protector)记载,当时拜占庭使团曾穿过"罗马人"的地界,抵达当地被称为"奥伊喀"(Ὠήχ,Oich)的河流一带(Menander,1903:452)。

东;西北流迳疏勒国南,又东北与疏勒北山水合;水出北溪,东南流迳疏勒城下,南去莎车五百六十里,有市列,西当大月氏、大宛、康居道。(郦道元,2001:18)①

由郦道元的叙述可推知,"南河"经于阗(和田)、扜弥(拘弥)、精绝(尼雅)、且末后,与且末河(即车尔臣河)汇流,经鄯善北,如牢兰海(即罗布泊);而"北河"则经屈茨(龟兹)、乌夷(焉耆)、禅善(鄯善),途中经姑墨河、龟兹川、枝河等分流注入,最终于南河一道汇入罗布泊。经王守春(1987)的考证,南北两河并非泾渭分明,而在整个沙漠地带有诸多交错合流,如在阿克苏、库尔勒之南,还有一些支流也起到了沟通南北的作用,如库车、轮台可能都有来自南河的分岔。这一点也合于图皮科娃(Tupikova et al.,2014)等学者的观点,即托勒密的丝绸之路很可能沿着河流或绿洲纵贯了塔克拉玛干沙漠(从南线跨越至北线,或从北线跨越至南线)。

对托勒密提到的古代地名的现代认定,一直是地理学史和历史地理学界的一项难题。许多西方学者习惯根据古代音韵学的"对音"推论原则,将发音可能相似的一些地名进行对应。譬如依照上古汉语的音韵,卡乌拉奈(Chaurana)可视作汉代对楼兰的称呼"Kroraina"的对音;卡泰(Chatai)是于阗(Khotan)的对音;索伊塔(Soita)是"莎车"(swa-tia)的对音;而伊赛顿(Issedon)则是古代

---

① 《水经》原载黄河源头有二,其一自昆仑墟、葱岭而下,其二"源出于阗国南山",皆过蒲昌海。郦道元参考了释道安(即文中释氏)的《西域记》和《汉书》的记载,将源头重释为三条,其中出自葱岭的有二,一出捐毒之国,一出葱岭西,两者皆流经西域,故称"南北河"。见《水经注》卷一、卷二(郦道元,2001:1—35)。

汉藏语系中"伊循"的对音。① 此外,奥扎基亚(Auzakia)和阿克苏(Aksu)、卡西亚(Kasia)和喀什(Kashi)、伊塔古里人(Ithagouroi)和吐火罗(Tochari)在语言和发音层面都有可供关联的想象空间。但必须警惕的是,仅凭这一原则便在今古地名之前画上等号是有很大风险的,因为地名的历时性演化、衍生和"重译"之复杂,往往跃出该规则之外,而当今学者们尤其应考虑到《地理学》关于极东区域描述的杂糅性和内在的不一致性。②

4. 托勒密的"秦奈"与海上丝绸之路

除了穿越中亚的陆上丝绸之路之外,托勒密也描绘了一幅由海路前往东亚的路线图,姑且可仿照上面的提法,将其称为"托勒密的海上丝绸之路"。首先,托勒密在《红海周航志》的基础上,补充了更多关于恒河以外印度的地理细节。从恒河河口向东,经过萨达(Sada)、塔马拉(Tamala)等沿海城市,可抵达相当于今天缅甸南部马尔塔班湾(Gulf of Martaban)的萨巴拉海湾(Sabarak Gulf)。这一段的走向与现实相当吻合。之后便是前面提过、对应于马来半岛的"黄金半岛",但半岛的南北跨度被大幅压缩,以至于该区域纬度虽整体偏低了 5°~7°。绕过最南端的萨巴那所在海角后,便进入了居住世界最东端的海域,即所谓的"大海湾"(Great

---

① 楼兰、于阗、莎车、伊循皆汉代西域古国名。楼兰位于古罗布泊与孔雀河畔,地处今若羌县。于阗位于今和田。莎车即叶尔羌,今属喀什地区辖县。伊循在今米兰古城。"对音"推论原则可见 De la Vaissière(2009)。

② 邢义田(1997)曾指出,古书中常提到远方之国"重译"而至,但由此带来的问题却很多,尤其经由重重传闻,语言不免在辗转的传译中扭曲、失真。如果不能重建"重译"的完整过程,只根据首尾两端的片段、零星的资料,要证明名词的对应是难以成立的。

Bay)。根据马里诺所引述的亚历山德罗斯(Alexandros)的见闻，横跨大海湾的航程需要从半岛东侧的扎拜(Zabai)出发，朝东南方向("南向偏左")航行"若干天"，方可抵达地图上最后一个沿海城市卡蒂加拉。① 人们可以从这里登岸，前往位于海湾东北方向、被托勒密称为"秦奈"(Sinai, Σῖναι)的国度，当地的住民即为"秦奈人"。在地理编目中，秦奈的都城也称"秦奈城"，位于卡蒂加拉的东北——这无疑正是《红海周航志》所载位于印度以北的"秦纳"(Thina)。有人认为这是东洋或南洋诸语言对中国南部的称呼，譬如马可波罗就将中国外海命名为"秦海"，并认为"这片海域是大洋的一部分"。但更多时候，学界都将其追溯汉代以前的"秦朝"，并认为西方对中国的称谓很可能来自梵文佛经对秦地的称呼 Cina(Polo,1997:211;马可·波罗,2009:490)。

托勒密对秦奈边界的描述如下："北部是前述赛里斯国的一部分，东部和南部是未知之地，西部是恒河以外的印度，沿着我们已指出的路线一直延伸到大海湾及与之相连的其他海湾，即所谓泰里奥德斯湾(Theriodes)，秦奈的海湾畔则居住着食鱼的埃塞俄比亚人"(Geography 7.3.1)。由此可见，《地理学》中的秦奈和秦奈城对应于今中国南方，与艾莫达(Emoda M.)和赛里斯山脉(Serici M.)以北的赛里斯国分属两个不同的民族——鉴于两者可由通达路径的不同以及地域的差异，这一认识并不难理解。不过若按两地相应的地理范围来看，秦奈和赛里斯很可能都在当时东

---

① 许多人甚至认为这是名义上的安敦使者抵达的地方交阯(Kiao-chi)，大多数人却说是北部湾沿岸的河内，或根据赫思·哈廷(Hirth Hatinh)的说法，是古代安南北部(Thomson,1948:316)。

汉帝国的疆域之内,也就是说,所谓的两国其实是同一国。若如此,对应的两都是否也是指同一都城——即东汉真正的首都洛阳?然而无论就陆路还是海路而言,居于中国腹地的洛阳似乎都过于遥远。因此有学者认为,"都城"或曰"大都"(metropolis)的说法未必意指行政意义上的首都,而可能是区域性的大城市。① 另外,托勒密还在大海湾的北部列出了多利亚河(Dorias)、塞鲁斯河(Serus)、阿斯皮特拉斯河(Aspithras)等多条由北向南的河流,只是过于模糊的定位殊难与现实河流产生精确对应。在大海湾以南,托勒密还命名了诸多岛屿,其中最显眼的是被称为"亚巴丢"(Iabadiu)的爪哇岛(Java),其名称源自于梵文的"大麦"(Yava)一语,故而很容易得以辨识。② 结合当时关于远东的最新地理记录,托勒密对远东的地理图景、秦奈和赛里斯之关系,以及通往此方的海陆途径做出了整体性的概述。他写道:

> 从航海家那里,我们也搜集到了关于印度及其所属各省以及该地内部直至黄金半岛,再由黄金半岛至卡蒂加拉的其

---

① 秦奈城或许可以定位到中国南方的某些区域中心,如当时作为南方各州郡中心的交趾、合浦乃至广州等地。但总体而言,托勒密关于秦奈城的描述非常模糊,编目中也仅以一句话带过:"首都秦奈的坐标为(180°,13°S),据说那里既没有铜墙,也没有任何值得一提的东西。"(Geography 7.3.6)因此,要确定秦奈的实际位置非常困难。

② 印度史诗《罗摩衍那》(Ramayana)中记载,罗摩军队的首领苏格里瓦(Sugriva)遣人去往名为 Yavadvipa 的岛屿(梵文中 dvipa 即岛屿之意)寻找悉多。一般认为这里 Yavadvipa 即爪哇岛,其字面意思是"大麦之岛"(Venkatesananda,1988:208)。另据《后汉书·顺帝纪》记载,永建六年(131)十二月,"日南徼外叶调国、掸国遣使贡献",这里所谓"叶调",即是对日南郡边界外爪哇岛或苏门答腊岛的称呼(范晔,2000:258)。可知在托勒密的时代,海外诸国已能经由爪哇等南洋诸岛与中国往来。

他详细情况。据他们介绍说,为了前往该地,必须向东航行;从该处返航,须向西行驶。另外,人们还认识到全航程的时间是经常变化的、无规律的。他们声称赛里斯国及其首都位于秦奈以北,其东方是一片未知之地,遍地覆盖以泥潭沼泽,丛生着高大茂密的芦苇,这种芦苇之厚可供当地人拿来横渡泥潭沼泽之用。他们还说,从那里[即赛里斯国]不只有途经石塔前往巴克特里亚这一条路,还有一条取道华氏城（διὰ Παλιμβόθρων, dia Palimbothra）通往印度的路。这些人进一步补充,从秦奈首都到卡蒂加拉港口的路是向西南方向走的,由此可见,诚如马里诺所言,它并不与塞拉和卡蒂加拉位于同一条经线上,而是在更靠东部的经线上。(Geography 1.17.5)[1]

综上可知,除穿越帕米尔高原的陆上丝绸之路和横跨印度洋的海上丝绸之路外,当时的中国已与恒河流域的印度建立了交通往来,这也能从自汉武帝平西南夷至东汉设永昌郡以来对沟通蜀地—身毒之路[2]的开拓中得到印证。同时,这条被鱼豢称之为"永昌水道"、水陆兼备的主流贸易路线,也同上文中《红海周航志》中所载、西方与中国之间经由印度的转口贸易彼此吻合。[3]《地理学》中的记载,应当说反映了当时沟通欧亚大陆的各大交通和贸

---

① 此处翻译参考了戈岱司(1987:29—30)。
② 身毒,读作 yuān dú,今印度。蜀地-身毒之路,即现在所谓的"南方丝绸之路"。
③ 《魏略·西戎传》载大秦道"有水道同益州、永昌,故永昌出异物"。《后汉书》中也说"海西即大秦也。掸国西南通大秦"。可知东汉之时地中海周边的货物可通过"恒河以外的印度"即今孟加拉湾一带输入中国(石云涛,2016)。

第四章　古代地理视野中的《地理学》世界图像

易路线的基本图景。

＊　　　＊　　　＊

《地理学》写作的时代正值罗马帝国的盛期，无论是疆域的广袤程度，还是同时代人地理认知的丰富，都达到了古代西方历史上前所未有的高度。托勒密对居住世界的描绘及其地理坐标体系，很大程度上建立在这一时期广阔的地理视野之上，并构成了古代最具代表性的世界图像。

从整体来看，托勒密的地理描述突破了传统地学"海中地"或"世界岛"的固有观念，描绘了一幅"未完待续"的"海中地"图式。该图式对前人的世界图像进行了进一步的扩展，使其南北纬度跨度达80°，东西经度跨度达180°，除增添了南方大陆、斯基泰以北、赛里斯国以东的未知之地以外，也遵循传统将已知世界划分为欧洲、亚洲、非洲（利比亚）三块大陆，并细分为26张区域地图。从地理细节来看，托勒密的世界地图在纬度经度上可与现代地图比肩，但经度的范围却误差过大。描绘得最为准确的部分集中于帝国疆域内的地中海周边，包括罗马化程度最高的意大利、高卢、西班牙以及作为西方文明摇篮的希腊、埃及地区，都相较翔实可靠。相比之下，北方的日耳曼和斯堪的纳维亚、南方的北非西海岸、东方的里海、伊朗和印度地区，受地理数据的匮乏与计算的误差所累，很难做到与今天的地图相符，甚至因其幻想色彩而构成时人关于"居住世界"的某种观念图像。

不可忽视的是，无论这一图像是符合或偏离现代地图，它描绘的都只是古代西方眼中的"居住世界"，而非整个地球，即根本上是"有界"的。相比之下，现代地图空间因为覆盖了整个地球表面,呈现为"有限无界"的特征——这些都意味着本质性的差异。进一步讲,托勒密地理数据的精确性同样不容高估,毕竟能完美符合其天文测地理论的数据仍旧很难获得,大部分坐标都是基于古代地学传统和行程测量进行粗略计算的结果。这使得现代研究者很容易在托勒密和埃拉托色尼、希帕克斯、梅拉等古代作家之间找到关联。正如格拉斯霍夫、米滕胡伯等学者的位移矢量(displacement vectors)分析法所揭示的那样,《地理学》中的坐标数据依来源可分为三类:一是构成几何框架的少量地点,大多根据天文测地得出;二是陆地轮廓沿海地点,主要得自传统周航志的海岸描述;三是数量更多的内陆地点,其中绝大部分源自于旧有的行程报告,并借由既定框架加以确定(Graßhoff et al.,2017)。

可见,托勒密的世界图像并没有他的理论宣称的那样"科学"。毋宁说,该图像是一种分层绘制、由精转粗地主动建构的结果,受当时的知识体量与数学水平的限制。不过,它的确突破了旧有地理描述的中心概念,具备了扩展边界和自我修正的巨大潜力。通过"丝绸之路"的比较研究,这一点也能得到印证——书中借马里诺的材料所述之通往赛里斯国的贸易路线,构成了后世构建"丝绸之路"概念最早的原始地理文献。通过对比他的描述和同时代中国史料中关于西域诸国通路的记载,今人可大致锁定《地理学》所述东方路线和"赛里斯国""秦奈"的对应区域;这位从未到过东方的地理学家所描绘的欧亚大陆图景,竟跨越千年、延续至今,不得不令人叹为观止。不仅如此,托勒密地图所具有的潜力,最终也足以将地球表面的一切未知之地(Terra Incognita)——包括美洲这样的新大陆——纳入一个整体框架之中。而此种潜力如何成为现实,将是我们下一章的论述目标。

第五章 《地理学》的传播与接受史初探

由前面四章的分析可以看出，《地理学》作为一部诞生于公元2世纪罗马帝国治下与希腊文化语境中的地学产物，在地理视野、学术传统、制图框架和理论基础等方面都反映出特定的"时代性"。但《地理学》的特殊性及其仍存于当今学界的巨大声誉，却源自所谓的"跨时代性"——从文艺复兴和现代早期开始，《地理学》重现于拉丁世界并塑造出了现代西方地理世界的基本图景，甚至通过嵌入新的地理观念和制图方法获得更为长久的生命力。然而其传播和接受过程并非一帆风顺。在古代晚期和中世纪的漫长岁月里，《地理学》的踪迹飘忽，仅一鳞半爪地出现在个别学者的转述中，反倒是东方的阿拉伯人对其投以青眼；而到了第二个千年，西方却借文艺复兴和希腊文化"西渐"之机接过了这一传统，掀起译介、评注和重新阐释的浪潮。在地理大发现、印刷术问世和数学科学繁荣的背景下，从意大利到德国的学者前赴后继，从语义训诂到坐标数据、从制图框架到基础理论对《地理学》进行了迭代更新，进而为以墨卡托（Gerardus Mercator，1512—1594年）、奥特柳斯（Abraham Ortelius，1527—1598年）为代表的新世界图像的诞生做好了准备。

为了下文讨论的方便，这里有必要将书中内容按三个层面加以划分：首先是地名、地理描述等语文学要素，这是最为表层的要素；其次是根据该书绘制、随附的世界地图、区域地图等由文字进一步衍生出的图像要素；最后是托勒密论述的制图方法、坐标系统和定位框架等理论方法，居于书中最核心的位置。本章的论述旨在揭示，《地理学》在近代西方的接受史呈现出了一个由浅入深、由表及里的逐步深入和更新的过程：在传入西方的前半个世纪，学者的兴趣主要集中在语文学层面，对图像的关注更多是顺带的；然而到了第二个五十年，随着拉丁译本的流行与作者声誉日隆，人们的焦点开始转移到世界图像，并注意到托勒密地图与不同传统图像之间的矛盾；而要等到世纪翻页，语文学和制图技术的准备均已成熟，以德语区（包括奥地利、巴伐利亚、弗莱忙等地）学者为主导的学术团体对更深层的数学理论进行研究和重构，由此导向了制图学的沿革。

简而言之，《地理学》掀起的近代化浪潮并非一蹴而就，更谈不上摧枯拉朽式的"革命"。恰恰相反，其传播与接受过程始终体现出随文化、政治、社会乃至技术语境游移的复杂性，以及随时为不同观点背书却又屡遭篡改的多面性。正如达尔歇所言，它"既可以代表一部古老僵化的知识文献，也可以代表对创新的开放姿态"（Dalché，2007：317）。因而所谓的"跨时代性"，更多是某种现代重塑的结果。这就意味着，对《地理学》传播史的讨论应尽力避免概念化的简单图式，更不可预设某些流行立场，而应基于语境主义从历史现场抽丝剥茧。本章的讨论也将在这一意义上展开，即结合上述三个层面就《地理学》在文艺复兴时代如何从译介、融合走向图像与理论的更新进行阐发。

一 古代晚期和中世纪的踪迹

尽管诞生于公元2世纪的古典时代，但在随后跨越古代晚期和中世纪的漫长千年时光中，托勒密《地理学》的影响并不如预想中那样巨大，其传承历程也相当曲折。即便在古代甚至托勒密同时代，对《地理学》的引述都并不常见。这同该书本身的性质密切相关——和斯特拉波旨在服务于政治的"地理教育学"不同，也区别于旅行者常用的导航指南，它强烈的理论色彩注定在相当长时间里都只能在小圈子内流传。而进入中世纪后，"大部分西欧人对希腊语的无知，使得中世纪早期和盛期的拉丁世界和最好的古代文本无缘。这也意味着……从2世纪到15世纪，托勒密的《地理学》在非希腊语读者中都受众寥寥"（Woodward, 1987: 304）。

从现存的史料来看，对《地理学》的响应首先来自一位名叫阿伽托戴蒙（Agathodaimon，也作 Agathos Daimon）的技师或工匠。据说他重建并绘制了托勒密的世界地图。在流传至今的部分 Ω 谱系抄本的注释中——如13世纪的 Vat. gr. 177 和 Urbinas gr. 82，以及15世纪的 Conv. Sopp. 626 和 MS. gr. 1402——他的痕迹被保留至今："阿伽托斯·戴蒙"（'Αγαθòς Δαίμων，意为"好的灵魂"）为其自称，他是亚历山大城的技师（μηχανικóς, mechanikos），基于八卷本的托勒密《地理学》绘制（ὑπετύπωσα, hypetyposa）了居住世界的地图。[①] 根据费舍尔的推测，阿伽托戴蒙结合了卷七中的

[①] 这一注释也被称为"阿伽托戴蒙脚注"（Agathodaimon-Subscriptio）。根据抄本的不同，注释用词可能稍有变化。比如15世纪的巴黎抄本 MS. gr. 1401 就用第三人称而非第一人称进行叙述；而 Pluto 28.49 在保留第三人称的同时，改换了其中的动词。详见 Stückelberger & Mittenhuber (2009: 81) 和 Harley & Woodward (1987: 271)。

数据和个人的制图术对地图进行了设计,并添加了一些新的地名,同时也将第一卷中的"纬度带"(klimata)划分融入其中。而舒特等学者则揭示,托勒密地点编目中的一些省份划分不可能源自他本人的时代,比如达契亚的一些城市名,明显出现在公元190年之后(Schütte,1917:142)——这些"时代错位"的地名也往往被归到了阿伽托戴蒙的名下。不过,阿伽托戴蒙生活的年代推定至今仍无定论。巴格罗根据"公元6世纪以后的亚历山大城没有希腊技师"这一考证加以推断,阿伽托戴蒙很可能活跃于5世纪或6世纪,距离托勒密的时代并不遥远,甚至还有学者认为两者是同时代人(Bagrow,1945:325)。

另一位引述过《地理学》的古代学者是数学家帕普斯。帕普斯活跃于公元3世纪后期的亚历山大,他以集大成的《数学汇编》(Συναγωγή, Synagoge)和对托勒密《至大论》《平球论》的评注称名于世。他也注释或改编过托勒密的《地理学》,并收入苏达辞书所称的《居住世界地志学》(Χωρογραφία οἰκουμενική, Chorographia oikoumenike)中,遗憾其文本并未流传下来。今人之所以得窥一斑,主要借由一部作于7世纪的"亚美尼亚版《地理学》"(Armenian Geography)。据休森(R. H. Hewsen)考证,该书可能作于615到636年间,其匿名著者称书中内容主要参考了帕普斯的地理学著作——而后者很大程度是对托勒密《地理学》的修正和简化:"我们从亚历山大的帕普斯的《地理学》出发,而他所遵循的是托勒密基于球形大地所制作的地图。"(Pappus,1971:189)此后在关于三大洲的分区域具体描述中,作者至少九次引述了托勒密,比如他说"至于大地的中心,人类之居所,托勒密认为是面朝波斯海南端的福地阿拉伯……"，又如在谈到"亚洲的第26个地区"美索不达米亚时，他提到"托勒密在这里命名了两座山"（Pappus,1971:191,202），诸如此类。除此之外，古代晚期对托勒密《地理学》的引述还涉及两部同样作者不详的作品。其中一部带有教科书的性质，作者推荐应使用"时区"和"最大白昼时长"来表示经纬度，还有一部曾被认为是阿伽塞梅鲁的作品。少数归属明确的文献来自赫拉克利亚的马西亚努斯（Marcianus of Heraclea，活跃于约公元4世纪）和历史学家阿米安（Ammianus Marcellinus，约330—390/400）。马西亚努斯是一部古希腊文周航志的作者。在其传世作品中，他三次提到"最为神圣和智慧的托勒密"并称赞了他关于地球周长的测量。[1] 同样活跃于4世纪的阿米安，仅在谈及黑海轮廓的时候（约380年）提及过托勒密，但其观点之南辕北辙让人怀疑他并未真正读过《地理学》一书。[2]

总的来说，古代世界对这部里程碑意义上的作品似乎并没有特别的意识，其流通范围也受限于专业性，未能散播到更广泛的拉丁世界中去。以至于到了中世纪以后，《地理学》在西方几乎处于湮没不闻的状态，整个基督教世界（包括拜占庭帝国）的地理学和制图学发展也陷于止步不前甚至缓慢的衰退中。如果说中世纪的西方地理学与托勒密有何关联的话，最容易联想到大概是"球形

---

[1] 关于马西亚努斯的作品及其对托勒密的转述，参考 Dilke（1985:237）；Bagrow（1945:328）；Müller（1855:515—562）。

[2] 阿米安在谈及黑海沿岸的形状时，引了托勒密、赫卡泰和埃拉托色尼为例，以图证明黑海看起来符合"斯基泰之弓"的描述——但事实上，托勒密的黑海描述完全与此不符。同时他也将亚速海放在黑海的东边，而非如托勒密那样置于黑海之北（Barnes,1998:95）。

大地"观念的延续。中世纪学者结合这一基本图景和亚里士多德的气候分区概念，发展出了中世纪"世界地图"(mappa mundi)最典型的图式之一，即按寒带、温带、热带等5个纬度分区划分的圆形地图。但准确地讲，该区域划分的直接来源是5世纪早期马可罗比乌斯(Macrobius,活跃于约400年)对西塞罗《西庇阿之梦》的评注，更早则可归于古希腊地学的基本共识，很难说与托勒密《地理学》有何渊源(Lindberg & Shank,2013:550)。① 事实上，《地理学》当时仅零星出现于诸如卡西奥多鲁斯的《圣俗学识指导》(*Institutiones* 1.25.2；Cassiodofus,2004:157—158)、约达尼斯的《哥特史》(*Getica*)、《斐洛乐基与墨丘利的婚姻》(*Marriage of Philology and Mercury*)评注等少量学术作品中。② 中世纪的混乱局面也让《地理学》的踪迹变得扑朔迷离，以至于伍德沃德感慨道："我们甚至不知道公元2世纪到9世纪初这段时间中到底发生了什么，直到《地理学》存在的线索开始出现其末尾。"(Lindberg & Shank,2013:551)这一隧道尽头的光亮，实际指的正是以花剌子密、巴塔尼为代表的穆斯林学者对《地理学》的翻译、评注等工作。相比于文明不昌的西方，倒是同样继承了古希腊文化的伊斯兰文明对《地理学》投以了更多关注。

有迹象表明，在《地理学》的伊斯兰时代开启之前，它首先向

---

① 关于马可罗比乌斯的世界图式和评注，可参考 Macrobius(1990)。
② 《哥特史》共提及托勒密两次，主要涉及欧洲北部的 Scandia 岛，见 Mommsen (1882:58)；Goffart(2005:391)。《斐洛乐基与墨丘利的婚姻》则分别引述了托勒密的天学与地学，其中地理学相关的内容主要是关于地球周长的计算以及大圆上1度与里程长度的比例。见 Stahl et al.(1971:227—228)。

东传播并被翻译成了古叙利亚语。霍尼希曼(Honigmann,1929：115—116)提到,公元555年出现了一部冠以叙利亚语标题的《地理学》修订本(翻译自古希腊语 $\Sigma\kappa\acute{\alpha}\rho\iota\varphi o\varsigma\ \tau\tilde{\eta}\varsigma\ o\iota\kappa o\upsilon\mu\acute{\epsilon}\nu\eta\varsigma$,意为"居住世界的绘制")。此后是艾德萨的主教雅各布(Jacobus of Edessa)的文本——费舍尔认为他对托勒密的借鉴显而易见[1]。这些零星的译本很可能构成阿拉伯百年翻译运动时期引入《地理学》的重要媒介。自公元8世纪中叶以迄10世纪末,以帝国首都巴格达为中心,阿拔斯王朝主导了一场持续两个多世纪的大翻译运动,将古希腊文化大规模地引入伊斯兰。著名的哈里发曼苏尔、哈伦·拉希德、马蒙等都是关键的推动者,由马蒙资助的学术机构"智慧宫"(Bayt al-Ḥikmah)及其"马蒙地图"更是名噪一时(Gutas,2012：53—60)。地图的绘制与对古代知识的译介密切相关,而托勒密无疑是这场大型文化移植浪潮中的核心人物:他的《至大论》之名便来自于阿拉伯语译名,其天文学、光学、占星学、数学思想更深刻影响了伊斯兰的学术进程。不同于拉丁西方,阿拉伯人对《地理学》异常重视,比如9世纪的胡尔达兹比赫(Ibn Khurradadhbih,820/825—913年)就在著作《道里邦国志》(*Kitāb al Masālik w'al Mamālik*)中,公开向托勒密致谢并描绘了一幅以伊斯兰世界为核心的全新的世界图像。他骄傲地宣称,自己已将托勒密对大地的描述从"野蛮的语言"译为"最精纯的语言"。[2]

除胡尔达兹比赫外,《地理学》较早的阿拉伯语翻译还包括金

---

[1] 转引自 Bagrow(1945：328)。
[2] 胡尔达兹比赫很可能是从古叙利亚语中选译了其研究所需的部分,而对《地理学》更完整的翻译要等到哈里发马蒙去世才会出现(Tibbetts,1992：99)。

迪（al-Kindi，约 801—873 年）以及几乎同时代的塔比特（Thabit ibn Qurrah，约 826/836—901 年）的译本，遗憾的是两者均已失传（Karamustafa, 1992）。而且从传世残篇来看，译文的地名拼写、坐标数据等受转译或误记影响，讹误颇多。该问题也出现在时间稍早的学者花剌子密的传世文献之中。花剌子密（al-Khwarizmi，约成书于 780—850 年）是马蒙"智慧宫"的一员，以其数学和天文学的研究著称，同时也表现出对地理学的浓厚兴趣。其存世著作《诸地理胜》（Kitāb Ṣūrat al-Arḍ）基于托勒密的坐标而构建，囊括了两千多城市的坐标和地形描述，成为《地理学》在当时影响的重要见证。① 该书开头便是对经纬度列表的重新整理，依城镇、山脉、海洋、河流等不同标题分门别类，按"纬度带"的划分从南向北、自西向东进行排布（Tibbetts, 1992: 97）。该书参照的大概是《地理学》的叙利亚译本（因地名多转写自叙利亚文）。但书中经度因本初子午线的位移而普遍小了 10 度左右，坐标也缺乏精确性，似乎借由图像转录而来。② 类似的作者还包括巴塔尼（al-Battani，约 858—929 年）。同样精研天文的巴塔尼，在星表之侧列出了一张地理坐标表格，其中的地名和经纬数据显然取自托勒密

---

① 该书约成书于 833 年。其标题原意为"大地图像之书"，其中 Ṣūrat al-Arḍ（الأرض صورة）被花剌子密用以指称世界地图。此后伊本·豪盖勒（Ibn Hawqal）的著作也采纳了同一名称，但根据中文语境的不同，也被翻译为"道里邦国志""道里区域志""诸地理胜"等不同名称。参考 Toomer（1981）。

② 纳里诺（Nallino）认为其参考的叙利亚版本很可能是由没有附表的地图组成的，这些地图很可能是已失传的"马蒙世界地图"，后者是对托勒密《地理学》加以修正后的结果。然而该书唯一存世的版本只包含 4 张地图，除了其中一张与尼罗河流域相关的地图与托勒密较为相似，其余 3 张都相差甚远。参考 Toomer（1981）；Bagrow（1945: 328）。

《地理学》卷八的第 29 章。相比于花剌子密,巴塔尼的表格没有系统分类,但坐标准确性却可以媲美托勒密,尤其重要城市的坐标几乎一模一样。据霍尼希曼等现代学者的推测,其资料来源很可能是金迪或塔比特的译本,比花剌子密随意的节译更加忠实于原著(Honigmann,1929:124—125)。在此之后,直接提到托勒密《地理学》的还有伊斯兰的知名史学家马苏第(al-Masudi,约 896—956 年)。他将马里诺、托勒密和哈里发马蒙的地图并称为他所见过最好的世界地图(尽管他也自豪地宣称基于前两者的马蒙地图更胜一筹)。[1] 在代表作《黄金草原》中,他称"(世界上)所有这些海洋都在(托勒密)《地理学》一书中,以不同的尺寸、形状和样式得以描绘"(Maçoudi,1861:183—185)。

由此可见,早期伊斯兰科学对《地理学》的关注,很大程度上来自于天文研究的需要,此外或基于占星、贸易、朝圣等现实目的,重在对地理位置和具体路线的呈现。与之相对的则是,地图的数学模型和计量功能鲜有人问津。故而自中世纪以降流传下来的伊斯兰地图中,几乎没有一幅使用了经纬度网格,遑论数学制图方法(Woodward,2013:552)。10 世纪以后崛起的巴尔希地理学派(Balkhī school)的"伊斯兰地图集"以圆形世界地图和矩形区域地

---

[1] 马苏第称:"马蒙地图由哈里发马蒙下令由一群当时的学者制作,用以再现世界及其球体、星星、陆地和海洋、居住所见和无人世界的各个地区、民族聚居地、城市等。它比之前的任何地图都要好,无论是托勒密的《地理学》、马里诺的《地理学》或其他任何东西。"(Maçoudi,1867:53)马蒙的地图至今已不存,但对托勒密、马里诺的并称很容易让人联想到三者的相似性。但事实上,马苏第传世的地理学文本主要基于波斯的地理分区体系(其各区域也称"kishvars"),与托勒密地理传统的近似性还有待商榷。

图的组合著称,但其中同样缺乏数学刻度和比例尺。[1] 这一令人吃惊的事实似乎表明,托勒密的几何制图法并未得到他的地理编目所获的推崇——古希腊时代不可分割的地理学和制图学,在伊斯兰的文化语境中被割裂开了。纵观整个中世纪伊斯兰时期,学者们一直埋头于坐标列表的修订与复制,却未尝将地图与坐标进行对应。尽管也存在例外,如巴格达地理学家苏赫拉卜(Suhrab,活跃于约公元10世纪)就在《居住世界七大纬度带奇观》中提出了类似古代矩形制图的绘制法,即先绘制一个足够大的长方形,宽度为长度一半,再在边缘划出刻度;随后依次绘制出横跨180度的经线和纵跨110度的纬线,再在纬度范围内按传统的"七纬度带体系"加以分隔。但相比于托勒密的《地理学》,其方法无论在任何意义上都更近于马里诺的制图(Talbert & Unger, 2008:129)。[2]

进入中世纪后期,尽管两大文明的交汇处还诞生了诸如"伊德里西世界地图"(*Tabula Rogeriana*,也称"罗杰地图")这样集古希腊、罗马、阿拉伯等诸文明之大成的产物,作者本人也多次提及托勒密的影响,但上述问题依然存在:没有比例尺,也没有统一计

---

[1] 巴尔希学派的区域地图更近于罗马时代的"道路图"或"行程图"(itineraria picta),即用图像形式表现传统道路志(itineraria scripta)的里程间隔,譬如前面屡次提到的坡庭格地图一类。而其世界地图则类似于中世纪拉丁西方的圆形世界地图(mappa mundi)。见 Woodward(2013);Brotton(2013:75)。

[2] 但值得注意的是,苏赫拉卜的地图是以南为上,这一点仍带有鲜明的伊斯兰制图特征。

量单位,图示意义仍大过了计量功能。① 因是之故,当代学者大多据此推测认为:尽管伊斯兰学者在文献学和语文学层面对《地理学》倍加推崇,但书中的数学部分"由于某些原因从未到达阿拉伯"(Harley & Woodward,1992:105)。这也造成了后世的地理学家比鲁尼(al-Biruni,约973—1050年)、祖赫里(al-Zuhri,约677—741年)等在批评古老的矩形制图之时似乎并未意识到:托勒密早在数百年前就已做出过突破性的改进。

二 拜占庭传统与文艺复兴早期的"再发现"

在12世纪之前,一直被拉丁西方视为希腊文化堡垒的拜占庭帝国,也为古典希腊文献的传播和更新做出了不可忽视的贡献。在帝国存续的数百年时间里,诸如"9世纪文艺复兴之光"的佛提乌(Photius I,约810/820—893年)、数学家利奥(Leo the Mathematician,约790—869年)、百科全书式的作家米海尔·普赛罗斯(Michael Psellos,1017/1018—1078年)等大名鼎鼎的学者涌

---

① 伊德里西(1100—1165)出生于阿尔摩拉维德(Almoravid)治下的休达,但生平却主要活跃于西西里的诺曼国王罗杰二世宫廷,故而其作品带有浓厚的跨文化特征。其闻名后世的世界地图保存于他为罗杰二世所作的《渴望云游世界者的愉快之旅》(نزهة المشتاق في اختراق الأفاق, Kitab nuzhat al-mushtāq fī ikhtirāq al-āfāq)之中,其中包含了70幅按纬度带和经度区隔划分的区域地图,并能拼凑成一幅大型的矩形世界地图。因其恩主之关系,该书又简称为《罗杰之书》或《罗杰地图》。目前其有10部抄本存世,其中5部含有完整的文本。伊德里斯在该书序言中提到了地理坐标的两大来源,其中之一便是托勒密的《地理学》(Ducène,2011)。关于伊德里斯的详细研究可参考Ahmad(1992)。

现出来。① 然而与此相对的,却是时人对地理学、制图学领域的兴趣阙如,以至于著名的拜占庭学家科隆巴赫尔(Krumbacher)也不无哀叹地指出,托勒密和斯特拉波、埃拉托色尼等古代地理作者在拜占庭时代"差不多被遗忘了"(1897:410)。相比于对理论地理学的探讨,拜占庭人的关注点更多集中于实用性的道路志、航海手册、朝圣指南等服务于旅行、贸易、军事等目的的行程记录文本。这也体现出某种广泛地存在于中世纪欧亚大陆的时代共性。② 但13世纪末期拜占庭僧侣普拉努德斯的出现却使得托勒密《地理学》接受史迎来了重要的转折点——正是经由此人之手,《地理学》得以穿越中世纪的"幽暗"深谷,点亮了近代文明破晓的曙光。在地理思想史领域的论述中,这一过程也常常被称为《地理学》的"重新发现"或"重生"(renaissance)。

1260年,普拉努德斯出生于比提尼亚的尼科米底亚(Nicomedia),原名曼努埃尔(Μάξιμος Πλανούδης, Manuel Planudes)。一生的大部分时间,他都在帝国的中心君士坦丁堡度过。年轻的普拉努德斯曾是安德罗尼科斯二世宫廷的一名官员,据库格阿斯的推测,他很可能担任过首都议会的议员,并身兼文法

---

① 佛提乌(约810/820—893年)是君士坦丁堡的宗教领袖,在斯拉夫人的皈依和东西教会大分裂中扮演了重要角色。数学家利奥(约790—869年后)为9世纪拜占庭哲学家,是"马其顿文艺复兴"中的关键人物,被誉为"真正的文艺复兴式人物"。而活跃于11世纪的米海尔·普赛罗斯则在政治、历史、哲学、宗教各个领域都有所建树。参考Every(2020);Rautman(2006:294—295)。"复兴之光"语见Louth(2007:159)。

② 值得一提的是,随着近年来"拜占庭学"的逐渐升温,关于拜占庭时期地理学及地图发展的问题的论述正在发生变化,《地理学》抄本的存在痕迹被进一步追溯到公元6世纪或9世纪,但争议尚存。参考Pontani(2010)以及Bazzaz et. al.(2013:46)。

学者身份(Kugéas,1909)。但到了1283年,23岁年轻气盛的普拉努德斯因派系斗争失败,对仕途心灰意冷,转而出家为僧,并改名为马克西姆(Maximus),而后以卓越的拉丁文能力、博学多识的古典涵养而声名大噪。凭借他在宫中的关系,他开始在君士坦丁堡建立起自己的隐修院,并依托帝国图书馆开设学校,教书育人。和许多僧侣不同,他的教学以人文主义课程为主,吸引了众多贵族子弟甚至皇室成员。其学林美誉也促成了1295年皇帝安德洛尼科二世将他任命为使节,以出访威尼斯进行外交谈判。

在学术史上,普拉努德斯的声名主要奠基于他对古典拉丁文作品的翻译:奥古斯都的《论三位一体》、凯撒的《高卢战记》、波埃修的《哲学的慰藉》、西塞罗的修辞学作品等名著,皆借他之手而在希腊世界广为流传。同时,他也将古典希腊作品引入拉丁西方,为文艺复兴的语文学研究铺平了道路——《地理学》正是这些作品中最具代表性的一部。事实上,普拉努德斯不仅仅译介了该书,他更为光辉的功绩是"找到、发现"(εὑρεθεῖσαν)了这一埋藏在古代文献中的宝藏。这一历史性的时刻很可能发生在1295年之后的几年之中。[①] 今人重建其场景的主要依据是源自普拉努德斯的若干首短诗(epigram)以及一首由47句六音步诗行组成的赞美诗。其中一首以"刻石勒功"的形式铭记了他的壮举:

Τοῦ σοφωτάτου κυροῦ Μαξίμου μοναχοῦ τοῦ Πλανούδου

[①] 在普拉努德斯写于1295年的一封信中,他提到自己正在搜寻托勒密《地理学》"这一长期为人忽视的作品"(Burri,2013:521;Harley & Woodward,1987:268)。

στίχοι ἡρωϊκοὶ εἰς τὴν Γεωγραψίαν Πτολεμαίου χρόνοις πολλοῖς ἀφανισθεῖσαν, εἶτα δὲ παρ' αὑτοῦ πόνοις πολλοῖς εὑρεθεῖσαν.

最圣洁和睿智的僧侣
马克西姆·普拉努德斯，
为长年隐匿不闻托勒密《地理学》
终在其不懈努力下得以发现
写下英雄体的诗行①

根据费舍尔、梅卡提（G. Mercati）等学者的推测，现今藏于梵蒂冈、可追溯到 13 世纪的《地理学》抄本 Vat. gr. 177 很可能便是普拉努德斯最初"发现"（而非发明或重建）的私人写本。② 也有将其认定为梵蒂冈的另一藏本 Vat. gr. 191（作于 13 与 14 世纪之交），该书中包括丰富的天文学、占星学和地理学文献——《地理学》也在其列。不过尽管两部文本都提到了阿伽托戴蒙的制图实践，且声称包含地图（前者提到 26 张区域地图，后者则是 27 张），但地图实物却并未附在书页之中。③ 因此也有学者指出，诗中所歌颂的对象应该是此后经他手"问世"的另一本精装抄本，其中包

---

① 该诗出自 14 世纪晚期的希腊语抄本 Neap. 111. C. 3（fol. 3r）。见 Pontani（2010:192）。
② 关于费舍尔和梅卡提的推测，详见 Bagrow(1945:366)。
③ 抄本 Vat. gr. 191 中提到，由于第 10 幅欧洲地图被拆分为"马其顿地图"和"伊庇鲁斯、亚该亚、伯罗奔尼撒、克里特和埃维亚地图"，故而区域地图总数为 27 张而非 26 张（Dilke,1987:269）。

含了世界地图与区域地图在内的一整套地图。[1] 当代学者将其锁定为《地理学》现存最古老的三部抄本之一,即藏于梵蒂冈图书馆的抄本 *Urbinas Graecus* 82(简称"U 本")、藏于伊斯坦布尔苏丹博物馆的 *Seragliensis GI. 57*(简称"K 本")和藏于哥本哈根大学图书馆的 *Fragmentum Fabricianum Graecum* 23(简称"F 本")。[2] 无论如何,这一重大的学术发现不久便惊动了圣驾,皇帝安德罗尼科斯二世迫不及待地下令君士坦丁堡牧首阿塔那修斯(Athanasius I of Constantinople,1230—1310 年)为该书制作皇家抄本。这位德高望重、长年定居于亚历山大的僧侣尽心奉命,功成事毕后,还请求普拉努德斯不吝赐予墨宝——这便是后者那充满溢美之词的赞辞的缘起。如今该诗通过数个抄本流传下来,成为《地理学》接受史上里程碑式的见证:

> 多么伟大的奇迹,巧夺天工的托勒密
> 让整个大地展开在我们眼底,举重若轻
> 一如在画板上描绘小小的村庄
> 何曾见过一袭雅典娜的华服

---

[1] 这里之所以用"问世"而非"发现",是因为关于普拉努德斯原始抄本是否附有地图的问题,一直是学术界争论的焦点。部分学者如迪勒(Diller,1940)、威尔逊(Wilson,1981)、迪尔克(Dilke,1987)等认为这些地图是普拉努德斯基于托勒密的文本自己绘制的(或由他指导下的熟练工匠制作),而非已有古代地图原型的复制品。但施图科尔伯格(Stückelberger,1996)等则认定其制作时间必定早于普拉努德斯的时代,其原型甚至可追溯到 5 世纪或 6 世纪。另见 Jones(2009:95—119)。

[2] 这一判定出自德国学者施纳贝尔(Paul Schnabel)的著作 *Text und Karten des Ptolemaus*, Quellen und Forschungen zur Geschichte der Geographie und Volkerkunde 2 (Leipzig:K. F. Koehlers Antiquarium,1938),详见 Dilke(1987:269)。

有如可爱的《地理学》一般,令精美的五彩图案　　　　5
照着云游天下、博学多识之人的经历
整饬、井然、逼真地
编织为一体
倘若只见一片芳草鲜美、零露溥兮之地
人们不过得以赏心悦目　　　　　　　　　　　　　10
却万万不能
从中汲取未来的给养
但若是,将好奇的双眼投向《地理学》
无人会为此后悔,仅是举手之劳
我们便拥有了全世界——　　　　　　　　　　　　15
大地的轮廓,方位,各地彼此坐落的位置
奔涌向前的河流,穿山连城的大道
有人居住的地方,海洋之神,连同他的岛屿。
还有一件事,我不得不说,请牢记在心:
如果未曾看见那无尽环绕大地的　　　　　　　　　20
深不见底的大洋(Oceanus)
也万勿被诗歌的神圣之名所误:
在虚幻的词句和神秘的传说之下
诗歌总是隐藏着真相。
听我一言:只须相信托勒密　　　　　　　　　　　25
因为这最为非凡之人,值得托付信任:
无论如何,我都不会将狄奥尼修之流
与他相提并论。远远不能:这样一部巨著

在无数年月中湮没不闻,
以至无人珍藏其美,或倾其全力 30
只为使其重见天日
然而上帝亲自加冕的伟大帝王,
罗马人荣耀的领袖安德罗尼克斯
(诚哉,其心灵之自由,身兼罗马人之友
足以称得上是理想君主的形象) 35
促成一位圣者肩负起使命
他是亚历山大城虔诚的牧者
智慧如炬,也对遥远的地方了如指掌
他无私地接受了这一艰巨的任务,
明智而巧妙地成就此事。 40
他祈求天上的君王,再次扩大
罗马人的疆土,正如在先帝的治下那样
噢伟大的奥索尼亚人的帝国
坐拥美惠女神的光辉和缪斯女神的青睐
有赖我辈诸君之力,这样一部作品终于 45
重现于你的时代。因此壮举你亦将
千秋万代,恩德昭著,令名永彰。①

结合其诗歌和通信的内容可以推知,普拉努德斯的藏书恐怕

---

① 该诗根据 Pontani(2010:197—200)中的古希腊语版和英文版译出,并遵循了原诗的行数(共47行),但为阅读的通畅,译文中间部分诗行的顺序有所调整。

不仅限于《地理学》，还包括更多托勒密的作品，比如他屡屡提及的《和音学》。[1] 在其掌管的庞大图书馆和频繁见诸笔端的引述中，今人能窥见一个数量庞大的古典著作馆藏集群。这构成了他在古典语文学界最重要的成就之一，即编修自公元 1 世纪以来的希腊诗文总集《希腊诗选》（Anthologia Hellēnikē, Greek Anthology）的基础。在所有馆藏中，普拉努德斯对托勒密的兴趣无疑是最为浓厚的，这同时反映在他生平保存下来的大量信件中。譬如在一封寄给拜占庭贵族、小亚细亚的行省长官菲兰特罗普诺斯（Alexios Philanthropenos，约 1270—1340 年）的信中，他写道："正因我如此仰慕他的伟岸，才要大声宣称是我让他的作品重见天日，也是我让他的伟业广播四方。"（Kugéas, 1909）[2]

在普拉努德斯之后，还有两位学者与《地理学》的重现息息相关。一位是天文学与历史学家尼基弗鲁斯·格里戈拉（Nikephoros Gregoras，约 1295—1360 年），他很早便以博学多才著称，对托勒密的兴趣则始自年轻时候的天文历法研究。据称他也为托勒密的《地理学》撰写了评注。与此同时，他的评注作者身份也常常和另一位著者纠缠不清，即同时代的人文主义者伊萨克·阿尔吉鲁斯（Isaac Argyros，约 1300—1375 年）。阿尔吉鲁斯与格里戈拉拥有相近的政治倾向和研究兴趣，因而在天文学、占星学、

---

[1] 他在书信中明确地表示过他在一部书中搜集了其音乐相关的文献。在其著作《伊索评注》（Aesopian Scholia）中，他也引用了托勒密的和音理论，并摘录了抄本 Codex Palatinus 129 中的部分文字（Kugéas, 1909）。

[2] 原文为"οὕτως ἐραστὴς του στρατηγήματος τοῦδε γίνομαι, ὥστε ουκ αν μᾶλλον ηὐξάμην τὰς Πτολεμαάου μοι βίβλους γενέσθαι, ἤ τουδε μεριστὴς εἶναι τοῦ κατορθώματος"。

地理学领域留下了大量的评注和相关文字。但无论是格里戈拉还是阿尔吉鲁斯，两人对《地理学》的关注都有一个共同点，即着重于该书第一卷、第二卷的第一章、第七卷的前两章和最后三章的"理论部分"，而没有费力去整理庞大的地理编目。近百年来，昆茨、图迪尔（Tudeer）、米勒等文献学者对这一早期存在的译本和评注本进行了详细的研究，并得出结论：从13世纪晚期和14世纪，君士坦丁堡已然流传着若干托勒密《地理学》的抄本，甚至对托勒密地理制图的理论兴趣也开始浮现（尽管并未构成普遍现象）。巴格罗甚至断言，该书所有的传世希腊抄本都起源拜占庭，毋宁说，我们今天所见的托勒密《地理学》更应称为"拜占庭作者的地理学"（甚至可追溯到10—11世纪）（Bagrow, 1945: 365, 387）。因此，科学史界和托勒密研究界也将这一批时代和出现地点相近的文本统称为"拜占庭校本"（Berggren & Jones, 2000: 43）。

值得一提的是，根据抄本包含（或宣称包含）地图的数量，费舍尔将早期的拜占庭本为了两组泾渭分明的类型：即大致包含26张区域地图的A组（也称"A修订本"、"A谱系"），和包含64张区域地图的B组（也称"B修订本"、"B谱系"）。[①] 两组文本所附地图数量的差异之大，很难解释为传抄过程中的讹误，而更可能源于原始文本布局和章节划分的不同——也而就是说，A、B组的母本很可能相距甚远。前述的两部梵蒂冈藏本以及F本、U本都属于

[①] 应当指出的是，各抄本中的地图数量并不是整齐划一的，即便归属于同一组别，也可能有小范围的浮动。譬如上面提到过隶属A组的抄本，也可能有27张区域地图；而划归B组的抄本（如 Burney gr. 111），实际就有66张地图。因此这一划分也只是在大致意义上而言（Harley & Woodward, 1987: 270）。

A 谱系,而 B 谱系中最早的抄本是藏于佛罗伦萨洛伦佐图书馆（Biblioteca Medicea Laurenziana）、可追溯到 14 世纪初的 *Florentinus Laurentianus gr.* 28. 49（简称"O 本"）。该抄本中包含了卷二到卷七的 25 张欧洲地图、8 张非洲地图和 31 张亚洲地图。此外,现藏于伦敦大英图书馆的抄本 *Burney gr.* 111,梵蒂冈的藏本 *Urbinas gr.* 83,米兰安波罗修图书馆（Biblioteca Ambrosiana）的藏本 *MS. gr.* 997,以及明显由此抄录的伊斯坦布尔藏本 *Seragliensis* 27（K 本）,都隶属于拥有 64 张区域地图的 B 谱系。[①] 撇开与文献学相关的烦琐考证和鉴定争议不言,一个毋庸置疑的事实是:12 世纪至 14 世纪拜占庭学者对《地理学》的再发现、评注和整理工作,的确铺就了该书重回历史视野和学术舞台的通衢。从存世的文献中也能看到,以普拉努德斯为代表的拜占庭学术圈对古典文本的兴趣之强烈,已预示了后世人文主义之盛,且尤为难得的是,他们对古代数学和科学文本投以了同等的关注（包括对阿拉伯数字的引入）。在《地理学》的接受史上,这一现象是否可以往前追溯到阿拉伯世界对《地理学》翻译评注的影响,还没有确切的结论。但向后推演的方向则十分明确:在很大程度上,它们构成了 15 世纪以后赫里索洛拉斯（Manuel Chrysoloras,1360—1415 年）与雅各布·安杰洛（Jacopo Angeli,约 1360—1411 年）等译介工作的先驱——正是两位翻译家的不懈努力,吹响了《地理学》在拉丁西方复兴的号角。

[①] 其中一些抄本,如 *MS. gr.* 997、*Urbinas gr.* 83 等还会另外添加当代地图（一般是 4 张）,对已知三块大陆最新的地理信息加以描绘。

三 人文主义视角下的传播史

《地理学》进入西方的第一位关键人物,是意大利的学者、翻译家雅各布·安杰洛(Jacopo Angelo,也作 Jacopo Angeli, Jacopo d'Angelo 或简称 Giacomo)。安杰洛大约于 1360 年出生于佛罗伦萨共和国的小镇斯卡尔佩里亚(Scarperia),故而也被呼作"斯卡尔佩里亚人"(De Scarperia)。早年他便随母亲前往佛罗伦萨城定居求学,并师从了著名的人文主义者、佛罗伦萨执政官萨鲁塔蒂(Coluccio Salutati,1331—1406)。在后者文化旨趣的影响之下,他又成为了修辞学和文法学家马尔帕基尼(Giovanni Malpaghini,约 1346—1417 年)的学生。当时的意大利正沐浴在文艺复兴的和风之中,对古典语言的崇奉遍及各地,安杰洛也深受其濡染。1395 年,当他听闻拜占庭知名的希腊学者赫里索洛拉斯正在威尼斯出访,立刻请求引荐,成为其希腊语课堂的听众之一。不久后赫里索洛拉斯回国复命,安杰洛也随其抵达君士坦丁堡。他在这里进修了一年多,努力学习希腊语并大量搜罗当地的古典文献,积极为母邦的学术交流牵线搭桥。然而 14 世纪末的君士坦丁堡本身却处在风雨飘摇之中。土耳其长年的军事围困以及帝国政局的混乱,使得拜占庭人心惶惶,许多学者遂携带经卷前往西方需求庇护。在萨鲁塔蒂的邀请和安杰洛的劝说之下,赫里索洛拉斯也于 1397 年再次启程前往意大利的佛罗伦萨。

作为《地理学》传播史上的另一位关键人物,拜占庭学者赫里索洛拉斯起到了不可或缺的桥梁作用。在抵达佛罗伦萨后,他随即开设学校,广纳门生,同时也与当地学者合作,着手将带来的希腊文献翻译成拉丁文。赫里索洛拉斯的学术活动成为了当地的一场文化盛典,不仅有盎博罗削(Ambrogio Traversari,1386—1439年)、维罗纳的瓜里诺(Guarino da Verona,1374—1460年)等文人学者参与其中,也引来诸多雅好古典的高门望族慷慨解囊。佛罗伦萨的巨富、银行家帕拉·斯特罗齐(Palla Strozzi,1372—1462年)便是其中之一。在同时代人的部分史料记载中,他被认为在赫里索洛拉斯的引进和学术译介活动中起到了功不可没的作用。如传记作者维斯帕西亚诺(Vespasiano da Bisticci)所言,正是由于斯特罗齐的努力,许多希腊语著作才来到意大利——他承担了其中大部分费用并鼓励出版和翻译,其中就包括了《地理学》:

> [斯特罗齐]精通拉丁文但不通希腊文,因此他决定要搜罗更多的希腊文著作。为此,他竭尽全力让希腊人赫里索洛拉斯来到意大利,并支付了大部分费用。由于斯特罗齐的帮助,后者以上述方式抵达意大利。但当时缺乏书籍——没有书,就什么也做不了。于是斯特罗齐又派人到希腊购买数量巨大的书籍,费用全由他自己承担。他甚至拥有托勒密的《宇宙志》(Cosmography),其中有来自君士坦丁堡的插图,此外还有《普鲁塔克传》、柏拉图的作品以及无数其他作者的著作。(Dalché,2007:288)

斯特罗齐不仅是一位权势张天的富商和政客,也是文艺复兴时期重要的文化资助者。他对《地理学》的重视甚至体现在其身故之后。1462年,他在经历与美第奇家族漫长的争斗后与世长辞,死后公布的遗嘱中特意提到了托勒密的《宇宙志》(即《地理学》)。他嘱咐子孙必须保留该书,不得以任何理由出售,因为这正是君士坦丁堡的希腊人赫里索洛拉斯在1397年第一次来佛罗伦萨教授希腊语时带来的。"在我们这里,这是破天荒的第一部,后来在意大利发现的所有其他类似地图都源于此,其中一些还传到意大利之外。"(Dalché,2007:289)达尔歇认为,斯特罗齐谈论的很可能是一幅地图而非文字抄本,或者是包含地图的抄本。而据费舍尔和梅卡第的考证,梵蒂冈图书馆的藏本 *Urbinas Graecus* 82 最有可能是其原型(Heawood,1933)。无论如何,《地理学》的希腊语文本(确切地说是"拜占庭本")随着赫里索洛拉斯的"东学西渐"而一同出现,并成为此后数百年风靡西方的世界图像之源头。这是不争的事实。赫里索洛拉斯也理所当然地成为《地理学》最早的译者。尽管作为其译介所涉的海量文献之一,其翻译带有很强的探路性质,也并不完整,但从当时的书信等文献证据中,"*Geographia*"之名已经在尼科利(Niccolò Niccoli,1364—1437年)、莱昂纳多·布鲁尼(Leonardo Bruni,约1370—1444年)等人文主义者圈子里传开了。这些求知欲炽盛的学者不仅四处搜求借阅该书,也开始直接引用该书内容,作为对古代地名的解释。[①]

真正完成托勒密《地理学》的全译工作并使之通行于拉丁西方的人是安杰洛。1400年,当赫里索洛拉斯辞别佛罗伦萨,前往

[①] 萨鲁塔蒂曾在论及托斯卡纳地名的时候,提到众多古代学者中,唯有托勒密曾提及佛罗伦萨(Salutati,1896:623—625)。

意大利各地"弘法",安杰洛也决定离开。他来到罗马,一面在罗马教廷谋得抄经员的职位,一面继续进行他的翻译工作。这一旷日持久的工程最终于 1406 或 1409 年完成,并敬献给当时在位的教皇亚历山大五世。[①] 因有赫里索洛拉斯的珠玉在前,安杰洛在给教皇的献词中,极力强调他与前者的不同之处及其与古典拉丁地理学作品的差异。相比于希腊学者的"逐字翻译",他认为自己的译文更为通俗达意,同时他将托勒密称为"安东尼时代所有数学家中知识最渊博之人","向我们展示了世界的整体布局",并认为托勒密与拉丁作者不同之处在于,他对如何构建保留各部分和整体之关系的图式(pictura)、如何用经纬度进行定位、如何绘制与世界地图成比例的区域地图以及如何将球面地图转换到平面上进行了全面展示(Hankins,1992:125—126)。安杰洛的称赞反映出当时的人文主义者对《地理学》的基本理解,即意识到其在数学上的优势地位。当然,这并不代表托勒密的作品一跃而凌驾于其他古代地理作家之上——确切地说,这更多意味着在以描述性地理学的古典作品群之外,出现了一个以不同视角看待世界的范例。该视角旨在以传统的天学或宇宙论为基础,为公众创造出一个完整而准确的"世界图像"(imago mundi)。这也解释了为什么在"Geographia"之外,《地理学》在文艺复兴时期还有一个流传更为广泛的拉丁文译名:Cosmographia(即"宇宙志")——该译名正是

[①] 安杰洛译本问世时间仍存争议。有学者根据向教皇献书的时间推断应为 1409 年,但随着米兰抄本 *Codex Ambrosianus F*. 148 的发现,这一时间可能被提前到 1406。因法国学者菲拉斯特尔(Guillaume Fillastre)在其中提到"于 1406 年在佛罗伦萨从希腊语翻译成拉丁语的托勒密《地理学》(*Cosmography*)"的字眼。见 Geus(2009:35,note 6)。

源自安杰洛之手。他对此解释说：

> 由于梅拉说他自己的作品委实复杂，不适于优雅地呈现。为了让天才的托勒密那臻于完美的技艺能为当代人所用，我尝试将其翻译成拉丁文。说起来，我们的作者将他的整部作品命名为希腊语的"地理学"（geography），即"对大地的描绘"。连当前世纪最为博学且最优秀的希腊语教师、来自君士坦丁堡的曼努埃尔[即赫里索洛拉斯]都没有改动这一名字，而是将其直译为拉丁文。但我将其改为了"宇宙志"（Cosmographia），因为"地理学"这个词尽管源自希腊语，但在拉丁语中实在常见，以至于人们会误以为它是本土词汇。我也相信假使赫里索洛拉斯能有机会改动他的译作，他也会将名字改为"宇宙志"的。而且，如果普林尼和那些旨在描绘大地的拉丁著者都将其作品称为"宇宙志"，并自称为"宇宙志学家"的话，我实在不明白为什么讨论同一主题的托勒密不被冠以同样的称呼。如上所述，倘若想要将托勒密和我们这些[拉丁]宇宙志学家区分开的话，就更应赞同这一新译名。因为"宇宙志"的概念不仅像"地理学"那样包含了关于地球本身的研究，也涵盖了天空和大地的整体。和拉丁语中的"mundus"类似，希腊语中的"cosmos"一词同时意指天地。而这正是我们这部作品所赖以建立的根基。那么按照我们的传统，这被希腊人称之为"地理学"的宇宙志学之作，更准确的标题便是"宇宙志"。闲话少叙，接下来我们还是来听听讲拉丁语的托勒密会说些什么吧。（Stückelberger & Mittenhuber, 2009:358）

安杰洛对《地理学》的重新命名，颇可参照当今图书编辑的市场策略，即标题应响亮、新奇，力求激发读者最有利于消费的想象。换掉容易被误认为是本土作品的"地理学"，代之以"洋气"的"宇宙志"，也反映出当时的文化阶层对于古典希腊之风的渴慕。但安杰洛大概不会想到，这一策略性的改名催生了从文艺复兴时期至现代早期数百年间极富时代特色的一个知识领域。在当今学界，"宇宙志"一般视为文艺复兴时期的专有概念，一如 Mappa Mundi 之于中世纪，故而也称"文艺复兴宇宙志"。它随着托勒密《地理学》的重新发现而诞生，但随即便以地理学为中心，向着各项知识门类和学科领域拓展。就广义而言，被称为"宇宙志"的作品可谓五花八门，囊括了天文学、地理学、制图学、民族志、自然志、自然哲学、矿业勘察和导航实践等领域，乃至成为某种意义上的百科全书。不同作者对"宇宙志"的理解也各有侧重，比如瓦尔德泽米勒（Martin Waldseemüller，约 1470—1520 年）将其绘制的 1507 年世界地图命名为"普遍宇宙志"（*Universalis Cosmographia*），哈特曼·舍德尔（Hartmann Schedel，1440—1514 年）列出的包含 11 个条目的"宇宙志"目录则几乎等同于地理学，而到了墨卡托（Gerardus Mercator，1512—1594 年）笔下，他将宇宙志称为"所有自然哲学的起点和终点，因为它把天与地联系在一起"（Vogel，2006:489）。[①] 但就狭义上讲，15 到 16 世纪的"宇宙志"主要还是

[①] 克劳斯·弗格尔（Klaus A. Vogel）据此将 15 世纪的宇宙志内容分为三个知识领域：对居住世界的制图呈现，对特定地域的文字描述，和对天球宇宙学的自然哲学评论。因此不仅是通常意义上的制图学和地理学，包括当代人的旅行游记，记录航海发现的异域志，亚里士多德的《气象学》《论天》等学术著作都囊括在宇宙志的框架内（2006:473—490）。

指地理学,尤其是托勒密的《地理学》(也包括围绕其进行的笺注和阐释)。无论如何,这至少从侧面反映出,地理学在文艺复兴时代已成为一门自由开放、兼容并包的显学。[①]

由于安杰洛的翻译和命名,《地理学》或曰《宇宙志》在 15 世纪初成为了畅销佛罗伦萨的热门图书。尽管其文法上的诸多讹误和数字的不准确,使其当时就备受诟病,但该书的风行仍在很大程度上打开了欧洲人的地理视野,也刺激了他们重新描述世界的野心。安杰洛的译本并不包含地图,这就促使了后来的学者尝试为更加直观的图像版本进行拉丁文转化。在当时的意大利,造价昂贵的地图并非普通人所能承受的玩物,因此制图的任务就落在了拥有雄厚财力支撑的御用学者头之上。尼科洛·尼科利正是其中的翘楚。背靠美第奇家族的他也是佛罗伦萨文人集团的领袖之一,甚至拥有自己的图书馆(Meehan,2007)。他的圈子包括了布鲁尼、波焦·布拉乔利尼(Poggio Bracciolini,1380—1459 年)和托斯卡内利(Paolo dal Pozzo Toscanelli,1397—1482 年)等当时赫赫有名的人物——上述两名贵族自然也在其中。意大利学者詹蒂莱的研究指出,作为人文主义者圈子中的地理专家,尼科利可能主导了托勒密地图的翻译工作(Gentile,1993)。但与此同时,他的旨趣也是典型的人文主义式的,即更在意地名的语文学溯源和历史地

[①] 一个有趣的例子是,当 1621 年开普勒再版其《宇宙的奥秘》(*Mysterium cosmographicum*)一书时,他还在抱怨:"尽管源于'宇宙'(Cosmos)一词,但 Cosmography 一般指地理学,这就使得很多书店和制作图书目录的人把我这本小册子归入地理学的门类。"可见直到 17 世纪初,对该词的含义依然存在分歧。见 Portuondo(2005:3); Tessicini(2011)。

理的研究。同属尼科利的人文学者群的乔瓦尼·格拉迪（Giovanni Gherardi da Prato, 1360/1367—1446年），在其对话集《阿尔贝蒂的天堂》中，也提供了一个时人看待《地理学》视角的极佳例子。在书中第五卷探讨佛罗伦萨起源问题的部分，一方提到普林尼的《自然志》将"Florenta"写为"Fluentia"，反对方则认为这是抄写者的拼写错误，并引用托勒密的作品作为佐证：

> 令我如此判断的原因是，在托勒密这位所有希腊、罗马人中最为勤奋的作者笔下——即其谨慎书写地名和地点的《地理学》（Geoglofia）中——他称之为 Florenza，而不是 Fluentia。如果托勒密发现这位拉丁人中最著名的作家普林尼也称之为 Fluentia，他必定会称之为 Fluentia。（Gherardi, 1975: 314）

类似的地名学考证，大量充斥于文艺复兴时期人文主义者的地理论述中。从中还可以看出，在地理描述的权威程度和文本精确性上，托勒密似乎并不比普林尼、梅拉、斯特拉波等古罗马地理学家更高一筹。这一态度在近代早期《地理学》的西方传播史上极具代表性——意大利的早期人文主义者对《地理学》的最初兴趣，主要受语言和地理想象层面的好奇心启发，而非一开始就将其视为几何学、光学或制图学意义上的"科学著作"（Rose, 1973: 56）。更直白地说，是文人圈子的"好古之风"促使雅好博闻强识的学者们，在古代地名的拼写和地图的准确位置上投注了非凡的热情。这就同一些从实证主义出发所得出的"辉格史"结论（如托勒密《地理学》的问世标志着数学地理学的回归甚至革命）大相径庭。不过也必须承认，对古代文献的尊崇尽管构成了某种原始动机，但它必然会导向人们对古今地理空间的对比，进而将关注点转向现代地理的领域——这几乎构成了所有"历史地理"研究的内在逻辑。同时，该进路不仅存在于作为知识精英的人文主义者圈子内部，也必将扩散到一个更广泛的受众群体中去——譬如文学和诗歌。一个典型的例子是 15 世纪初佛罗伦萨诗人安德里亚·达·巴贝里诺（Andrea da Barberino，约 1370—1432 年）创作的《悲惨的盖里诺》（*Il Guerrin Meschino*）。[1] 文中的托勒密地名俯拾即是，而且很多位于欧洲以外。水文和地形的描述也明显基于《地理学》的文本。根据当代学者的研究，其中存在的一些错误只有假设作者在查阅地图才能得到解释。[2] 而连续引述的托勒密地点分布于原书的不同章节，也可以归因于地图对文本空间的重新安排。无论如何，今天被视为数学作品的《地理学》，在文艺复兴的诗人眼中更像是一部"地名辞典"——这一方面的确说明，《地理学》的声誉的确扩大到学者群体之外，以至于成为给虚构故事增添真实感的权威语料库；但另一方面，它也再次印证了前述人文主义思潮之下《地理学》所扮演的角色：这部古老的文献，更多满足的是文人雅士的好古之风，以及对古典时代语言、名物和世界图像

---

[1] 这首改编自法国骑士传奇的散文诗，讲述了一个出生后便惨遭抛弃、后来被海盗卖掉的主人公，在被养父 Meschino（意为"悲惨、不幸"）接纳和重新洗礼后，通过自己的勇武和努力重新寻回身份的艰辛里程。该作品以其对大量古代、中世纪典故的引用而知名，包括但丁的《神曲》、普林尼的《自然志》、中世纪的动物寓言——以及托勒密的《地理学》（Allaire，2002）。

[2] 关于安德里亚诗作中涉及托勒密《地理学》的研究，参考 Hawickhorst（1902）；Peters（1908：430—439）。

的崇慕之心。

人文主义对托勒密《地理学》的关注并不局限于意大利。和这股庞大的浪潮一样,《地理学》的译本也很快传到了意大利以外的欧洲,尤其是北面相毗邻的法国和德国。大约在 1410 至 1415 年之间,《地理学》很可能便以"Mappemundi"之名出现在法国(mappemundi 既是中世纪圆形地图的通称,也是阿拉伯占星学书籍中对托勒密《地理学》的代称)。这一判断的依据首先来自当时的风云人物巴黎大学校长、坎布雷主教皮埃尔·达伊(Pierre d'Ailly, 1350—1420 年)的地理著作。1410 年左右,他的《世界图像》(Ymago mundi)一书付梓。这部作品是对关于世界构成的天文和宇宙知识的汇总。达伊在书中频繁地提到托勒密,但其引述来源主要为《至大论》《占星四书》等天学作品。他还提到了一部《论地球的构成》(Libro de Dispone Spere),称托勒密在该书中主张"地球的六分之一是可居住的土地,另外六分之五被海水覆盖"(D'Ailly, 1930:206)——这显然不是《地理学》的内容。可以推知,在那之前这位法国知识界的领袖人物尚未接触到《地理学》的抄本。但随后不久,达伊接连发表了两篇关于"托勒密《宇宙志》"的论著,并最终和另外五篇论文一道,收入其《宇宙志概要》(Compendium Cosmographiae)中。该书目的旨在"对先前的论著加以解释和补充",据推断其创作日期应在公元 1412—1413 年左右(D'Ailly, 1930:101)。

达伊活跃的年代,正值西方教会史上著名的"大分裂"(Great Schism)时期,其一生的大部分政治活动,都在为弥合、消除阿维尼

第五章 《地理学》的传播与接受史初探 381

图 5.1 1930 年出版的法文对照译注版《世界图像》封面书影(左)及皮埃尔·达伊画像(右)①

翁和罗马之间的裂隙而周旋奔走。② 或许正是这一普世理想的感召,使他投身于关于天文、占星等更加恒定的领域中去。据说其占星学研究有着强烈的现实指向性,他一直试图借此确定"教会的分裂是否是反基督降临的标志"(Smoller,1991:85—86)。受此影

---

① 此处图片分别为达伊(D'Ailly,1930)一书的扉页(左)和作者肖像彩页(右)。
② 值得一提的是,马克思在《路易·波拿巴的雾月十八日》中也提到过这位皮埃尔·达伊。据他记载,"当清教徒在康斯坦茨宗教会议上诉说教皇生活淫乱并悲叹必须改革风气时,红衣主教彼得·大利向他们大声喝道:'现在只有魔鬼还能拯救天主教会,而你们却要求天使!'"这里中译通常所作的"彼得·大利"也作"比埃尔·德·阿伊",其实指的便是皮埃尔·达伊(Pierre D'Ailly)。见 Marx(1869:112);马克思、恩格斯(2012:770)。

响,达伊对地界的关注和对托勒密文本的阐释,也充满了浓厚的占星学色彩:地球并不独立于天界存在,整个地界都受到天界的影响,而影响程度又取决于地理坐标。这才是他关注地点定位的原初动力所在。《宇宙志概要》中前两篇论文的重心,便是具体阐述托勒密的经纬线系统构筑的居住世界之结构,并延续了书中对世界范围的纬度规定,即从最南边的纬线(16°S)到极北的图勒(63°N)。他偏向于讨论托勒密的世界图像和其他古代作者之间的龃龉,譬如赤道以南是否有人居住、世界东西跨度是否超过180度,以及常见地点纬度的差异——并以更合理的方案尽力调和这些差异(正如他调和现实政治的裂隙一样)。不过为了绘制地图,达伊仍不得不涉及制图学的内容,但他建议在平面上尽可能简洁地绘制居住世界的地点和总体轮廓,按七个纬度带分隔,而非完全遵循托勒密的程序。事实上,相比于托勒密的《地理学》,达伊的地图更类似于13世纪罗杰·培根在《大著作》中描绘的世界图式(Woodward,1990)。①

另一位与《地理学》的传播密切相关的法国学者,是与达伊关系密切的"战友"菲拉斯特尔(Guillaume Fillastre,1348—1428年)。他与达伊曾是巴黎纳瓦拉学院时的同学,又在同一年晋升为枢机主教。在弥合教会分裂的阵线上,他们长年并肩作战,拥有相近的政治立场和世界观——甚至也包括对《地理学》的兴趣。1418年,即菲拉斯特尔和达伊在康斯坦茨公会上合力解救教会分

---

① 培根对达伊的影响已成为学界的共识。其中最著名的是《世界图像》中"从欧洲向西航行可抵达亚洲"的论断。有趣的是,这一结论很可能此后又影响了阅读过达伊著作的哥伦布。详见下一节分析。

裂之后的四年,他将一部托勒密的《地理学》捐赠给教会,并提及该书是"法国的第一部抄本":

> 我,纪尧姆,圣马可的红衣主教,把这本书交给兰斯教堂的图书馆,我找了很多年,在佛罗伦萨得到一本后,我自己抄写了一本。我恳求它得到照顾,因为我认为它是法国[高卢]的第一部抄本。在我主之1418年1月,即我们的教皇马丁五世和大公会议第四年,我在康斯坦茨亲笔撰写。(Dalché, 2002:299, note 35)①

从时间上看,这显然要晚于上文提到的达伊的抄本。但无论"第一"之名是否属实,这反映出《地理学》在当时的法国依然罕见。与此同时,菲拉斯特尔对托勒密的态度也体现他同时期所著的梅拉地理学导读中。和达伊类似,他在该书中致力于调和梅拉等古代地理学家、中世纪的世界地图以及托勒密《地理学》中可能存在的矛盾图景。一方面,他引用《地理学》的内容纠正了梅拉的"错误",譬如指出地球整体都是可居住的,包括赤道附近的热带和托勒密所谓的"未知之地";另一方面,他也借助普林尼和梅拉,反驳了托勒密的部分观点,如"海中地"的整体图式,声称从红海出发能绕过非洲抵达直布罗陀海峡。由此可见,菲拉斯特尔和达伊都效法了早期的人文主义者,将《地理学》作为塑造现代世界的

---

① 法国南锡文艺复兴图书馆(Bibliothèque Renaissance À Nancy)的官方网页上提供了该抄本(即 Bibliothèque-médiathèque de Nancy, MS. 354)部分页面的影印图像,见 http://bmn-renaissance.nancy.fr/items/show/1236。

来源之一而非绝对的标准。他们更关注托勒密的图像和古代拉丁作者、中世纪地图是否能兼容,如若不能,则尽可能地加以调和解释。比如他曾提出,圆形地图并不代表已知世界和部族的范围,人们之所有将周边世界看作是圆形的,可能是因为有些地方的陆地会深陷下去,限制了人们的视野。

此后十数年间,菲拉斯特尔还制作了不少新的抄本并流传至今。其中1427年的抄本 Bibliothèque Municipale MS. 441(藏于今南锡市立图书馆)在传统地图外,还添加了一幅被托勒密忽视的北欧地图。这也被誉为《地理学》传播史上第一幅"现代地图"(tabula moderna)。图的边缘已浮现出斯堪的纳维亚半岛的轮廓,格陵兰岛的土地也出现了,并且在北部朝向东方延伸,与欧洲北部共同围出了"冻结之海"(Congelatum Mare,即今北大西洋)。这意味着对托勒密世界图像更新的开始。在第八张欧洲地图(即萨尔马提亚和陶里卡地区)上,作者注释说:"该图应该以更充分的方式绘制。这就是为什么某位辛布里[即丹麦]的克劳迪乌斯(Claudius)描述了这些地区并制作了与欧洲相连的地图。"(Dalché,2002:346)菲拉斯特尔提到的克劳迪乌斯,一般认为是指北欧的著名制图师克劳乌斯(Claudius Clavus)——这意味着几乎在同一时间,与法国和意大利毗邻的日耳曼及其以北地区,也踏上了对托勒密《地理学》的研究、解读和重构之路。

根据杜兰德的研究,《地理学》在德语区的传播与14世纪后半叶维也纳大学的建立和附近的克洛斯特纽堡修道院的学术活动密切相关(Durand,1952)。从15世纪20年代起,德语区开始出现《地理学》的踪迹。该书最早现身的确切时间,是现藏于奥地利国家图书馆的维也纳抄本（Österreichische Nationalbibliothek 5266，简称 ÖNB 5266）所记载的 1437 年。事实上很可能在这前后——确切地说是 20 年代到 50 年代的数十年中——日耳曼地区从南到北，在沃尔芬比特尔、布鲁塞尔、维也纳和慕尼黑等各地都相继涌现出了《地理学》的抄本，比如藏于赫尔佐格·奥古斯特图书馆的 Cod. 354 Helmstedt，比利时皇家图书馆的抄本 RLB 1041（fols. 205r—206v），巴伐利亚州立图书馆藏的 Clm 14583（fols. 128v—30r, 131v—132v）等等，这也显示出该传播链条的复杂性和多元性。在这些早期抄本之中，最完整也最接近原作的是沃尔芬比特尔抄本，但其他每一部都包含了对同一评论的笺注，遗憾的是评论原文已不可见。另一个更重要的共性是，相比于意大利和法兰西人，日耳曼人的抄录和评注体现出数学方面的强烈兴趣：他们对《地理学》中的计量单位换算、地球大圆的比例关系，甚至前两种制图方法的建构等加以了更为详细的论述。不过，其原始动机可能大多欧洲学者并无二致：即出于天文、占星对精确地点定位的需要，而非构造合比例的世界图像的诉求。

总体而言，从 14 世纪末到 15 世纪初，《地理学》在拉丁西方的早期传播和译介基本笼罩在人文主义的氛围之下。意大利是这一传播链条上毋庸置疑的中心，也扮演了将相关文献从希腊的拜占庭世界移植到拉丁的罗马世界的关键角色。尤其是文艺复兴之都佛罗伦萨的文人圈子，对《地理学》的推广、翻译以及文字训诂不遗余力，由此奠定了此后数百年西方理解托勒密地理学的语文学基础。与此同时，《地理学》在意大利外的传播更多旨在满足学者圈子的特定需求，譬如天文测量和占星预言。这些经由艺学院出身的文化精英和教士阶层,对萨克罗博斯科(Johannes de Sacrobosco)的《论球体》、亚里士多德的《气象学》、托勒密的《至大论》以及阿拉伯人关于占星地理学领域的评注都很熟悉。这构成了他们理解《地理学》基本知识背景,也使其更能领会"宇宙志"(cosmographia)的字面意义上、天地关联的世界图景。[①] 法国和德国现存的早期抄本也对此提供了充分佐证。相比之下,对世界图像的重构和与传统地理布局的融合更像是这一传播过程中的副产品。在这一时代的地理学领域,托勒密是一个受人尊敬的名字,也是一个不容忽视的权威——但毕竟,他仍然只是诸多权威之一,并未受到凌驾于普林尼、斯特拉波、梅拉等古典地理学者地位之上的优待。更重要的是,这时也鲜有人意识到托勒密制图法的真正意义。作为《地理学》核心的制图模式和理论图景真正登上历史舞台,还需要等待一个重要的历史契机:始自 15 世纪的地理大发现。

四 地理大发现与《地理学》:守旧与革新之辨

以 1437 年人文主义者领袖尼科利的去世为标志,以语文学和古物研究为重心的《地理学》释读语境,开始发生缓慢的转变。在这之后两年,一场载入史册的天主教大公会议在佛罗伦萨召开。是时教廷正卷入"教会会议至上"和"教皇至上"两股主义争斗的漩涡之中,原定于 1423 年举办的第十七次公会议也屡经波折,经

[①] 近几十年的研究表明,中世纪晚期和现代早期宫廷中焦灼的政治气氛,使得占星术士和天文学家不得不承担起或者预言,或者解释疾病和战争等现象的现实任务。这也指向了早期《地理学》解释与占星学的内在关联。详见 Tolias(2019)。

历了推延、换地乃至取缔的风波后,最终迁移到财力雄厚、政治稳定的佛罗伦萨举行。不同于此前的康斯坦茨会议,此次与会的势力不再局限于西欧社会的宗派,还包括了拜占庭东正教、非洲的科普特教会、叙利亚的雅各教派、亚美尼亚教会等世界各地基督信仰者。这一群贤毕至、万邦来朝的盛景,也给教廷营造了普世大同①的氛围。对当时的教皇尤金四世而言,希腊正教会的求助无疑给他加强集权、压倒教会会议提供了绝佳的筹码,一统东西教会的光明前景也激发了他"开疆拓土"的野心,促使他将眼光投向此前并不了解的遥远异域,比如传说中由"祭司王约翰"(Prester John)统治的非洲基督教王国埃塞俄比亚。

据尤金四世的文书、人文主义者弗拉维奥·比昂多(Flavio Biondo,1392—1463年)记载,在佛罗伦萨公会召开的同一年,教皇就派遣一名方济各会僧侣萨尔蒂诺(Alberto da Sarteano,1385—1450年)赴埃塞俄比亚送信,以图劝说非洲大陆上的"迷途羔羊"重回教堂怀抱。1441年,萨尔蒂诺在八位僧侣的陪同下返回,并带来四位埃及的科普特人,和四位札拉·雅各布(Zara Yaqob)皇帝治下的埃塞俄比亚人(Quinn et al.,1994:81)。据说教皇对这些肤色黝黑、貌似瘦弱的异邦人产生了浓厚的兴趣,并委派红衣主教与他们进行对谈,以弄清其"所在区域的天象、所属的气候、昼夜的差异、大洋的情况和过去的历史"——简言之,即在已知世界中的位置(Trexler,2014:128)。对埃塞俄比亚的关注很大程度源于该地早在托勒密《地理学》中的记载,但当地人的回复却和这位大

---

① 天主教(Catholic)的本意就是"普世大同"。

师的描述不尽相符。据比昂多所述,埃塞俄比亚人夸赞其国土之辽阔,"一直绵延到印度",这显然和托勒密笔下隔印度洋相望的方位相矛盾。古典权威所遭遇的尖锐冲突,引起主教团的激烈反驳,却不可避免地开启了对《地理学》世界图像的反思之路。① 除此之外,对这些异邦人感兴趣的,还包括托斯卡内利这样多才多艺的人文主义者。在葡萄牙使节、恩里克王子的兄弟佩德罗的请求下,他趁机拜访了这些外国代表,询问其国外的具体地理状况,以为他当时正在绘制的世界地图做准备(Woodward,2007:333)。数十年后,这幅基于托勒密《地理学》所绘制的地图将寄到热那亚人哥伦布的手中,并对世界格局产生不可估量的影响。

　　就在佛罗伦萨大公会议结束的同一年,葡萄牙人在恩里克王子的支持、土耳其人垄断商道的威胁以及寻找祭司王约翰的憧憬等诸多动机的共同驱动下,已经沿非洲西海岸南下探索到了塞内加尔,并于次年抵达佛得角。伊比利亚航海家的活动缓缓开启了地理大发现时代的帷幕,不断涌入的地理知识也和古老的《地理学》发生了丰富的反应。首先,人们仍然依靠托勒密的世界图像来指导自己的旅行和远航,尤其是在地中海附近的区域。在这方面具有代表性的是被称为"考古学之父"的旅行家兼人文主义者安科纳的乞里亚科(Ciriaco d'Ancona,1391—1452年)。和尼科利

---

① 比昂多本人已承认托勒密在地理学上的局限性,因而他评论说:"这位托勒密只知道埃及境内属于埃塞俄比亚的一小部分,对于埃及以外的地区和王国必然是无知的。"同时,"托勒密对北方的许多事情—无所知,最明显的是不列颠洋以外的五十个岛屿和类似亚得里亚海的海湾,沿岸都居住着基督徒"(Dalché,2007:310)。这一具有象征意义的事件也意味着,用新的地理发现来补充和改进其地图将成为下一阶段的主要任务。

的圈子类似,乞里亚科也是标准的古物爱好者。但他同时也是足迹遍布各地的商人,先后受雇于奥斯曼帝国、罗马教廷,深入亚洲考察并收集了大量的抄本和碑文。在土耳其期间,他购得了一份《地理学》的希腊语抄本,以此作为非洲探险的路线指南,并以实际地理勘察来丰富和补正托勒密的文本。[①] 因此,其传记作者如是形容他同这位古代圣哲之间的"现代关联":"他[乞里亚科]是继著名的地理学家、亚历山大人托勒密之后,世界上唯一……敢于去旅行、发现和探索这个世界的人。而且正如我经常从他口中探知的那样,这世界上所有远至图勒岛和其他偏僻之所的天涯海角,他都亲临加以视察。"(Scalamonti et al.,1996:26—27)在某种意义上,这暗示了源于人文主义的好古之风正在时代风气的刺激下,重新导向新的地理发现之旅。

《地理学》与世界探索的互动,自然会集中体现于大发现时代的主角身上。15世纪下半叶,随着葡萄牙帝国的非洲探索迎来高峰(其于1488年抵达好望角),托勒密地图越来越多地出现在官方的地理图景之中。1485年,葡萄牙大使瓦斯科·卢塞纳(Vasco Fernandes de Lucena)在向教皇描述葡萄牙的航海进展时,大量引用了托勒密的术语。譬如他们"刚刚在前一年抵近普拉松海角,这正是阿拉伯湾的开端"。次年,葡萄牙国王在与宫廷的宇宙志学家们讨论祭司王约翰王国的确切位置时,曾使用托勒密的世界地图来显示非洲海岸各据点的距离,并得出结论:环航非洲的终点

---

① 乞里亚科的行程路线和对托勒密地名的提及,可见 Van Essen(1958:304—306)。

正是上述"普拉松海角"（戴维·伍德沃德,2021:459）。1487年,即迪亚士的著名远航开启的同一年,佩罗·达科维良（Pero da Covilhã,约1460—1526年）启程经由埃塞俄比亚的陆路探索通往印度洋的道路。据说他依据的是"一张从世界地图上截取的航海图",该图经若昂二世的御用占星学家维勒加斯（Diogo Ortiz de Vilhegas）之手而制成（讽刺的是,此公所在的数学家评议会前几年刚否决了哥伦布提交的航海计划）。据科尔泰萨奥考证,维勒加斯当时正在阅读了一份现存于萨拉曼卡的《地理学》抄本,因此达科维良的海图很可能基于托勒密地图而绘制,以便进行距离测量（Cortesão,1974）。上述史料间蛛丝马迹的关联,也许还需要进一步确证,但至少可知在15世纪后期的拉丁世界,托勒密《地理学》业已享有巨大的声誉。和拥有知识包袱的人文学者不同,务实的政客和航海家们在修正（或曰"篡改"）旧有的世界图像以符合其愿景方面,并无太多顾忌。事实上,正是修正之后可令非洲环航的托勒密地图,同早期的地理发现之间形成了良好的互促关系——一方面,前者为后者提供了"凿空世界"的整体图景;另一方面,后者也反过来印证了前者修正后的图像。

不过,《地理学》和航海发现之间的纠葛似乎比想象的更为复杂,这也体现于当时最负盛名的人物克里斯托弗·哥伦布（Christopher Columbus,1451—1506年）。1474年,当时已是78岁高龄的托斯卡内利致信里斯本的友人费尔南·马丁斯（Fernão Martins）,描绘了一幅向西行抵达亚洲和香料群岛的海上路线图,以冀葡萄牙人能探明其究竟（Morison,1942:34—35）。然而这一愿景并未得到响应。不甘心的托斯卡内利将信中内容抄写了一份,附图寄给正当年轻气盛的意大利船长哥伦布。据说哥伦布深受这位长者的伟大梦想之触动。在亲自阅读了托勒密的著作后,他确定这一设想着实可行,变决心踏上西行到印度的航路。1483年——是时托斯卡内利已驾鹤仙去,自认已万事俱备的哥伦布踏上了他的寻梦之路。他先是拜访了里斯本的葡萄牙宫廷,呈上了这一大胆的计划,但遭到已在非洲航线上收获颇丰的葡萄牙人拒绝。随后他前往卡斯蒂利亚的宫廷,起初仍被拒绝,后在改道法国的途中获知西班牙人改变主意支持他的计划(Burke,2009:89)。于是1492年,哥伦布代表西班牙王室扬帆起航。据说在他西行的旗舰"圣玛利亚"号上,随身携带的文件中除了护照文牒,给蒙古大汗、印度国君和日本天皇的国书之外,还有托勒密的《地理学》。这一略带传奇色彩的故事,构成了目前关于托勒密《地理学》与哥伦布航海之关系的主流叙事。不过,它对两者关系的总结似乎过于简单,诸多细节也缺乏史料的实据,尽管并不能算作完全错误,也很容易让人误解《地理学》真实的时代处境。①

由于哥伦布本人的航海日记已散佚,今人研究其生平与思想多引用同时代的多明我会教士拉斯·卡萨斯(Bartolomé de las Casas,1484—1566年)所抄录的版本。② 根据拉斯·卡萨斯的记

---

① 通过对托斯卡内利致费尔南之信以及与其制图相关的抄本"*Banco Rari* 30"的细致研究,现代学者基本认定"托斯卡内利的制图知识和方法的总和,至多只是让他对居住世界的界限及其测量感兴趣"。事实上,托斯卡内利的制图动机更多来自占星学,他的抄本大部分也只涉及彗星的计算及其相对于恒星位置的测量(Dalché,2007:334)。

② 拉斯·卡萨斯所记载的哥伦布日志主要在其《印度群岛史》(*Historia de las Indias*)一书中。本书主要参考的是塞西尔·简(Cecil Jane)基于该书早期版本翻译、并经维涅拉斯(L. A. Vigneras)修订后的英译本 Jane(1960)。

载,哥伦布对托勒密的态度十分复杂——他既希望从这位古代权威中找到支持自己的理论依据,又频繁对其既有的世界图像加以批判。首先,哥伦布所计算的地球大小(即周长)不仅小于传统的埃拉托色尼的模型(约 25%),甚至也小于托勒密的地球(约10%)。① 因此在第四次航行的记述中,他转而支持马里诺的观点,即认为居住世界的经度范围是 225 度而非 180 度,同时其南界也延伸到更遥远的埃塞俄比亚(Morison,1942:65)。其次,他对托勒密的许多地理定位也并不满意,并根据自己的航海经验加以修正。譬如早在 1477 年的一次航行中,他便宣称抵达了传说中的图勒岛(他称之为"Tile"),然而据他所述,此地的纬度是 73°而非 63°,经度也和托勒密所述并不相同。② 最后,和该世纪早期的诸多学者类似,对于哥伦布来说,托勒密仅仅是古代地理学家中的一个。现存对哥伦布本人手迹的研究表明,1485 到 1490 年间(即正式开启其新世界之旅之前),哥伦布集中阅读了马可波罗行记、皮埃尔·达伊的《世界图像》、皮克罗米尼(Aeneas Silvius Piccolomini,即教皇庇护二世)的《世界史》、普林尼的《自然志》、普鲁塔克的《名人传》等诸多古代文献,其中也包括一部 1479 年版的托勒密《地理学》。但相比于托勒密,他似乎更青睐基于马里诺世界图式的达伊之书——因为他在后者的空白处作满了密密麻

---

① 根据莫里森的说法,哥伦布的计算能力并不突出,他很可能采纳了中世纪阿拉伯地理学家阿尔夫拉甘(Alfragan)的测地数值,但代入了错误的单位,即罗马里而非阿拉伯里(Morison,1942:note 137)。

② 一般认为,哥伦布这里所说的是当时和葡萄牙已经建立起贸易联系的冰岛——尽管冰岛南端的纬度其实是 63°而非 73°。

麻的笔记,而前者却除了签名之外,别无一物。① 更多研究表明,哥伦布和《地理学》在更多时候处在一种紧张的对立关系中。尤其在得到西班牙王室支持之前,他看似疯狂的计划一度四处碰壁,甚至遭到同乡人士的嗤笑。而否定他的主要依据,正是他和占据统治地位的托勒密地图不符——即便按托勒密的地球大小计算,也至少需要在看不见陆地的远洋上漂流 100 天以上,这在当时几乎是不可想象的。因而在其次子费迪南·哥伦布的记载中,哥伦布一直致力于证明世界比当时所公认的更小。他对包括托勒密、亚里士多德、斯特拉波、普林尼等地理学家的阅读和寻章摘句,也更多采取"六经注我"而非"我注六经"的态度——对他而言,这些古老的文本皆是印证其理论、支持其野心的注脚。前往新大陆的四次航行也提供了佐证。通过航海图的绘制和对当地纬度的测量,他始终坚信自己发现的就是印度及其外海岛屿,而据其推算出的日本经度位置(86°W),差不多已和亚速尔群岛相接(Skelton,1960)。

相比于离经叛道的哥伦布,此后的诸多航海家更加致力于弥合新发现与《地理学》之间的矛盾和裂隙。因为对美洲的冠名和其信件、著作的传世,亚美利哥·韦斯普奇(Amerigo Vespucci,1451—1512 年)在今日学界得到了更翔实的研究。1499 年,韦斯普奇曾加入一支由阿伦索·德·奥赫达(Alonso de Ojeda)率领的

---

① 据英国史家瓦莱丽·弗林特(Valerie I. J. Flint)所述,哥伦布在达伊的《世界图像》上共做了 898 处笔记,在教皇庇护二世的《世界史》中有 861 处,在马可波罗的拉丁文版游记中有 366 处,在普鲁特克的书中有 437 处,而普林尼的相关笔记则仅有 24 处(Flint, 2017:45—46)。

西班牙船队，重走哥伦布的第三次探险所发现的新海岸线。在抵达南美大陆(今苏里南一带)后，船队分头行动，韦斯普奇南向而行。此刻的他相信自己正处在亚洲的边缘。故而据托勒密《地理学》的叙述，他提出可"绕到大海湾(Sinus Magnus)和被托勒密称之为卡蒂加拉角的海角附近"(Vigneras, 1976:47—52)。由此可见，他的心中已有了一幅完整的世界图像，远航更像是对该图像的验证和实践。在写给美第奇家族的皮尔法兰斯科的一封信中，韦斯普奇再次表明《地理学》之于他的意义："在此，我将向阁下简述一切：并非通过流行的宇宙志，因为这群人中没有真正的宇宙志学家或数学家。相反，我会不加歪曲讲述所知之事，只偶尔引用托勒密的《宇宙志》(Cosmographia)来加以修正。"(Vespucci, 1992:20)事实上作为佛罗伦萨人，韦斯普奇兼有人文主义与商人的双重气质，也对自己的学识更为笃信。于他而言，个人野心和传统权威更多是彼此借重而非相互冲突。因此他可以毫不犹豫地将其登陆的土地称为"新世界"(mundus novus)，并借托勒密的权威认定其为大陆而非岛屿——这一重新赋值无疑将他的地理发现擢升到更高的地位(Markham, 1894:xviii)。在1507年林曼(Matthias Ringmann, 1482—1511年)和瓦尔德泽米勒出版的托勒密《宇宙志导论》(Cosmographiae Introductio)中，"亚美利哥"的名字第一次被印上了美洲大陆，而所附地图的标题则为"根据托勒密传统及亚美利戈·韦斯普奇等人之探索绘制的普遍宇宙志"(Universalis Cosmographia Secundum Ptholomaei Traditionem et Americi Vespucii Aliorumque Lustrationes)。与此相应，韦斯普奇的名字和肖像与托勒密平起平坐，并列于地图的左右上方——这幅被誉为"美洲的出生证明"的知名地图,也构成了韦斯普奇心目中自己与先哲之关系的一个重要隐喻。①

除了位于时代中心的航海家之外,投身于制图实践的地理学家或制图学家们也为新旧世界的融合做出了贡献。1492 年,位于纽伦堡的马丁·贝海姆(Martin Behaim,1459—1507 年)指导制作了现存最古老的地球仪,即被后世称为 Erdapfel(意为"地球苹果")的贝海姆地球仪。球体直径约 51 厘米,整体布局主要基于托勒密的世界地图(即其球面制图法),并吸收了葡萄牙探险家第奥古·戈麦斯(Diogo Gomes)、14 世纪的《曼德维尔游记》、13 世纪的马可波罗游记以及更早源于探险、贸易的地理信息。在该地图上,原本位于非洲西海岸近海的佛得角群岛远远地伸入大西洋,与伊比利亚传说中的岛屿安提利亚(Antillia)不远,而从后者出发再经相同的距离便可抵达被称为"Cipangu"的日本(McMahon et al.,2007:108)。相比于信息稍显滞后的贝海姆,15 世纪末活跃于佛罗伦萨的日耳曼人亨里克斯·马提勒斯(Henricus Martellus Germanus,活跃于约 1480—1496 年)似乎更具代表性。马提勒斯制作的世界地图中至少有两张流传至今,其中一张现藏于耶鲁的拜内克古籍善本图书馆。地图左下角的一段铭文很好地说明了《地理学》在新时代的微妙处境:"尽管通过托勒密和斯特拉波等大多古人的不懈努力,整个世界终于得以描绘,但近人的努力却发现了为他们所忽略或未知的地方。我们将小心翼翼地将其纳入这

---

① "美洲的出生证明"语见 Mittenhuber & Klöti(2009:391)。地图标题和美洲之名出自 Waldseemüller(1507)。

幅图像之中,旨在呈现各地的真实位置。"①(Van Duzer,2018:53)在此之前,他也制作过《地理学》的抄本,并在原本的标准托勒密世界图像之外,添加了新的"现代地图"或曰"新地图"(tabulae novae)——包括地中海的岛屿地图、北欧地图、不列颠诸岛地图以及修正后的北非海岸航海图。他在序言中宣称其地图"包含了葡萄牙人最新的地理发现"。美国学者埃德森(E. Edson)认为,马提勒斯的世界地图是在大发现时代的曙光沐浴之下、对新旧地理知识的一个汇总,也是"15世纪末欧洲制图学的典型代表"(2007:215—220)。事实上,他更大的贡献在于提供了某种兼容并包的可能性,从而不仅使得大量发现的地点能够被吸纳进既有的世界图像,也让接连诞生的最新制图成果——如胡安·德拉·科萨地图(Juan de la Cosa map)、坎迪诺地图(Cantino planisphere)、卡维略地图(Caverio map)等关于新世界的航海绘图,能够同经典的托勒密世界地图进行更深层次的融合。

五 "世界图像"的融合:并置、解释与批评

经历了15世纪上半叶的译介与传播,《地理学》在该世纪后半叶逐渐被视为新的权威性世界图像,尤其在人文主义的中心意

---

① 原文为:"Etsi Strabo Ac Ptolemeus Et Plerique Veterum Describendi Orbis Fuere Studiosissimi Novorum Tamen Diligentia Quedam Ab Eis Tanquam Incognita Pretermissa Adinvenit Que Nos Hoc Picture Ad Veram Locorum Scientiam Exprimendam Studiose Iunximus"。电子版地图可见 Columbus et al. (ca. 1489)。另外,也有学者认为该地图实际出自哥伦布的兄弟巴托罗缪(Bartholomew Colombus)之手(Davies,1977)。

大利。佛罗伦萨艺术家吉贝尔蒂(Lorenzo Ghiberti, 1378—1455年)在评论西蒙涅·马尔蒂尼(也说是洛伦泽蒂)的装饰画时如是评论:"这是一幅宇宙志——即所有可居住的世界。那时的人对托勒密的《宇宙志》一无所知,因此这幅图像并不完美也就不足为奇了。"(Edgerton,1975:180)应该说,《地理学》在拉丁世界最初百年的声名鹊起,更多与当时的政治和文化语境相关,而非受到其内在的"科学"或数学要素的激发。这也体现在文艺复兴时期的人文学者与王公贵族之间的密切关联上。受贵族资助的学者,以学识为这些渴慕风雅的上流阶层加冕,而包罗万象的《地理学》正是彰显学识的最佳代表之一。加之托勒密之名往往和古代埃及的王族姓氏混为一谈(这位天文和地理学家也常被冠以"王"的称号),其作品愈来愈成为那些大人物的图书馆中汲汲以求的藏品。此外,《地理学》也进入了由人文主义者把控的教谕体系之中,成为中世纪七艺的重要补充,并和斯特拉波、梅拉等的作品一道作为上流社会的政治教育之基础。在这一意义上讲,当时的《地理学》同时构成了学识、品位和权力的三重象征。

当然,托勒密所享有的崇高地位并非与数学毫无瓜葛。他的确以"几何学家"的身份得享尊荣,但时人更在意的是数学或几何的象征意义,这也和当时甚嚣尘上的柏拉图主义相关。整个15世纪,菲奇诺、皮科等人对柏拉图著作的翻译和引介,使得柏拉图的思想重放光芒。这一新的思潮主张,人因其思想和精神的存在,在诸多造物中是最高贵的。而思想的核心任务是摆脱对尘世或物质事物的依恋,找到回归神性的方法。其中一条主要的图景便是研究"隐秘科学"——在诸种知识门类中,数学无疑是最为复杂、隐秘却又熠熠生辉者。其与《地理学》之关系，又集中体现在佛罗伦萨学者贝林吉耶里(Francesco Berlinghieri,1440—1501年)身上。在菲奇诺的人文主义圈子中，贝林吉耶里是对地理学尤为关注的一位。从60年代开始，他便着手撰写相关论著，并与20年后借日耳曼的印刷商之手以付梓，由此成为基于托勒密《地理学》的最早印刷本之一。贝林吉耶里的书名为《地理七日》(Septe Giornate della Geographia)，包含了27幅常用地图和4幅现代地图，并打破固有顺序插入到正文中相关段落附近。由菲奇诺创作的序言则充满了浓厚的柏拉图主义色彩，文中强调所有生物都需要掌握"大地的知识"(notitia del terreno)以认识上帝的伟业。而托勒密作为沟通天地、人神的中间人被冠以神圣和荣耀的光环：

"既非凡人，亦非神祇，"
他说，"我不过是世界的住民，看似神圣的光环，
来自我的揭示与教谕。但其实，我来自埃及的亚历山大，
在令人遗憾的安东尼治下，书写了群星与大地
……
噢托勒密，世界之门因你敞开，复又阖上；
我不愿讳言，跟随你的脚步，无人会误入歧途。
噢你是光，是世界的伟大荣耀。"(Woodward,2007:322)[①]

[①] 有趣的是，菲奇诺在其《蒂迈欧篇》译本的评论中也提到了贝林吉耶里："我们也不应忽略贝林吉耶里——这位尼克洛之子是最慷慨的数学家，基于(托勒密的)《宇宙志》书写了他的诗篇。"在他看来，《地理学》无疑是应用数学和世界图像的描述最为成功的结合(Roberts,2010)。

第五章 《地理学》的传播与接受史初探

尽管托勒密似乎受到了无上的推重,但人文主义者对其作为神圣象征的崇奉远大于对具体方法的遵循。事实上,《地理七日》也堪称时下地理观念的"大杂烩"。贝林吉耶里并不忠实于原书的文本,而是大刀阔斧地改写。各区域不仅标明了边界、海岸、山脉、河流等地标与民族分布,也插入了历史、神话或民族学的讨论,并以丰富的文学资料加以阐释,包括从斯特拉波、西西里的迪奥多罗斯处旁征博引的观点。这显明了他浓厚的人文主义底色。他还试图将现代地图和实际导航中常用的海图纳入托勒密的图像中去,使该书成为一部包罗万象的"地理百科全书"。该做法在当时相当普遍:即以托勒密《地理学》的世界图像为基础,融合已知文献或旅行记载中的地理描述,以图尽可能还原受造世界的完美图景。不过,融合过程并非一帆风顺,而是始终面临着关键性的障碍——毕竟就最深层的理论架构和制图方法而言,《地理学》和同时存在的中世纪圆形地图、海图等其他地图类型都存在本质差异。

在制图学史上,西方自中世纪以降关于地理世界的图像化呈现,至少包括了如下三种不同的形式:第一种是继承自古代的圆形地图、而在基督教世界大放异彩的"中世纪世界地图"(mappa mundi),也可称之为"中世纪圆形地图"。这类地图并不以精确地呈现大地为目的,而"旨在以创造、救赎及对地球的最后审判相关的神圣事件之地理历史背景来指导信徒",因而"通常在结构上具有图式化和公式化的特征"(Woodward,2013:558)。其中存世至今的典型范例,是 13 世纪的赫里福德地图(*Hereford Mappa Mundi*)和埃布斯托夫地图(*Ebstorf Mappa Mundi*)。

第二种是从罗马时代便有迹可循的"道路图"(itineraria

picta），最著名的例子，是原本可追溯到公元 1 世纪的坡庭格地图（*Tabula Peutingeriana*）。这类图像大多基于特定的道路志（itineraria）而制作——如前文已有提及的《安东尼皇帝道路志》和《波尔多道路志》等，因而更像是对文字里程描述的具象化，更多用于区域地图的制作。

第三种是与航海实践密切相关的地图，更确切地说是"海图"或"航海图"。海图的历史可能同样悠久，但传世实物的匮乏限制了当代学者追溯其古代渊源。至少可以确定的是，和道路图类似，航海图一开始也是对诸如"周航志"一类文字描绘的图示，用以直观显示海岸港口间的距离。进入中世纪晚期以后，这类无图像的文字航行指南也被俗称作"portolani"（意为"港口"，也译作"港口志""波特兰航海志"），而相应的图像则称"portolan chart"（即"港口图"或"波特兰海图"）。相比于前两种地图，罗盘的使用使得海图能够记录特定方向上的准确距离，从而借助等向线（rhumb lines）和罗盘玫瑰（compass rose）而非经纬网格建构起一种合比例、可扩展的地理图像。对方向的保留和对线性比例尺的遵守，也使波特兰海图在很长时间的航海实践和制图史中享有独一无二的地位（Campbell，2007）。

如此看来，15 世纪堪称是各类世界图像并起的"大争之世"。托勒密世界地图的复兴不仅没有如流行的现代叙事那样顺理成章地取代那些"不精确"的传统地图，反而刺激了各类地图的自我更新、相互借鉴与最终走向融合的进行。以 15 世纪中叶诞生于威尼斯的毛罗修士的世界地图（*Fra Mauro's Mappa Mundi*）为例。它继承了中世纪圆形地图的制作框架，包含了大量的隐喻细节，将全世界呈现为完整、闭合而中心突出的整体。但同时,他也反对当时的宗教和传统偏见,支持从直接经验中收集到的具体事实和信息,甚至以此批评托勒密世界图像的缺陷——尤其是借当时已有相当了解的北欧和非洲南部的描述,斥责托勒密对"未知之地"的无知(Vagnon,2003:209)。不仅毛罗修士,圆形地图的图式或地点信息也被法国学者菲拉斯特尔、达伊,意大利制图师乔瓦尼·莱尔多(Giovanni Leardo)、1457年热那亚地图的匿名作者以及德语区的宇宙志学家(如慕尼黑抄本 Bayerische Staatsbibliothek, Clm 14583的作者)等人用于构建地理或历史著作的世界地图。对当时的诸多地理学家而言,这仍是一种描绘世界的方便传统,借此甚至可以矫正某些源自托勒密的沉疴痼疾,譬如不可环航的非洲大陆、作为内海的印度洋等等。

同理,海图也被频繁用于纠正托勒密地图的缺陷——事实上在15世纪的大多数商人、制图师和航海家眼中,波特兰海图才是最为精确的地图形式。1432年,法国学者让·弗索利(Jean Fusoris,1365—1436年)在论及月食测经度方法时写道:"智慧的托勒密在编制城市经纬度表、'世界地图'之书和海图时都使用了这一技术,因为他向东、西两个不同的城市派遣了几位博学的占星学家。"(Dalché,2007:306)此处所说的"海图"也许令人匪夷所思,但若是作为"精确"的代名词便说得通了。在大发现的时代,海图也是记录最新地理成果的标准形式,由哥伦布、韦斯普奇、胡安·德拉克萨等航海家及其随行人员所绘制的新大陆板块,记录葡萄牙人探索的坎迪诺地图、卡维略地图等都呈现为海图。没有人认为海图已经过时,反而由于其准确性、及时性,许多制图师还以之补充或校正托勒密地图,甚至用来计算特定的坐标。① 这方面最显著的例子是一部来自北意大利的《地理学》抄本(*BL Harley Codex* 3686,现藏于英国)。据米拉内西所述,该书中源自《地理学》的信息更多分布在相对遥远的地区,而地中海周边的描绘则以海图为蓝本(Milanesi,1996)。另外,在威尼斯人安德里亚·比安科(Andrea Bianco,活跃于公元 15 世纪)所制作的"1436 年海图集"中,不同类型的地图也被汇总并置:其中包括一张描绘大西洋、地中海和黑海海岸线的波特兰海图,一张圆形的中世纪世界地图,以及一张托勒密式的世界地图。② 这很好地说明了时人在世界图像选择上的"百无禁忌":通过"拼贴"或"并置"的方式,不同的制图模式能够合法地互为补充,从而间接实现世界图像的更新。

类似的融合也大量出现在商业化的地图制作中。譬如以精美的区域地图和城市地图著称的制图师皮耶特罗·马赛奥(Pietro del Massaio),就曾在 15 世纪 60 年代制作了一系列风格各异的《地理学》抄本。根据买家的不同,他会使用不同的制图技术。另一位著名的佛罗伦萨制图工匠弗朗西斯科·罗塞利(Francesco Rosselli,1445—1513 年),则致力于为托勒密抄本绘制各类插图,尤其擅长将最新的航海发现融入其中。1506 年,他偕同威尼斯制图学家孔塔里尼(Giovanni Matteo Contarini,1452—1507 年)所绘制的世界地图,第一次将哥伦布的发现纳入居住世界的整体图景之中。一年后,塞莱斯廷会的僧侣贝内文塔诺(Marco

---

① 对于托勒密的居住世界无法准确覆盖的边缘地带,比如不列颠、北欧或非洲西海岸,尤其如此。参考 Durand(1952;143)。

② 关于比安科地图集的图说及导论,详见 Peschel(1871)。

Beneventano)制作了著名的1507年本《地理学》,其地图由德国人约翰·鲁伊施(Johannes Ruysch,约1460—1533年)绘制:他参考了前述的"罗塞利-孔塔里尼"地图,也吸纳了最新的地理发现成果。[1] 具体而言,他仿照罗塞利将地图的方位投影式框架,将经度范围扩大到整个地球(即360°),纬度范围也从北极点延伸到南纬38°,从而构建了一个看似大相径庭的世界图式。但据贝内文塔诺的自述,该书系他由古希腊语直译而来,实则更加忠实于原作(Mittenhuber & Klöti,2009:390)。可见无论是根据更新的经验对地图加以修正,还是按照希腊抄本进行重新翻译,都反映了人文主义与海图传统在更深层次上的结合。正如活跃于15世纪末16世纪初的威尼斯制图师席尔瓦诺(Bernardo Silvano)所言:首先应尊重托勒密及其方法论,然后应纠正和补完他的作品,因为"托勒密本人就使用了从航海者那里收集到的信息"(Woodward,2007:345)。因是之故,基于最新地理发现来更新托勒密的坐标不仅是合法的,也是必要的。在不断涌入和相互碰撞的新知的激荡之下,一个新的共识似乎正在慢慢凝聚:已有的托勒密世界图像并不完美,而是需要加以持之以恒的革新。

在这一共识的影响下,"基于尊重的立场"对托勒密加以重新解释和批评,逐渐成为地理学写作和评述的常态。早在1482年,因首次公开出版根据托勒密第二制图法绘成的世界地图而闻名的尼古拉·日耳曼努斯(Nicolaus Germanus,意为"日耳曼人尼古

---

[1] 也有学者认为地图由 Jan Cotta 绘制,疑此为鲁伊施的别名,因其出生于乌特勒支,也被称为"佛兰芒人扬"(Jan the Fleming)(Birkenmajer,1901:20)。

拉",约 1420—1490 年),便对托勒密地图进行了大张旗鼓地修改(据说其原始抄本还可以追溯到 60 年代)。在区域地图中,尼古拉抛弃托勒密的矩形制图,采用经线向上汇聚的"梯形投影"——由于日耳曼努斯也被称为"尼古拉·多尼"(Nicolaus Donis),这种呈现方式也被称为"多尼投影"(Donnis projection,或 Donnus projection)。① 在世界地图中,他不仅实践了另一种制图方法,也打破了托勒密原本划定的边界,将瑞典、挪威、格陵兰等北欧的新增区域纳入其中,同时"根据托勒密的指示"将更新的地理信息补充进去,对诸多地标加以修改(Ptolemaeus,1467)——在他看来,这不仅不是对托勒密的违背,反而"比托勒密更托勒密"。因而他不无骄傲地自我夸耀说:

> 人们会明白,我们从事了一项多么困难的工作,又多么明智地完成了它。他们将不得不为此感到惊讶,尤其当发现我们一点都没有偏离托勒密的图像之时……而想到机会就在眼前,并可能成为我们事业的里程碑时,天才的力量便涌现出来。我们立即尝试根据其叙述绘制了世界地图——一幅更加托勒密的地图。(Fischer,1902:116—121)

尼古拉的如簧巧舌为其本质上的批判和创新之举,提供了一种精妙的解释,即对托勒密的修正实际基于更深层且更忠实于托

---

① "Donis"的称呼实际源于对 1482 年乌尔姆的拉丁文本中"Dominus"(即"主")的误读。无论是 Donis、Donus 还是 Donnis,实际都并非日耳曼努斯名字的一部分(Fischer,1911)。

勒密方法的基本原则。这一策略十分成功,尽管在实际的精确性上并不尽如人意,但他的地图影响力之巨,几乎成为此后数十年的系列印刷本绘图的母版。[①] 类似"为尊者讳"的隐晦表达策略,还出现在 15 世纪初的一些人文主义者笔下,他们也是最热衷于为托勒密辩护的群体。1509 年,费拉拉学者塞巴斯提亚诺·贡巴尼(Sebastiano Compagni,活跃于约 1500 年)在其献给教皇利奥十世的《地理学》中评论道:无论提到的是多么新奇的事物,托勒密都已经意识到并描绘了它们;而他之所以未能囊括"新发现"的海岸和岛屿,很可能是因为"缺乏空间"。因此,他本人的具体工作,便是继承托勒密的衣钵,将地理大发现所揭示的新世界"并置于以托勒密方式呈现的世界之中"。差不多同一时期,西班牙文法学家安东尼奥·内夫里哈(Antonio de Nebrija,1444—1522 年)的《宇宙志导论》(Cosmographiae libros introductorium)问世。作者先是将托勒密及其方法形容为优于所有人的"诸艺之冠"(artis princeps),随后笔锋一转,承认航海活动的确为从托勒密继承而来的世界图像填补了重要的内容,也借助梅拉、普林尼的文献委婉指出托勒密印度洋描述的错误(Dalché,2007:327,342)。如上所述,在更新一代学者的重新阐释之下,托勒密的"错误"得到了更为巧妙的表达,而其崇高地位亦完好无损。更重要的是,著者们在这一"帽子"的保护下,获得了更充足的空间对古代地名和位置加以更新。

[①] 包括 1475 年的维琴察版本、1477 年的博洛尼亚版、1482 年和 1486 年的乌尔姆版本以及 1478、1490、1507、1508 年的罗马版本都直接或间接地源自日耳曼努斯的抄本(Mittenhuber & Klöti,2009:384)。

六 《地理学》的数学转向

整个 15 世纪对《地理学》的译介、传播和阐释活动,主要集中在表层的文字和图像层面。托勒密的世界图像首先是作为古代知识传统的一支重现于文艺复兴时期的拉丁西方,继而又随时代潮流跻身为权威的地理观念。同时,对该图像的修正、批评与融合从未停止,尤其在偏重实践的航海领域和以满足商业需求为导向的职业制图领域,托勒密的地图总是和中世纪世界地图、记录新发现的海图以及普林尼、斯特拉波等其他古代权威处于微妙的纠葛之中。然而在文字层面上对地名的更新,或者图像层面上的拼贴、并置,总是缺乏某种融贯性和彻底性。随着那些特设性的(ad hoc)、独立附加的现代地图愈来愈多,这种东拼西凑的处理方式所遮掩的矛盾也愈加明显,由此暴露出了一道传统制图与现代制图之间久已有之的裂痕。为了弥合这一裂痕,必然要诉诸深层的理论重构。因之,对《地理学》图像生成的理论机制及其背后数学问题加以研究,便成为推动托勒密世界图像继续演进的根本前提。

最早对《地理学》的数学问题感兴趣的人文主义学者往往被归于托斯卡内利。正如前文所言,托斯卡内利很可能借由马里诺的世界图像对托勒密加以过修正,甚至影响了哥伦布的航海实践。但现代抄本研究的结果表明,他的关注焦点更多源于医学(他本人为医师)、占星学对地理坐标的兴趣,在制图理论方面仍相当粗浅。[1]

---

[1] 在寄给葡萄牙人马丁斯的信中,托斯卡内利声称自制的地图遵照了"海图"的传统;"尽管我知道这是地球呈球形的结果,为了更好地理解和推动这项事业,我还是决定绘制一幅海图(nautical chart)来证明所述的路线确是存在的"(Harrisse,1892:381)。

继托斯卡内利之后,地中海文化圈内涉足《地理学》之数学研究的学者唯有阿米鲁特泽斯(George Amiroutzes,约 1400—1470 年)。作为出生于黑海之畔的希腊裔学者,阿米鲁特泽斯长期活跃于文艺复兴时的人文主义群体之中,并以为苏丹穆罕默德二世制作的大型世界地图而著称。[1] 16 世纪初,他的一篇题为《论地理学应呈现之内容》(De his quae geographiae debent adesse opusculum)的论著,相当罕见地从纯粹数学的角度讨论了经度度数的变化问题。不过,真正对《地理学》的系统性数学研究并未发生在文风鼎盛的意大利或希腊语区,而是在远离地中海的欧洲中部——确切地说,是印刷术和数学研究方兴未艾的德语区。

对这一现象的出现,学界尚未有充分的解释。但基于前述史料可以推测:一方面,地中海和大西洋沿岸国家过于发达的海图绘制传统,很可能导致时人缺乏足够的动机从制图学层面对《地理学》加以更新和重构。对学者来说,托勒密所提供的全球图像已十分完整和自洽,经纬度的数学框架也同天文、占星领域结合得十分紧密,可谓牵一发而动全身;对制图工匠来说,传统的海图也能提供精确性上相当的保障,基本满足导航、测绘的需要(即便需要更新,也能通过图像层面的拼贴和并置来完成)。相比之下,包袱更轻的日耳曼内陆地区变革的阻碍更小。此外出于文化落后的民

---

[1] 据希腊学者克里托布罗斯(Michael Kritoboulos)记载,阿拉伯传统中《地理学》的地图多是分散的区域地图,于是苏丹想要将它们合并起来。阿米鲁特泽斯受召为其制作了一张巨型的壁挂地图,并用阿拉伯语标注了所有地名。"他花了一个夏天研究概述,如饥似渴地阅读,通过大量研究和分析……他给出了距离测量的规则和其他关键内容"(Kukjalko,2020:296;Rigg,2019:209—210)。

族自尊心态，他们也更有动力创造出有别于海洋帝国所描绘的世界图像以论证自身历史与风俗的合法性。正如15世纪末巴伐利亚的人文主义者阿文提努斯（Johannes Aventinus）所言："历史的显著特征是了解特定地区和民族的风俗、土地、宗教、制度、法律，及其古今居民、王国、帝国以及一切伟大的事物。然而，若没有对宇宙志和数学的勤奋钻研，或者缺乏旅行经验，这一切都无法知晓或加以研究。"（Rhenanus，1886：345）事实上，这一对"宇宙志（即地理学）和数学（包括天文学）"的重视，正是16世纪德语区学术进路的主要特征。

另一方面，类似威尼斯、热那亚、比萨等富庶的贸易城邦奠定了文艺复兴的物质根基，兴起于北海、波罗的海的汉萨同盟及其财富也保障了这一带的学术研究。这使得德国虽然在文艺复兴浪潮中属于后起之秀，却能在关键的"宇宙志和数学"领域后来居上。在数学领域，首先是16世纪早期的代数学迎来了"疾风骤雨式的爆发"，包括克里斯托弗·鲁道夫的《未知数》（Coss）、彼得·阿皮安的《计算》（Rechnung）、迈克尔·施蒂费尔的《整数算术》（Arithmetica integra）等重要作品相继问世（Boyer & Merzbach，2011：254）。其次，由雷吉奥蒙塔努斯的《论各种三角形》（De triangulis omnimodis）和哥白尼的《论三角形的边与角》（De lateribus et angulis triangulorum）等领衔的三角学研究，也在数学史上留下了浓墨重彩的一笔——这将成为天文、地理和制图学革命的理论根基。具体在宇宙志（即地理学）领域，制图学革新更可能与15世纪中叶诞生在斯特拉斯堡和美因茨的古登堡印刷术有着复杂关联。尽管早期印刷地图一度被视为某种"落后",①但随着利益的驱动和效率的提高,出版商开始争相将新信息纳入旧图像中,并汲汲于向更广大的受众证明其地图的优越性(Eisenstein,1980:516—517)。可以推测,正是印刷术对图像稳定复制的保障,最大可能地排除了抄录讹误或任意临摹的影响,进而使得地图背后理论框架及其精确性和明晰性,逐渐上升为竞争的主战场。

德语学者对《地理学》的早期译介活动大约发生在15世纪中叶,但这一早期传播并未形成气候。直到该世纪末印刷版本的《地理学》横扫欧洲市场,其接受状况方才开始发生深刻的转变。1482年,基于日耳曼努斯抄本制作的乌尔姆版本率先问世,并在增补了地点索引、与博物学相关的附录内容后,于1486年由威尼斯书商雷吉尔(Johann Reger)加以重印。由于大量引述中世纪的百科全书或宗教文本,如伊西多尔的《词源》、博韦的樊尚的《镜学》、索恩河畔沙隆主教让·日尔曼的《心灵世界地图》等,该版本在现代学者中引发了巨大争议。但其突破性的印刷量和流传程度却是不可否认的事实。② 此后,托勒密的地图开始越来越多作为插图,出现在各类抄本和印刷本中。最典型的例子是1493年的《纽伦堡编年史》(Liber Chronicarum)。作为一位文艺复兴式的藏

---

① 如美国学者彭罗斯(B. Penrose)所言:"当西班牙和葡萄牙人的传奇地理发现被迅速而准确地记载在抄本地图中时,早期的印刷本地图却囿于托勒密的传统甚至更不真实的中世纪地图之中。"(2013:299)

② 霍赫弗列特指出,雷吉尔的版本反而证明了中世纪的传统知识与新的制图、数学方法的并行不悖,进而驳斥了"科学革命"所主张某种激进变革图景——事实上就制图学在近代早期的发展来看,新的图像是逐渐融入旧图像之中的,是演化(evolution)而非革命(revolution)(Hoogvliet,2002)。

书家，著者哈特曼·舍德尔热衷于搜罗各类人文主义作品，该书也因不俗的品位被誉为当时最精美的印刷书籍。在大量美轮美奂的插图中，包括了一幅没有经纬刻度的简化版托勒密世界地图，如图 5.2 所示。舍德尔仿照雷吉尔等前人，将大洪水、诺亚的儿子"三分天下"等宗教元素，以及中世纪"T-O"地图的特征融入其中（Grafton et al.，1992：20）。1503 年，林曼和瓦尔德泽米勒的老师、弗莱堡大学教授格里高尔·赖施（Gregor Reisch）的《哲学珠玑》（*Margarita philosophica*）横空出世，并再版多达 7 次，一举成为风行欧洲的标准大学课本。这部涵盖了中世纪七艺、生理学、伦理学、自然志等学科的百科全书式作品，还基于托勒密《地理学》搭建了它的世界地图和地学理论（包含在天文学主题下）。最新的地理发现也体现书中。譬如在隶属于托勒密传统的南方大陆上，他加注了一句拉丁文图说："这里没有土地，而是一片海洋，其中包含了托勒密尚不知晓的尺寸巨大的岛屿。"[①]（Grafton et al.，1992：57）

印刷版本的普及为更广泛的学生和普通公众接受该书准备了条件。到 16 世纪初，维也纳、克拉科夫、因戈尔施塔特、纽伦堡等德国各地的大学逐渐以《地理学》作为核心材料。与此同时，更易上手的导论类书籍也接连上市，其中包括明斯特（Sebastian Münster）的《学院之书》（*Kollegienbuch*）、格拉雷亚努斯（Glareanus）的《论地理学》（*De Geographia*）、科维努斯（Matthias

---

① 原文为"Hic non terra, sed mare est: in quo mirae magnitudinis insulae, sed Ptolomeo fuerunt incognitae"。

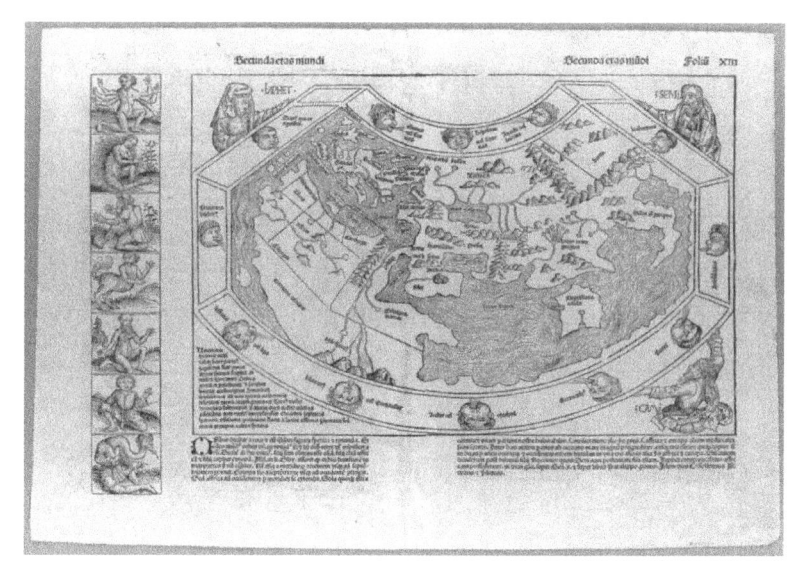

第五章 《地理学》的传播与接受史初探　　*411*

图 5.2　1493 年的《纽伦堡编年史》中所附的托勒密世界地图①

Corvinus)的《宇宙志及托勒密地图指南》(*Cosmographia dans manuductionem in tabulas Ptolomei*)等。上述普及版本的一个共同特征是,将托勒密文本置于天文学、占星术、伦理学、医学、文学,乃至仪器制造等不同知识领域的普遍关联之中,同时也将《地理学》视为众多古代经典中的一种——这无疑体现出人文主义倾向在日耳曼地区的延续,也反映了早期德国人文主义者的巨大影响。其

---

①　图片出自 Hartmann(1493:fol. 12v—13r)。和传统的托勒密地图类似,地图边框被 12 个拟人化的风向围住,但风向之外还有一层,支撑整个框架的则是大洪水后诺亚的三位子嗣(闪、含、雅弗),每人分别对应一块大陆。同时地图左边描绘了一列可追溯到希罗多德、普林尼等古代作家的幻想中的怪异族群(monstrous races)(Friedman, 2000)。整张地图的宗教与神话色彩十分浓厚,也代表了文艺复兴时期托勒密的世界图像与各类传统的融合趋势。

中,最有代表性的是被誉为"人文主义者之首"(Erzhumanist)的康拉德·凯尔蒂斯(Conrad Celtis,1459—1508年)。1483年,和当时的许多德国学者一样,仰慕文明的凯尔蒂斯远赴意大利求学。他在佛罗伦萨期间同菲奇诺及柏拉图学园建立了联系,由此确立起对数学的浓厚兴趣。自90年代开始,他将"宇宙志"列入了正在筹划的教学宏图之中,旨在实现"语文学三艺"(trivium)与"数学四艺"(quadrivium)的"文理结合"。① 而以数学为基础的托勒密《地理学》,无疑构成了他心目中理想的教学手册:

> 明天,当日神(或月神)投下第八道阴影,
> 当灿烂的金光散遍整个世界,
> 我,凯尔蒂斯,将在家乡开始讲授
> 伟大的克劳狄斯书写的八卷本《宇宙志》,
> 用三种语言:拉丁语、希腊语,以及德语。(Kiss,2018)

16世纪初,他以托勒密的世界图像为蓝本,开启了雄心勃勃的日耳曼地图(Germania illustrata)计划,旨在扭转古代地理描述中日耳曼的"野蛮形象"。遗憾的是,他在生前未能完成这一宏图伟业。不过其精神却感召了诸多后生晚辈,使得大批杰出的制图师在他之后涌现出来。恰如达尔歇所言,人文主义者凯尔蒂斯偏向于历史地理甚至"诗学地理"的研究之所以体现出现代性,"并

---

① 哈佛大学教授皮耶霍茨基(Piechocki,2019:22)认为,制图学在1500年左右不仅搭建起文理七艺间的桥梁,也将空间视野引入了人文主义研究。由此兴起的以德国为中心的新制图结构,也被其称为"制图译介"(translatio cartographiae)。

不在于其作品的实际内容,而在于他被严格遵行并持续影响后世的伟大计划"(Dalché,2007:347)。在凯尔蒂斯之后,1505年左右在圣迪耶的孚日学校(Gymnasium Vosagense)兴起的人文主义群体继承了该工作。这些新一代德国学者以出版《地理学》的新译本为己任,其眼界更为开阔,也开始主动比较航海家新著与托勒密之间的差别。马蒂亚斯·林曼便曾宣称,他几乎将托勒密和韦斯普奇著述的每一部分进行了对比,并仔细研究了前者的地图(D'Avezac,1867:91—92)。除林曼以外,这一圈子还包括了马丁·瓦尔德泽米勒、沃尔特·路德(Walter Lud)等人。其最为后世称道的成果,大概要数1507年由林曼负责撰写、瓦尔德泽米勒负责绘制地图的《宇宙志导论》(Cosmographiae Introductio)。林曼在该书中对新大陆的发现给予了高度赞扬,而瓦尔德泽米勒更是第一次将"亚美哥戈"之名印在了地图上(Fernández-Armesto,2007:187)。此后,两人合作将《地理学》的希腊文本进行重新翻译,并于1513年在斯特拉斯堡出版。① 该书在传统地图之外,另附了20张现代地图,由此构筑了一个独立于旧世界外的"第二托勒密"世界。② 尽管并置的做法已屡见不鲜,但如此大张旗鼓地"另立门户",似乎预示着原本不可逾越的托勒密世界将迎来彻底革新的分水岭。

最早明确引领《地理学》数学转向的,是在天文学方面做出开创性贡献的著名师生:俗称为波伊尔巴赫(Peuerbach)的格奥尔格

---

① 该书的出版过程颇为坎坷,是时林曼已经仙逝,瓦尔德泽米勒也退出了项目。见 Meurer(2007)。

② "第二个托勒密"的说法出自1513年版的编者评论(D'Avezac,1867:230)。

（Georg Aunpeck，1423—1461 年），以及俗称雷吉奥蒙塔努斯（Regiomontanus）的柯尼斯堡的约翰·米勒（Johannes Müller，1436—1476 年）。作为维也纳人文主义圈子的重要成员，波伊尔巴赫曾于 1448 至 1451 年间留学意大利。他最为出名的学术工作是在 1454 年以课堂笔记形式辑录的《新行星理论》（Theoricae Novae Planetarum）。该书以通俗易懂的方式普及了托勒密的天文学，而对托勒密的研究也很可能延伸到地理学领域，尤其是关于球面三角学、制图学的基础理论。但遗憾的是，他本人并无专门的地理学作品存世，继承其志业的是他最得意的门生雷吉奥蒙塔努斯。在天文学方面，师生两人关于《至大论》前赴后继的杰出研究和评注工作为哥白尼革命奠定了重要基础。[1] 相比于老师，雷吉奥蒙塔努斯的数学天赋更为突出。正如前文所言，他在以三角形为代表的数学领域本就造诣颇深，对天文、占星学的兴趣亦使他循着前代学者之路接触到《地理学》。15 世纪 60 年代，他花费了数年时间在意大利游学，结识了托斯卡内利等大数学家并掌握了希腊语，这使他愈加意识到《地理学》旧译本中的诸多问题。返回中欧以后，他在为自己未来的教学计划所撰写的宣言中确定了数学的纲领性地位，如他所说："艺术应该基于确定的原则——这只有数学才能提供。然而，由于抄本的错误和部分评论的随意性，相关原则必须在两种补充性方法的基础上重新制定：一是'直接观察'；二

---

[1] 雷吉奥蒙塔努斯的代表作为"Epytoma in Almagesti Ptolemei"，即《托勒密〈至大论〉概要》。天文学史家尚克（Shank，1998）、斯沃德罗（Swerdlow，1973）等均认为，雷吉奥蒙塔努斯为解释"第二不均等性"而提出的偏心圆模型（托勒密否定了该模型），为哥白尼日心宇宙模型的提出创造了条件（尽管它也可能导向等价的第谷模型）。

是对古代作品的'比较研究'。"(Rose,1973:100)这一囊括语文学、数学以及经验研究等多方面之重构野心的宏大计划,特别体现在他对《地理学》的批评当中:

> 如果第一个抄本就被粗心的译者弄得晦涩难懂,或者碰巧被某个饥渴难耐的抄写者所篡改,其后果会如何呢?这两件事都可以在如今的托勒密《地理学》中看到。希腊作者原本的字面结构与佛罗伦萨人安杰洛(Jacobus Angelus)的译文并不一致,后者误解了词义;而且,特定省份的地图并没有保留托勒密原本的形象,而是在一个饥渴之人(homo famelicus)手中被轻率地篡改了。① 结果,一个自以为掌握着托勒密《宇宙志》的人,连那伟大著作最苍白的影子都未能触碰到——因此,当我说这件作品实际还没有进入拉丁西方时,全世界都会无一例外地加以赞同。(Grössing,1983:226)

雷吉奥蒙塔努斯的话,一针见血地戳破了《地理学》在欧洲流行半个多世纪的繁华泡影,也点出这部业已登上神坛的古典著作的当代窘境。而他的回应方式,是脚踏实地展开自己的出版和翻译计划。1474年,他在当时的印刷业中心纽伦堡开设了一家小型印厂,并着手翻译和出版一系列科学著作——《地理学》也位列其中。为保证新译本准确性,他安排了两位专家为该译本把关:一位

---

① 文中所谓"饥渴之人",很可能剑指假借数学之名、实则任意炮制"伪精确地图"的日耳曼努斯等人(Dalché,2007:340)。

是马其顿的希腊学者特奥多鲁斯·加沙（Theodorus Gaza，约1398—1475年），另一位则是上文多次提及的佛罗伦萨人托斯卡内利。除翻译之外，对该书的重新评论和阐释也在计划之列，他希望一方面为托勒密的这本巨著提供重要的数据补充，尤其通过对测地理论和观测仪器——即托勒密所谓的"测天仪"的精确描述，在方法论层面"复活"这一整套古代的经纬度定位体系；另一方面，借由将绘图作品纳入出版清单之中，其制图学野心也昭然若揭：通过对文献的重新阐释，他试图确立更为"纯正"的文本，也为地图绘制提供更准确的技术细节（North, 1966: 58）。换句话说，科学的重构将以语文学的更新为前提。不过，《地理学》在当时的芜杂状况以及译介活动的长时性，还是使得雷吉奥蒙塔努斯的这一计划显得过于超前，以至于他在1476年的不幸早逝，令这一野心勃勃的计划戛然而止。一直要等到16世纪初，当深入把握经典文本、整合最新的地理发现以及重塑民族自豪感等时代需求汇集在一处，德语学术圈探秘《地理学》的热情方才重新点燃。

1525年，斯特拉斯堡的格里宁格（Johann Grüninger）推出了由纽伦堡的人文主义者皮克海默（Willibald Pirckheimer, 1470—1530年）所制作的新译本，并在原版的26张区域地图外补充了24张地图。更重要的是，对数学理论的强调几乎与对准确译文的需求同时出现。在皮克海默看来，除非有人不仅精通希腊语，也擅长数学，否则《地理学》就无法得以较好的翻译。为此他在序言中点名批评了两位先驱：即最早的拉丁译者雅各布·安杰洛和德国同乡约翰尼斯·维尔纳（Johannes Werner, 1468—1522年）。"那位意大利人尽管略通希腊语,却不懂数学,所以他的数学翻译让人觉得他自己都没搞懂;而德国人精于数学,却在希腊语上不时犯错,以至于未能给我们指点迷津,反而让人更糊涂了。"(Tessicini,2011; Ptolemaeus,1525:f.1r)对安杰洛的拉丁译文之误,他在译后附录中题为"当代最著名的数学家雷吉奥蒙塔努斯关于安杰洛译本之讹误的评注片段"部分展开了全面梳理,同时也遵循人文主义的传统,提供了一份"当代惯用地名的解释和推测"。值得注意的是,其中不仅提供了古今地名对照表格,还仿效托勒密进行了"真正的数学计算",包括给出了球面三角的转换列表,并解释如何用坐标来计算距离(Ptolemaeus,1525:f.82v,127r,128r)。不过,被他批评为"偏科"的另一位德国学者维尔纳,却对后世制图学造成了极为深远的影响——这大概是皮克海默始料未及的。

事实上,同属于纽伦堡学术圈的维尔纳是皮克海默的老友,也是凯尔蒂斯的圈内之人——这一圈子对托勒密《地理学》的强烈兴趣,都可以追溯到雷吉奥蒙塔努斯未竟的计划(Meurer,2007)。相比于仍徘徊在人文主义圈子里的皮克海默,早其十年的维尔纳展现出了更加纯粹的理论兴趣。这很可能源于他本人深厚的数学造诣。他对球面三角学、圆锥问题的讨论,甚至让他在数学史上也获得了一席之地(积化和差公式也被称为"维尔纳公式")(Eves,1990:309)。1514年,维尔纳发表了《地理学》的新译本《托勒密〈地理学〉卷一释义》(*Primi libri Geographiae Cl. Ptolemaei paraphrasis*),并对书中作为制图投影基础的理论章节和数学架构进行了全面探讨。该书包括了卷一的全译以及评注、关于阿米鲁特泽斯的评论、对皮克海默的致敬和对凯尔蒂斯人文主义教谕的传承。欧几里得《几何原本》中的定理和推演方式开始大量出现,以用于坐标的精确测算。对于经度测量这一传统难题,他也提出了一种有别于托勒密的方法,即测量月球相对于天幕中其他星体的位置,这种"月距测量法"后来一度跻身为近代经度测量的主流(Andrewes,1996:80)。但更重要的还是维尔纳对托勒密"投影法"数学原理的讨论——他对地图呈现模式的理论兴趣异常浓厚。尽管并未亲自制图,但他将早先维也纳学者斯塔比乌斯(Johannes Stabius,1450—1522年)的心形投影(cordiform projection)进一步发扬光大,最终使他青史留名(如图5.3所示)。16世纪以后,在数学框架和制图理论层面对《地理学》加以重构,的确成为了德语学术圈的一股潮流。特别在纽伦堡、维也纳等文化和学术中心,日益发达的学术网络使得数学家们开始寻求对托勒密的改进甚至超越,以通向更为精准的图像表达。

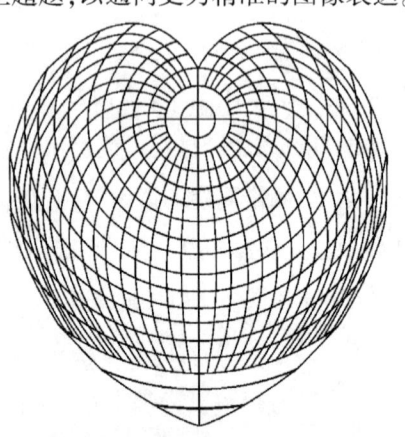

图5.3 维尔纳第二投影的经纬线框架图示

第五章 《地理学》的传播与接受史初探

*　　　*　　　*

《地理学》在文艺复兴时期的"重生",遵循了一条由表层语文阐释到深层数学重构的漫长道路。该过程的复杂性还在于,《地理学》并非作为横空出世的进步理论现身,而是处在相当完整的古代地学与中世纪地图的知识谱系之中。和斯特拉波、普林尼等古典时代的作者一样,托勒密确是备受尊重的先哲,但仅仅是众多先哲之一。事实上,还是借助《至大论》在千年时间里积攒起来的声誉,《地理学》才得以在引介之初饱受重视。但随着拜占庭帝国的崩溃,希腊文化东学西渐,拉丁学者对《地理学》的理解和阐释逐渐深入,该书真正的价值逐渐摆脱早期作为"知识、权力和荣耀的象征"而浮出水面。而无论是源自圆形地图的中世纪世界地图(mappa mundi)和球状地图,还是日渐整合马里诺投影的波特兰海图,此时都拥有庞大的受众基础。于是依托人文主义兴起的托勒密地图,遂与源自不同传统的海图、道路图和中世纪地图间开始了复杂的冲突与融合。同时,航海活动所带来的巨量地理信息涌入西方,为这一制图的乱世图景增加了新的变量。受商业利益驱动,各类制图方式通过拼贴、重置等手段相互借鉴与角力,以求获得市场的青睐,由此促成了制图业的腾飞。

不过,图像层面的拼合仅是权宜之计,新的问题应运而生:即是否存在某种统一的地图呈现模式,可以将最新地理发现和传统世界图像整合起来?正是在这一时代需求的驱动下,历史包袱更小的中欧学者开始大刀阔斧地革新旧制图理论。尤其在天文学和数学研究加持下,以斯塔比乌斯、维尔纳为代表的16世纪学者,对制图中的数学问题投以了空前的关注。类似研究也使得《地理学》的理论潜力得以显露,为后世人改良乃至重构其制图做好了准备。正好比科学在今天的统治地位,并不意味着它的兴起一如"科学神话"描述的那样摧枯拉朽——《地理学》也是如此。尤其是制图学朝向现代的演进,很难说是改朝换代式的革命。毋宁说,这是不同的世界图像和制图理论相互共存与博弈的知识网络或知识场,在不断回应时代需求中自我更新的结果。而在此过程中,托勒密《地理学》提供了丰富的数据和理论资源,也构成了这张演化的网络中最为关键的结点(node)[1];正是对《地理学》文本的译介、评论和阐释活动,刺激了人们对世界图像的整体结构和准确性的关注,促成了后世的数学转向和制图学的兴起。

---

[1] 这里的"结点"(node)借鉴自拉图尔的"行动者网络理论",结点与网络的关系,可视为托勒密《地理学》与时代语境的关系的一个譬喻。也就是说,近代地理图景的演化并非一场由点及面的革命所致,而是取决于其与不同行动者(actors)间的关联与交互。见 Latour(2005:44)。

第六章　从想象的秩序到秩序的想象

一　从古代居住世界到全球地图的诞生

自文艺复兴之初至近代早期，《地理学》的制图方式得以更新的一个基本动机，是从居住世界地理图景到全球性世界地图的扩展。由前文论述可知，托勒密所呈现的居住世界仅仅占据了球面上的一个象限，经度范围不超过180°，纬度范围不超过90°。但随着大发现时代地理认知的急遽扩张，已知世界早已延伸到了地球的另一面，因而人们愈加感到让传统的"世界地图"转变为"全球地图"的迫切性。从15世纪末到16世纪初，孔塔里尼、马特勒斯、瓦尔德泽米勒、席尔瓦诺、彼得·阿皮安等人对制图模式的改良都是在探索一种更为普遍的全球地图的绘制方法，其贡献诚然不可磨灭，但数学基础的欠缺难免限制了其图像的精确性和普及性。真正在方法论层面做出突破性贡献的，仍应归于上文提到过的维尔纳和斯塔比乌斯。

在其1514年的著作中，维尔纳在"论四种世界地图"（*Libellus de Quatuor Terrarum Orbis*）的小册子中引入了在平面上绘制地球的四种方法。其中一种是基于托勒密的第一制图法，而另外三种都是基于其第二制图法——不同之处在于,维尔纳将北极点作为一系列同心圆的纬线圈的圆心,并对赤道上1度和经线1度之间的比率进行了重新设定。这三种的新投影模式也被后世称为"心形投影",尤其是其中第二种由于设定了赤道与经线的单位长度的相等比例,整张地图在数学上实现了等面积,并可以扩展到所有地区,这在此前的制图史上是前所未见的。相比之下,第一种和第三种投影模式则将赤道上的单位长度设定为经线的½π或⅓π倍,由此对应的经度跨度分别是180°和240°。由于这一系列制图法都可以追溯到更早的斯塔比乌斯,故而今人也将其称为斯塔比乌斯-维尔纳（Stabius-Werner 或 Stab-Werner）投影（Keuning, 1955）。

斯塔比乌斯-维尔纳投影在16世纪30年代曾盛极一时。1530年,维尔纳的第二投影出现在德国学者彼得·阿皮安（Petrus Apianus）绘制的"环球世界地图"（*Tabula Orbis Cogniti Universalior*）中。一年后,16世纪法国最为杰出的制图学家奥龙斯·菲内（Oronce Fine, 1494—1555年）在此基础上,扩展出"双心形"的投影图像,从而分别以南北极为中心大大扩展了地图的涵盖范围。后来这一地图也被收入1532年格里诺伊斯（Grynaeus）绘制的"新世界及旧未知岛屿地图"（*Novus Orbis Regionum ac Insularum Veteri Incognitarum*）中。1536年,菲内再次基于维尔纳第三投影,制作了一幅单心形世界地图,由此成为此后一系列欧洲印刷本地图的原型。尤其值得一提的是1538年墨卡托对维尔纳投影的推广:他制作的双心形地图产生了更强烈的传播效应。此后数十年中,墨卡托还多次用这一方法绘制大型区域地图,比如欧

第六章　从想象的秩序到秩序的想象　　423

洲、亚洲、非洲的大陆地图,并在简化心形地图的基础上开始酝酿突破性的墨卡托投影(Shirley,1983:68—69,72—73,83—84)。但就直接的外观而言,呈现为矩形框架的墨卡托投影(学名为"等角圆柱投影")与其说脱胎于心形投影或托勒密第二制图法,毋宁说与矩形框架的马里诺投影更加形似。

尽管遭到了托勒密疾风骤雨的批判,马里诺的制图模式实际从未被取代或衰落,尤其在小范围的区域制图中,其存在一直持续到 19 世纪。随着文艺复兴对《地理学》的再发现,托勒密的区域地图也不断被重新抄录和制作,基础仍是马里诺的等距矩形制图。与此同时,修正后的形式也不断涌现。一个典型的例子是梯形投影。1426 年,第芬巴赫的康拉德(Conrad of Dyffenbach)已经开始用梯形网络描绘星图(可见于其存世抄本 Cod. Palat. lat. 1368 中)。而在制图史上,梯形地图的首倡者往往被归为日耳曼努斯。他在 1466 年献给费拉拉公爵的《地理学》修订本中,第一次将 26 幅传统的区域地图描绘为上短下长的梯形。该抄本也成为 1478 年、1490 年、1507 年和 1508 年的罗马本,以及第一部附地图的托勒密印刷本——即博洛尼亚 1477 年版的原始本。此后日耳曼努斯对自己的制图进行过历次修订,并始终用梯形投影绘制新增的现代地图。在 16 世纪区域制图领域,这一被称为"多尼投影"的制图模式广为流行,甚至墨卡托本人就曾加以改良,即不用边界纬线作为标准,而是选取了同中央和边缘等距(如纬度范围三分之一、三分之二处)的纬线当作刻度基线,以此构建了其 1578 年版《地理学》中的大部分地图(Keuning,1947:39)。但相比于"改良"后的梯形投影,马里诺式的矩形框架并不逊色许多,甚至在与导航实践直接相关的海图领域,马里诺投影的兼容性表现得更好。

前面已经提过,尽管波特兰海图一直是地理大发现早期的主流制图样式,但坐标网络的缺乏却成为其融入已知世界图像的掣肘。因此,面向商业和导航实践的海图本身也在尝试变革,一个主要的方向便是添加固定的刻度网络。1500 年,胡安·德拉克萨所绘制的哥伦布航海图纳入了赤道和回归线,迈入了自我更新的第一步。1502 年,尼科洛·德·卡内里奥(Nicolo De Canerio)的海图标示了完整的纬度比例尺。[1] 差不多同一时间,葡萄牙制图师佩德罗·赖内尔(Pedro Reinel)也绘制出了带有纬度标尺的大西洋海图,并在 1520 年左右第一次将纬度和经度纳入海图的制作中。这一普遍趋势背后反映的是日益延伸至全球的远洋航线以及对精确坐标的"刚需"。众所周知,古代的航海活动大多沿近海展开,只须参照记载了沿岸港口的"周航志"即可,甚至连图像也并非必要。在具体位置的定位上,也能依靠北极星确定大致纬度。但在葡萄牙人穿过赤道以后,北极星隐没在地平线下,尤其在离开东非海岸前往印度的漫漫征途中,上述传统手段开始显得捉襟见肘。因此 16 世纪 20 年代以后,附加了坐标刻度的海图开始变得常见,像荷兰制图师弗里修斯(Gemma Frisius)、葡萄牙制图师里贝罗(Diogo Ribeiro)的地图以及西班牙的萨尔维亚第世界地图(*Salviati Planisphere*,实际仍是海图)等作品都引入了刻度(Keuning,1955)。在一定程度上也可以说,这种矩形的、带坐标刻度但并无数学投影建构的新型海图,可被视为融合了马里诺投影

---

[1] 对卡内里奥 1502 年地图的详细解析可参考 Stevenson(1908)。

或矩形地图与波特兰海图的奇妙混合体。

到了16世纪中叶,欧洲制图法的流派和分支之丰富,可谓枝叶繁茂、蔚然成荫。法国航海家、著名的私掠船长纪尧姆·勒泰图(Guillaume Le Testu)曾在其《古今航海家环球宇宙志》中介绍了六种不同的制图方式,包括较为常见的维尔纳投影、球状投影、卵形投影,以及不太常见的八分地图、四叶草地图和初次尝试的斜透视投影(Snyder,2007:371)。其中球状投影可被视为圆形地图之一种,即以圆形结构呈现半球的图像。其谱系可追溯到古代的克拉特,并经中世纪的马可罗比乌斯地图、罗杰·培根、皮埃尔·达伊以及彼得·阿皮安等人一脉相承。卵形投影也可算作圆形地图的某种变体,或与矩形地图结合之后的产物。其中最著名的代表是德国学者明斯特(Sebastian Münster)于1540年发布的新版托勒密《地理学》中所附的"全球地图"(*Typus Orbis Universalis*)。该地图的经度范围横跨360°,纬度范围也包括了从北极到南极的全部区域,堪称真正意义上的全球地图。美洲的形状也已浮现出来,尽管仍相当不准确:其中南美被冠以"America seu insula Brasilii"(亚美利加之地或红木岛屿)之名,北美则被分为"Terra Florida"(佛罗里达)、"Francisca"(弗朗西斯卡)、"Terra Nova sive de Bacalhos"(新地或巴卡霍之地)三块区域(Mittenhuber & Klöti,2009:396)。仿照前人的惯例,明斯特将这一更为现代的地图和按第二制图法绘制的托勒密世界地图加以并置,一道收入了他的畅销著作《宇宙志》(*Cosmographia*)。该书在16世纪后半叶的空前风靡,从而使得新的世界图像愈加深入人心。

不过相比于这些源自于非托勒密传统的地图形式,更加忠实地继承了托勒密制图学理论本质——即如第二章中所言,以"合比例性"与"相似性"为代表的数学一致性和保形性——的,还要数制图学史上赫赫有名的墨卡托。毋宁说,以墨卡托名字命名的伟大制图方法的诞生,是对16世纪最为主流的几种制图方式进一步融会贯通的产物。所谓"墨卡托投影",正式学名应为"正轴等角圆柱投影"或"等角正圆柱投影"。从现代制图投影学的角度而言,这相当于将一空心圆柱面套在地球球体外面,且圆柱的轴与地轴(南北极连线)重合,而后将地表要素投影到圆柱面后再沿圆柱面的某一母线切开展成平面所得的结果(尽管墨卡托本人尚无"投影"的概念)(王家耀等,2012:95)。就地图呈现的几何特性而言,我们可以看到它和托勒密地图、马里诺地图以及海图都有很强的亲缘性。

首先,墨卡托投影在整体框架上呈现为矩形,所有经线和所有纬线都为平行直线,且经纬线之间相互垂直。此外,所有经线都按照等距的经度间隔均匀分布。这和通常用于区域地图描绘的马里诺投影以及大多数海图具有直观上的相似性;其次,墨卡托投影和海图的亲缘关系还在于,它独特的"保角性"(conformality,也作"保形性")一开始就旨在为航海活动服务。所谓"保角性",即指地球表面任意两条线的夹角在投影到平面之后仍保持不变。这意味着,只要在墨卡托地图上的起点和终点之间画一条线,航路的方向就可以据此确定下来。这里需要注意的是,墨卡托地图上标出的直线距离并非地球上的最短距离。这也涉及航海史上一个常见的误解,即对地球大圆和等向线的混淆。就导航实践而言,方向是绝对的核心要素——一切导航都是为了确定目标的方向而存在。

而最理想的情况是在确定航向且无障碍阻挡的情况下,一直朝同一方向前进。在地球观念的主导下,这也常常被认为是两点间的最短路线。然而事实上并非如此。水手们通过指南针、天文定向等方式确定的路线,是具有恒定方位角的"等向线"(loxodrome)。若该方位角小于 90°,它将呈现为一条环绕地球的螺旋线——自然,这和球面上两点间的最短路线,即过球面两点所作的地球大圆判然有别。[1] 但对于航海而言,确立等向线比画出一条理论上的大圆要重要得多,尤其如果能将螺旋的曲线变成直线,地图就能很方便地为导航所用。因此墨卡托投影的诞生,同时也构成了海图发展史和航海史上的大事件。

最后也是最重要的,是墨卡托对托勒密《地理学》制图法的理论遗产的继承。如前文所言,墨卡托本人也制作过源出自托勒密第二制图法的"心形地图"。很可能受此启发,他对于托勒密地图背后的数学原则有着高度的敏感性。相比于托勒密仅实现了三条纬线和经线之间的合比例,墨卡托将真实的"经纬比例"扩展到了地图上的各个角落——对每一个点而言,其所在地经线上的 1 度和纬线上的 1 度之比都与在球面上相等。也就是说,不只是世界中心(如古典时代的罗德岛)或边界之"经纬比例"得到了保证,现在北至极圈、南至未知之地的所有地点,"经纬比例"都符合真实

---

[1] 最早提出等向线的概念并专门将其和大圆加以区分的,是 1537 年葡萄牙数学家佩德罗·努内斯(Pedro Nunes)的两篇论著《对部分导航问题的讨论》(*Tratado sobre certas dúvidas da navegação*)及《为海图辩护》(*Tratado em defensam da carta de marear*)。努内斯的作品及其随后关于如何绘制等向线的研究,很可能也影响了墨卡托(Gaspar & Leitão,2016)。

比例。由第二章中的理论演算我们得知，纬度越高，相应的纬线及其单位长度便越小，其变化规律受给定纬度 φ 的特定函数，即"缩减系数"$f(\varphi) = \cos\varphi$ 的限定。[①] 由于墨卡托地图上无论纬度高低，所有纬线都是等长的（等于赤道长度），这就意味着给定纬度 φ 的纬线及其单位长度（1 经度间隔）实际被拉长了，而拉长的倍数正是上述缩减系数的倒数 $1/\cos\varphi = \sec\varphi$。要保证"经纬比例"与真实一致，墨卡托就只能按照同样的倍数，拉长相应纬度 φ 上经线的单位长度（1 纬度间隔）。由正割函数 sec 的函数曲线（如图 6.1）可知，随着纬度的升高，经线的单位长度将会变得越来越大，直至正无穷（ad infinitum）。

可以想见，这一投影将会在高纬度地区产生异常严重的形变，而极点附近的区域几乎是不可绘制的。这样看来，它似乎和托勒密所提及的另一条原则"相似性"南辕北辙。但一方面，托勒密《地理学》中的制图法本就只适用于北半球部分区域，他本人也从未考虑绘制全球地图可能产生的形变，因此就传统居住世界所处的温带和低纬度区域而言，墨卡托地图并未背离托勒密的理论；另一方面，托勒密的"相似"并不单指视觉或形状上的可类比性，而更偏向于关键几何性质的保留。从这一角度来说，墨卡托投影对于经线和纬线各自平行、彼此垂直、经线均匀分布、距离和方向不变、"经纬比例"在任意一点均和在球面上相等的设定，完全可以视作更为本质性的相似。更何况，"合比例性"和"相似性"的内在张力即便在托勒密的文本中也始终无法克服——相较于前者方法

[①] 关于缩减系数的讨论详见第二章中"托勒密的弦表"。

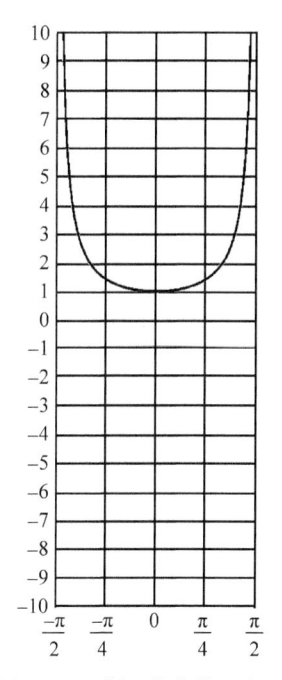

第六章 从想象的秩序到秩序的想象 429

图 6.1 正割函数曲线示意图

论上的杂糅,墨卡托的过人之处在于,他用一种数学上更为融贯的设计解决了自古代地理制图领域遗留下来的诸多问题。按照墨卡托的自述,他对自己的制图法在理论上的建树也有相当清晰的认识:

> 在构建这幅世界地图时,我的主要目的是将地球表面转换到一个平面上,以便所有的点不仅根据经纬度,也在相互方向和距离上都与现实完全吻合,区域的轮廓尽可能保持与地球表面的轮廓一致。这只能通过一种崭新而特别的排布方

式,并按合于纬线的比例来切分经线。因为迄今为止的地理学家提供的地图,由于经线弯曲和凸出并不适于航海,更不用提边缘地区的形变了——由于经纬线以倾斜的角度相交,地图形变之大几乎无法辨认,地点之间的距离比例也无法保留。

而在海图上,相对于地球上的比例,1经度的间隔从赤道向两极不断拉长,因为它们始终保持与赤道[上的1度]相同的长度;而1纬度的间隔却没有增加,因此轮廓的巨大变形在所难免。无论是纬度和经度还是方向和距离,都必然偏离现实。由此导致最大和最基本的错误如下:如果有三个地方位于赤道同一侧却不在一条直线上,两端的点都根据中间点来判断方向和距离,这样两端的相互距离和方向就不可能确定。

考虑到这些情况,随着纬度的升高,我逐渐扩大了朝向两极的纬度的比例。通过这种方式,我能保证以下结果——在两地之间相互位置的四种关系,即经度差、纬度差、距离和方向中,即便只知道两个(不管哪两个),剩下两个也将是正确的,任何情况下不会出错。对通用的海图来说也是这样,纬度越高越是如此。但该地图无法延伸到极点,因为那儿的1纬度会变得无穷大。(Keuning,1955:17—18)

由此可见,一千多年前托勒密念兹在兹的"球面转平面"的制图学理论问题,在一千多年后仍是墨卡托这样的制图学家关注的核心。对墨卡托而言,他也希望在"相互方向和距离上都与现实完全吻合",使"区域的轮廓尽可能保持与地球表面的轮廓一致"。相比于文艺复兴早期的偏于文字训诂的地名考证,以及此后对新旧图像的缝补和拼贴,墨卡托对《地理学》之世界制图的实践,无疑已深入到关键的理论层面。由此给地图形式带来的巨大变化,已然超过了赫里索洛拉斯和菲奇诺时代关于托勒密的地理想象,但事实却是,墨卡托无疑比他的文艺复兴先辈们更接近托勒密的制图理想和方法内核。当然,尽管墨卡托的成就如何高估都不为过,但今人在回顾和研究的过程中,仍需小心翼翼地避免某种时代错置:即墨卡托的地图和被后世称为"墨卡托投影"的地图之间,仍有一定的差距。就墨卡托本人而言,他从未就其制图的数学原理给出清晰的表达——这几乎也不可能,因为无论正割表还是微积分在他的时代似乎还是未知数。设若赤道和经线上单位度数的长度为1,对于给定纬度为 φ 的地点,其在标准的墨卡托投影地图上的纵坐标 $y(\varphi)$(即其距离赤道的高度)用现代数学公式应表达为: $y(\varphi) = \Delta\varphi \sum \sec\varphi$。

上述公式中涉及的积分运算方法,至少还要等待一个世纪才会出现。因此,近百年来的科学史家围绕墨卡托是如何算出了他的制图坐标产生了诸多争议。有学者认为,墨卡托很可能采取了某种图形方法(graphic method)而非代数运算。但最新的研究表明,在墨卡托地图诞生之前,如英国学者约翰·迪(John Dee)已经开始用中间小量累加的方法制作正割表,而葡萄牙学者如努内斯(Pedro Nunes)也发展出了相关但更为复杂的几何运算方法。[①] 这些最新的理论建树很可能为墨卡托所知,也意味着他对当时的数

---

① 关于墨卡托如何基于当时已有的数学工具来为其制图服务,最新的详细研究可见 Gaspar & Leitão(2014);Leitão & Gaspar(2014)。

学前沿有着敏锐的嗅觉。而对墨卡托坐标的理论误差分析显示，比起亲自开发繁杂的算法并进行运算，他更可能在充分吸收和借鉴前人的基础上，开发或制作过一套制图专用的"等向线"计算工具，由此实现了博采众长以为己用。正如当代学者加斯帕（Joaquim Alves Gaspar）和雷托（Henrique Leitão）所言："墨卡托的天才之处，不在于他在数学上从无到有地发展出了某种新的投影法，而在于他认定解决方法一定存在，并能善加利用当时已有的知识和工具来找到这种方法。"（Gaspar & Leitão, 2014: 18）

如果墨卡托地图的出现，标志着传统意义上的托勒密世界图像走向了他与现代世界冲突融合的漫长终点，那么在这之后登场的尼德兰人奥特柳斯（Abraham Ortelius）则彻底拉开了现代制图学的帷幕。1570年，他的《寰宇剧场》（*Theatrum Orbis Terrarum*）问世，将迄止当时的诸多制图学大师的作品汇聚在其——其中也包括墨卡托的世界地图和数张欧洲地图。此书不仅开启了16世纪后半叶荷兰制图学的黄金时代，也被制图史家追认为第一部真正意义上的现代地图集（Mittenhuber & Klöti, 2009: 397）。不过，这些精彩的制图学进展已很难视作《地理学》的延续。因此，关于托勒密的世界图像及其对近代早期制图影响的简要叙事，便在这里暂告一段落。

二　发生史与影响史的再回顾

恰如导言中已提到过的，本研究的主要进路有两条：一是基于不同时代的知识语境，尽可能梳理并还原出托勒密《地理学》所处的知识传统、理论背景、地理视野；二是以此为基础，重新阐释《地理学》及其所代表的世界图像在后世的重生、融合与走向现代转化的过程。两条进路看似殊途，却目的一致，即在准确和深入把握该作品内容的前提下，摘除辉格史叙事加诸其上的"进步"或"落后"标签，并洞察到这样一部古代科学作品在与现代遭遇时的诸种可能性与复杂性。在完成其生成史与影响史的漫长论述之后，我们不妨回过头来，从上述两个方面对前述内容加以回顾和总结。

就第一条进路的阐述而言，本研究首先对托勒密之前便已相当成熟的古代西方地学传统进行了梳理。由于国内学界关于古希腊地理学的了解并不比对托勒密《地理学》的了解更多，国际学界的研究又偏向于不同学者的专门史研究或文献考据，这一全景式的前史概述就显得十分必要。借助首章的论述可以看到，托勒密基于水陆一体的球面大地所建构的居住世界模型并非生来如此。从荷马时代以降，古希腊的地理观念经历了从圆形大地和希腊中心观到长形地图和希腊的去中心化，再由地球观念的崛起导向对球面上的"居住世界"图像的重新认识的转变。在此过程中，早期的地学叙述多和天文气象、历史记载、地方志、民族志乃至文学描述纠缠在一起，边界十分模糊。因此包括希罗多德、柏拉图、亚里士多德、德谟克利特等在内的古希腊学者都有过地学方面的论述，并推动了球形大地观的确立。首先为"地理学"这一概念确立大致范式的学者，是被誉为"古代地理学之父"的埃拉托色尼，尽管他的作品已失传，但由斯特拉波等人的转述可知，他将地理制图与文字描述都归拢到地理学的领域之内，并将几何学或曰数学提升到某种纲领性的地位。由于他的工作——无论是他更广为人知的地球周长测量，还是基于几何图像对居住世界的划分，地理学作为一个独特的知识门类，也得以从宽泛的地学论述中脱颖而出，而具有了自成一体的基本范式。

　　埃拉托色尼对托勒密的启示，至今仍体现在两者共通的几何思想与部分存世的纬度数据上。相比之下，对托勒密产生更直接影响的是继承了埃拉托色尼衣钵的波西多尼奥斯、希帕克斯等以数学见长的古代学者。托勒密对地球周长数据的修订，几乎完整地源自波西多尼奥斯，而将原本用于天体定位的坐标网格转向地球，无疑是受到希帕克斯的巨大影响。无论是在天文还是地理学方面，希帕克斯对托勒密的影响怎样高估都不为过——除了具体数据上的传承，更重要的是其数学至上的观念倾向，这很大程度决定了托勒密的学术走向。由此视角观照下的托勒密地理学，将不得不置于以《至大论》为代表的天学研究和宇宙论语境下加以审视。进一步可推知，他的天学和地学从根本上乃是一体，并从属于一门更高的理性科学（Feke，2018a：48）。不过，若因此就以"数学地理学"或"制图学"这样的现代术语概括其作品也有失公允。就古代地理学的学术传承而言，托勒密的作品归根结底仍属于该传统的一部分。因为首先，《地理学》并不是一部纯粹的理论探讨或几何演示著作，它的大部分篇幅都用以进行地理坐标列表的编目，而其中的数据又透过马里诺的影响，继承了诸多以文学描述见长的古代地理学作品、行程记录、贸易日志等可笼统归入地学文献的资料；再则，尽管缺乏传世实物的证明，但古代早已有之的地理制图及其理论，不可避免对托勒密的地图建构产生了影响，尤其从书中的异域描绘、居住世界的整体轮廓、部分重要地标的经纬数值中,都能看出与差不多同时代的斯特拉波、梅拉、普林尼等地理学家描述的定性关联。这决定了我们对《地理学》的把握,既要立足于对其测地、制图理论的定量分析,也不能脱离对其地理编目和世界图像的定性把握。

托勒密在《地理学》中所搭建起来的一整套数学框架,往往被视为该书的核心,这也是许多现代译本或评注本最为关注的章节。通过卷一中托勒密对"geography"概念的理论阐述,可知"合比例性"与"相似性"构成了他描绘世界的两大基本原则。这两大原则一方面突出了其世界地图的图式化、几何化特征,从而与以细节描绘见长的"chorography"相区分,另一方面也反映出他的整体学术脉络中以追求神性秩序为宗旨的"数学伦理学"(Gerson, 2010)。托勒密的整套地理体系,都围绕这两大原则进行设计,为此他结合了包含计数系统、圆周度数和弦表在内的计量体系,基于两球宇宙模型的天文测地法和地理测地数据,以及基于精确计算的数据修正法则、测地结果转换方法,并以独创性的形式与顺序对由此产生出的坐标数据加以排列编目。在这一过程中,托勒密早期的天文学和数学研究提供了相当的保障,不少方法、表格、公式甚至直接引自《至大论》。与此同时,他对自身所处的地理传统和时代新知之间的关系也有着清醒的认识,并提出了地理学"有必要遵照已有的最新记录",在其庞大的编目表格和"海中地"的世界图式中体现出某种地理制图意义上的演化观念。托勒密在理论建构中兼容并包的特征,使得他的世界图像具备了前所未有的可扩展性。正是在此基础上,《地理学》中对后世影响更大的制图理论方得以成形。

由于《地理学》传世文献的相对完整和谱系化，托勒密制图理论往往也被视为古代最早甚至是唯一的例证。但前文分析表明，在托勒密之前便已存在的矩形制图、梯形制图等方法，很可能启发了他的地图建构。托勒密地图绘制方法主要体现在卷一中的"第一平面制图法"和"第二平面制图法"。而两种制图法的共同基础有二：一是居住世界大致位于球面的一个象限即四分之一的球面上，因此地图的绘制同覆盖了大部分天球球面的天图绘制有所区别；二是所有经线和纬线都能按照给定的比例或间隔，有序地进行绘制，简言之，整个地图可以按经纬线框架或坐标网络进行划分。在此基础上，托勒密设计的第一平面制图法，类似现代意义上的"圆锥投影"：为保持与球面的几何相似，平面地图上的纬线被绘制为同心圆弧，经线则被绘制为朝向共同圆心汇聚的直线。其中北部边界与赤道长度保留了真实的长度比例。但就本质而言，它是对欧几里得的视学、平面几何学以及古代地学传统加以糅合的产物，这一杂糅性也体现在一个明显的不一致上，即所有经线在赤道处发生了突兀的弯折，从而使得南半球的图像与北半球断裂开。相比之下，第二平面制图法在数学上更加融贯。通过改换想象的视点，他对平面上的经纬线重新进行了几何设计，使得除中央经线以外的经线和纬线都呈现为圆弧，同时在三条标准纬线上保留真实的"经纬比例"。由此绘制的图像也与球面更为相似。但它和第一制图法一样，本质仍是古代几何学与视学的创造性融合。

为了印证这一点，我们对古代视学尤其是欧几里得的《视学》中诸命题加以了详细分析，由此解释了《地理学》的几何建构中一系列未加说明的推论。由于托勒密很少指出其文献来源（包括频繁引用的欧氏《几何原本》），这使得他的制图步骤看上去很像是某种随性的"定性模仿"。但事实上，许多结论的得出其来有自，且大多数都可以在视学命题中找到源头。同时，不同于古代视学更加偏重定性描述的特点，托勒密凭借巧妙的数学改造，发展出了一套高度定量化的绘制技术，进而在"合比例性"与"相似性"两方面都做出了重大开拓。这更加明显地体现在卷七描述的"第三平面制图法"中。严格来讲，第三制图法并非地图绘制方法，而是为了创造一种与球面视觉表象类似的平面视图而设计的几何步骤。它的描绘对象，是当时存在的一种"地球环仪"。由于形制和目的的特殊性，它在很长时间内并未得到地理学者或制图学家的重视。但现代艺术史学者的研究却指出，它很可能启发了文艺复兴时期透视法的兴起，并提供了一种新的空间观。这使得该方法重回当代制图学研究的聚光灯下，甚至被誉为古代唯一的线性透视的范例（Berggren & Jones, 2000：39）。

然而，通过对透视、投影定义的澄清及对第三制图法步骤的条分缕析，我们可以肯定托勒密的方法和后世的透视法和投影法之间具有本质差异：相比于现代投影，它并不满足"点对点"映射的特质，而更多是"由点带面"的几何建构；相比于透视图像，它所建构的横截面并不位于视点和被看物体之间，亦不符合透视法中"窗户"的关键特征。事实上，我们充其量只能将第三制图法形容为数学上较为杂糅的"类投影"，其中既包括了对部分关键点的"点对点"绘制，也不乏依据"合比例性"原则而设计的"平面展开"步骤。通过对托勒密《平球论》中更接近现代投影的天图绘制方法的比较研究，这一结论也得到了支持。当然，该方法对近代透视法的兴起是否产生了关键性影响,并不取决于它本身是否严格符合透视或投影原则。目前与该话题相关的讨论仍旧争议重重,但由于这超出了本书的核心议题,其解决只能有待进一步的研究。本书更想要强调的,是《地理学》中的制图方法与古代视学、几何学以及地学传统中已有的制图思想之间紧密的血脉关联——不同于现代术语以加之于上的笼统概括,托勒密制图本质是基于想象视点的古代几何建构。而在他之前,成熟的范式尚未出现,因此托勒密创造性地实现了对不同方法的综合,以图在居住世界上确立某种类似天界的"想象的秩序"。

重新阐释并还原《地理学》的世界图像及其在后世的重新发现与接受历程,是本研究第二条进路的重点所在。如果说前述理论建构组成了《地理学》的骨架,那么地理编目和世界图像则是它的血肉。缺少了对这一更大体量部分的呈现,关于《地理学》的理解必然是不完整的。而托勒密对居住世界的描述实际已越出最初的天文关切之外,这既反映出古代地理学传统的潜在影响和写作过程中重心的转移,也解释了为何在以描绘"世界地图"为主旨的《地理学》中,对区域地图的描述反而占据了大部分章节。通过对传统意义上的 26 幅区域地图及其对应坐标数据的展示和解析,我们能观察到作者在制图实践和理论论述之间的张力:具有最高优先等级的天学测地法,所能获得的准确数据实则相当稀少,大部分坐标仍须基于不甚精确的行程记录进行测算。因此,托勒密和古代地学之间的关联比他所宣称的要紧密得多。有鉴于此,我们对他所活跃时代的罗马帝国的行政疆域、地理视野、异域想象等也进行了梳理,再对比托勒密本人的区域地图,其传承关系可谓一目了然。从根本上讲,无论从世界形状、跨度范围、海陆分布,还是从区域地图的经纬细节、山川轮廓、部族与城市命名等要素而言,托勒密的世界图像都是原汁原味的古代地理描绘。相比于囊括了全球的现代地图,托勒密描绘的是古代西方人眼中的居住世界,也继承了古代地学传统关于中心、边界和区域划分等"秩序的想象"。只不过,这一图像在保持其局限之余,已具备了容纳更广阔的地理信息、基于数学框架不断拓宽边界的可能性。这既能从关于"丝绸之路"记载的比较研究中得到印证,也体现在文艺复兴时期托勒密地图与不同世界图像的融合之中。

对于《地理学》传播史的论述之所以聚焦于文艺复兴时期,是因为该书在古代晚期和中世纪的存在痕迹并不明显。尽管伊斯兰世界曾对其投以相当的热情,但学者们更加关注的是书中具体的坐标数值,对制图理论并不太兴趣。随着伊斯兰学术的衰落,拜占庭世界成为了《地理学》复兴的大本营。以普拉努德斯为代表的拜占庭学者,为希腊文本《地理学》的重新现世做出了不可忽视的贡献,相关文本也成为了后世编译、校注的基础。可以说,《地理学》的近代起源不在罗马、埃及或希腊,而是在君士坦丁堡。伴随着文艺复兴的东学西渐,该书传到意大利,并借赫里索洛拉斯、安杰洛之手翻译为拉丁文,由此揭开它在拉丁西方传播的帷幕。最初的人文主义学者将《地理学》视为众多神圣的古代典籍中的一部,着重于对文字的译介、阐释和训诂,因而和中世纪的阿拉伯学者类似,更多将其视为古典的地名词典。但随着托勒密地位的逐渐攀升,书中的世界图像在15世纪后半叶逐渐跃升为权威性的观念图式,并不可避免地同道路图、中世纪世界地图、波特兰海图等其他传统图式发生冲突。在不同的受众群体之中,这几类地图的接受程度有所差别。譬如旨在导航的波特兰海图,就更受航海家和水手的欢迎,而虔诚的僧侣更青睐的显然是宗教意味浓厚的中世纪世界地图。因此之故,当时的制图实践呈现出了百花齐放的繁荣景象,制图师根据顾客或雇主需求的不同,可以为同一部作品绘制出不同类型的地图,进而使得世界秩序的不同想象以并置、拼贴等方式相互融合。由此,《地理学》的传播亦呈现出多元化和网状交织的复杂图景。

尽管以安杰洛为代表的早期译本和以日耳曼努斯为代表的早期地图都有或多或少的缺陷,但不可否认的是它们的确为《地理学》在近代早期欧洲的普及立下了汗马功劳。到了16世纪初,该书以"宇宙志"之名为西方人所熟知,与此同时,地理大发现时代不断涌入的新知和将新世界纳入世界地图的渴望,也促使新一代学者重新认识乃至重构这部经典著作。这一时期的《地理学》传播和研究中心从地中海沿岸转移到欧洲中部的德语区。自"人文主义者之首"凯尔蒂斯以降,德语区的学者开启了对该书前赴后继的重译和出版活动,包括林曼、瓦尔德泽米勒、皮克海默等积极参与其中。同时,纽伦堡、斯特拉斯堡等地兴起的印刷业也为新版《地理学》尤其是地图的改进提供了物质基础。在对古典文本更加准确的理解基础上,《地理学》的研究更进一步,从早期对语文学或表层图像的关注,深入到对制图理论的重构。波伊尔巴赫与雷吉奥蒙塔努斯首倡其先,斯塔比乌斯与维尔纳等紧随其后,在德语区强势崛起的天文学、数学研究的刺激下,对建立在几何框架上的制图方法进行详细的数学改进。这构成了最为耀眼的时代潮流。而此种改进已不再限于上个世纪的缝缝补补，而是从根本的数学层面重新设计，由此逐渐脱离托勒密的旧有范式。其中最杰出的代表正是本章开头所提及、由托勒密第二制图法改进得到的心形地图，以及由此衍生出的伪心形地图（如瓦尔德泽米勒的1507年地图）、双心形地图（如菲内的1531年地图）等。①

在托勒密的制图法经由数学家之手进行自我更新的同时，传统的矩形制图也开始同海图进行融合——强调经纬线的合比例性的矩形地图，与缺乏刻度比例但可自由扩展的海图正好形成互补，于是一系列既包含刻度又囊括了最新地理信息的海图陆续问世。由此可见，托勒密地图、海图与区域地图并驾齐驱的发展，并非一方对另一方单方面影响的结果，而是知识网络在内部交汇与彼此融合中形成的整体效应。正如达尔歇所言：

> 世界图像的现代化和16世纪早期发展起来的地图再现模式，不应被视为将新信息整合到现有地理图像中的成功尝试。它们也不应被视为迈向更"正确"呈现方法的步骤（即现代制图法）。相反，它们是与现实进行互动的探索性游戏，可以将人们带到不同的方向。《地理学》既是其原点，也是逐渐被抛在后面的出发点。（Dalché，2007：360）

就像《地理学》的诞生实际是一种基于古希腊地学、天文学、

---

① 关于"伪心形地图"与"双心形地图"的具体呈现，详见 Keuning（1955）中的 Fig. 7, 8, 9, 10, 11。

视学等几何方法以及同时代地理视野的"想象的秩序";《地理学》在近代早期的知识语境、导航实践和市场需求共同催生下的重生、改进与转向,也源于不同群体对于世界"秩序的想象"。前者诚然是后者的前提,但其间却并无充分或必要的因果关系。毋宁说,托勒密基于古代的地理想象为居住世界构建的几何秩序,仅仅是近代早期可供选择的诸种"秩序的想象"中的一种——尽管可能是最具扩展性和可能的一种。无论如何,世界想象的丰富也促进了地理制图的繁荣,而随着新世界的发现和全球航行的展开,托勒密所描述的单一居住世界图像愈显局促,难以容下爆炸式增长的新地理信息。出于对新的时代诉求的响应,以墨卡托为代表的地理学者、制图学家从最底层的数学结构入手,力图将早已融合、并置多年却互不隶属的世界图像重新统合为一,以确立某种业已覆盖整个地球的、更加精确和稳定的地理秩序。1569年杜伊斯堡版墨卡托地图的问世,标志着制图学史迈出了里程碑的一步,也意味着从旧居住世界到新全球地图之转变的基本完成。其中既囊括了波特兰海图的等向特征,也遵循了马里诺以来的矩形制图的形制,最终目的是为了将托勒密的"相似性"与"合比例性"原则扩展到整个地球表面。至此,托勒密《地理学》走过了它千年传承历史上最高峰的一幕,并将在现代制图学的崭新开端迎来自身的历史性谢幕。

三 《地理学》的时代性与可能性

至此,本书的主要论点均已得到充分的阐述。作为对导言中

第六章　从想象的秩序到秩序的想象

两大基本问题及其附属命题的回应，我们将以下述结论作为全书的简要收束：

其一，《地理学》是一部长期被科学史研究界低估的古代西方科学巨著。它的重要性首先在于，作为古希腊罗马地理学的集大成之作，它代表了古代西方自埃拉托色尼以来最成熟的地理世界观念和学术范式。不仅如此，该作品也是运用古代几何学与视学理论构建制图体系的最成功的作品，托勒密在制图过程中体现出的高超几何技巧和创造性的几何想象力，确立了通过数学手段进行地理制图的两大基本原则，即"相似性"与"合比例性"，也奠定了后世经纬坐标制图的基础。此外，《地理学》的价值还在于改进了既有的纬度带系统，将希帕克斯的球面坐标体系运用于地球定位，构建出古代世界最庞大完整的地理坐标数据库。由此描绘出的世界图像涵盖了欧亚大陆的大部分范围（包括北非），并长期成为拉丁西方、伊斯兰文明、中亚文明地理想象与世界探索的基础，甚至与古代中国的记载遥相呼应。上述结论奠定了它在科学思想史研究中不可忽视的价值。

因此，深入了解《地理学》并重视其基础研究，是当今中国了解西方文明，尤其是前现代西方的学术传承、地理想象和世界观念的一把关键钥匙，缺少了这块拼图，对西方文化起源的理解必然是不完整的。《地理学》的特殊性还在于，它并不只是纯粹的几何学或数学理论，而是以制图方法为骨架，以地理数据为血肉，将定量与定性描绘相结合的一部地理学作品。不同于欧几里得的《几何原本》《视学》，或同为制图著作的托勒密《平球论》，《地理学》的内容更为丰富，也更具张力，它对后世的影响同时体现在几何理论、坐标数据、世界图像等不同面相中。故而该作品的传承与接受史研究就存在复杂的阐释空间。本书的研究结论表明，它对文艺复兴以降的知识演化、学科融合乃至近代科学观念的诞生都产生了颇大影响。可以断言，《地理学》在今后的科学史研究，尤其是前现代时期的科学史叙事中不再是可有可无的存在，包括本书在内的相关论述，也将构成对以天文学、物理学为核心的革命叙事的重要补充乃至纠偏。

其二，不同于部分地理史学者将该书视为"进步"或"革命性"的论著，本书主张，托勒密的《地理学》实则扎根于深厚的古代数学与地学土壤之中，具有强烈的时代性和传承性。一方面，它主要继承了以埃拉托色尼、波西多尼奥斯和希帕克斯为脉络，以几何学作为方法论的古希腊地理学传统；另一方面，它也体现出自亚里士多德、波利比乌斯、梅拉以来的地志学传统的诸多特征。从直接源头上讲，托勒密《地理学》是对推罗的马里诺作品的批判性继承，而后者则基于当时的地学理论和数据的汇编而成，这进一步决定了托勒密作品的底色。而前文对古希腊罗马地理学史的论述可以证明，无论是测地理论还是制图方法，托勒密的地理体系都有明确的传承。在地理测量方面，托勒密基于古代埃及、巴比伦、希腊的数学传统，借鉴了源自天文学的测量数据、定位框架和定位系统，对来源庞杂的地理数据加以重新筛选和转换；在制图方法层面，他融合了古代希腊的立体几何、平面几何与视学方法，凭借其卓越的想象力确立了新的制图原则。尽管托勒密的创造性毋庸置疑，但唯有置于特定知识语境的时代性中，今人才能更好地理解《地理学》的价值。

不仅如此,《地理学》在中世纪的隐没和在文艺复兴的"重生",同样可以借此得到解释。古代晚期以后,中世纪学术的整体性衰落使得地理学、传统几何学的传承受阻,这导致了基于几何学建构的托勒密制图体系在流通和接受上的困难,也间接证明了其与古代学术的血脉相连。但与此同时,《地理学》却备受伊斯兰学者的重视,因而相当程度地影响了同时期人的地理想象,并奠定了该作品重回拉丁西方的接受基础。当欧洲迎来文艺复兴以后,《地理学》随诸多古希腊作品一道回归西方的视野,也遵循了当时的人文主义潮流的逻辑,更多以古典语文学名著和地名词典的面目示人。真正使其接受状况发生改变的并非其天然的"进步性",而是同一时代风起云涌的地理大发现、不同地图样式的竞争与融合,印刷术等技术变革以及民族学术建构的需要等综合性因素。换句话说,《地理学》真正走上历史舞台,是经由与中世纪地图、基于等向线的海图、新世界的地理信息、修正后的制图理论相互作用与影响后的结果。在这一过程中,《地理学》并不始终扮演权威的角色,而是游移在守旧与革新之间。因此,将该书的重新崛起描绘为进步战胜愚昧的科学神话,无疑是一种偏见。相反,该书的历史地位恰恰是由时代语境以及社会、政治、技术的交互共同烘托而出的。

当然,《地理学》在此过程中的作用并非无足轻重。应当说,托勒密的世界图像及其制图理论在前现代世界的演进中,充当了不同知识与观念相互交融的重要网络结点。正是以《地理学》的框架为基础,后续的一系列融合、并置与改良才得以可能。而这又取决于托勒密体系自文艺复兴以降所取得的权威地位,及其理论框架兼容并包的特性。顺着这一思路，我们可以进一步探讨此种兼容性与丰富性的起源，及其所以能自我更新的动力机制所在。只是限于本研究的篇幅和重点所限，文中关于《地理学》接受史的分析止于对上述基本问题的回应，也以反驳学界关于该书的既有成见为主。因此，对托勒密制图法所启发的近代制图学的兴起，即从维尔纳到墨卡托的制图学变革，我们也仅仅梳理出其大致脉络，点出其与《地理学》方法论的内在关联。但这已足够显明，《地理学》在科学史研究中，仍具有尚未被挖掘的巨大潜力与价值，值得后续研究继续跟进。更重要的是，这样一部集古代学术之大成的、颇具时代性的古老地学著作，事实上竟促成了近代早期地理观念与制图学的革新，本身就意味着今人需要重新理解现代化（即近代化）、现代性乃至现代科学的源头、兴起及演化逻辑。当然，在科学史研究的漫漫长路上，这项工作只是一个初步的尝试，但求借由本书的出版，能为编史学观念的更新提供了一个良好的契机，也为我国的科学史事业贡献微薄之力。

参考文献

一、外文文献

1.《地理学》现代编译文本

Aujac, G., 1993, *Claude Ptolemee Astronome, Astrologue, Geographe. Connaissance et Representation du Monde Habite*, Paris：Éditions du CTHS.

Berggren, J. L & Jones, A. (eds. & trans.), 2000, *Ptolemy's Geography：An Annotated Translation of the Theoretical Chapters*, Princeton & Oxford：Princeton University Press.

Cuntz, O., 1923, *Die Geographie des Ptolemaeus：Galliae Germania Raetia Noricum Pannoniae IllyricumItalia. Handschriften, Text und Untersuchung*, Berlin：Weidmann.

Fischer. J., 1932, *Claudii Ptolemaei Geographiae：Codex Urbinas Graecus 82 phototypice depictus*, Leiden：E. J. Brill.

Mzik, H., & Hopfner, F., 1938, "Des Klaudios Ptolemaios Einführung in die darstellende Erdkunde", Erster Teil. Theorie und Grundlagen der Darstellenden erdkunde. *Klotho* vol. 5.

Nobbe, C. F. A. (ed.), 1843, *Claudii Ptolemaei Geographia*. vol. 1, Leipzig：C. Tauchnitz.

——(ed.), 1845, *Claudii Ptolemaei Geographia*. vol. 2 & 3, Leipzig：C. Tauchnitz.

Stevenson, E. L. (ed.), 1932, *Geography of Claudius Ptolemy：Based Upon Greek and Latin Manuscripts and Important Late Fifteenth and Early Sixteenth Century Printed Editions. Including Reproductions of the Maps from the Ebner*

Manuscript, Ca. 1460, New York: The New York Public Library.

Stückelberger, A. & Graßhoff, G. (eds.), 2006. *Klaudios Ptolemaios: Handbuch der Geographie, Griechisch-Deutsch*. Vol. 1: Einleitung und Buch 1—4. Vol. 2. Buch 5—8 und Indices, Basel: Schwabe Verlag.

Stückelberger, A. & Mittenhuber, F., 2009, *Klaudios Ptolemaios, Handbuch der Geographie. Ergänzungsband mit einer Edition des Kanons bedeutender Städte*, Basel: Schwabe Verlag.

Wilberg, F. W. & Grashof, C. H. F., 1838—1845, *Claudii Ptolemaei geographiae libri octo*. 6 fascicles, Essen: G. D. Baedeker.

2. 部分早期写本或版本

Ptolemaeus, C., c. 1300, Γεωγραφικῆς Ὑφηγήσεως (Geographikes hyphegeseos), Codex Urbinas Graecus 82, https://digi.vatlib.it/view/MSS_Urb.gr.82.

——, 1409, *Cosmographiae libri VIII*, Epistola ad Alex. V., Codex Vatican Latin 2974, trans. by Jacopo Angelo, https://digi.vatlib.it/view/MSS _ Vat. lat. 2974.

——, 1425, *Cosmographia*, Codex VAULT Ayer MS 740, Retrieved from Newberry Library's copy in Internet Archive, https://archive.org/details/ayer_ms_740.

——, 1460, *Cosmography*, trans. by Jacopo Angelo, ed. by Nicolaus Germanus, Retrieved from the Library of Congress, https://www.loc.gov/item/2021668203/.

——, 1467, *Cosmography*, trans. by Jacopo Angelo, ed. by Nicolaus Germanus, Retrieved from the National Library of Poland, https://polona.pl/item/cosmographia-claudii-ptolomaei-alexandrini-mathematicorum-principis-seculo-secundo,NzQ1NjM4Ng/0/#info:metadata.

——, 1525, *Claudii Ptolemaei Geographicae enarrationis libriocto*. with the contribution from Willibald Pirckheimer, Joannes Regiomontanus & John Boyd Thacher Collection (Library of Congress), Argentoragi: Johannes Grieningerus, communibus Johannis Koberger impensis excudebat.

——, 1540, *Geographia Universalis*, *Vetus Et Nova*, *Complectens Claudii Ptolemaei Alexandrini Enarrationis Libros VIII*: gewidmet Philipp à Gundelsheim,

Henricus Petrus.

3. 托勒密其他著作文本

Goldstein, B. R., 1967, "The Arabic Version of Ptolemy's Planetary Hypotheses", *Transactions of the American Philosophical Society*, vol. 57, no. 4, pp. 3—55.

Hamm, E. A., 2011, *Ptolemy's Planetary Theory: An English Translation of Book One, Part A of the " Planetary Hypotheses" with Introduction and Commentary*, Ph. D. Dissertation: University of Toronto.

Heiberg, J. L., 1898, *Claudii Ptolemaei Opera quae exstant omnia: Syntaxis Mathematica*, Vol. 1, pars 1, Leipzig: Teubner.

——, 1903, *Claudii Ptolemaei Opera quae exstant omnia: Syntaxis Mathematica*, Vol. 1, pars 2, Leipzig: Teubner.

——, 1907, *Claudii Ptolemaei Opera quae exstant omnia: Opera astronomica minora*, Vol. 2, Leipzig: Teubner.

Murschel, A., 1995, "The Structure and Function of Ptolemy's Physical Hypotheses of Planetary Motion", *Journal for the History of Astronomy*, vol. 26, no. 1, pp. 33—61.

Sidoli, N., & J. L. Berggren, J. L., 2007, "The Arabic Version of Ptolemy's Planisphere or Flattening the Surface of the Sphere: Text, Translation, Commentary", *Sciamvs*, vol. 8, pp. 37—139.

Smith, A. M., 1996, "Ptolemy's Theory of Visual Perception: An English Translation of the 'Optics' with Introduction and Commentary", *Transactions of the American Philosophical Society*, vol. 86, no. 2, pp. iii—v, vii—xi, 1—61, 63—261, 263—269, 279—300.

Solomon, J., 1999, *Ptolemy Harmonics: Translation and Commentary*, Leiden: E. J. Brill.

Swerdlow, N. M., 1968, *Ptolemy's Theory of the Distances and Sizes of the Planets: A Study of the Scientific Foundations of Medieval Cosmology*, Ph. D. Dissertation: Yale University.

Toomer, G. J. (trans. & anno.), 1984, *Ptolemy's Almagest*, London: Gerald Duckworth.

4. 其他文献

Aujac, G., 1968, *Strabon et la Science de Son Temps*, Paris: Les Belles Lettre.

Abun-Nasr, J. M., Warmington, B. H., & Brett, M., 2016, "North Africa". *Encyclopedia Britannica*, https://www.britannica.com/place/North-Africa

Ahmad, S., 1992, "Cartography of al-Sharif al-Idrisi", in J. B. Harley & D. Woodward (eds.), *The History of Cartography*. Volume 2, Book 1: *Cartography in the Traditional Islamic and South Asian Societies*, Chicago: University of Chicago Press, pp. 156—174.

Alberti, L. B., 2011, *Leon Battista Alberti: On Painting: A New Translation and Critical Edition*, trans. & ed. by R. Sinisgalli, Cambridg & New York: Cambridge University Press.

Allaire, G., 2002, "Animal Descriptions in Andrea daBarberino's Guerrino Meschino", *Romance Philology*, vol. 56, no. 1, pp. 23—39.

Andersen, K., 1987, "The Central Projection in One of Ptolemy's Map Constructions". *Centaurus*, vol. 30, pp. 106—113.

——, 2008, *The Geometry of an Art: The History of the Mathematical Theory of Perspective from Alberti to Monge*, New York: Springer Science& Business Media.

Andrewes, W. J. H. (ed.), 1996, *The Quest for Longitude: The Proceedings of the Longitude Symposium, Harvard University, November 4-6, 1993*, Cambridge, Massachusetts: Harvard University, Collection of Historical Scientific Instruments.

Archimedes, 1909, *Geometrical Solutions Derived from Mechanics: A Treatise of Archimedes*, trans. by J. L. Heiberg, intro. by D. E. Smith, Chicago: Open Court Publishing Company.

Aristotle, 1952, *Meteorologika*. trans. by H. D. P. Lee. Loeb Classical Library, London: William Heinemann; Cambridge, Massachusetts: Harvard University Press.

Arrian, 1967, *Anabasis of Alexander*, Books I-IV, trans. by E. Iliff Robson, Loeb Classical Library, London: William Heinemann; Cambridge, Massachusetts: Harvard University Press.

Bagrow, L., 1945, "The Origin of Ptolemy's Geographia", *Geografiska Annaler*, vol. 27, no. 3—4, pp. 318—387.

Barker, A., 1989, *Greek Musical Writings, Vol. 2: Harmonic and Acoustic Theory*,

Cambridge & New York：Cambridge University Press.

——，2000，*Scientific Method in Ptolemy's Harmonics*，Cambridge & New York：Cambridge University Press.

Barnes，T. D.，1998，*Ammianus Marcellinus and the Representation of Fistorical Reality*（vol. 56），Ithaca：Cornell University Press.

Baxter，J.，& Atherton，P.（eds.），1997，*Aristotle's Poetics：Translated and with a Commentary by George Whalley*，Montréal-Kingston-London-Buffalo：McGill-Queen's University Press.

Bazzaz，S.，Batsaki，Y.，& Angelov，D.，2013，*Imperial Geographies in Byzantine and Ottoman Space*，Washington，DC：Center for Hellenic Studies.

Bell，J.，1836，*A System of Geography，Popular and Scientific，Or，A Physical，Political，and Statistical Account of the World and Its Various Divisions*，vol. 5，Glasgow：Archibald Fullarton.

Bennett，J.，2001，*Trajan. Optimus Princeps*，Bloomington：Indiana University Press.

Berger，H.，1869，*Die Geographischen Fragmente des Hipparch Zusammengestellt und Besprochen von Hugo Berger*，Leipzig：BG Teubner.

——，1903，*Geschichte der Wissenschaftlichen Erdkunde der Griechen*，Leipzig：Veit & Comp.

Berggren，J. L.，1991，Ptolemy's Maps of Earth and the Heavens：A New Interpretation. *Archive for History of Exact Sciences*，pp. 133—144.

Bernhardy，G.（ed.），1828，*Dionysius Periegetes：Graece Et Latine：Cum Vetustis Commentariis Et Interpretationibus*，vol. 2，Leipzig：Weidmann.

Bevan，E.，2014，*A History of Egypt under the Ptolemaic Dynasty*，Routledge Revivals，London：Routledge.

Bevan，W. L.，1875，*The Student's Manual of Ancient Geography*，London：John Murray.

Bianchetti，S.，Cataudella，M.，& Gehrke，H. J.（eds.），2015，*Brill's Companion to Ancient Geography：The Inhabited World in Greek and Roman Tradition*，Leiden：E. J. Brill.

Birkenmajer，L. A.，1901，*Marco Beneventano，Kopernik，Wapowski a Najstarsza Karta Geograficzna Polski*，Kraków：Rozpr. Acad.

Bloom，A.，1991，*The Republic of Plato*，New York：Basic Books.

Boardman, J., Griffin, J., & Murray, O. (eds.), 1991, *The Oxford History of Greece and the Hellenistic World*, vol. 1, Oxford: Oxford University Press.

Bowman, A. K., Garnsey, P., & Rathbone, D. (eds.), 2000, *The Cambridge Ancient History Vol. XI: The High Empire, AD 70—192*, New York: Cambridge University Press.

Boyer, C. B., & Merzbach, U. C., 2011, *A History of Mathematics*, Hoboken, New Jersey: John Wiley & Sons.

Brotton, J., 2013, *A History of the World in 12 Maps*, New York: Penguin.

Bunbury, E. H., 1879, *A History of Ancient Geography among the Greeks and Romans from the Earliest Ages till the Fall of the Roman Empire*, 2 vols, London: John Murray, (reprinted in 1959, by New York: Dover).

Burke, J., 2009, *Day the Universe Changed*, Boston: Little, Brown and Co.

Burri, R., 2013, *Die "Geographie" des Ptolemaios im Spiegel der Griechischen Handschriften*, Berlin; Boston: De Gruyter.

Burton, H. E., 1945, "Euclid's Optics", *Journal of the Optical Society*, vol. 35, no. 5, pp. 357—372.

Caesar, J., 1958, *The Gallic War*, trans by H. J. Edwards. Loeb Classical Library, London: William Heinemann; Cambridge, Massachusetts: Harvard University Press.

Campbell, T., 2007, "Portolan Charts from the Late Thirteenth Century to 1500", 1987, *The History of Cartography, Vol. 1: Cartography in Prehistoric, Ancient, and Medieval Europe and the Mediterranean*, eds. by J. B. Harley and D. Woodward, Chicago: University of Chicago Press, pp. 371—463.

Cassiodorus, F. M. A., 2004, *Cassiodorus: Institutions of Divine and Secular Learning and On the Soul*, trans. by J. W. Halporn and intro. by M. Vessey, Liverpool: Liverpool University Press.

Casson, L., 1989, *The Periplus Maris Erythraei: Text with Introduction, Translation, and Commentary*, New Jersey: Princeton University Press.

Chapot, V., 1996, *The Roman World*, London & New York: Routledge.

Chin, T., 2013, "The Invention of the Silk Road, 1877", *Critical Inquiry*, vol. 40. no. 1, pp. 194—219.

Chisholm, H. (ed.), 1911, "Antonini Itinerarium", *Encyclopædia Britannica*,

Vol. 2 (11th ed.), Cambridge & New York: Cambridge University Press, p. 148.

Clarke, K., 2001, *Between Geography and History: Hellenistic Constructions of the Roman World*, Oxford: Clarendon Press.

Cleomedes, 2004, *Cleomedes' Lectures on Astronomy: A Translation of "The Heavens"*, ed. by Alan C. Bowen & Robert B. Todd, Berkeley & Los Angeles & London: University of California Press.

Columbus, C., Martellus, H., & Francesco di Lorenzo Rosselli, ca. 1489, *Map of the World of Christopher Columbus*, https://collections.library.yale.edu/catalog/2007580.

Connors, C., 2011, "Eratosthenes, Strabo, and the Geographer's Gaze", *Pacific Coast Philology*, vol. 46. no. 2, pp. 139—152.

Cortesão, A., 1969, *History of Portuguese Cartography*, vol. 1, Lisbon: Junta de Investigações do Ultramar.

——, 1974, "A 'Carta de Marear' em 1487 entregue por D. João II a Pêro da Covilhã", *Memòrias da Academia das Ciências de Lisboa*, *Classe de Ciências*, vol. 17, pp. 165—175.

Cosgrove, D. E., 2001, *Apollo's Eye: A Cartographic Genealogy of the Earth in the Western Imagination*, Baltimore: The Johns Hopkins University Press.

D'Ailly, P., 1930, *Ymago mundi de Pierre d'Ailly Cardinal de Cambrai et Chancelier de l'Université de Paris*, 1350-1420, 3 vols., ed. and trans. by Buron. E, Paris: Maisonneuve Frères.

Dalché, P. G., 2002, "L'œuvre Géographique Du Cardinal Fillastre, †1428) Représentation Du Monde Et Perception De La Carte A L'aube Des Découvertes", in D. Brepols Marcotte (ed.), *Humanisme et culture géographique à l'époque du Concile de Constance. Autour de Guillaume Fillastre: Actes du colloque de l'Université de Reims, 18-19 novembre 1999*, Turnhout: Brepols, pp. 293—355.

Dalché, P. G., 2007, "The Reception of Ptolemy's Geography, End of the Fourteenth to Beginning of the Sixteenth Century", in D. Woodward (ed.), *The History of Cartography, Vol. 3: Cartography in the European Renaissance*, Part 1, Chicago: University of Chicago Press, pp. 285—364.

Dan, A., 2013, "The Black Sea as a Scythian Bow", In *Exploring the Hospitable Sea:Proceedings of the International Workshop on the Black Sea in Antiquity held in Thessaloniki, 21—23 September 2012*, Oxford: Archaeopress, pp. 39—58.

D'Avezac, A., 1863, *Coup d'oeil sur la projection des cartes de géographie:notice lue à la Société de Géographie de Paris dans sa séance publique du 19 décembre 1862*, Paris: E. Martinet.

——, 1867, *Martin Hylacomylus Waltzemüller, ses ouvrages et ses collaborateurs: Voyage d'exploration et de découvertes à travers quelques épîtres dédicatoires, préfaces et opuscules en prose et en vers du commencement du 16. siècle:Notes, causeries et digressions bibliographiques et autres*, Paris: Challamel.

Davies, A., 1977, "Behaim, Martellus and Columbus", *Geographical Journal*, pp. 451—459.

De laVaissière, É., 2009, "The Triple System of Orography in Ptolemy's Xinjiang", in W. Sundermann, A. Hintze, F. de Blois (eds.), *Exegisti Monumenta. Festschrift in Honour of Nicholas Sims-Williams*, Wiesbaden: Harrassowitz Verlag:pp. 527—535.

Defaux, O., 2017, "The Iberian Peninsula in Ptolemy's Geography", *Origins of the Coordinates and Textual History*, Berlin: Edition Topoi.

Dicks, D. R., 1960, *The Geographical Gragments of Hipparchus*, London: The Athlone Press.

Dickson, K. B., Mabogunje, A. L., Gardiner, R. K. A., et al., 2020, "Africa", *Encyclopedia Britannica*, https://www.britannica.com/place/Africa.

Dijksterhuis, E. J., 1961, *The Mechanization of the World Picture*, vol. 184, trans. by Dikshoorn, Oxford: Clarendon Press.

Dilke, O. A. W., 1985, *Greek and Roman Maps*. Ithaca, New York: Cornell University Press.

——, 1987, "Cartography in the Byzantine Empire", in J. B. Harley and D. Woodward (eds.), *The History of Cartography, Vol. 1: Cartography in Prehistoric, Ancient, and Medieval Europe and the Mediterranean*, Chicago: University of Chicago Press, pp. 258—275.

Diller, A., 1934, "Geographical Latitudes in Eratosthenes, Hipparchus and

Posidonius", *Klio*, vol. 27, no. 27, pp. 258—269.

———, 1935, "Review of Stevenson 1932", *Isis*, vol. 22, pp. 533—539.

———, 1939, "Lists of Provinces in Ptolemy's Geography", *Classical Philology*, vol. 34. no. 3, pp. 228—238.

———, 1940a. "The Oldest Manuscripts of Ptolemaic Maps", *Transactions and Proceedings of the American Philological Association*, American Philological Association, pp. 62—67.

———, 1940b. "Review of Schnabel 1938", *Classical Philology*, vol. 35, pp. 333—336.

———, 1952, *The Tradition of the Minor Greek Geographers*, Lancaster: Lancaster Press; Oxford: B. H. Blackwell.

———, 1955, "The Authors Named Pausanias", *Transactions and Proceedings of the American Philological Association*, Vol. 86, pp. 268—279.

Diodorus, 1983, *Diodorus of Sicily in Twelve Volumes*, vol. Ⅷ, trans. by C. Bradford Wells, Cambridge, Massachusetts: Harvard University Press; London: William Heinemann.

———, 1985, *Bibliotheca Historica*, vol. IV. ed. by C. Th. Fischer, Leipzig: B. G. Teubner.

———, 1993, *Diodorus of Sicily: The Library of History*, Book Ⅳ. 59—Ⅷ, trans. by C. H. Oldfather, Cambridge, Massachusetts & London: Harvard University Press.

Drabkin, I. E., 1943, "Posidonius and the Circumference of the Earth", *Isis*, vol. 34. no. 6, pp. 509—512.

Ducène, J. C., 2011, "Les Coordonnées Géographiques de la Carte Manuscrite d'al-Idrisi", *Der Islam*, vol. 86, pp. 271—285.

Dueck, D., 2012, *Geography in Classical Antiquity*, New York: Cambridge University Press.

Duke, D., 2002, "The Measurement Method of the Almagest Stars", *The International Journal of Scientific History*, vol. 12, no. 3, pp. 35—50.

Dumont, H. J. (ed.), 2009, *The Nile: Origin, Environments, Limnology and Human Use*, vol. 89, New York: Springer Science & Business Media.

Durand, D. B., 1952, *The Vienna-Klosterneuburg Map Corpus of The Fifteenth*

Century: *A Study in the Transition from Medieval to Modern Science*. Leiden: Brill Archive.

Edgerton, S. Y., 1974, " Florentine Interest in Ptolemaic Cartography as Background for Renaissance Painting, Architecture, and the Discovery of America", *Journal of the Society of Architectural Historians*, vol. 33, no. 4, pp. 275—292.

——, 1975, *The Renaissance Rediscovery of Linear Perspective*, New York: Basic Books.

Edson, E., 2007, *The World Map, 1300—1492: The Persistence of Tradition and Transformation*, Baltimore: The Johns Hopkins University Press.

Eisenstein, E. L., 1980, *The Printing Press as an Agent of Change*, vol. 1, Cambridge & New York: Cambridge University Press.

Engels, D., 1985, " The Length of Eratosthenes' Stade", *The American Journal of Philology*, vol. 106, No. 3, pp. 298—311.

Evans, J., & Berggren, J. L., 2018, *Geminos's Introduction to the Phenomena*, Princeton: Princeton University Press.

Every, G., 2020, " *Saint Photius*", *Encyclopedia Britannica*. retrieved from https://www.britannica.com/biography/Saint-Photius.

Eves, H., 1990, *An Introduction to the History of Mathematics*, 6th edition, Philudelphia: Saunders College Publishing.

Fage, J., 2015, *A History of Africa*, New York: Routledge. pp. 25—26.

Feke, J., 2009, *Ptolemy in Philosophical Context: A Study of the Relationships Between Physics, Mathematics, and Theology*, University of Toronto.

——, 2018a, *Ptolemy's Philosophy: Mathematics as a Way of Life*, Princeton: Princeton University Press.

——, 2018b, Ptolemy's Philosophy of Geography. In René Ceceña (ed.), *Claudio Ptolomeo: Geografía. Capítulos teóricos*, Mexico City: Universidad Nacional Autónoma de México, pp. 281—326.

Fernández-Armesto, F., 2007, *Amerigo: The Man Who Gave His Name to America*, London: Phoenix.

Fischer, J., 1902, *Die Entdeckungen der Normannen in Amerika: unter besonderer Berücksichtigung der Kartographischen Darstellungen*, vol. 81, Herder.

——,1911,"NicolausGermanus", In *The Catholic Encyclopedi*, New York:Robert Appleton Company. http://www.newadvent.org/cathen/11068a.html.

Flint, V. I. J., 2017, *The Imaginative Landscape of Christopher Columbus*, Princeton:Princeton University Press.

Frankel, H., 2014, "Xenophanes' Empiricism and His Critique of Knowledge", in A. P. D. Mourelatos (ed.), *The Pre-Socratics:A Collection of Critical Essays*, Princeton:Princeton University Press, pp. 118—132.

Fraser, P. M., 1972, *Ptolemaic Alexandria*, Oxford:Clarendon Press.

Frede M., 1987, "The Ancient Empiricists", *Essays in Ancient Philosophy*, Oxford: Oxford University Press, pp. 243—260.

Friedman, J. B., 2000, *The Monstrous Races in Medieval Art and Thought*, New York:Syracuse University Press.

Gaspar, J. A., & Leitão, H., 2014, "Squaring the Circle:How Mercator Constructed His Projection in 1569", *Imago Mundi*, vol. 66. no. 1, pp. 1—24.

——, 2016, "How Mercator Did It in 1569: From Tables of Rhumbs to a Cartographic Projecction", *News Letter of the European Mathematical Society*, vol. 99, pp. 44—49.

Gentile, S., 1993, "Toscanelli, Traversari, Niccoli e la geografia", *Rivista Geografica Italiana*, vol. 100, no. 1, pp. 113—131.

Gerson, L. P. (ed.), 2010, *The Cambridge History of Philosophy in Late Antiquity*, Cambridge; New York:Cambridge University Press, pp. 197—209.

Geus, K., 2009, "Der lateinische Ptolemaios", in A. Stückelberger, & F. Mittenhuber (eds.), *Klaudios Ptolemaios, Handbuch der Geographie. Ergänzungsband mit einer Edition des Kanons bedeutender Städte*, Basel: Schwabe Verlag, pp. 356—364.

——, 2018, "Greek and Greco-Roman Geography", in A. Jones & L. Taub (eds.), *The Cambridge History of Science, vol. 1:Ancient Science*, Cambridge; New York:Cambridge University Press, pp. 402—412.

Gherardi, G., 1975, *Il Paradiso degli Alberti*, ed. by Antonio Lanza, Rome:Salerno.

Gibbon, E., 1854, *The History of the Decline and Fall of the Roman Empire*, vol. 1, Boston:Phillips, Sampson and Company.

Gillispie, C. C., 1981, *Dictionary of Scientific biography*, vol. 11, New York:Charles

Scribners Sons.

Goffart, W., 2005, "Jordanes's 'Getica' and the Disputed Authenticity of Gothic Origins from Scandinavia", *Speculum*, vol. 80. no. 2, pp. 379—398.

Grafton, A., Shelford, A., & Siraisi, N., 1992, *New Worlds, Ancient Texts: The Power of Tradition and the Shock of Discovery*, Cambridge, Massachusetts: Harvard University Press.

Grant, M., 1979, *History of Rome*, New York: Charles Scribner's Sons.

Graßhoff, G., 1990, *The History of Ptolemy's Starcatalogue*, New York: Springer-Verlag.

Graßhoff, G., Mittenhuber, F., & Rinner, E., 2017, "Of Paths and Places: The Origin of Ptolemy's Geography", *Archive for History of Exact Sciences*, vol. 71. no. 6, pp. 483—508.

Grčić, M., 2018, "The Balkans on the Geographical Maps of Claudius Ptolemy", *Гласник Српског географског друштва*, vol. 98. no. 2, pp. 83—117.

Grousset, R., 1970, *The Empire of the Steppes: A History of Central Asia*. New Brunswick: Rutgers University Press.

Grössing, H., 1983, *Humanistische Naturwissenschaft: Zur Geschichte der Wiener mathematischen Schulen des 15. und 16. Jahrhunderts*, Baden-Baden: V. Koerner.

Gulbekian, E., 1987, "The Origin and Value of the Stadion Unit Used by Eratosthenes in the Third Century BC", *Archive for History of Exact Sciences*, pp. 359—363.

Gutas, D., 2012, *Greek Thought, Arabic Culture: The Graeco-Arabic Translation Movement in Baghdad and Early 'Abbasaid Society*, 2nd-4th/5th-10th c., London: Routledge.

Halma, N. B., 1822, "Commentaire de Théon d'Alexandrie sur le livre Ⅲ de l'Almageste de Ptolémée", *Tables Manuelles des Mouvements des Astres*, Paris: A. Bobée.

Hankins, J., 1992, "Ptolemy's *Geography* in the Renaissance", in Dennis Rodney G. & Falsey Elizabeth (eds.), *The Marks in the Fields: Essays in the Use of Manuscripts*, Cambridge, Massachusetts: Houghton Library, distributed by Harvard University Press, pp. 119—127.

Harley, J. B., & Woodward, D. (eds.) , 1987, *The History of Cartography*, Vol. 1: *Cartography in Prehistoric, Ancient, and Medieval Europe and the Mediterranean*, Chicago: University of Chicago Press.

——(eds.) , 1992, *The History of Cartography. Volume 2, Book 1: Cartography in the Traditional Islamic and South Asian Societies*, Chicago: University of Chicago Press.

Harley, J. B., 1988, "Silences and Secrecy: The Hidden Agenda of Cartography in Early Modern Europe", *Imago mundi*, vol. 40. no. 1, pp. 57—76.

Harries, K., 2002, *Infinity and Perspective*, Cambridge, Massachusetts & London, England: The MIT Press.

Harrisse, H., 1892, *The Discovery of North America: A Critical, Documentary, and Historic Investigation, with an Essay on the Early Cartography of the New World, Including Descriptions of Two Hundred and Fifty Maps or Globes Existing or Lost, Constructed before the Year 1536*, London: Henry Stevens and Son.

Hartmann, S., 1493, *Registrum huius operis Libri cronicarum cu[m] figuris et ymag [in] ibus ab inicio mu [n] di*, Nuremberg Chronicle, Nuremberg: Anton Koberger, for Sebald Schreyer and Sebastian Kammermeister, digitalized by U. S. National Library of Medicine.

Hawickhorst, H., 1902, " Über die Geographie bei Andrea de'Magnabotti ", *Romanische Forschungen*, vol. 13. no. 3, pp. 689—784.

Heath, T. L., 1913, *Aristarchus of Samos, the Ancient Copernicus*, Oxford: Clarendon Press.

——, 1921, *A History of Greek Mathematics*, Vol. 1: *From Thales to Euclid*, Oxford: Clarendon Press.

Heawood, E., 1933, Joseph Fischer's Ptolemy Reproduction: Review [Review of *Claudii Ptolemaei Geographiae Codex Urbinas Graecus 82, Codices e Vaticanis selecti, quam simillime expressi, jussu Pii XI , P. M. Volumen* XVIIII , *Tomus Prodromus. De Cl. Ptolemaei vita operibus geographia praesertim eiusque fatis; Adnotatio Critica*, by J. Fischer & P. F. de Cavalieri], *The Geographical Journal*, vol. 82. no. 1, pp. 65—71.

Heiberg, J. L., 1895, *Euclidis Opera Omnia*, vol. VII, *Euclidis Optica. Opticorum*

recensio Theonis, *Catoptrica. cum scholiis antiquis*, Leipzig: Teubner.
Herodotus, 1928, *The Histories*. vol. 2, trans. by A. D. Godley, Loeb Classical Library, London: William Heinemann; New York: G. P. Putnam's Sons.
Herodotus, 1938, *The Histories*. Vol. 3, trans. by A. D. Godley, Loeb Classical Library, London: William Heinemann; Cambridge, Massachusetts: Harvard University Press. .
——, 1975, *Herodotus*, Vol. 1, trans. by A. D. Godley, Loeb Classical Library, Cambridge, Massachusetts: Harvard University Press; London: William Heinemann.
Herrmann, A., 1910, *Die Alten Seidenstrasen Zwischen China und Syrien*, Gottingen: Georg August-Universitat.
——, 1938, *Das Land der Seide und Tibet im Lichte der Antike*, Berlin: Koehler.
Hesiod, 2006, *Theogony*, *Works and Days*, *Testimonia*, ed. and trans. by G. W. Most, Loeb Classical Library, London, England & Cambridge, Massachusetts: Harvard University Press.
Hill, J. E ., 2009, *Through the Jade Gate to Rome: A Study of the Silk Routes During the Later Han Dynasty 1st to 2nd Centuries CE: an Annotated Translation of the Chronicle on the "Western Regions" in the Hou Hanshu*, South Carolina: Book Surge Publishing.
Homer, 1978, *The Iliad*, *Books* 1—12, trans. by A. T. Murray, Loeb Classical Library, London: William Heinemann; New York: G. P. Putnam's Sons.
——, 1991, *The Iliad*. trans. by R. Fagles, New York: Penguin Group.
Honigmann, E., 1929, *Die Sieben Klimata und die Πόλεις Ἐπίσημοι. Eine Untersuchung zur Geschichte der Geographie und Astrologie im Altertum und Mittelalter*, Heidelberg: Carl Winter's Universitätsbuchhandlund.
Hoogvliet, M., 2002, "The Medieval Texts of the 1486 Ptolemy Edition by Johann Reger of Ulm", *Imago Mundi*, vol. 54, no. 1, pp. 7—18.
Humbach, H., 2009, " Hydrologische Probleme im Raum des Kaspischen Meeres und des Aralsees", in A. Stückelberger & F. Mittenhuber (eds.), *Klaudios Ptolemaios*, *Handbuch der Geographie. Ergänzungsband mit einer Edition des Kanons bedeutender Städte*, Basel: Schwabe Verlag, pp. 312—318.
Huntingford, G. W. B., 2017, *The Periplus of the Erythraean Sea*, *by An Unknown*

Author: *With Some Extracts from Agatharkhides "On the Erythraean Sea"*, London: The Hakluyt Society.

Indicopleustes, C., 2010, *The Christian Topography of Cosmas, an Egyptian Monk: Translated from the Greek, and Edited with Notes and Introduction*, ed. and trans. by J. W. McCrindle, Cambridge, New York: Cambridge University Press.

Jacob, C., 1999, "Mapping in the mind: The Earth from ancient Alexandria", in Denis Cosgrove (ed.), *Mappings*, London: Reaktion, pp. 24—49.

Jane, C. (trans.), 1960, *The Journal of Christopher Columbus*, New York: Clarkson N. Potter.

Jansen-Winkeln, K., 2021, "Paraetonium", in *Brill's New Pauly*, Antiquity volumes eds. by Hubert Cancik & Helmuth Schneider, English Edition by Christine F. Salazar, Classical Tradition volumes ed. by Manfred Landfester, English Edition by Francis G. Gentry. Accessed October 13, 2021. doi: http://dx.doi.org/10.1163/1574-9347_bnp_e907790.

Jones, A., & Taub, L. (eds.), 2018, *The Cambridge History of Science: Volume 1, Ancient Science*, Cambridge; New York: Cambridge University Press.

Jones, A., 2001, "Pappus' Notes to Euclid's Optics", in Patrick Suppes, J. M. E. Moravcsik, Henry Mendell (eds.), *Ancient & Medieval Traditions in the Exact Sciences: Essays in Memory of Wilbur Knorr*, CSLI Publications, Center for the Study of Language and Information.

———, 2008, "Review of Stückelberger and Graßhoff 2006", *The American Journal of Philology*, vol. 129, no. 1, pp. 128—131.

———(ed.), 2009, *Ptolemy in Perspective: Use and Criticism of His Work from Antiquity to the Nineteenth Century*, vol. 23, New York: Springer Science & Business Media.

Karamustafa, A. T., 1992, "Introduction to Islamic Maps", in J. B. Harley & D. Woodward (eds.), *The History of Cartography. Volume 2, Book 1: Cartography in the Traditional Islamic and South Asian Societies*, Chicago: University of Chicago Press, pp. 3—11.

Keuning, J., 1947, "The History of an Atlas: Mercator", Hondius. *Imago Mundi*, vol. 4, pp. 37-62.

——,1955,"The History of Geographical Map Projections until 1600", *Imago Mundi*, vol. 12, no. 1, pp. 1—24.

Kheirandish, E., 1999, *The Arabic Version of Euclid's Optics: Edited and Translated with Historical Introduction and Commentary*, New York: Springer.

Kidd, I. G., 2004, *Posidonius: Fragments: Volume* Ⅱ, *the Commentary*, Cambridge; New York: Cambridge University Press.

Kidd, I. G., & Edelstein, L. (eds.), 2004, *Posidonius: Volume* Ⅲ, *The Translation of the Fragments*, Cambridge & New York: Cambridge University Press.

Kirwan, C., 1993, *Aristotle. Metaphysics. Books Gamma, Delta, and Epsilon*, Oxford: Clarendon Press.

Kiss, F. G., 2018, "Konrad Celtis, King Matthias, and the Academic Movement in Hungary", *Hungarian Studies*, vol. 32, no. 1, pp. 37—50.

Knorr, W. R., 1991, "On the Principle of Linear Perspective in Euclid's Optics", *Centaurus*, vol. 34, pp. 193—210.

Koertge, N., 2008, *New Dictionary of Scientific Biography*, 8 vols, Detroit, MI: Charles Scribner's Sons.

Koyré, A., 1980, *From the Closed World to the Infinite Universe*, Frankfurt am Main: Sührkamp.

Krumbacher, K., 1897, *Geschichte der byzantinischen Litteratur von Justinian bis zum Ende des oströmischen Reiches, 527—1453*, vol. 9, Munich: Oskar Beck.

Kugéas, S., 1909, "Analekta Planudea", *Byzantinische Zeitschrift*, vol. 18, no. 1, pp. 106—146.

Kuhn, T. S., 1957, *The Copernican Revolution: Planetary Astronomy in The Development of Western Thought*, Cambridge, Massachusetts & London: Harvard University Press.

Kukjalko, B., 2020, "The Study of Ancient Greek Texts in Early Ottoman Constantinople", *Βυζαντινά Σύμμεικτα*, vol. 30, pp. 283—306.

Laertius, D., 2018, *Lives of the Eminent Philosophers*, New York: Oxford University Press.

Latour, B., 2005, *Reassembling the Social: An Introduction to Actor-Network-Theory*, New York: Oxford University Press.

Law, R. C. C., 1978, "North Africa in The Period of Phoenician and Greek

Colonization, c. 800 to 325 BC". in J. D. Fage, R. A. Oliver (eds.), *The Cambridge History of Africa*. vol. 2, Cambridge & New York: Cambridge University Press, pp. 87—147.

Lehmann-Haupt, C. F., 1929, "Stadion", in *Paulys Real-Encyclopädie der classischen Altertumswissenschaft*, Stuttgart: Metzler.

Leitão, H., & Gaspar, J. A., 2014, "Globes, Rhumb Tables, and the Pre-history of the Mercator Projection", *Imago Mundi*, vol. 66, no. 2, pp. 180—195.

Liddell, H. G., & Scott, R., 2017, "Aithiops", *A Greek-English Lexicon*, Perseus Digital Library, https://www.perseus.tufts.edu/hopper/.

Lindberg, D. C., & Shank, M. H., 2013, *The Cambridge History of Science: Volume 2, Medieval Science*, Cambridge & New York: Cambridge University Press.

——, 1981, *Theories of Vision from al-Kindi to Kepler*, Chicago: University of Chicago Press.

——, 2010, *The Beginnings of Western science: The European Scientific Tradition in Philosophical, Religious, and Institutional Context, Prehistory to AD 1450*, Chicago: University of Chicago Press.

Long, A. A. (ed.), 1999, *The Cambridge Companion to Early Greek Philosophy*, Cambridge; New York: Cambridge University Press.

Louth, A., 2007, *Greek East and Latin West: The Church, AD 681—1071*, Crestwood, New York: St Vladimir's Seminary Press.

Machiavelli, N., 1996, *Discourses on Livy*, Chicago: University of Chicago Press.

Macleod, R., 2010, *The Library of Alexandria: Centre of Learning in the Ancient World*, London & New York: I. B. Tauris.

Maçoudi, 1861—1877, *Les Prairies d'Or*, 9 vols., trans. by C. B. de Meynard & P. de Courteille, Societe Asiatique, Collection d'Ouvrages Orientaux, Paris: Imprimerie Imperiale.

——, 1867, *Le Livre de l'avertissement et de la Revision*. trans. by B. Carra de Vaux, Paris: Imprimerie nationale.

Macrobius, A. A. T., 1990, *Commentary on the Dream of Scipio*, vol. 48, trans. and notes by William Harris Stahl, New York: Columbia University Press.

Magie, D. (trans.), 1991, *The Scriptores Historiae Augusta*, Loeb Classical Library, Cambridge, Massachusetts & London: Harvard University Press.

Manitius, K. (ed.), 1894, *Hipparchi in Arati et Eudoxi Phaenomena commentariorum libri tres*, Leipzig: BG Teubneri.

Markham, C. R. (ed.), 1894, *The Letters of Amerigo Vespucci and Other Documents Illustrative of His Career*, London: The Hakluyt Society.

Marx, K., 1869, *The Eighteenth Brumaire of Louis Bonaparte*, 1934 translation, Moscow: Progress Publishers.

Masudi, 1841, *El-Mas'udi's Historical Encyclopaedia, Entitled "Meadows of Gold and Mines of Gems"*, London: Oriental Translation Fund.

McGeough, K. M., 2004, *The Romans: New Perspectives*, Denver & Oxford: Abc-clio.

McMahon, J. M., Hockey, T., Trimble, V., & Williams, T. R., 2007, *The Biographical Encyclopedia of Astronomers*, New York: Springer.

Meehan, W. F., 2007, "The Importance of Cosimo de Medici in Library History", *Indiana Libraries*, vol. 26, no. 3, p. 15.

Meek, C. K., 1960, "The Niger and the Classics: The History of a Name", *The Journal of African History*, vol. 1, no. 1, pp. 1—17.

Mela, P., 1998, *Pomponius Mela's Description of the World*, trans. and ed. by F. E. Romer, Ann Arbor, Michigan: University of Michigan Press.

Menander, 1903, *Excerpta de Legationibus*, ed. by C. De Boor, Berlin: Weidmannos.

Meurer, P. H., 2007, "Cartography in the German Lands, 1450—1650", in D. Woodward (ed.), *The History of Cartography, Volume 3: Cartography in the European Renaissance*, Part 2, Chicago: University of Chicago Press, pp. 1204—1207.

Milanesi, M., 1996, "A Forgotten Ptolemy: Harley Codex 3686 in the British Library", *Imago Mundi*, vol. 48, no. 1, pp. 43—64.

Miller, E., 1839, *Periple de Marcien d'Heraclee: Épitome d'Artemidore, Isidore De Charax, Etc., ou Supplement aux Dernieres Editions des Petits Geographes d'apres un Manuscrit Grec de la Bibliotheque Royale*, Paris: l'Imprimerie Royale.

Mittenhuber, F., & Klöti, T., 2009, "Ptolemaios-Rezeption in der Kartographiegeschichte", in A. Stückelberger, & F. Mittenhuber (eds.),

Klaudios Ptolemaios, Handbuch der Geographie. Ergänzungsband mit einer Edition des Kanons bedeutender Städte, Basel: Schwabe Verlag, pp. 382—401.

Mittenhuber, F., 2009a, "The Tradition of Texts and Maps in Ptolemy's Geography", in A. Jones (ed.), *Ptolemy in Perspective: Use and Criticism of His Work from Antiquity to the Nineteenth Century* (vol. 23), New York: Springer Science & Business Media, pp. 95—120.

——, 2009b, "Falsche Breitenwerte und ihre Folgen", in A. Stückelberger & F. Mittenhuber (eds.), *Klaudios Ptolemaios, Handbuch der Geographie. Ergänzungsband mit einer Edition des Kanons bedeutender Städte*, Basel: Schwabe Verlag, pp. 245—252.

Modabberi, A., Noori, R., Madani, K., et al., 2020, "Caspian Sea is Eutrophying: The Alarming Message of Satellite Data", *Environmental Research Letters*, vol. 15, no. 12.

Mommsen, T., 1882, *Iordanis Romana et Getica*, vol. 5, Berlin: Weidmannos.

Morison, S. E., 1942, *Admiral of the Ocean Sea: A life of Christopher Columbus*, Boston: Little, Brown and Co.

Mourelatos, A. P. D., 2014, *The Pre-Socratics: A Collection of Critical Essays*, Princeton: Princeton University Press.

Müller, K., 1855, *Geographi Graeci Minores: Ecodicibus Recognovit Prolegomenis, Annotatione, Indicibus Instruxit, Tabulis Aeri Incisis Illustravit Carolus Müllerus*, vol. 1, Paris: Firmin-Didot.

Neugebauer, O., 1959, "Ptolemy's Geography, Book Ⅶ, Chapters 6 and 7", *Isis*, vol. 50, pp. 22—29.

——, 1969, *The Exact Sciences in Antiquity*, 2nd ed., New York: Dover Publications.

——, 1975, *A History of Ancient Mathematical Astronomy*, New York: Springer.

North, J. D., 1966, "Werner, Apian, Blagrave and the Meteoroscope", *The British Journal for the History of Science*, vol. 3, no. 1, pp. 57—65.

Nunn, G. E, 1924, *The Geographical Conceptions of Columbus: A Critical Consideration of Four Problems*, New York: The Society.

Obbink, D. (ed.), 1995, *Philodemus and Poetry: Poetic Theory and Practice in Lucretius, Philodemus, and Horace*, New York: Oxford University Press.

Oliver, J. H., 1953, "The Ruling Power: A Study of the Roman Empire in the Second Century after Christ through the Roman Oration of Aelius Aristides", *Transactions of the American Philosophical Society*, vol. 43, no. 4, pp. 871—1003.

Ovid, 1893, *Ovid: Tristia Book* Ⅲ, ed. by S. G. Owen, Oxford: The Clarendon Press.

Pappus of Alexandria, 1971, "The Geography of Pappus of Alexandria: a Translation of the Armenian Fragments", trans. by R. H. Hewsen, *Isis*, vol. 62, no. 2, pp. 186—207.

Parthey, G., & Pinder, M. (eds.), 1848, *Itinerarium Antonini Avgvsti et Hierosolymitanvm: ex libris manvscriptis*, Berlin: F. Nicolai.

Pausanias, 1918, *Description of Greece*, trans. by W. H. S. Jones, H. A. Ormerod & R. E. Wycherley. Loeb Classical Library, London: William Heinemann; Cambridge & Massachusetts: Harvard University Press.

Peck, H. T. (ed.), 1923, *Harper's Dictionary of Classical Literature and Antiquities*, New York, Cincinnati, etc.: American Book Company.

Pedersen, O., 2010, *A Survey of the Almagest*, New York: Springer Science and Business Media.

Penrose, B., 2013, *Travel and Discovery in the Renaissance, 1420—1620*, Cambridge: Harvard University Press.

Peschel, O., 1871, *L'Atlante di Andrea Bianco dell'anno 1436*. Venezia: Ferdinand Oongania e C.

Peters, R., 1908, "Über die Geographie im Guerino Meschino des Andrea de' Magnabotti", *Romanische Forschungen*, vol. 22, no. 2, pp. 426-505.

Piechocki, K., 2019, *Cartographic Humanism: The Making of Early Modern Europe*, Chicago & London: University of Chicago Press.

Plato, 1971, *Euthyphro, Apology, Crito, Phaedo, Phaedrus*, trans. by Harold North Fowler, Loeb Classical Library, London: William Heinemann; Cambridge: Harvard University Press.

Pliny, 1961, *Natural History, Vol.* Ⅱ: *Books* Ⅲ-Ⅶ, trans. by H. Rackham. Loeb Classical Library, London: William Heinemann; Cambridge: Harvard University Press.

―, 1967, *Natural History*, Vol. I: Books Ⅰ-Ⅱ, trans. by H. Rackham. Loeb Classical Library, Cambridge: Harvard University Press; London: William Heinemann.

Plutarch, L., 1959, *Plutarch's Lives*, 11 vols, trans. by Bernadotte Perrin, Cambridge: Harvard University Press, Loeb Classical Library, London: William Heinemann.

Polo, M., 1997, *The Travels of Marco Polo*, trans. by W. Marsden. Ware, Hertfordshire: Wordsworth Editions Ltd.

Pontani, F., 2010, "The World on a Fingernail: An Unknown Byzantine Map, Planudes, and Ptolemy", *Traditio*, vol. 65, pp. 177—200.

Portuondo, M. M., 2005, *Secret science: Spanish Cosmography and the New World*. Ph. D. Dissertation, Baltimore: The Johns Hopkins University.

Pothecary, S., 1995, "Strabo, Polybios, and the Stade", *Phoenix*, vol. 49, no. 1, pp. 49—67.

Quinn, D. B., Clough, C. H., & Hair, P. E. H. (eds.), 1994, *The European Outthrust and Encounter: The First Phase C. 1400—C. 1700: Essays in Tribute to David Beers Quinn on his 85th Birthday*, vol. 12, Liverpool: Liverpool University Press.

Rautman, M. L., 2006, *Daily Life in the Byzantine Empire*. Westport, Connecticut: Greenwood Publishing Group.

Rhenanus, B., 1886, *Briefwechsel des Beatus Rhenanus*, ed. by A. Horawitz & K. Hartfelder, Leipzig: B. G. Teubner.

Richthofen, F., 1877, *China. Ergebnisse eigener Reisen und darauf gegründeter Studien*, vol. 1, Berlin: Dietrich Reimer.

Rigg, C. T., 2019, *History of Mehmed the Conqueror*, Princeton: Princeton University Press.

Riley, M. T., 1995, "Ptolemy's Use of His Predecessors' Data", *Transactions of the American Philological Association (1974—2014)*, vol. 125, pp. 221—250.

Ring, T., Berney, K. A., Salkin, R. M., et al., 1994, "Cyrene, Gebel Akhdar, Libya", *International Dictionary of Historic Places, Volume 4: Middle East and Africa*, Oxfordshire: Taylor & Francis.

Roberts, S., 2010, "Poet and 'World Painter': Francesco Berlinghieri's

Geographia, 1482", *Imago Mundi*, vol. 62, no. 2, pp. 145—160.

Roller, D. W., 1989, "Columns in Stone: Anaximandros' Conception of the World", *L'Antiquité Classique*, pp. 185—189.

——, 2003, *The World of Juba II and Kleopatra Selene*, New York & London: Routledge.

——, 2010, *Eratosthenes' "Geography": Fragments Collected and Translated, with Commentary and Additional Meterial*, Princeton: Princeton University Press.

Rome, A., 1927, "L'Astrolabe et le Meteoroscope d'apres le Commentaire de Pappus sur le 5e Livre de *l'Almageste*", *Annales de la Société Scientifique de Bruxelles* 47, Série A, Première partie, pp. 77—102.

Romm, J. S., 2010, "Continents, Climates, and Cultures: Greek Theories of Global Structure", *Geography and Ethnography: Perceptions of the World in Pre-Modern Societies*, eds. by Kurt A. Raaflaub & Richard J. A. Talbert. Hoboken: John Wiley & Sons. pp. 215—235.

——, 2019, *The Edges of The Earth in Ancient Thought*, Princeton: Princeton University Press.

Rose, P. L., 1973, "Humanist Culture and Renaissance Mathematics: The Italian Libraries of the *Quattrocento*", *Studies in the Renaissance*, vol. 20, pp. 46—105.

Ross, S. D., 2004, *Aristotle: With an introduction by John L. Ackrill*, 6th Ed., London: Routledge.

Rowland, I. D., & Howe, T. N. (eds.), 2001, *Vitruvius: Ten books on Architecture*, Cambridge & New York: Cambridge University Press.

Sacks, D., Murray, O., & Brody, L. R., 2005, *Encyclopedia of the Ancient Greek World*, New York: Facts on File, Inc.

Sallust, 1994, *The Histories*, vol. 2, trans. and intro. by Patrick McGushin, Oxford: Clarendon Press.

Salutati, C., 1896, *Epistolario di Coluccio Salutati*, Vol. 3. ed. by Novati Francesco, Rome: Forzani E C. Tipografi Del Senato.

Scalamonti, F., Mitchell, C., & Bodnar, E., 1996, "Vita Viri Clarissimi et Famosissimi Kyriaci Anconitani", *Transactions of the American Philosophical Society*, vol. 86, no. 4, pp. I—246.

Schnabel, P., 1938, *Text und Karten des Ptolemaus*, Leipzig：K. F. Koehlers Antiquarium.

Schoff, W. H., 1914, *Parthian Stations by Isidore of Charax*：*An Account of the Overland Trade Route Between the Levant and India in the First Century BC*, Philadelphia：The Commercial Museum.

Schütte, G., 1917, *Ptolemy's Maps of Northern Europe*：*A Reconstruction of the Prototypes*, Copenhagen：Royal Danish Geographical Society, H. Hagerup.

Schwanbeck, E. A., & McCrindle, J. W., 1877, *Ancient India as Described by Megasthenês and Arrian*. Calcutta & Bombay：THACKER, SPINK & Co., THACKER & Co. ; London：TRUBNER & Co.

Sèneca, L. A., 1728, *M. Annael Senecae Rhetoris*：*Suasoriae. Controversiae. Cum declamationum excerptis*. Venice：Ludovicus et Daniel Elzevirios.

Shalev, Z., & Burnett, C. (eds.), 2011, *Ptolemy's "Geography" in the Renaissance*, London：Warburg Institute；Turin：Nino Aragno Editore.

Shank, M. H., 1998, "Regiomontanus and Homocentric Astronomy", *Journal for the History of Astronomy*, vol. 29, no. 2, pp. 157—166.

Shcheglov, D., 2004, "Ptolemy's System of Seven Climata and Eratosthenes' Geography", *Geographia Antiqua*, vol. 13, pp. 21—37.

——, 2006a, "Eratosthenes' Parallel of Rhodes and the History of the System of Climata", *Klio*, vol. 88, no. 2, pp. 351—359.

——, 2006b, "Posidonius on the Dry West and the Wet East：Fragment 223 EK Reconsidered", *Classical Quarterly*, vol. 56, no. 2, pp. 509—527.

——, 2007a, "Hipparchus' Table of Climata and Ptolemy's Geography", *Orbis Terrarum*, vol. 9, pp. 159—192.

——, 2007b, "Ptolemy's Latitude of Thule and the Map Projection in the pre-Ptolemaic Geography", *Antike Naturwissenschaft und ihre Rezeption*, vol. 17, pp. 121—151.

——, 2017, "Eratosthenes' Contribution to Ptolemy's Map of the World", *Imago Mundi*, vol. 69, no. 2, pp. 159—175.

Sheppard, D. J., 2009, *Plato's Republic*. Edinburgh：Edinburgh University Press.

Shields, C., 2020, "Aristotle", *The Stanford Encyclopedia of Philosophy*, ed. by Edward N. Zalta, https：//plato. stanford. edu/archives/fall2020/entries/

aristotle.

Shirley, R. W., 1983, *The Mapping of the World: Early Printed World Maps, 1472—1700*, London: Holland Press.

Sidebotham, S. E., & Zitterkopf, R. E., 1995, "Routes through the Eastern Desert of Egypt", *Expedition*, vol. 37, no. 2, pp. 39—52.

Sideropoulos, G., & Kalpakes, D., 2014, "The Mountains of the Moon: A Puzzle of the Ptolemaic Geography", *Byzantina Symmeikta*, vol. 24, no. 1, pp. 29—66.

Skelton, R. A., 1960, "The Cartography of the First Voyage", *The Journal of Christopher Columbus*, trans. by Cecil Jane, New York: Clarkson N. Potter, pp. 217—227.

Smith, A. M., 1999, "Ptolemy and the Foundations of Ancient Mathematical Optics: A Source Based Guided Study", *Transactions of the American Philosophical Society*, vol. 89, no. 3, pp. 1—172.

Smith, W. (ed.), 1849, *Dictionary of Greek and Roman biography and mythology*, Vol. 3, Boston: Little and J. Brown.

——(ed.), 1870, *Dictionary of Greek and Roman geography*, Vol. 1, Boston: Little, Brown & Company.

——(ed.), 1872, *Dictionary of Greek and Roman geography*, Vol. 2, Boston: Little, Brown & Company.

Smoller, L. A., 1991, *History, Prophecy, and the Stars: The Christian Astrology of Pierre d'Ailly, 1350—1420*, Princeton: Princeton University University.

Snyder, J. P., 2007, "Map Projections in the Renaissance", in D. Woodward (ed.), *The History of Cartography*, Vol. 3: *Cartography in the European Renaissance*, Part 1, Chicago: University of Chicago Press.

Stahl, W. H., Burge, E. L., & Johnson, R. (eds.), 1971, *Martianus Capella and the Seven Liberal Arts: The Marriage of Philology and Mercury*, Vol. 2, New York: Columbia University Press.

Stearns, P. N. (ed.), 2008, *The Oxford Encyclopedia of the Modern World*, Vol. 3, Oxford: Oxford University Press.

Stein, A., 1933, *On Ancient Central-Asian Tracks: Brief Narrative of Three Expeditions in Innermost Asia and Northwestern China*, London: Macmillan, pp. 257—258.

Stein, B., 1977, "Circulation and the Historical Geography of Tamil Country", *The Journal of Asian Studies*, vol. 37, no. 1, pp. 7—26.

Stevenson, E. L., 1908, *Marine World Chart of Nicolo de Canerio Januensis, 1502 (circa): A Critical Study, with Facsimile (No. 14)*, New York: American Geographical Society & Hispanic Society of America.

Stillwell, R. (ed.), 1976, "PtolemaisHermiou", in *The Princeton Encyclopedia of Classical Sites*, Princeton: Princeton University Press.

Stoneman, R., 2021, *Megasthenes' Indica: A New Translation of the Fragments with Commentary*, London & New York: Routledge.

Strabo, 1917, *The Geography of Strabo*, Vol 1, ed. and trans. by Horace Leonard Jones, Loeb Classical Library, London: William Heinemann; Cambridge: Harvard University Press.

——, 1954, *The Geography of Strabo*, Vol 4, ed. and trans. by Horace Leonard Jones, Loeb Classical Library, London: William Heinemann; Cambridge: Harvard University Press.

Stückelberger, A., 1996, "Planudes und die 'Geographia' des Ptolemaios", *Museum Helveticum*, vol. 53, no. 2, pp. 197—205.

——, 1998, "Der Astrolab des Ptolemaios: Ein Antikes Astronomisches Messgerät", *Antike Welt*, vol. 29, no. 5, pp. 377—383.

Suetonius, 1914, *Suetonius*, 2 vols, trans. by J. C. Rolfe, Loeb Classical Library, London: W. Heinemann; New York: The Macmillan Co.

Swerdlow, N. M., 1973, The Derivation and First Draft of Copernicus's Planetary Theory: A Translation of the Commentariolus with Commentary, *Proceedings of the American Philosophical Society*, vol. 117, no. 6, pp. 423—512.

Tacitus, C., 1914, *Dialogus, Agricola, Germania*, London: William Heinemann; New York: The Macmillan Co.

——, 2008, *The Annals: The Reigns of Tiberius, Claudius, and Nero*, trans. by J. C. Yardley, New York: Oxford University Press.

Talbert, R. J., & Unger, R. W. (eds.), 2008, *Cartography in Antiquity and the Middle Ages: Fresh Perspectives, New Methods*, Vol. 10, Leiden: Brill.

Tarn, W. W., 1952, *Hellenistic Civilization*, London: Arnold.

Taub, L. C., 1993, *Ptolemy's Universe: The Natural Philosophical and Ethical*

Foundations of Ptolemy's Astronomy, Chicago: Open Court.

Tessicini, D., 2011, "Definitions of Cosmography and Geography in the Wake of Ptolemy's Geography", *Ptolemy's Geography in the Renaissance*, London: Warburg Institute, pp. 51—69.

Thomson, J. O., 1948, *History of Ancient Geography*, Cambridge & New York: Cambridge University Press.

Thomson, R. B., 1978, *Jordanus de Nemore and the Mathematics of Astrolabes: De plana spera*, Toronto: Pontifical Institute of Medieval Studies.

Thurston, H., 1996, *Early Astronomy*, New York: Springer.

Tibbetts, G. R., 1992, "The Beginnings of a Cartographic Tradition", in J. B. Harley & D. Woodward (eds.), *The History of Cartography. Volume 2, Book 1: Cartography in the Traditional Islamic and South Asian Societies*, Chicago: University of Chicago Press, pp. 90—107.

Tolias, G., 2019, "The World under the Stars: Astrological Geography and the Bologna 1477 Edition of Ptolemy's Cosmographia", *Imago Mundi*, vol. 71, no. 2, pp. 125—150.

Toomer, G. J., 1974, "The Chord Table of Hipparchus and the Early History of Greek Trigonometry", *Centaurus*, vol. 18, no. 1, pp. 6—28.

——, 1978, "Hipparchus", in *The Dictionary of Scientific Biography*, Vol. XV, Philadelphia: American Philosophical Society, pp. 207—224.

——, 1981, "Al-Khwārizmī, Abu Jaʿfar Muḥammad ibn Mūsā", in Gillispie Charles Coulston (ed.), *Dictionary of Scientific Biography*, Volume 7, New York: Charles Scribner's Sons, pp. 358—365.

Tozer, H. F., 1897, *A History of Ancient Geography*, Cambridge: Cambridge University Press.

Trexler, R. C., 2014, *The Journey of the Magi*, Princeton: Princeton University Press.

Tupikova, I., Schemmel, M., & Geus, K., 2014, "Travelling along the Silk Road: A New Interpretation of Ptolemy's Coordinates", *Preprint 465*, Berlin: Max Planck Institute for the History of Science.

Unterländer, M., Palstra, F., Lazaridis, I., et al., 2017, "Ancestry and Demography and Descendants of Iron Age Nomads of the Eurasian Steppe", *Nature*

Communications, vol. 8, no. 1, pp. 1—10.

Vagnon, E., 2003, "La Réception de la Géographie de Ptolémée en Occident au XVe siècle", *Hypotheses*, vol. 6, no. 1, pp. 201—211.

Van Duzer, C., 2018, *Henricus Martellus's World Map at Yale, c. 1491: Multispectral Imaging, Sources, and Influence*, Cham, Switzerland: Springer.

Van Essen, C. C., 1958, *Cyriaque d'Ancône en Egypte*, Amsterdam: N. V. Noord-Hollandsche Uitgevers Maatschappij.

Venkatesananda, S, 1988, *The Concise Ramayana of Valmiki*. Albany: State University of New York Press.

Vespucci, A., 1992, *Letters from a New World: Amerigo Vespucci's Discovery of America*, ed. by Luciano Formisano, trans. by David Jacobson, New York: Marsilio Publishers.

Vigneras, L. A., 1976, *The Discovery of South America and the Andalusian Voyages*, Chicago & London: University of Chicage Press.

Virgil, 2006, *Georgics*, trans. by P. Fallon, intro. & notes. by E. Fantham, Oxford: Oxford University Press.

Voegelin, E., 2000, *Order and History*, vol. 2, Columbia & London: University of Missouri Press.

Vogel, K. A., 2006, "Cosmography", in Katherine Park & Lorraine Daston (eds.), *The Cambridge History of Science, Volume 3: Early Modern Science*, Cambridge & New York: Cambridge University Press, pp. 469—496.

Wacher, J., 2013, *The Roman World*, vol. 1, London & New York: Routledge.

Waldseemüller, M., 1507, *Universalis Cosmographia Secundum Ptholomaei Traditionem et Americi Vespucii Aliorumque Lustrationes*, Retrieved from the Library of Congress, https://www.loc.gov/item/2003626426/.

Wan, X., 2013, "Descriptions of the Hydrography of Sērikē in Claudius Ptolemy's Geography and the Western Regions in LI Daoyuan's Shuijing Zhu", *Journal of Sino-Western Communications*, vol. 5, no. 1, pp. 162—171.

Whittaker, C. R., 2008, "Frontiers", in A. K. Bowman, P. Garnsey & D. Rathbone (eds.), *The Cambridge Ancient History: Vol. XI, The High Empire, A. D. 70—192*, New York: Cambridge University Press, pp. 293—319.

Wilson, N., 1981, "Miscellanea Palaeographica", *Greek, Roman, and Byzantine*

Studies, vol. 22, no. 4, pp. 395—404.
Wiseman, T. P., 1995, *Remus: A Roman Myth*, Cambridge & New York: Cambridge University Press.
Woodward, D., 1987, "Medieval Mappaemund", in J. B. Harley & D. Woodward (eds.), *The History of Cartography, Vol. 1: Cartography in Prehistoric, Ancient, and Medieval Europe and the Mediterranean*, Chicago: University of Chicago Press, pp. 286—370.
——, 1990, "Roger Bacon's Terrestrial Coordinate System", *Annals of the Association of American Geographers*, vol. 80, no. 1, pp. 109—122.
——, 2007, *The History of Cartography, Vol. 3: Cartography in the European Renaissance, Part 1*, Chicago: University of Chicago Press.
——, 2013, "Geography", in D. Lindberg & M. H. Shank (eds.), *The Cambridge History of Science, Vol Ⅱ: Medieval Science*, Cambridge & New York: Cambridge University Press, pp. 548—568.
Zimmermann, K., 1999, *Libyen: Das Land südlich des Mittelmeers im Weltbild der Griechen*, München: C. H. Beck Verlag.
——, 2002, "Eratosthenes' Chlamys-Shaped World: A Misunderstood Metaphor", in D. Ogden (ed.), *The Hellenistic World: New Perspectives*, London: Duckworth; Swansea: The Classical Press of Wales, pp. 23—40.

二、中文文献

柏拉图,1986,《理想国》,郭斌和等译,北京:商务印书馆。
——,2005,《蒂迈欧篇》,谢文郁译,上海:上海人民出版社。
班固,1962,《汉书》,颜师古注,北京:中华书局。
波德纳尔斯基,1986,《古代的地理学》,梁昭锡译,北京:商务印书馆。
波罗,马可(马可·波罗),2009,《马可·波罗游记》,余前帆译,北京:中国书籍出版社。
布尔努瓦,2001,《丝绸之路》,济南:山东画报出版社。
陈寿,2011,《三国志》,裴松之注,北京:中华书局。
邓可卉,2005,《托勒密〈至大论〉研究》(博士学位论文),西北大学。
范晔,2000,《后汉书》,李贤等注,北京:中华书局。
戈岱司,1987,《希腊拉丁作家远东古文献辑录》,耿昇译,北京:中华书局。

龚伟,2018,《〈史记〉〈汉书〉所载"西夷西"道覆议——兼论汉代南方丝绸之路的求通》,《四川师范大学学报,社会科学版》第2期,第162—169页。

龚缨晏、邱银兰,2003,《"赛里斯"与"秦尼":托勒密地图上的中国》,载于《地图》第2期,第66—69页。

哈里斯,卡斯滕(卡斯滕·哈里斯),2014,《无限与视角》,张卜天译,长沙:湖南科学技术出版社。

哈利,J. B.(J. B. 哈利)、伍德沃德,戴维(戴维·伍德沃德),2022,《地图学史(第一卷):史前、古代、中世纪欧洲和地中海的地图学史》,成一农等审译,北京:中国社会科学出版社。

赫西俄德,1991,《工作与时日·神谱》,张竹明等译,北京:商务印书馆。

江晓原,1994,《托勒密评传》,见席泽宗主编《世界著名科学家传记·天文学家Ⅱ》,北京:科学出版社,第194—197页。

科恩,H. 弗洛里斯(H. 弗洛里斯·科恩),2012,《世界的重新创造》,张卜天译,长沙:湖南科学技术出版社。

克拉瓦尔,2007,《地理学思想史》,郑胜华等译,北京大学出版社。

克莱因,莫里斯(莫里斯·克莱因),2014,《古今数学思想》,四册,张理京等译,上海:上海科学技术出版社。

库萨的尼古拉,1988,《论有学识的无知》,尹大贻等译,北京:商务印书馆。

郦道元,2001,《水经注》,陈桥驿注,杭州:浙江古籍出版社。

刘再聪,2020,《"丝绸之路"得名依据及"丝绸之路学"体系构建》,《西北师大学报》第57卷第6期,第13—20页。

鲁博林,2020,《古希腊世界图式的转变和地理学的兴起》,《科学文化评论》第4期,第5—20页。

罗伯特,让-诺埃尔(让-诺埃尔·罗伯特),2005,《从罗马到中国——凯撒大帝时代的丝绸之路》,桂林:广西师范大学出版社。

罗念生,2007,《罗念生全集》(十卷本),上海:上海人民出版社。

马克思、恩格斯,2012,《马克思恩格斯选集》,中央编译局译,北京:人民出版社。

默滕斯,马提亚斯(马提亚斯·默滕斯),2021,《"丝绸之路"一词确为李希霍芬首创吗?》,蒋小莉译,《西域文史》(第15辑),北京:科学出版社。

欧几里得,2020,《几何原本》,张卜天译,北京:商务印书馆。

欧阳修、宋祁,1975,《新唐书》,北京:中华书局。

石云涛,2016,《汉代南方丝绸之路的开拓》,《人文丛刊》,第 256—267 页。
斯特拉博,2014,《地理学》,李铁匠译,上海:上海三联书店。
唐晓峰,2010,《从混沌到秩序:中国上古地理思想史述论》,北京:中华书局。
——,2018,《李希霍芬的"丝绸之路"》,《读书》第 3 期,第 64—72 页。
田澍、孙文婷,2018,《概念史视野下的"丝绸之路"》,《社会科学战线》第 2 期,第 143—151 页。
瓦歇尔,2010,《罗马帝国》,齐世荣等译,西宁:青海人民出版社。
王家耀、孙群、王光霞 等,2012,《地图学原理与方法》,北京:科学出版社。
王守春,1987,《〈水经注〉塔里木盆地"南河"考辨》,《地理研究》第 4 期,第 36—44 页。
王哲然,2019,《透视法的起源》,北京:商务印书馆。
魏徵等,1997,《隋书》,北京:中华书局。
文晓军,2006,《托勒密的地图世界》,《中国测绘》第 6 期,第 58—61 页。
吴国盛,2020,《希腊天文学的起源》,《中国科技史杂志》第 41 卷第 3 期,第 397—405 页。
伍德沃德,戴维(戴维·伍德沃德),2021,《地图学史(第三卷第一分册):欧洲文艺复兴时期的地图学史(上、下)》,成一农译,卜宪群审译,北京:中国社会科学出版社。
希罗多德,1997,《历史》,王以铸译,北京:商务印书馆。
席泽宗,1994,《世界著名科学家传记·天文学家Ⅱ》,北京:科学出版社。
邢义田,1997,《汉代中国与罗马帝国关系的再检讨》,见王元化主编《学术集林》,卷十二,上海远东出版社。
徐朗,2020,《"丝绸之路"概念的提出与拓展》,《西域研究》第 1 期,第 140—151 页。
亚里士多德,1991,《亚里士多德全集》卷二,苗力田主编,北京:中国人民大学出版社。
——,1999,《天象论 宇宙论》,吴寿彭译,北京:商务印书馆。
亚里士多德、贺拉斯,2009,《诗学·诗艺》,罗念生等译,北京:中国社会科学出版社。
杨共乐,1997,《"丝绸之路"研究中的几个问题——与〈公元 100 年罗马商团的中国之行〉一文作者商榷》,《北京师范大学学报(社会科学版)》第 1 期,第 108—111 页。

杨共乐,2011,《丝路石城方位考》,《世界历史》第5期,第91—94页。
余太山,1992,《塞种史研究》,北京:中国社会科学出版社。
——,2006,《〈魏略·西戎传〉要注》,《中国边疆史地研究》第2期,第127—145页。
詹姆斯,普雷斯顿(普雷斯顿·詹姆斯)、马丁,杰弗雷(杰弗雷·马丁),1989,《地理学思想史》,李旭旦译,北京:商务印书馆。
张德芳,2014,《西北汉简中的丝绸之路》,《中原文化研究》第2卷第5期,第26—35页。

插 图 索 引

图 i.1　《地理学》所参照的古希腊风向图以及太阳升落点位方向示意图,51

图 1.1　亚里士多德的鼓形世界图,77

图 1.2　波利比乌斯用于计算地中海长度的"不可能三角形",103

图 1.3　马里诺的地理制图网络图示,111

图 2.1　托勒密《地理学》的地理编目样本(之一),134

图 2.2　给定纬度缩减系数计算图示,140

图 2.3　托勒密弦表图解,140

图 2.4　天文测地法的基础模型图示,148

图 2.5　天球及其对应的正下方地球两地的对应或映射关系,149

图 2.6　《安东尼皇帝道路志》一览,157

图 2.7　天极高度与纬度对应关系示意图,174

图 2.8　日晷阴影的比例测量及其与地球纬度角 φ 的关系图示,175

图 2.9　日晷阴影比例与入射角度之间的换算图示,175

图 2.10　海伯格版(古希腊文版)《至大论》关于最大白昼时长与天极高度角的转换示意图,177

图 2.11　最大白昼时长与天极高度(纬度)度数换算示意图,178

图 2.12　利用月食测量地球经度示意图,182

插 图 索 引　　479

图 2.13　托勒密《地理学》的地理编目样本(之二),190
图 3.1　矩形制图(左)与梯形制图(右)的几何图式,196
图 3.2　第一平面制图法:步骤Ⅰ,206
图 3.3　第一平面制图法:步骤Ⅱ,207
图 3.4　第一平面制图法:步骤Ⅲ,208
图 3.5　第一平面制图法:步骤Ⅳ,209
图 3.6　绘制完成后的第一平面制图法的经纬线框架示意图,209
图 3.7　第一平面制图法的北部边框与北极点、居住世界北端位置关系示意图,213
图 3.8　第二平面制图法假定的视点与视轴,216
图 3.9　第二平面制图法:步骤Ⅰ,219
图 3.10　第二平面制图法:步骤Ⅱ & Ⅲ,221
图 3.11　第二平面制图法:步骤Ⅲ,222
图 3.12　欧几里得《视学》命题 22 的证明图式,231
图 3.13　欧几里得《视学》命题 10 的证明图式,231
图 3.14　立体视图中呈现的欧几里得《视学》命题 10 末尾推论,233
图 3.15　托勒密第一与第二平面制图法中视点 A 与球面关系示意图,234
图 3.16　古代视学命题规定下的经纬线形变示意图,234
图 3.17　欧几里得《视学》命题 23 图示,235
图 3.18　第三制图法视点与天球外环的位置关系图示,240
图 3.19　第三平面制图法"类投影"图示,242
图 3.20　第三平面制图法:步骤Ⅰ,243
图 3.21　第三平面制图法:步骤Ⅱ,244

图3.22　第三平面制图法:步骤Ⅲ,246
图3.23　第三平面制图法:步骤Ⅳ,247
图3.24　第三平面制图法:步骤Ⅴ,248
图3.25　第三平面制图法的外层环圈绘制示意图,250
图3.26　诺布版古希腊文本中所附的第三制图法最终效果图,251
图3.27　托勒密《平球论》的基本几何框架及第一定理证明图示,259
图4.1　波西多尼奥斯和狄奥尼修的"悬带状"世界图式,296
图4.2　托勒密的居住世界(按第一平面制图法绘制),300
图4.3　托勒密的居住世界轮廓及分区(按第一平面制图法绘制),302
图4.4　根据托勒密描绘绘制的古代西班牙区域地图,307
图4.5　根据托勒密描绘绘制的古代高区域地图,308
图4.6　托勒密《地理学》中的非洲大陆全图(即第四张非洲地图),317
图4.7　《地理学》中描绘的地中海东岸及两河流域(即第四张亚洲地图),326
图4.8　托勒密所描绘的阿拉伯半岛(即第六张亚洲地图),328
图5.1　1930年出版的法文对照译注版《世界图像》封面书影(左)及皮埃尔·达伊画像(右),381
图5.2　1493年的《纽伦堡编年史》中所附的托勒密世界地图,411
图5.3　维尔纳第二投影的经纬线框架图示,418
图6.1　正割函数曲线示意图,429

附表索引

表 1.1　希帕克斯与埃拉托色尼的纬度列表对比, 90
表 1.2　波西多尼奥斯基于日晷阴影运动方式的地球分区, 99
表 2.1　《至大论》中弦表的部分数值, 138
表 3.1　托勒密《地理学》(1.23)中列出的主要纬线及其纬度, 199

后　　记

　　本书原为我在清华科学史系攻读博士期间的毕业论文。坦白说，写得并不轻松。长达半年多的高强度写作与思考，一度对我构成精神和身体的双重鏖战。应当说，我并非未经"战阵"之人——从硕士期间急就而成的十万字毕业论文，到报社工作时近两百篇文章的职业写作，再到长达三十万字书稿的相继付梓，我早已习惯于长时间、大部头的埋头写作。即便如此，这篇论文仍构成了我有生以来最严峻的挑战。特别是当自认为大功告成之时，回看去却仍感云山雾罩，如履薄冰。

　　诚然，写作这本书时的想法并不算成熟。我也很清楚学术上的精雕细琢是没有止境的，即便再迁延数年，恐怕也难得圆满。但人生却总有期限，使人不得不与内心的宏图达成妥协。庄子云："吾生也有涯，而知也无涯。以有涯随无涯，殆已。"这看似消极的箴言，其实是在提醒我学术的意义所在：不是学养的炫示或知识的堆砌，而是在思想的场域上同自我达成和解。现象学中有句话叫"向死而生"，孔子也说"知其不可而为之"。同理也。

　　正是在这一意义上，我的恩师张卜天老师对我有点睛之恩。博士四年期间，是他一遍遍提醒我，拿得起，也要放得下。卜天老师很像是古之君子，淡如水，温如玉，随之从游，可览九天之光辉，也可探孔径之精微。他是引我入学术门径之人,燃灯,指路。至于平日里为人师表,论文中悉心点拨,更不可胜数。但印象最深刻的还是那个初冬:他陪我坐在校园的长椅上,两人捧着茶,阳光清冽,时间缓缓流淌而去。他对我说:"放轻松。"

书不尽言,唯于此再拜谢师。

同样要感谢博士期间引我踏入学术门庭的诸位良师益友。清华科学史系主任吴国盛为人师表,堪称楷模,奠定了我对本学科的基本理解;刘胜利老师品性温良,知行合一的品格令人难忘;胡翌霖老师则心系现实,锋芒令人钦佩。还有系里的青年新锐蒋澈、王哲然老师、中科院科学史研究所的孙承晟老师、清华哲学系的宋继杰老师、地理史和地图史学界的老前辈汪前进教授,以及美国纽约大学古代世界研究所所长亚历山大·琼斯(Alexander Jones)教授、威斯康星大学科学史系的荣休教授尚克(Michael Shank)等,都在不同阶段给我颇多帮助。同时,博士期间的同学也屡屡在思想交锋中予我以启示。无论过去或未来,这些理想国中的风采都将铭刻我心。

另外,商务印书馆的李婷婷、龚李萱等编辑老师为本书的出版进行了耐心、细致的编辑工作,在此特别表示感谢。

最后,还应感谢我的家人。恰如古代士子赶考,不免寒窗冷雨,千金散尽。若非妻子、父母的默默付出与支持,这部论著也殊难问世。在此衷心感谢始终鼓励我的父母,同我分担家庭责任的爱人,还有我在动笔之际从天而降的小天使语兮,是你们给了我一往无前的底气和决心。

学海不易，求知亦难，但无论如何，你们的陪伴永远都是我一生之幸。

鲁博林

2022 年 9 月 20 日于清华园

清华科史哲丛书

时间的观念 　　　　　　　　　　　　　　　　吴国盛 著
质的量化与运动的量化
　　——14世纪经院自然哲学的运动学初探　　张卜天 著
媒介史强纲领
　　——媒介环境学的哲学解读　　　　　　　胡翌霖 著
透视法的起源　　　　　　　　　　　　　　　王哲然 著
从方法到系统
　　——近代欧洲自然志对自然的重构　　　　蒋　澈 著
大哉言数(修订版)　　　　　　　　　　　　 刘　钝 著
复杂性的科学哲学探索(修订版)　　　　　　 吴　彤 著
克丽奥眼中的科学
　　——科学编史学初论(第三版)　　　　　　刘　兵 著
贝时璋与当代中国生物物理　　　　　　　　　陆伊骊 著
技术哲学导论　　　　　　　　　　　　　　　胡翌霖 著
托勒密《地理学》研究　　　　　　　　　　　 鲁博林 著